2025年全国税务师职业资格考试辅导用书

涉税服务相关法律

百题讲坛

杨茂群 主编

经济日报出版社

·北京·

图书在版编目（CIP）数据

涉税服务相关法律百题讲坛 / 杨茂群主编. -- 北京：
经济日报出版社, 2025. 5. --（2025 年全国税务师职业
资格考试经典题荟萃）. -- ISBN 978-7-5196-1557-4

Ⅰ. D922. 220. 4

中国国家版本馆 CIP 数据核字第 2024Q9V728 号

涉税服务相关法律百题讲坛
SHESHUI FUWU XIANGGUAN FALÜ BAITI JIANGTAN
杨茂群　主编

出版发行：	经济日报 出版社
地　　址：	北京市西城区白纸坊东街 2 号院 6 号楼
邮　　编：	100054
经　　销：	全国各地新华书店
印　　刷：	天津裕同印刷有限公司
开　　本：	787mm×1092mm　1/16
印　　张：	22
字　　数：	570 千字
版　　次：	2025 年 5 月第 1 版
印　　次：	2025 年 5 月第 1 次
定　　价：	98.00 元

本社网址：www. edpbook. com. cn，微信公众号：经济日报出版社
请选用正版图书，采购、销售盗版图书属违法行为
版权专有，盗版必究。本社法律顾问：北京天驰君泰律师事务所，张杰律师
举报信箱：zhangjie@ tiantailaw. com　　举报电话：(010)63567684
本书如有印装质量问题，由我社事业发展中心负责调换，联系电话：(010)63538621

序 言
FOREEORD

在财税领域，税务师职业资格考试是衡量专业能力的重要标尺，也是从业者迈向职业高峰的关键阶梯。它不仅考验考生对财税知识的系统掌握，更注重其在实际业务中精准分析、高效解决问题的能力。基于此，"全国税务师职业资格考试经典题荟萃"丛书应运而生，丛书以精准剖析经典题为核心，助力考生高效备考，顺利跨越职业成长的重要关卡。

本系列丛书共 5 个分册，编写团队均为在教学一线工作多年的权威、资深教师，教学经验丰富，对考试命题趋势和考生学习情况都十分了解。丛书的每一册都经过编者精心策划与打磨，以期帮助考生了解考试趋势、全面掌握考点及应试技巧，从而提高学习效率。"2025年全国税务师职业资格考试经典题荟萃"丛书分册如下：

1. 《税法（一）百题讲坛》　　　　　　　　肖晴初　主编
2. 《税法（二）百题讲坛》　　　　　　　　战大萍　主编
3. 《涉税服务相关法律百题讲坛》　　　　　杨茂群　主编
4. 《财务与会计百题讲坛》　　　　　　　　夏洪智　主编
5. 《涉税服务实务百题讲坛》　　　　　　　肖晴初　主编

本系列丛书以"百题讲坛"的形式，精选了具有代表性、综合性的题目，这些题目并非简单地堆砌，而是依据最新考试大纲和命题规律精心筛选。每一道题目都像是一把钥匙，开启一个或多个重要知识点的大门。通过对这些题目的详尽剖析，考生不仅能够掌握解题思路和方法，更能举一反三、触类旁通，实现从"知其然"到"知其所以然"的飞跃。

本系列丛书紧密跟踪财税政策最新动态，确保内容与时俱进。针对财税领域政策法规更新频繁的特点，丛书编写团队实时收录了最新政策等相关内容，使考生所学与实际业务、考试要求保持高度一致，有效规避因政策掌握滞后带来的学习偏差和考试风险。

本系列丛书是税务师考生的通关利器，希望既能帮助考生系统夯实专业基础，又能快速提升应试能力，同时也为应对日常工作中的复杂问题提供权威解析和案例参考，以便精准决策。

愿"百题讲坛"助力各位考生高效备考，顺利通关！

编委会
2025 年 3 月

目 录

第一章 行政法基本理论

行政法的特征和基本原则 ··· 1
行政法的渊源 ·· 2
行政机关 ·· 5
其他行使行政职权的组织 ·· 6
行政行为基本理论 ··· 7
具体行政行为 ··· 8
行政行为程序与行政程序法 ·· 9

第二章 行政许可法律制度

行政许可的特征 ··· 12
行政许可法的基本原则 ·· 12
行政许可的设定 ··· 12
实施主体 ·· 13
行政许可的撤回、撤销与注销 ··· 14

第三章 行政处罚法律制度

行政处罚的基本原则 ··· 18
行政处罚种类和行政强制种类 ··· 18
行政许可、行政处罚、行政强制设定权 ····································· 20
行政处罚的适用 ··· 22
行政处罚的追究时效 ··· 23
行政处罚决定程序 ·· 25
行政执法机关移送涉嫌犯罪案件程序 ·· 28

税务行政处罚裁量权行使规则 ·· 28

第四章　行政强制法律制度

查封、扣押、冻结 ·· 32
行政强制执行实施的一般规定 ·· 34
代履行 ·· 36
费用承担 ·· 37

第五章　行政复议法律制度

行政复议的基本原则 ·· 40
行政复议受案范围 ·· 40
抽象行政行为审查 ·· 41
行政复议代表人与代理人 ·· 42
行政复议机关和行政复议机构 ·· 43
行政复议管辖 ·· 43
行政复议的申请 ·· 44
行政复议的审理 ·· 47
行政复议中止和终止 ·· 48
行政复议决定 ·· 50
税务行政复议申请 ·· 51

第六章　行政诉讼法律制度

行政诉讼的基本原则 ·· 55
行政诉讼与行政复议的关系 ·· 56
行政诉讼受案范围 ·· 56
行政诉讼原告 ·· 59
行政诉讼被告 ·· 61
行政诉讼第三人 ·· 64
行政诉讼证据的收集和审查认定 ·· 64
行政诉讼中的举证责任 ·· 67
行政诉讼第一审程序 ·· 69

第七章　民法总论

民法的基本原则 ·· 91

民事法律事实	91
民事责任	93
自然人	93
法人	94
民事权利	96
民事法律行为分类	98
民事法律行为的形式	99
民事法律行为生效时间	99
民事法律行为的效力样态	100
法律行为的代理	105
诉讼时效	108

第八章　物权法

物	111
物权法的基本原则	112
物权的分类	112
物权效力	113
物权变动	114
所有权取得和消灭	118
共有	121
业主的建筑物区分所有权	123
用益物权	125
担保物权	128
质权	131
留置权	133
占有的分类	134

第九章　债权法

债的发生	141
债的分类	143
债的效力	143
债的保全	145
债的担保	147
债的转移	150
债的消灭	150
合同的分类	151

合同的订立 ·· 152
合同解除 ·· 155
缔约过失责任和违约责任 ··· 156
典型合同 ·· 158
侵权责任的归责原则 ·· 166
免除责任和减轻责任事由 ··· 167
法律特别规定的侵权责任类型 ·· 169
侵权责任的承担方式 ·· 175

第十章　婚姻家庭与继承法

婚姻制度 ·· 192
收养关系 ·· 194
继承法基础 ··· 194
遗嘱继承 ·· 196
遗产处理规则 ·· 197

第十一章　个人独资企业法

个人独资企业法 ·· 203
个人独资企业的终止 ·· 204

第十二章　合伙企业法

合伙企业特征 ·· 207
合伙企业基础 ·· 207
特殊的普通合伙企业 ·· 214
合伙企业解散和清算 ·· 216

第十三章　公司法

公司能力 ·· 220
公司章程 ·· 221
不得回购股本的例外 ·· 222
公司法人人格否认制度 ··· 223
设立条件 ·· 224
股东基础 ·· 224
股东出资 ·· 225

股东权利 ·· 226
股东诉讼 ·· 227
公司组织机构 ·· 231
公司股权转让与股份转让 ·· 235
公司董监高 ··· 238
公司变更、解散与清算 ··· 239

第十四章　企业破产法

破产案件的管辖 ·· 252
破产管理人 ··· 253
破产申请 ·· 254
破产受理 ·· 256
债权申报 ·· 258
债权人会议 ··· 260
债权人委员会 ·· 262
债务人财产的范围与认定 ·· 263
股东涉及债务人财产的撤销与无效 ··· 264
破产费用和共益债务 ·· 266
追回权 ··· 267
取回权 ··· 268
抵销权 ··· 270
重整与和解 ··· 271
破产清算 ·· 274

第十五章　电子商务法

电子商务法的概念 ··· 282
电子商务经营者的准入和登记 ··· 282
电子商务合同 ·· 282
电子签名和电子认证 ·· 283
电子商务税收规则 ··· 284

第十六章　社会保险法

社会保险法的基本原则 ··· 285
社会保险征收方式改革 ··· 285
社会保险种类 ·· 286

第十七章　民事诉讼法

民事诉讼法基础 …………………………………………………… 287
民事诉讼受案范围和管辖 ………………………………………… 287
民事诉讼参加人 …………………………………………………… 288
民事诉讼证据和证明 ……………………………………………… 290
第一审普通程序 …………………………………………………… 292
简易程序 …………………………………………………………… 292

第十八章　刑　　法

刑法基本原则 ……………………………………………………… 296
追诉时效 …………………………………………………………… 296
犯罪构成 …………………………………………………………… 298
主刑 ………………………………………………………………… 301
附加刑 ……………………………………………………………… 303
累犯、自首、立功 ………………………………………………… 304
数罪并罚 …………………………………………………………… 306
缓刑、减刑、假释、累犯、禁止令 ……………………………… 307
逃税罪、逃避追缴欠税罪、抗税罪 ……………………………… 312
骗取出口退税罪 …………………………………………………… 314
虚开增值税专用发票或者虚开用于骗取出口退税、抵扣税款发票罪 … 314
非法购买增值税专用发票或者购买伪造的增值税专用发票罪 … 315
非法出售发票罪 …………………………………………………… 315
涉税职务犯罪 ……………………………………………………… 318

第十九章　刑事诉讼法

刑诉参与人 ………………………………………………………… 331
刑事辩护制度 ……………………………………………………… 332
认罪认罚从宽制度 ………………………………………………… 334
刑事强制措施 ……………………………………………………… 335
立案 ………………………………………………………………… 337
侦查、起诉 ………………………………………………………… 338
审判 ………………………………………………………………… 339

第一章 行政法基本理论

知识点·行政法的特征和基本原则

【单选题】 下列关于行政法特征的说法中，正确的是（　　）。
A. 行政法内容广泛
B. 行政法有统一的《行政法典》
C. 行政法中只包含实体规范
D. 行政法规范稳定性极强

解析 选项B，行政法没有统一、完整的法典。选项C，行政法中往往包含实体与程序两种规范。选项D，行政法规范易于变动，想象税务局的"规范性文件"，每年发上百个，其稳定性相对较弱。

【答案】 A

【考点提炼】

行政法的特征
- 形式上
  - 没有统一、完整的法典
  - 规范数量多、具有多种法律渊源
- 内容上
  - 内容广泛
  - 易于变动
  - 包含程序规范和实体规范

【单选题】 关于行政法特征的表述中，正确的是（　　）。
A. 行政法是监督行政权力的法
B. 行政法规范稳定性较强
C. 行政法法律渊源单一
D. 行政法是限制行政相对人行使权利的法

解析 行政法是监督行政权力的法，故选项A正确。行政法规范易于变动，想象税务局的"规范性文件"，其稳定性相对较弱，故选项B错误。行政法规范数量多，且具有多种法律渊源，故选项C错误。行政法是规范行政权力运用及行使的法，而非限制相对人权利的法，故选项D错误。

【答案】 A

【多选题】 根据《行政处罚法》和行政法理论，下列关于税务机关对纳税人做出行政处罚的要求中，属于行使行政处罚裁量权的合理性要求的有（　　）。
A. 处罚应当符合法律设定该处罚的目的
B. 处罚应平等地适用法律，相同情况相同处罚
C. 处罚应有法定依据，不逾越法定权限，遵守法定程序
D. 处罚应全面考虑事实、性质、情节及危害后果等相关因素
E. 处罚应保持适度适中，符合比例原则，符合情理且具有可行性

🔍 **解析** 此处高频考点为行政合法性（实体法＋程序法）与行政合理性的辨析。实体法与程序法以外的表述，一般为行政合理性原则。选项C，属于行政处罚法定原则（合法性原则）。"有法定依据"，体现实体合法，"不逾越法定权限，遵守法定程序"，体现程序合法。

【答案】ABDE

【多选题】合理性原则是行政法的特征和基本原则之一，合理行政对行政机关的要求体现在（　　）。
A. 行政机关做出吊销执照的处罚决定前，应当告知当事人有要求举行听证的权利
B. 行政机关做出的行政裁量行为应当遵循通行的先例，符合自然规律与社会理性
C. 行政机关行使行政裁量权做出的行政决定应充分考虑相关因素，排除不相关因素干扰
D. 行政机关做出不予行政许可决定，应当说明理由
E. 行政机关做出行政处罚决定应当有法律依据，且遵守法定程序

🔍 **解析** 选项ADE都体现了"程序合法"的要求，属于合法性原则。"程序合法"最常见的表述方式是：做"第二步"之前，应当先做"第一步"，例如，做出处罚之前，应当告知听证。

【答案】BC

知识点 · 行政法的渊源

【多选题】根据《立法法》的规定，下列关于法律效力冲突的表述中，正确的有（　　）。
A. 法律之间发生法律效力冲突由全国人民代表大会裁决
B. 行政法规之间发生法律效力冲突由国务院裁决
C. 部门规章与部门规章之间发生法律效力冲突由国务院裁决
D. 部门规章和地方规章之间发生法律效力冲突由全国人大常委会裁决
E. 根据授权制定的法规与法律之间发生法律效力冲突由全国人大常委会裁决

🔍 **解析** 选项A错误，法律之间的法律效力冲突由全国人大常委会裁决。行政法规之间的法律效力冲突由国务院裁决。各部门规章之间、各部门规章与地方政府规章之间的法律效力冲突由国务院裁决，故选项BC正确，选项D错误。根据授权制定的法规与法律之间发生法律效力冲突由全国人大常委会裁决，故选项E正确。

【答案】BCE

📋 【考点精炼】
行政法渊源中效力冲突的解决方式。
1. 在法律适用上，一般遵循以下3个原则：
（1）上位法优于下位法。
（2）新法优于旧法。
（3）特别法优于一般法。

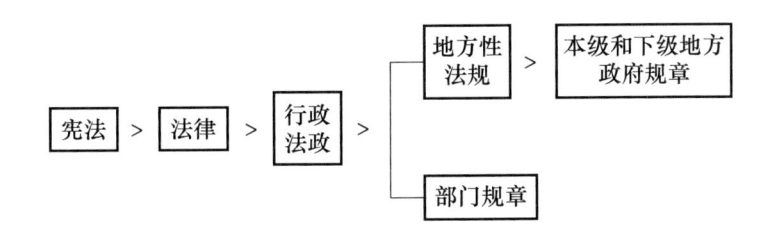

```
宪法 > 法律 > 行政法规 > 地方性法规 > 本级和下级地方政府规章
                              部门规章
```

2. 如果以上 3 个原则均无法解决或出现冲突，适用下列规则：

冲突类型	解决方式	☆提示
法律新的一般规定与法律旧的特殊规定	全国人大常委会裁决	谁制定，谁裁决
行政法规新的一般规定与行政法规旧的特殊规定	国务院裁决	
根据授权制定的法规与法律	全国人大常委会裁决	都是全国人大常委会授权或制定的
国务院部门规章与地方性法规	国务院提出意见	认为应适用地方性法规的，直接决定适用	国务院只能管自己下属机关
		认为应适用部门规章的，应当提请全国人大常委会裁决	国务院无法管全国人大及其常委会下属机关
部门规章与部门规章	国务院裁决	找上级
部门规章与地方政府规章		

【多选题】根据《立法法》规定，只能由法律规定的税收基本制度包括（　　）。
A. 税种的设立　　　　　　　　B. 税率的确定
C. 税收征收管理　　　　　　　D. 税目调整
E. 税款用途

解析　口诀：种绿树。税种的设立、税率的确定和税收征收管理等税收基本制度，只能由法律规定。

【答案】ABC

【考点精练】

形式和来源	制定机关	举例	备注
宪法	全国人民代表大会	《中华人民共和国宪法》	国家的根本大法，具有最高法律地位和法律效力

续表

形式和来源		制定机关	举例	备注
法律		全国人民代表大会及其常委会	《行政处罚法》《行政诉讼法》《税收征收管理法》《公务员法》	(1) 效力仅次于宪法；(2) 法律保留原则。①税种的设立；②税率的确定；③税收征收管理等税收基本制度，只能由法律规定
行政法规	依职权	国务院	《行政复议法实施条例》《税收征管法实施细则》	效力仅次于法律，高于行政规章和地方性法规
	依全国人大及其常委会授权		《增值税暂行条例》	
行政规章	部门规章	国务院各部委、中国人民银行、审计署、具有行政管理职能的直属机构	《税务行政复议规则》《重大税务案件审理办法》（XXXX令）	(1) 效力低于宪法、法律和行政法规；(2) 没有法律或者国务院的行政法规、决定、命令的依据，部门规章不得设定减损公民、法人和其他组织权利或者增加其义务的规范，不得增加本部门的权力或者减少本部门的法定职责
	地方政府规章	省级、设区的市、自治州的人民政府	—	—
地方性法规		省级、设区的市、自治州的人大常委会	—	可对城乡建设与管理、环境保护、历史文化保护等方面的事项制定地方性法规

【单选题】关于行政法渊源效力冲突解决方案中，正确的是(　　)。
A. 行政法规对同一事项新的一般规定和旧的特殊规定不一致，不能确定如何适用，由国务院裁决
B. 地方性法规优先于部门规章
C. 部门规章与地方性法规对同一事项规定不一致，不能确定如何适用，直接提交全国人大常委会裁决
D. 部门规章优先于地方政府规章

解析　行政法规之间对同一事项的新的一般规定与旧的特殊规定不一致，不能确定如何适用时，由国务院裁决（同部门前后规定不一致，由该部门解释），故选项A正确。地方性

法规与部门规章之间对同一事项的规定不一致，不能确定如何适用时，由国务院提出意见，国务院认为应当适用地方性法规的，应当决定在该地方适用地方性法规的规定。认为应当适用部门规章的，应当提请全国人民代表大会常务委员会裁决，故选项BC错误。各部门规章之间、部门规章与地方政府规章之间对同一事项的规定不一致时，由国务院裁决（同一上级），故选项D错误。

【答案】A

知识点 · 行政机关

【单选题】国务院直属机构是由国务院根据工作需要和精简原则设立的主管某项专门业务的机构，这些机构主要指(　　)。
   A. 国家外汇管理局、国家铁路局、国家能源局等
   B. 财政部、交通运输部、生态环境部、住房城乡建设部等
   C. 海关总署、国家市场监督管理总局、国家税务总局等
   D. 中国科学院、中国气象局、国家文物局、国家知识产权局等

解析　选项A，属于"国务院部委管理的国家局"（一般称为"×局"）。选项B，属于"国务院组成部门"（一般称为"部、委、行、署"）。选项C，属于国务院直属机构（一般称为"××总局、××总署"）。选项D，中国科学院、中国气象局属于"国务院直属事业单位"，国家文物局、国家知识产权局属于"国务院直属机构"。

【答案】C

【考点精炼】中央行政机关

行政机关	特征、举例	是否是行政主体	是否享有规章制定权
（1）国务院	即中央人民政府，是最高国家权力机构的执行机关，是最高国家行政机关	✓	✓（行政法规）
（2）国务院组成部门	国务院各部委，如自然资源部、农业农村部、退役军人事务部、应急管理部、人力资源社会保障部、交通运输部、财政部、生态环境部、司法部、商务部、住房城乡建设部、国家发展改革委、国家卫生健康委，以及中国人民银行和审计署等(部、委、行、署)	✓	✓
（3）国务院直属机构	国务院主管某项专门业务的机构。中国证券监督管理委员会、国家税务总局、国家市场监督管理总局、国家金融监督管理总局、国家国际发展合作署、国家广播电视总局、海关总署、国家体育总局，以及国家统计局、国家医疗保障局、国家知识产权局、国家信访局等(名称部分是"××总局、××总署"，但有例外)	✓	✓

续表

行政机关	特征、举例	是否是行政主体	是否享有规章制定权
(4) 国务院部委管理的国家局	公安部管理的国家移民管理局、交通运输部管理的国家铁路局、中国人民银行管理的国家外汇管理局、文化和旅游部管理的国家文物局、国家发展改革委管理的国家能源局、自然资源部管理的国家林草局、应急管理部管理的煤矿安全监察局，以及国家发展改革委管理的国家数据局等(名称多是"××局")	√	×
(5) 国务院办事机构	国务院研究室	×	×
(6) 国务院直属事业单位	中国气象局、国务院发展研究中心、新华通讯社、中央广播电视总台、中国科学院、中国社会科学院、中国工程院等	经法律、法规授权 √	×
(7) 国务院直属特设机构	国务院国有资产监督管理委员会(国务院国资委)	√	√

【多选题】有规章制定权且属于国务院组成部门的行政机关包括(　　)。
A. 财政部
B. 国家外汇管理局
C. 中国人民银行
D. 国家税务总局
E. 国务院研究室

解析 选项AC，属于国务院组成部门。选项B，属于国务院部委管理的国家局。选项D，属于国务院直属机构。选项E，属于国务院办事机构。

【答案】 AC

知识点 · 其他行使行政职权的组织

【多选题】下列有关行政主体认定和权利来源的说法中，正确的有(　　)。
A. 行政机关的某些内设机构在得到法律、法规授权情况下，可以成为行政主体
B. 村民委员会依法管理本村属于村民集体所有土地的职权，来自《村民委员会组织法》的授权，其可以成为行政主体
C. 消费者协会对商品和服务进行监督，检查权来自市场监督管理局的委托，其可以成为行政主体
D. 高等院校学位授予权来自《高等教育法》的授权，其可以成为行政主体
E. 公安局派出所作为派出机构，属于行政主体

解析 行政主体有且仅有两类：
(1) 行政机关。

(2) 法律、法规授权的组织。

经过法律、法规授权的派出机构具有行政主体资格，在授权范围内成为行政主体。派出机构原则上不是行政主体。

【答案】ABD

知识点 · 行政行为基本理论

【单选题】下列关于具体行政行为效力的说法中，正确的是(　　)。
A. 相对人申请行政复议的法律效果是导致具体行政行为丧失拘束力
B. 具体行政行为可以被废止，这表明具体行政行为没有确定力
C. 具体行政行为做出后，不论合法与否都推定合法有效，这表明具体行政行为具有公定力
D. 无效具体行政行为与可撤销的具体行政行为只在被撤销后才失去法律效力

解析 单纯地申请行政复议，不会直接导致行政行为丧失拘束力。但如果复议机关做出撤销该具体行政行为的决定，那么该行政行为将丧失拘束力，故选项A错误。具体行政行为具有确定力，一经做出不得随意废止。不能因具体行政行为有可能被废止，就否认具体行政行为的确定力，故选项B错误。无效行政行为自始无效，可撤销的行政行为只有在被撤销后才失去效力，故选项D错误。

【答案】C

【多选题】下列关于具体行政行为效力的说法中，正确的是(　　)。
A. 确定力　　　　　　　　　B. 执行力
C. 公定力　　　　　　　　　D. 拘束力
E. 救济力

解析 一般来说，行政行为自成立时对行政主体和行政相对人产生法律上的效力。行政行为具有以下效力：确定力（选项A当选）、拘束力（选项D当选）、公定力（选项C当选）、执行力（选项B当选）。

【答案】ABCD

【多选题】根据行政法理论和《行政强制法》《行政诉讼法》等法律规定，对逾期不缴纳税款、滞纳金和罚款的纳税人，税务机关经催告依法做出行政强制决定，拍卖纳税人财物以强制抵缴税款、滞纳金及罚款的行为，税务机关做出该行政强制决定的行为属于(　　)。
A. 代履行为　　　　　　　　B. 行政事实行为
C. 损益行政行为　　　　　　D. 行政法律行为
E. 行政司法行为

解析 题干所述为税务机关决定采取拍卖方式（选项A错误）进行行政强制执行，属于损益行政行为（即对老百姓不利的行政行为，与之相反概念为授益行政行为）（选项C正确）、行政法律行为（即对老百姓有强制力和实质影响力的行政行为，与之相反概念为行政

事实行为)(选项 B 错误,选项 D 正确)、行政执法行为(选项 E 错误)。税务机关的拍卖决定本身属于行政法律行为,税务机关执行该决定实际将纳税人财物拍卖属于行政事实行为。

【答案】CD

【单选题】公安机关对公民甲交通违法行为依法做出的行政处罚属于( )。
A. 双方行政行为、外部行政行为、依职权行政行为
B. 具体行政行为、损益行政行为、非要式行政行为
C. 作为行政行为、羁束行政行为、行政执法行为
D. 外部行政行为、裁量行政行为、损益行政行为

解析　行政处罚属于典型的外部行政行为(官对民)、具体行政行为(非规范性文件,针对某具体个人)、裁量行政行为(有自由裁量权)、单方行政行为(凭单方意志,处罚无须经老百姓同意)、损益行政行为(对老百姓不利)、要式行政行为(满足程序性规定,一般损益行政行为都为要是行政行为)。

【答案】D

知识点 · 具体行政行为

【单选题】下列对税务机关行政行为的认定中,正确的是( )。
A. 稽查局向税务违法行为举报人颁发奖金属于行政给付
B. 税务局为增值税一般纳税人办理登记属于行政协议
C. 税务局收取社会保险费属于行政征收
D. 稽查局对纳税人实施税务检查属于行政裁决

解析　行政奖励,是指行政机关对为国家和社会做出一定贡献的行政相对人给予物质、精神奖励的行政行为,是为行政相对人设定权利、给予利益的行政行为,行政相对人因此而得到一定的权利或利益,如给予金钱奖励,给予荣誉称号等。稽查局向税务违法行为举报人颁发奖金属于行政奖励,故选项 A 错误。

行政确认,是指行政主体依法对行政相对人的法律地位、法律关系和法律事实进行甄别,给予确定、认可、证明并予以宣告的具体行政行为。税务局为增值税一般纳税人办理登记属于行政确认,故选项 B 错误。

行政裁决,是指法律授权的特定行政主体对平等主体之间发生的、与行政管理活动密切相关的、特定的民事权利归属或者侵权损害纠纷进行审查,并就各方责任的承担做出裁断的具体行政行为。稽查局对纳税人实施税务检查属于行政监督检查,故选项 D 错误。

【答案】C

【考点精炼】

具体行政行为	内容
行政征收	以强制方式无偿取得相对方财产所有权

续表

具体行政行为	内容
行政确认	（1）依申请。例如，城市房屋出租登记备案、收养登记、增值税一般纳税人登记。 （2）依职权。例如，道路交通事故责任认定、火灾事故责任认定。 （3）对身份、能力（或资格）、事实、法律关系和权利归属等进行的行政确认
行政监督	—
行政给付	给付对象：弱势群体
行政奖励	给付对象：为国家和社会做出一定贡献的行政相对人
行政裁决	著作权侵权损害赔偿纠纷的裁决（××的"裁决"）
行政协议	协议、合同

知识点·行政行为程序与行政程序法

【单选题】根据《行政处罚法》《行政许可法》《行政强制法》及《税收征收管理法》等法律及行政法理论，下列关于税务机关应当遵守的行政程序基本制度要求的说法中，正确的是（ ）。

A. 说明理由制度要求，与纳税人有直接利害关系的税务人员在涉嫌偷税案件调查取证阶段应主动提出回避
B. 行政案卷制度要求，税务机关应将有关税务行政许可的事项、依据、条件、数量、程序、期限，以及需要提交的全部材料的目录和申请书示范文本等在办公场所公示
C. 催告制度要求，税务机关在做出税务行政处罚前应充分听取纳税人的陈述申辩意见，并对纳税人提出的事实、理由及证据进行复核
D. 教示制度要求，税务机关做出冻结纳税人存款的决定时应告知其申请复议的权利、复议机关和申请复议的期限

解析 选项A是回避制度的要求。选项B是信息公开制度的要求。选项C是公正原则的要求。选项D，教示制度，是指行政机关对行政相对人正式做出某种不利决定时，应当将有关法律救济权利事项明确地告知，教引行政相对人如何获得法律救济的一种行政程序法律制度。

【答案】D

【考点精炼】

基本制度	含义
信息公开制度	—
回避制度	回避制度体现了公正原则
行政调查制度	—

续表

基本制度	含义
告知制度	在做出某项行政行为之前就行政行为所依据的事实、理由、享有的权利及其他有关事项，有义务告知相对人并加以指导（事前救济）
催告制度	催告是强制执行行政决定的前置程序，是行政强制执行的核心程序
听证制度	—
行政案卷制度	（案卷排他制度）行政决定只能以行政案卷体现的事实作为根据的一种行政程序制度
说明理由制度	（附加理由制度）
教示制度	行政机关对行政相对人正式做出某种不利决定时，将有关法律救济权利事项明确地告知的一种行政程序法律制度（事后救济）（注意与"告知制度"区分）
时效制度	—

【单选题】甲税务局对某公司做出税收强制执行决定，此决定的执行对该公司可能产生重大不利影响，甲税务局依照《行政复议法实施条例》及《税务行政复议规则》的要求，依法告知其享有申请税务行政复议的权利，税务行政复议机关和申请期限，甲税务局的这一做法，体现了行政程序法中的(　　)。

A. 行政执法全过程记录制度　　　　B. 教示制度
C. 行政执法公示制度　　　　　　　D. 说明理由制度

解析　教示制度，是指行政机关对行政相对人正式做出某种不利决定时，应当将有关法律救济权利事项明确地告知，教引行政相对人如何获得法律救济的一种行政程序法律制度。

【答案】B

【单选题】《行政许可法》规定，行政机关应当根据听证笔录，做出行政许可决定。这一规定体现的行政程序法基本制度是(　　)。

A. 教示制度　　　　　　　　　　　B. 说明理由制度
C. 告知制度　　　　　　　　　　　D. 行政案卷制度

解析　行政机关做出的行政决定应当以行政案卷为根据，行政机关不能在行政案卷以外，以当事人所未知悉的或者未由当事人申辩、质证的事实作为根据来做出行政决定。

【答案】D

【考点提炼】

(1) 证据先行登记保存后，应当在 7 日内进行处理。

(2) 信息公开制度中，主动公开应当在信息形成或变更之日起 20 个工作日以内。

(3) 信息公开制度中，依申请公开能当场答复就当场答复，不能当场答复，自收到申请之日起 20 日内答复。需要延长答复期限的，应当经政府信息公开工作机构负责人同意并告知申请人，延长的期限最长不得超过 20 个工作日。

【单选题】某市质量技术监督管理局发现,该市宜林食品工业有限公司生产销售的一批薯片涉嫌违法使用大量添加剂。遂将该批薯片先行登记保存,期限为15日。根据法律规定,关于将薯片先行登记保存的行为性质、适用条件、程序与期限的说法,正确的是( )。

A. 将薯片先行登记保存的行为性质上不属于行政强制行为,理由是《行政强制法》对这种行为没有做出规定
B. 将薯片先行登记保存的行为性质上属于不可诉行政行为,理由是该行为对宜林食品工业有限公司的权利义务不产生实质影响
C. 将薯片先行登记保存的适用条件是该批薯片作为证据可能灭失或者以后难以取得
D. 将薯片先行登记保存在程序上可以由2名执法人员现场直接做出,登记保存期限15日符合法律规定

【解析】选项A,证据先行登记保存属于行政强制措施中的"其他行政强制措施"。选项B,该行为限制了宜林食品工业有限公司对薯片的使用、处分,属于对法人的财产权利有实质影响的具体行政行为,可以提起行政诉讼。选项CD,行政机关在收集证据时,在证据可能灭失或以后难以取证的情况下,经行政机关负责人"批准",可以先行登记保存,并应当在"7日内"及时做出处理决定。

【答案】C

第二章 行政许可法律制度

知识点 · 行政许可的特征

【单选题】下列有关行政许可的说法中,正确的是( )。
A. 行政许可是准予从事特定活动的行为
B. 行政许可是依职权的行政行为
C. 行政许可与行政审批的内涵外延相同
D. 行政许可是行政机关依照法定职权对社会事务实施的内部管理行为

解析 行政许可是准予从事特定活动的行为,故选项 A 正确。行政许可是依申请的行政行为,是行政机关依照法定职权对社会事务实施的外部管理行为,故选项 BD 错误。行政审批与行政许可的内涵外延不同,故选项 C 错误。

【答案】A

知识点 · 行政许可法的基本原则

【单选题】行政许可所依据的法律废止后,为了公共利益的需要,行政机关可以依法撤回已经生效的行政许可,由此给公民、法人或者其他组织造成财产损失的,行政机关应当依法给予补偿。该规定体现的原则是( )。
A. 法定原则
B. 信赖保护原则
C. 公平、公正、公开、非歧视原则
D. 便民和效率原则

解析 信赖保护原则的基本含义是,行政相对人基于行政机关的行为或承诺形成的正当期待所产生的信赖利益,应当予以法律保护,行政机关不得擅自改变已经生效的行政行为,确需改变的,由此给相对人造成的损失应当予以补偿。

【答案】B

知识点 · 行政许可的设定

【单选题】根据《行政许可法》规定,可以不设定行政许可的事项是( )。
A. 直接涉及个人隐私的事项
B. 直接涉及开发矿藏资源的事项
C. 直接涉及生态环境保护的事项
D. 直接涉及公共安全的事项

解析 选项 BCD,可以设定行政许可。税务行政许可的设定(税务行政许可事项),增值税专用发票(增值税税控系统)最高开票限额审批。

【答案】A

知识点 · 实施主体

【多选题】根据法律及有关规定,可以实施行政许可的主体包括(   )。
A. 司法机关
B. 税务机关下属的事业单位
C. 法律、法规授权的具有管理公共事务职能的组织
D. 依法受委托的行政机关
E. 具有行政许可权的行政机关

解析 选项A,行政许可实施主体包括具有行政许可权的行政机关、具有管理公共事务职能的组织、受委托的行政机关。不包含司法机关。选项B,各级税务机关下属的事业单位一律不得实施行政许可。

【答案】CDE

【考点精炼】

行政许可、行政处罚、行政强制

	行政机关	被授权组织	受委托组织
行政处罚	√具有行政处罚权的	√法律、法规授权	√其他组织
行政许可	√具有许可权的	√法律、法规授权	√其他行政机关
行政强制措施	√法律、法规规定（冻结只有法律规定）	√法律、行政法规授权	×
行政强制执行	√具有行政强制执行权的	√法律、行政法规授权	×
特殊注意	（1）各级税务机关下属的事业单位一律不得实施行政许可。 （2）一般情况下,受委托的机关或组织不得转委托。 （3）实施行政行为的后果由委托机关承担法律责任		

【单选题】下列关于行政处罚实施主体和实施规则说法中,正确的是(   )。
A. 受委托的组织在委托范围内可以自己的名义实施行政处罚
B. 行政机关可以委托个人实施行政处罚
C. 法律、法规、规章授权的组织可以实施行政处罚
D. 行政处罚必须在法定职权范围内实施

解析 选项A,受委托组织在委托范围内,以委托行政机关名义实施行政处罚,不得再委托其他组织或者个人实施行政处罚。选项B,行政机关依照法律、法规、规章的规定可以在其法定权限内书面委托符合法定条件的组织实施行政处罚。行政机关不得委托其他组织或者个人实施行政处罚。选项C,法律、法规授权的具有管理公共事务职能的组织可以在法定授权范围内实施行政处罚。

【答案】D

知识点 · 行政许可的撤回、撤销与注销

【单选题】下列有关行政许可撤销制度的说法中，正确的是(　　)。
A. 行政许可有效期届满未延续的，行政机关应当撤销该许可
B. 因不可抗力导致行政许可事项无法实施的，行政机关应当撤销该许可
C. 被撤销的行政许可自成立时起丧失效力
D. 被撤销的行政许可一般不存在瑕疵

【解析】选项AB，属于注销情形。选项D，行政许可有瑕疵才会涉及撤销的问题。
【答案】C

【考点精炼】

类型		情形	是否赔偿/补偿
（1）撤回 (许可合法，但基础出问题)		① 行政许可所依据的法律、法规、规章修改或者废止； ② 准予行政许可所依据的客观情况发生重大变化	补偿
（2）撤销	可以撤销 (许可机关违法)	① 滥用职权、玩忽职守； ② 超越法定职权； ③ 违反法定程序； ④ 对不具备申请资格或不符合法定条件的申请人准予许可	① 撤销许可可能对公共利益造成重大损害的，不予撤销； ② 被撤销的行政许可自成立时起丧失效力	赔偿
	应当撤销 (申请人违法)	被许可人以欺骗、贿赂等手段取得许可		不赔偿
（3）注销 (行政许可结束后的程序行为)		① 行政许可有效期届满未延续的； ② 赋予公民特定资格的行政许可，该公民死亡或者丧失行为能力的； ③ 法人或者其他组织依法被终止的； ④ 行政许可依法被撤销、撤回，或者行政许可证件依法被吊销的； ⑤ 因不可抗力导致行政许可事项无法实施的； ⑥ 法律、法规规定的应当注销行政许可的其他情形	—

【单选题】某公司依法取得税务行政许可，税务机关无须办理许可注销手续的情形是(　　)。
A. 该公司税务行政许可被依法撤回
B. 该公司税务行政许可被依法撤销
C. 该公司登记事项依法变更
D. 该公司税务行政许可被依法吊销

【解析】选项ABD，行政许可依法被撤销、撤回，或者行政许可证件依法被吊销的，行

政机关应当依法办理有关行政许可的注销手续。选项C，注销是由于许可的实质效力已不存在而依法取消许可的形式效力，公司登记事项依法变更并不需要办理注销手续。

【答案】C

【单选题】根据《行政许可法》，行政许可所依据的法律、法规、规章修改或者废止，或者准予行政许可所依据的客观情况发生重大变化，为了公共利益的需要，行政机关可以依法(　　)已经生效的行政许可。

A. 撤回　　　　　　B. 撤销　　　　　　C. 注销　　　　　　D. 吊销

解析　选项A，行政许可所依据的法律、法规、规章修改或者废止，或者准予行政许可所依据的客观情况发生重大变化，为了公共利益的需要，行政机关可以依法变更或者撤回已经生效的行政许可。

【答案】A

【单选题】下列关于行政许可撤销和注销的说法中，正确的是(　　)。
A. 行政机关可以注销超越法定职权做出的行政许可
B. 撤销属于程序性行为，注销属于实体性行为
C. 撤销和注销的法律效力相同
D. 做出行政许可决定的行政机关的上级行政机关有权撤销行政许可

解析　(1) 有下列情形之一的，做出行政许可决定的行政机关或者其上级行政机关（选项D正确），根据利害关系人的请求或者依据职权，可以撤销行政许可：①行政机关工作人员滥用职权、玩忽职守做出准予行政许可决定的；②超越法定职权做出准予行政许可决定的（选项A错误）；③违反法定程序做出准予行政许可决定的；④对不具备申请资格或者不符合法定条件的申请人准予行政许可的；⑤依法可以撤销行政许可的其他情形。

(2) 撤销与注销是不同的行政行为：①撤销与许可行为的合法有效相对应，该许可有瑕疵，撤销属于实体性行为；②注销只是手续办理问题，它与颁发许可相对应，该许可或有瑕疵，或无瑕疵，注销属于程序性行为的收尾工作。

【答案】D

【单选题】根据《行政许可法》规定，下列文件中，可以设定行政许可的是(　　)。
A. 财政部制定的规章　　　　　　B. 行政法规、国务院决定
C. 县级人民政府的决定　　　　　　D. 国家税务总局制定的税收规范性文件

解析　口诀：法律法规、定国定省章。只有"法律、行政法规、地方性法规"有权依法创设经常性行政许可（创设时应当遵循上位法优先的原则）；"国务院决定，省级人民政府规章"有权在特定条件下创设临时性行政许可；其他规范性文件（部门规章、规章以下的其他规范性文件）一律不得设定行政许可；违法设定的，有关机关应当责令设定该行政许可的机关改正，或者依法予以撤销。

【答案】B

【单选题】A公司向甲税务局提出某项税务行政许可申请。甲税务局发现，该公司提交的申请资料不齐全。根据《行政许可法》规定，若甲税务局不能当场告知需要补正的全部内容，则应当在法律规定的时限内一次性告知需要补正的全部内容。该法定时限是（   ）。

A. 5日内　　　　B. 7日内　　　　C. 15日内　　　　D. 3日内

解析　申请材料不齐全或者不符合法定形式的，应当当场或者在"5日内"一次告知申请人需要补正的全部内容，制作并送达《补正税务行政许可材料告知书》。逾期不告知的，自收到申请材料之日起即为受理。

【答案】 A

【多选题】根据《行政许可法》及国家税务总局有关公告规定，下列关于税务行政许可申请、受理、审查及决定程序事项的说法中，正确的有（   ）。

A. 对能够当即办理的税务行政许可事项，税务行政许可实施机关仍应出具《税务行政许可受理通知书》，不得直接出具和送达《准予税务行政许可决定书》
B. 具备条件的地方，申请人可以通过电子数据交换、电子邮件和网上办理平台提出申请
C. 税务行政许可实施机关审查许可申请，以书面审查为原则，对申请材料的实质内容进行实地核实的，由两名以上税务人员进行核查
D. 税务行政许可实施机关与申请人不在同一县（市、区、旗）的，申请人可在规定期限内选择由其主管税务机关代为转报申请材料，代办转报一般应当在15个工作日内完成
E. 申请人可以委托代理人提出申请，税务机关不得拒绝；申请人报送的材料应包括代理人身份证件复印件

解析　选项A，对能够当即办理的税务行政许可事项，直接出具和送达《准予税务行政许可决定书》，不再出具《税务行政许可受理通知书》。选项D，税务行政许可实施机关与申请人不在同一县（市、区、旗）的，申请人可在规定的申请期限内选择由其主管税务机关代为转报申请材料，代办转报一般应当在5个工作日内完成。选项E，申请人可以委托代理人提出申请，税务机关不得拒绝受理；代理人办理受托事项时，应当出具有效身份证件和委托证明。

【答案】 BC

【多选题】下列关于行政许可实施程序的说法中，正确的有（   ）。

A. 申请人要求行政机关对公示内容予以说明、解释的，行政机关可以根据具体情况决定是否做出说明、解释
B. 申请人申请行政许可应当对其申请材料实质内容的真实性负责，行政机关无须对此进行核查或者履行义务
C. 申请事项依法不属于本行政机关职权范围的，应制作并送达《不予行政许可决定书》
D. 申请材料不齐全或者不符合法定形式的，应当当场或者在5日内一次告知申请人需要补正的全部内容
E. 行政机关提供行政许可申请书格式文本不得收费，申请人对此无须交纳费用

解析 选项 A，申请人要求行政机关对公示内容予以说明、解释的，行政机关"应当"说明、解释并提供准确、可靠的信息。选项 B，行政机关应当对申请人提交的申请材料进行审查。审查包括形式审查和实质审查。选项 C，申请事项依法不属于本行政机关职权范围的，应当即时做出"不予受理"的决定，并告知申请人向有关行政机关申请。

【答案】DE

【多选题】根据行政许可法律制度的规定，下列关于行政许可期限或者费用制度的表述中，正确的有（　　）。

A. 行政机关提供申请书格式文本，不得收费
B. 听证、招标、拍卖所需时间不应计算在规定的期限内
C. 行政机关对行政许可事项进行监督检查，可以依照法律、法规、规章设定并公布的项目和标准收取费用
D. 行政机关应自受理申请之日起 30 日内做出行政许可决定，特殊情况下可以延长，但是延长不得超过 30 日
E. 行政机关实施许可原则上不得收取任何费用，但是法律、行政法规、地方性法规另有规定的，可依照其规定执行

解析 选项 CE，行政机关实施行政许可以及对行政许可事项进行监督检查，不得收取任何费用，但法律、行政法规（不包括地方性法规、行政规章等）另有规定的除外。选项 D，行政机关不能当场做出行政许可决定的，应当自受理行政许可申请之日起"20 日内"做出行政许可决定；20 日内不能做出决定的，经"本机关负责人"批准，可以延长"10 日"，并应当将延长期限的理由"告知"申请人，但法律、法规另有规定的除外。

【答案】AB

第三章 行政处罚法律制度

知识点 · 行政处罚的基本原则

【单选题】下列《行政处罚法》的基本原则中,被称为"无救济无处罚"原则的是(   )。
A. 处罚法定原则
B. 处罚公开、公正、过罚相当原则
C. 处罚与教育相结合原则
D. 保障相对人权益原则

解析 保障相对人权益原则(无救济即无处罚原则)是指公民、法人或者其他组织对行政机关所给予的行政处罚,享有陈述权、申辩权;对行政处罚不服的,有权依法申请行政复议或者提起行政诉讼;受到损害的,有权依法提出赔偿要求。

【答案】D

【考点精炼】

类型	说明
处罚法定原则	实体法+程序法
处罚公开、公正、过罚相当原则	类似合理性原则
处罚与教育相结合原则	—
保障相对人权益原则(无救济即无处罚原则)	事前:陈述权、申辩权; 事后:行政复议、行政诉讼、行政赔偿
监督制约、职能分离原则	—
一事不二罚(款)原则	同一个税收违法行为违反不同行政处罚规定且均应处以罚款的,应当选择适用处罚较重的条款

知识点 · 行政处罚种类和行政强制种类

【多选题】下列税务机关做出的行政行为中,属于税务行政处罚的有(   )。
A. 停止出口退税权
B. 没收违法所得
C. 罚款
D. 吊销税务行政许可证件
E. 通知有关部门阻止其出境

解析 税务行政处罚包括:停止出口退税权、吊销税务行政许可证件、罚款、没收违法所得。

【答案】ABCD

【多选题】根据《行政强制法》规定，行政强制措施包括( )。

A. 代履行
B. 税务机关强制执行税款
C. 查封、扣押
D. 税务机关申请人民法院强制执行罚款
E. 冻结存款账户

解析 行政强制措施：（1）限制公民人身自由；（2）查封场所、设施或者财物；（3）扣押财物；（4）冻结存款、汇款；（5）其他行政强制措施。选项AB，属于行政强制执行。选项D，属于申请人民法院强制执行。

【答案】 CE

【考点精炼】

行政处罚	税务行政处罚	行政强制措施	行政强制执行
（1）警告、通报批评。（2）罚款、没收违法所得、没收非法财物。（3）暂扣许可证件、降低资质等级、吊销许可证件。（4）限制开展生产经营活动、责令停产停业、责令关闭、限制从业。（5）行政拘留。（6）法律、行政法规规定的其他行政处罚	（1）罚款、没收违法所得。（2）吊销税务行政许可证件。（3）停止出口退税权	（1）限制公民人身自由。（2）查封场所、设施或者财物。（3）扣押财物。（4）冻结存款、汇款。（5）其他行政强制措施	（1）加处罚款或者滞纳金。（2）代履行。（3）划拨存款、汇款。（4）拍卖或依法处理查封、扣押的场所、设施或财物。（5）排除妨碍、恢复原状。（6）其他强制执行方式

【单选题】根据行政法理论和《行政强制法》的规定，下列行政行为中，性质上属于行政强制措施的是( )。

A. 有权行政机关依法强制拆除当事人违法的建筑物、构筑物
B. 市场监督管理机关依照法律规定将当事人的有关物品予以扣押
C. 有权行政机关强行清除当事人不能清除而又需要立即清除的道路、河道或者公共场所障碍物
D. 税务机关对逾期不履行缴纳罚款义务的纳税人加处罚款

解析 选项ACD，属于行政强制执行。

【答案】 B

【多选题】根据《行政强制法》的规定，下列属于行政强制执行的方式有( )。

A. 冻结存款、汇款
B. 排除妨碍、恢复原状
C. 加处罚款或者滞纳金
D. 查封场所、设施或者财物
E. 拍卖或者依法处理查封、扣押的场所、设施或者财物

解析 选项AD，属于行政强制措施。

【答案】 BCE

【单选题】根据《行政强制法》规定，下列行政强制中，属于行政强制措施的是（　　）。
A. 限制公民人身自由　　　　　　B. 加处罚款
C. 划拨存款　　　　　　　　　　D. 代履行

解析　选项BCD，属于行政强制执行。
【答案】A

【多选题】根据《行政处罚法》规定，行政处罚的种类包括（　　）。
A. 警告　　　　　　　　　　　　B. 加处罚款
C. 行政拘留　　　　　　　　　　D. 没收违法所得
E. 吊销许可证件

解析　行政处罚的种类包括：警告、通报批评（选项A当选）；罚款、没收违法所得、没收非法财物（选项D当选）；暂扣许可证件、降低资质等级、吊销许可证件（选项E当选）；限制开展生产经营活动、责令停产停业、责令关闭、限制从业；行政拘留（选项C当选）；法律行政法规规定的其他行政处罚。选项B，加处罚款属于行政强制执行的方式。
【答案】ACDE

知识点 · 行政许可、行政处罚、行政强制设定权

【单选题】根据《行政强制法》规定，下列关于行政强制设定的说法中，正确的是（　　）。
A. 法律可以设定行政强制措施
B. 行政法规可以设定冻结存款、汇款的行政强制措施
C. 行政强制执行由行政法规设定
D. 行政法规可以设定划拨存款的行政强制执行

解析　冻结银行存款、汇款和限制人身自由必须由法律来设定。选项B，限制公民人身自由、冻结存款和汇款的行政强制措施只能由法律设定。选项CD，行政强制执行由法律设定。
【答案】A

【考点精炼】

	行政许可	行政处罚	行政强制措施	行政强制执行
法律	✓	✓	✓	✓
行政法规	✓	✓（除限制人身自由外）	✓（除限制人身自由、冻结存款、汇款外）	×
地方性法规	✓	✓（除限制人身自由、吊销企业营业执照）	✓仅限查封、扣押	

续表

	行政许可	行政处罚	行政强制措施	行政强制执行
国务院的决定	√ 可以设定临时许可	×		
地方规章	√ 省级政府规章可以设定临时性许可	√ 仅限警告、通报批评和一定数量的罚款（上限由省级人大常委会定）	×	×
部门规章	×	√ 仅限警告、通报批评和一定数量的罚款（上限由国务院定）		

【单选题】下列有关设定行政强制的说法中，正确的是(　　)。

A. 尚未制定法律的，行政法规可以设定限制公民人身自由的行政强制措施

B. 尚未制定法律、行政法规的，地方性法规可以设定冻结存款汇款的行政强制措施

C. 行政法规不得设定行政强制执行

D. 一定条件下，行政规章也可以设定行政强制措施

解析 选项 A，冻结银行存款、汇款和限制人身自由必须由法律来设定。选项 B，尚未制定法律、行政法规，且属于地方性事务的，地方性法规可以设定查封场所、设施或财物以及扣押财物的行政强制措施。选项 C 正确，行政强制执行只能由法律设定。选项 D，法律、法规以外的其他规范性文件不得设定行政强制措施。

【答案】 C

【单选题】下列有关行政强制设定的说法中，正确的是(　　)。

A. 行政规章不得设定行政强制执行

B. 行政规章可以设定行政强制措施

C. 行政强制措施由法律设定，行政强制执行由行政法规设定

D. 行政法规可以设定冻结存款、汇款的行政强制措施

解析 选项 AC，行政强制执行只能由法律设定。选项 BD，法律效力≥规章，才能设定行政强制措施。冻结银行存款、汇款和限制人身自由必须由法律来设定。

【答案】 A

【单选题】下列关于行政处罚设定的说法中，正确的是(　　)

A. 部门规章可以设定没收违法所得的行政处罚

B. 地方性法规可以设定吊销营业执照的行政处罚

C. 税收规范性文件可以设定警告的行政处罚

D. 限制人身自由的行政处罚只能由法律规定

21

🔍 **解析** （1）法律可以设定各种行政处罚。（2）行政法规可以设定除限制人身自由以外的行政处罚。（3）地方性法规可以设定除限制人身自由、吊销营业执照以外的行政处罚。（4）部门规章可以设定警告、通报批评或者一定数额罚款的行政处罚。（5）地方政府规章可以设定警告、通报批评或者一定数额罚款的行政处罚。（6）其他规范性文件不得设定行政处罚。

【答案】D

知识点 · 行政处罚的适用

【多选题】下列违法的行为中，行政机关对其行为人不给予行政处罚的有(　　)。
A. 初次违法且危害后果轻微并及时改正的违法行为
B. 主动消除危害后果的行为
C. 受他人胁迫的违法行为
D. 不满14周岁的未成年人实施的违法行为
E. 当事人有证据足以证明没有主观过错的

🔍 **解析** 《行政处罚法》规定，具有下列情形之一的，不予处罚：（1）不满14周岁的未成年人有违法行为的（选项D正确）。（2）精神病人、智力残疾人在不能辨认或者不能控制自己时有违法犯罪行为的。（3）违法行为轻微并及时改正，没有造成危害后果的。（4）初次违法且危害后果轻微并及时改正的，可以不予行政处罚（选项A错误）。（5）违法行为在2年内未被发现的，涉及公民生命健康安全、金融安全且有危害后果的，该期限延长至5年。（6）当事人有证据足以证明没有主观过错的，不予行政处罚（选项E正确）。法律、行政法规另有规定的，从其规定。

当事人有下列情形之一，应当从轻或者减轻行政处罚：（1）主动消除或者减轻违法行为危害后果的（选项B错误）。（2）受他人胁迫或者诱骗实施违法行为的（选项C错误）。（3）主动供述行政机关尚未掌握的违法行为的。（4）配合行政机关查处违法行为有立功表现的。（5）法律、法规、规章规定其他应当从轻或者减轻行政处罚的。

【答案】DE

📋 【考点精炼】

不予处罚的情形	应当	（1）不满14周岁的未成年人有违法行为的，不予行政处罚。 （2）精神病人、智力残疾人在不能辨认或不能控制自己行为时有违法行为的，不予行政处罚。 （3）违法行为轻微并及时纠正，没有造成危害后果的，不予行政处罚。 （4）违法行为在2年内未被发现的，不再给予行政处罚；涉及公民生命健康安全、金融安全且有危害后果的，该期限延长至5年，但是法律另有规定的除外。 （5）当事人有证据足以证明没有主观过错的，不予行政处罚。法律、行政法规另有规定的，从其规定
	可以	初次违法且危害后果轻微并及时改正的，可以不予行政处罚

从轻或减轻处罚的情形	应当	（1）已满14周岁不满18周岁的未成年人有违法行为的。 （2）主动消除或减轻违法行为危害后果的。 （3）受他人胁迫或者诱骗有违法行为的。 （4）主动供述行政机关尚未掌握的违法行为的。 （5）配合行政机关查处违法行为有立功表现的。 （6）法律、法规、规章规定其他应当从轻或减轻行政处罚的
	可以	尚未完全丧失辨认或者控制自己行为能力的精神病人，智力残疾人有违法行为的，可以从轻或者减轻行政处罚
从重处罚的情形		发生重大传染病疫情等突发事件，为了控制、减轻和消除突发事件引起的社会危害，行政机关对违反突发事件应对措施的行为，依法快速、从重处罚

【多选题】下列关于行政处罚适用的说法中，正确的有（　　）。
A. 初次违法且危害后果轻微并及时改正的，可以不予行政处罚
B. 不满16周岁的未成年人实施违法行为的，不予行政处罚
C. 主动消除违法行为危害后果的，不予行政处罚
D. 配合行政机关查处违法行为有立功表现的，应当从轻或者减轻处罚
E. 当事人有证据足以证明没有主观过错的，应当从轻或者减轻处罚

解析 选项B，不满14周岁的未成年人有违法行为的，不予行政处罚。选项C，主动消除或者减轻违法行为危害后果的，应当从轻或者减轻行政处罚。选项E，当事人有证据足以证明没有主观过错的，不予行政处罚。法律、行政法规另有规定的，从其规定。

【答案】 AD

知识点·行政处罚的追究时效

【单选题】下列有关行政处罚追究时效的说法中，正确的是（　　）。
A. 行政处罚的追究时效为2年，涉及公民生命健康安全、金融安全且有危害后果的，该期限延长至5年，法律、行政法规另有规定的除外
B. 对违反税收法律、法规行为的行政处罚追究时效为2年
C. 违法行为有连续状态的，行政处罚的追究时效从行为终了之日起计算
D. 行政处罚的追究时效，从违法行为被发现之日起计算

解析 违法行为在2年内未被发现的，不再给予行政处罚，涉及公民生命健康安全、金融安全且有危害后果的，该期限延长至5年，法律另有规定的除外（而非法律、行政法规另有规定除外），选项A错误。违反税收法律、行政法规应当给予行政处罚的行为在5年内未被发现的，不再给予行政处罚，选项B错误。违法行为有连续或者继续状态的，从行为终了之日起计算，选项C正确。规定期限，从违法行为发生之日起计算，选项D错误。

【答案】 C

【考点精炼】

规范依据	时效	起算
《行政处罚法》	在违法行为发生后 2 年内未被行政机关发现的，不再给予行政处罚。涉及公民生命健康安全、金融安全且有危害后果的，该期限延长至 5 年。法律另有规定的除外	（1）一般情况：从违法行为发生之日起计算。 （2）若违法行为有连续或者继续状态的，从行为终了之日起计算
《税收征收管理法》	违反税收法律、行政法规应当给予行政处罚的行为，在 5 年内未被发现的，不再给予行政处罚	
《治安管理处罚法》	违反治安管理行为在 6 个月内没有被公安机关发现的，不再处罚	

（1）连续状态，指行为人就同一个违法故意、连续实施数个独立的同一种类的行政违法行为。

```
                                                    √
                                                  (起算)
连续 ──┼─────────────┼─────────────┼──
      8.1日          9.1日          10.1日
      逃税           逃税           逃税
```

（2）继续状态，指一个违法行为在时间上的延续。

```
                                      √
                                    (起算)
继续 ──┼───────────────────────────┼──
      8.1日                        11.1日
      超标排污                      停止
                                    超标排污
```

【单选题】行政处罚的追究时效从违法行为发生之日起计算；违法行为有连续或者继续状态的，从行为终了之日起计算。下列关于连续状态的说法中，正确的是（　　）。

A. 连续状态是指行为人基于不同的违法故意、连续实施数个独立的行政违法行为

B. 连续状态是指行为人基于同一个违法故意、连续实施数个独立的不同种类的行政违法行为

C. 连续状态是指行为人基于不同的违法故意、连续实施数个不同种类的行政违法行为

D. 连续状态是指行为人基于同一个违法故意、连续实施数个独立的同一种类的行政违法行为

解析 连续状态，是指行为人基于同一个违法故意、连续实施数个独立的同一种类的行政违法行为。

【答案】D

【单选题】根据《行政处罚法》《税收征收管理法》的规定，下列关于税务行政处罚追究时效规定的说法中，正确的是（　　）。

A. 违反税收法律、行政法规应当给予行政处罚的行为，在 5 年内未被发现的，不再给

予行政处罚
- B. 违反税收规章、行政法规应当给予行政处罚的行为，在 3 年内未被发现的，不再给予行政处罚
- C. 违反税收规章、行政法规应当给予行政处罚的行为，在 5 年内未被发现的，不再给予行政处罚
- D. 违反税收法律、行政法规应当给予行政处罚的行为，在 2 年内未被发现的，不再给予行政处罚

解析 违反税收法律、行政法规应当给予行政处罚的行为，在 5 年内未被发现的，不再给予行政处罚。

【答案】A

知识点·行政处罚决定程序

【单选题】根据《行政处罚法》和国家税务总局有关文件的规定，税务机关实施下列处罚，不适用税务行政处罚听证程序的是（　　）。
- A. 税务机关决定对某企业停止办理出口退税
- B. 税务机关对某一人有限公司罚款 10000 元
- C. 税务机关对纳税人张某罚款 2000 元
- D. 税务机关吊销某股份有限公司的增值税专用发票最高开票限额许可证

解析 税务行政处罚听证程序的适用范围：（1）税务机关对公民做出 2000 元以上（含本数）罚款的行政处罚。（选项 C）（2）税务机关对法人或者其他组织做出 10000 元以上（含本数）罚款的行政处罚。（选项 B）（3）税务机关做出的吊销税务行政许可证件的行政处罚。（选项 D）

【答案】A

【考点精炼】

		普通行政许可听证	税务行政许可	普通行政处罚听证	税务行政处罚听证
行政许可和行政处罚听证的对比	适用情形	（1）依职权（法律、法规、规章）。 （2）依申请：申请人、利害关系人	（1）依职权（法律、法规）。 （2）依申请：申请人、利害关系人	（1）较大数额罚款。 （2）没收较大数额违法所得、没收较大价值非法财物。 （3）降低资质等级、吊销许可证件。 （4）责令停产停业、责令关闭、限制从业。 （5）其他较重的行政处罚。 （6）法律、法规、规章规定的其他情形	（1）公民≥2000 罚款。 （2）法人或者其他组织≥1 万元罚款。 （3）吊销税务行政许可证件。 （4）没收较大数额违法所得

续表

行政许可和行政处罚听证的对比		普通行政许可听证	税务行政许可听证	普通行政处罚听证	税务行政处罚听证
	期限	被告知听证权利之日起5日内提出	被告知听证权利之日起5日内提出	当事人在行政机关告知后5日内提出	当事人被告知听证权之日起5日内提出
	组织	20日内组织听证	无此规定	无此规定	15日内举行听证
	通知	提前7日通知	提前7日通知	提前7日通知	提前7日通知

【单选题】 根据《行政处罚法》规定，下列关于听证程序的说法中，正确的是( )。

A. 当事人可以申辩和质证，双方可以进行辩论
B. 听证应由行政机关指定本案调查人员主持
C. 听证程序适用于所有行政案件
D. 行政机关在做出限制开展经营活动的行政处罚之前，应先行告知当事人享有听证的权利

🔍 **解析** 选项B，听证需要满足回避制度，应由行政机关指定非本案调查人员主持。选项CD，并非所有的行政处罚案件都必须适用听证程序，只有行政处罚实施机关在依法做：较大数额罚款；没收较大数额违法所得、没收较大价值非法财物；降低资质等级、吊销许可证件；责令停产停业、责令关闭、限制从业；其他较重的行政处罚；法律、法规、规章规定的其他情形的，应当事人申请，才可适用听证程序（大款没低调，关停重业障）。

【答案】 A

【单选题】 根据我国法律规定，下列情形中，适用行政处罚听证程序的是( )。

A. 交警部门因王某严重违章驾车而吊销其驾驶执照
B. 国家邮政局因某快递公司经营许可有效期届满未申请延续而将其许可证予以注销
C. 国家药品监督管理局因某食品公司销售不符合安全标准的食品而责令其召回已上市食品
D. 卫生局因孙某患流行性传染病而将其强制隔离

🔍 **解析** 行政处罚听证程序的适用范围包括：责令停产停业、吊销许可证和执照、较大数额的罚款等。选项A是吊销许可证的行为，适用听证程序。选项BCD均不属于行政处罚行为。

【答案】 A

【单选题】 下列有关行政处罚程序的说法中，正确的是( )。

A. 当事人对吊销许可证件的行政处罚有权要求听证
B. 适用简易程序的行政处罚也应当经过立案阶段
C. 当事人对适用一般程序做出行政处罚的案件均有权申请听证
D. 财政部门可以向做出行政处罚决定的行政机关返还罚款

【解析】 选项 AC，行政机关做出较大数额罚款、没收较大数额违法所得、没收较大价值非法财物、降低资质等级、吊销许可证件、责令停产停业、责令关闭、限制从业等行政处罚决定之前，应当告知当事人有要求听证的权利。当事人要求听证的，行政机关应当组织听证。选项 B，立案是行政处罚一般程序的开始，不是简易程序的必经阶段。选项 D，财政部门不得以任何形式向做出行政处罚决定的行政机关返还罚款、没收的违法所得或者没收非法财物拍卖的款项。

【答案】 A

【单选题】 下列有关行政处罚简易程序的说法中，正确的是（　　）。
A. 对公民处 1000 元以下罚款的行政处罚，应当适用简易程序
B. 对法人或者其他组织处 20000 元以下罚款的行政处罚，应当适用简易程序
C. 执法人员适用简易程序当场做出的行政处罚决定，必须报所属行政机关备案
D. 税务机关适用简易程序做出行政处罚的，执法文书须由税务机关负责人签字

【解析】 选项 AB，违法事实确凿并有法定依据，对公民处以 200 元以下、对法人或者其他组织处以 3000 元以下罚款或者警告的行政处罚的，可以当场做出行政处罚决定。法律另有规定的，从其规定。选项 D，简易程序制作的行政处罚决定书由执法人员签名或者盖章。

【答案】 C

【考点精炼】 简易程序适用条件
（1）违法事实清楚。
（2）有法定依据。
（3）限于特定处罚：数额较小的罚款（指对公民处以 200 元以下，对法人或其他组织处以 3000 元以下罚款）或者警告。
☆提示：可以当场做出行政处罚决定（≠当场收缴罚款）。法律另有规定的，从其规定。

【单选题】 下列关于行政处罚决定程序的说法中，正确的是（　　）。
A. 适用普通程序做出行政处罚的，必须经过立案程序
B. 对公民处以 3000 元以下罚款的，可以适用简易程序
C. 执法人员适用简易程序当场做出的行政处罚决定的，不必上报所属行政机关报备
D. 行政处罚决定程序包括简易程序、普通程序和听证程序

【解析】 选项 A，普通程序做出行政处罚，应当立案。简易程序做出行政处罚，无须立案。选项 B，违法事实确凿并有法定依据，对公民处以 200 元以下、对法人或者其他组织处以 3000 元以下罚款或者警告的行政处罚的，可以当场做出行政处罚决定。法律另有规定的，从其规定。选项 C，执法人员当场做出的行政处罚决定，应当报所属行政机关备案。选项 D，行政处罚决定的程序包括简易程序和普通程序。

【答案】 A

知识点 · 行政执法机关移送涉嫌犯罪案件程序

【单选题】根据《行政执法机关移送涉嫌犯罪案件的规定》，下列关于移送案件的说法中，错误的是（ ）。

A. 对于不属于本机关管辖的，公安机关在 24 小时内告知移送机关不接受移送，无须转送其他机关

B. 公安机关工作人员应当在涉嫌犯罪案件移送书的回执上签字

C. 公安机关不能以资料不全为理由不接受移送

D. 对移送资料不全的，公安机关应当在接受案件的 24 小时内书面告知移送机关在 3 日内补正

解析 公安机关对行政执法机关移送的涉嫌犯罪案件，应当在涉嫌犯罪案件移送书的回执上签字（书面形式受理）。其中，不属于本机关管辖的，应当在 24 小时内转送有管辖权的机关，并书面告知移送案件的行政执法机关。故选项 A 错误。

【答案】A

【考点精炼】

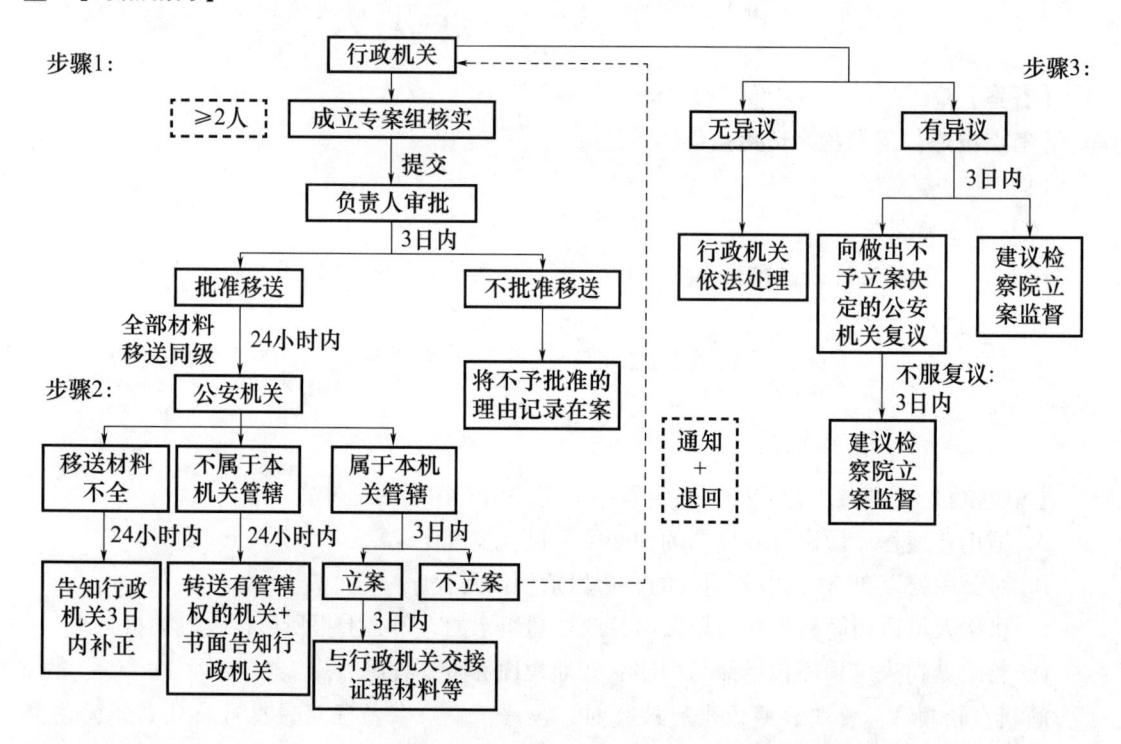

步骤1：行政机关 → 成立专案组核实（≥2人）→ 提交 → 负责人审批（3日内）→ 批准移送／不批准移送

- 批准移送：全部材料移送同级，24小时内
- 不批准移送：将不予批准的理由记录在案

步骤2：公安机关
- 移送材料不全：告知行政机关3日内补正（24小时内）
- 不属于本机关管辖：转送有管辖权的机关+书面告知行政机关（24小时内）
- 属于本机关管辖（3日内）：立案／不立案
  - 立案：3日内与行政机关交接证据材料等
  - 不立案：通知+退回

步骤3：无异议→行政机关依法处理；有异议（3日内）→向做出不予立案决定的公安机关复议→不服复议（3日内）→建议检察院立案监督；建议检察院立案监督

知识点 · 税务行政处罚裁量权行使规则

【单选题】下列有关税务行政处罚裁量权的说法中，正确的是（ ）。

A. 税务行政处罚裁量基准应当以部门规章形式发布

B. 税务机关在实施行政处罚时,可以单独引用税务行政处罚裁量基准作为依据
C. 当事人同一个税收违法行为违反不同行政处罚规定且均应处以罚款的,应当选择适用处罚较重的条款
D. 对当事人同一个税收违法行为不得给予两次以上行政处罚

解析 税务行政处罚裁量基准应当以税务规范性文件形式发布,选项 A 错误。税务机关在实施行政处罚时,应当以法律、法规规章为依据,并在裁量基准范围内做出相应的行政处罚决定,不得单独引用税务行政处罚裁量基准作为依据,选项 B 错误。对当事人的同一个税收违法行为不得给予两次以上"罚款"的行政处罚,选项 D 错误。当事人同一个税收违法行为违反不同行政处罚规定且均应处以罚款的,应当选择适用处罚较重的条款,选项 C 正确。违反税收法律、行政法规应当给予行政处罚的行为在 5 年内未被发现的,不再给予行政处罚。

【答案】C

【多选题】下列关于税务行政处罚裁量规则适用的说法中,正确的有( )。
A. 对情节复杂、争议较大、处罚较重、影响较广的处罚案件,税务机关应当经过集体审议决定
B. 对拟减轻处罚的处罚案件,税务机关应当经过集体审议决定
C. 当事人同一个税收违法行为违反不同行政处罚规定且均应处以罚款的,应当选择适用处罚较重的条款
D. 行使税务行政处罚裁量权,税务机关应当依法履行告知义务
E. 对当事人的同一个税收违法行为不得给予两次以上的处罚

解析 选项 E,对当事人的同一个税收违法行为不得给予 2 次以上"罚款的行政处罚"。

【答案】ABCD

【单选题】根据法律规定,下列有关行政处罚执行程序的说法中,正确的是( )。
A. 行政机关及其执法人员当场收缴罚款的,必须向当事人出具地级市财政部门统一制发的专用票据
B. 纳税人不履行税务行政处罚决定,在法定的申请复议和起诉期限内依法申请复议或起诉的,税务机关不得对处罚决定实施强制执行
C. 当事人对行政处罚决定不服,申请行政复议或提起行政诉讼的,原则上该行政处罚决定应当停止执行
D. 当事人到期不缴纳罚款的,行政机关应当每日按照罚款数额的2%加处罚款

解析 选项 A,行政机关及其执法人员当场收缴罚款的必须向当事人出具国务院财政部门或者省、自治区、直辖市人民政府财政部门统一制发的专用票据。选项 B,只有当事人对税务机关的处罚决定逾期不申请行政复议也不向人民法院起诉、又不履行的,做出处罚决定的税务机关才可以采取强制执行措施。也就意味着在法定的复议和诉讼期内,税务机关不得对处罚决定实施强制执行,选项 B 正确。选项 C,当事人对行政处罚决定不服,申请行政复议或者提起行政诉讼的,行政处罚不停止执行,法律另有规定的除外。选项 D,当事人到期

不缴纳罚款的，每日按罚款数额的3%加处罚款。

【答案】B

【单选题】税务行政处罚决定依法做出后，当事人逾期既不申请行政复议也不向人民法院起诉、又不履行的，税务机关依法可以采取的措施是（　　）。

A. 将查封、扣押的财物拍卖以抵缴罚款

B. 每日按罚款数额的5%加收罚款

C. 申请公安机关强制执行

D. 与当事人达成执行和解协议，约定分阶段履行或者减免罚款

【解析】行政处罚决定依法做出后，当事人逾期不履行行政处罚决定的，做出行政处罚决定的行政机关可以采取下列措施：(1) 到期不缴纳罚款的，每日按罚款数额的"3%"加收罚款，故选项B错误。(2) 根据法律规定，将查封、扣押的财物拍卖或者将冻结的存款划拨抵缴罚款，故选项A正确。(3) 申请"人民法院"强制执行。实施行政强制执行，行政机关可以在不损害公共利益和他人合法权益的情况下，与当事人达成执行协议。执行协议可以约定分阶段履行，当事人采取补救措施的，可以减免加处的罚款或者滞纳金，但不包括行政处罚措施本身，故选项CD错误。

【答案】A

【多选题】行政执法人员当场做出行政处罚决定并收缴罚款的，依照法律规定（　　）。

A. 必须向当事人出具省、自治区、直辖市财政部门统一制发的罚款收据

B. 应当当场将行政处罚决定书交付当事人

C. 应当自收缴罚款之日起2日内，将罚款交至行政机关

D. 应当自收缴罚款之日起15日内，将罚款交至指定银行

E. 行政机关应当择日举行听证

【解析】选项A，当场做出行政处罚决定并收缴罚款的，必须向当事人出具省、自治区、直辖市财政部门统一制发的罚款收据，不出具该收据的，当事人有权拒绝缴纳罚款。选项B，执法人员当场做出行政处罚决定的，应当填写行政处罚决定书，并应当场交付当事人。选项CD，执法人员当场收缴的罚款，应当自"收缴之日起"2日内，交至行政机关。在水上当场收缴的罚款，应当自"抵岸之日起"2日内交至行政机关，行政机关应在2日内将罚款缴付指定的银行。选项E，"当场做出行政处罚决定并收缴"本身就是一种简易的处置方式，不适用听证程序。

【答案】ABC

【多选题】下列有关税收违法行为及其处罚的说法中，正确的有（　　）。

A. 对纳税人不进行纳税申报，不缴或者少缴应纳税款，应按偷税行为进行处罚

B. 纳税人编造虚假计税依据，税务机关应责令限期改正，并处1万元以上3万元以下罚款

C. 纳税人未按照规定设置、保管账簿,由税务机关责令限期改正,可以处 2000 元以下罚款;情节严重的,处 2000 元以上 1 万元以下罚款

D. 对纳税人以暴力、威胁方法拒不缴纳税款的行为,情节轻微,未构成犯罪的,税务机关有权处拒缴税款 1 倍以上 5 倍以下的罚款

E. 对骗取国家出口退税款,税务机关有权在规定期间内停止为其办理出口退税

解析 偷税是指纳税人伪造、变造、隐匿、擅自销毁账簿、记账凭证,或者在账簿上多列支出或者不列、少列收入,或者经税务机关通知申报而拒不申报或者进行虚假的纳税申报,不缴或者少缴应纳税款;不进行纳税申报一般也是故意行为,有时也存在过失的可能。对于确因疏忽而没有纳税申报,属于漏税,依法补缴即可,其行为不构成犯罪,选项 A 错误。纳税人、扣缴义务人编造虚假计税依据,由税务机关责令限期改正,并处 5 万元以下的罚款,选项 B 错误。纳税人未按规定设置、保管账簿或者保管记账凭证和有关资料的,由税务机关责令限期改正,可以处 2000 元以下罚款;情节严重的,处 2000 元以上 1 万元以下罚款,选项 C 正确。对于抗税,除由税务机关追缴其拒缴的税款、滞纳金外,还要依法追究刑事责任。情节轻微,未构成犯罪的,由税务机关追缴其拒缴的税款、滞纳金。并处拒缴税款 1 倍以上 5 倍以下的罚款,选项 D 正确。对骗取国家出口退税款的,税务机关可以在规定期间内停止为其办理出口退税,选项 E 正确。

【答案】 CDE

【单选题】根据《重大税务案件审理办法》规定,下列关于重大税务案件审理程序要求的说法中错误的是( )。

A. 重大税务案件审理采取书面审理和会议审理相结合的方式
B. 重大税务案件一般应当自批准受理之日起 30 日内做出审理决定
C. 重大税务案件审理期间稽查局补充调查一般不应超过 30 日
D. 审理意见书应由审理委员会主任或其授权的副主任签发

解析 "审理纪要"由审理委员会主任或其授权的副主任签发。会议参加人员有保留意见或者特殊声明的,应当在审理纪要中载明。"审理意见书"由审理委员会主任签发,故选项 D 表述错误。

【答案】 D

第四章 行政强制法律制度

> **知识点** · 查封、扣押、冻结

【单选题】根据《行政强制法》的规定，下列关于查封扣押权及其实施程序和人员的说法中，正确的是(   )。

A. 若当事人的违法行为情节轻微或者社会危害性小，则行政机关不得行使查封扣押权

B. 不得查封、扣押公民个人及其所扶养家属的生活必需品

C. 行政机关可以委托其他行政机关或者社会组织行使查封扣押权

D. 查封扣押不得由行政机关以外的人员实施，但是行政机关工作人员均可实施

【解析】选项 A，对于违法行为情节"显著"轻微或者没有"明显"社会危害的情况，行政机关"可以"不采取行政强制措施。选项 C，行政强制措施权不得委托。选项 D，行政强制措施应当由行政机关具备资格（如取得《行政执法资格证》）的行政执法人员实施，其他人员不得实施。

【答案】B

【考点精炼】

实施主体	（1）查封、扣押应当由法律、法规规定的行政机关实施，其他任何行政机关或者组织不得实施。 （2）冻结存款汇款：法律规定的行政机关实施。 （3）行政强制（执行或措施）不得委托

【多选题】根据《行政强制法》的规定，行政机关应当及时做出解除查封、扣押决定的法定情形包括(   )。

A. 当事人违法行为情节显著轻微

B. 查封、扣押的场所、设施或者财物与违法行为无关

C. 查封、扣押期限已经届满

D. 作为当事人的法人解散

E. 当事人没有违法行为

【解析】有下列情况之一的，行政机关应当及时做出解除查封、扣押决定：(1) 当事人没有违法行为（选项 E）；(2) 查封、扣押的场所、设施或者财物与违法行为无关（选项 B）；

(3) 行政机关对违法行为已经做出处理决定，不再需要查封、扣押；(4) 查封、扣押期限已经届满（选项C）；(5) 其他不再需要采取查封、扣押措施的情形。

【答案】 BCE

【考点精炼】
冻结解除情形与查封扣押规定完全一致。

【多选题】根据《行政强制法》规定，下列关于查封、扣押及冻结的说法中，正确的有( )。
A. 行政机关实施查封、扣押应当遵守《行政强制法》一般期限和延长期限的规定，但法律、行政法规另有规定的除外
B. 当事人的场所、设施或者财物已被其他国家机关依法查封的，不得重复查封
C. 冻结存款的数额应当与违法行为涉及的金额相当
D. 行政机关实施冻结应当遵守《行政强制法》一般期限和延长期限的规定，但法律、行政法规另有规定的除外
E. 行政机关不得查封、扣押公民个人及其所扶养家属的生活必需品

【解析】 查封、扣押的期限不得超过30日；情况复杂的，经行政机关负责人批准，可以延长，但是延长期限不得超过30日。法律、行政法规另有规定的除外，选项A正确。当事人的场所、设施或者财物已被其他国家机关依法查封的，不得重复查封，选项B正确。冻结存款、汇款的数额应当与违法行为涉及的金额相当，选项C正确。自冻结存款、汇款之日起30日内，行政机关应当做出处理决定或者做出解除冻结决定；情况复杂的，经行政机关负责人批准，可以延长，但是延长期限不得超过30日。法律另有规定的除外，选项D错误。不得查封、扣押公民个人及其所扶养家属的生活必需品，选项E正确。

【答案】 ABCE

【单选题】根据《行政强制法》规定，下列关于实施冻结存款、汇款强制措施的说法中，错误的是( )。
A. 已被其他国家机关依法冻结的，可以重复冻结
B. 冻结存款、汇款的数额应当与违法行为涉及的金额相当
C. 依照法律规定冻结存款、汇款的，做出决定的行政机关应当向当事人交付冻结决定书
D. 冻结存款、汇款应当由法律规定的行政机关实施，不得委托其他行政机关或组织实施

【解析】 选项A，已被其他国家机关依法冻结的，不得重复冻结。

【答案】 A

【单选题】根据《行政强制法》规定，下列关于行政强制措施实施的说法中，错误的是( )。
A. 冻结存款、汇款应当由法律规定的行政机关实施，其他任何行政机关或者组织不得实施

B. 行政强制措施可以委托给其他行政机关实施，其他任何组织不得实施
C. 法律、行政法规授权的具有管理公共事务职能的组织可以在法定授权范围内以自己的名义实施行政强制措施
D. 查封、扣押应当由法律、法规规定的行政机关实施，其他任何行政机关或者组织不得实施

解析 冻结存款、汇款应当由法律规定的行政机关实施，不得委托给其他行政机关或者组织，其他任何行政机关或者组织不得冻结存款、汇款，选项A正确。行政强制措施由法律、法规规定的行政机关在法定职权范围内实施。行政强制措施权不得委托，选项B错误。行政机关履行行政管理职责，依照法律、法规的规定，实施行政强制措施。法律、行政法规授权的具有管理公共事务职能的组织在法定授权范围内，以自己的名义实施行政强制措施，适用《行政强制法》有关行政机关的规定，选项C正确。查封、扣押应当由法律、法规规定的行政机关实施，其他任何行政机关或者组织不得实施，选项D正确。本题要求选择错误选项，故选项B符合题意。

【答案】B

【多选题】根据《行政强制法》的规定，行政机关做出的冻结决定书应当载明的事项有(　　)。
A. 提出陈述和申辩意见的权利、途径和期限
B. 冻结决定书交付的期限
C. 冻结的账号和数额
D. 冻结的理由和依据
E. 冻结的期限

解析 冻结决定书应当载明下列事项：(1)当事人的姓名或者名称、地址；(2)冻结的理由、依据和期限；(3)冻结的账号和数额；(4)申请行政复议或者提起行政诉讼的途径和期限；(5)行政机关的名称、印章和日期。

【答案】CDE

知识点 · 行政强制执行实施的一般规定

【单选题】下列关于行政强制执行实施规则的说法中，正确的是(　　)。
A. 催告期届满前，行政机关不得做出立即强制执行决定
B. 行政机关不得对单位采取停止供水、供电、供热、供燃气等方式迫使当事人履行相关行政决定
C. 行政机关一律不得在夜间或者法定节假日实施强制执行
D. 行政机关做出强制执行决定前，应当以书面形式催告当事人

解析 在催告期间，对有证据证明有转移或者隐匿财物迹象的，行政机关可以做出立即强制执行决定，故选项A错误。行政机关不得对居民生活采取停止供水、供电、供热、供燃气等方式迫使当事人履行相关行政决定，故选项B错误。行政机关不得在夜间或者法

定节假日实施行政强制执行。但是，情况紧急的除外，故选项 C 错误。行政机关做出强制执行决定前，应当事先催告当事人履行义务。催告应当以书面形式做出，故选项 D 正确。

【答案】D

【单选题】下列有关行政强制执行的说法中，正确的是(　　)。
A. 在强制执行阶段，罚款本金、税款本金不适用执行和解的减免规定
B. 行政机关做出强制执行决定前，应当事先采取书面或者口头形式催告当事人履行义务
C. 据以执行的行政决定被撤销的，行政机关应中止执行
D. 行政强制执行一律不得在夜间或者法定节假日实施

解析　选项 B，行政机关做出强制执行决定前，应当事先采取书面形式催告当事人履行义务。选项 C，属于"终结执行"的情形，而非中止执行。选项 D，行政机关实施行政强制执行，不得在夜间或者法定节假日实施，但是情况紧急的除外。

【答案】A

【单选题】根据《行政强制法》规定，下列关于行政强制执行实施的说法中，正确的是(　　)。
A. 实施行政强制执行时，行政机关不可以与当事人达成执行协议
B. 做出行政强制执行决定前，行政机关无须事先催告当事人履行
C. 实施行政强制执行，可以适用执行和解程序
D. 行政强制执行不可以由法律、行政法规授权的组织实施

解析　选项 AC，行政机关可以在不损害公共利益和他人合法权益的情况下，与当事人达成执行协议（执行和解）。选项 B，行政机关做出强制执行决定前，应当事先催告当事人履行义务。选项 D，法律、行政法规授权的具有管理公共事务职能的组织在法定授权范围内，以自己的名义实施行政强制执行，适用《行政强制法》有关行政机关的规定。

【答案】C

【多选题】根据《行政强制法》规定，下列事项中，属于催告书应当载明的事项有(　　)。
A. 履行义务的方式和期限
B. 当事人依法享有的陈述权和申辩权
C. 强制执行的方式和开始时间
D. 当事人申请行政复议或者提起行政诉讼的途径和期限
E. 当事人拖延履行或者拒绝履行所应承担的不利法律后果及行政机关依法可以采取的具体补救措施

解析　行政机关做出强制执行决定前，应当事先催告当事人履行义务（教育与强制相

结合原则的体现)。选项AB，催告应当以书面形式做出，并载明下列事项：(1) 履行义务的期限；(2) 履行义务的方式；(3) 涉及金钱给付的，应当有明确的金额和给付方式；(4) 当事人依法享有的陈述权和申辩权。当事人收到催告书后有权进行陈述和申辩。选项CD，属于行政强制决定书应当载明的事项。选项E，表述错误。

【答案】AB

【单选题】根据《行政强制法》规定，下列关于行政强制执行的说法中，正确的是(　　)。
A. 行政机关不得对公民、法人或其他组织采取停止供水、供电、供热、供燃气等方式迫使其履行相关行政决定
B. 执行协议可以约定分阶段履行，当事人采取补救措施的，应当减免加处的罚款或滞纳金
C. 对违法的建筑物、构筑物、设施等需要强制拆除的，经行政机关予以公告并限期当事人自行拆除后，当事人在法定期限内不申请行政复议或者提起行政诉讼，又不拆除的，行政机关可以依法强制拆除
D. 行政机关一律不得在夜间或者法定节假日实施行政强制执行

解析　行政机关不得对居民生活采取停止供水、供电、供热、供燃气等方式迫使其履行相关行政决定。这是人性化的规定，对象仅指居民生活，故选项A错误。执行协议可以约定分阶段履行。当事人采取补救措施的，可以减免加处的罚款或滞纳金，故选项B中的"应当"表述错误。"三不"，即不诉讼、不复议、不履行，行政机关可以依法行政强制执行。行政机关不得在夜间或者法定节假日实施行政强制执行，但是，情况紧急的除外。即尊重当事人的休息权，防止搞"突然袭击"和扰民，但也不是绝对的，紧急情况除外，故选项D错误。

【答案】C

知识点· 代履行

【多选题】根据《行政强制法》的规定，代履行应当遵循的规则有(　　)。
A. 代履行前应送达代履行决定书
B. 实施代履行应事先经过公证机关公证或者有关机构鉴证
C. 代履行的费用由行政机关承担
D. 行政机关必须亲自代履行，不得委托第三人代履行
E. 代履行时，做出决定的行政机关应派员到场监督

解析　选项B，法律未要求实施代履行应经公证或鉴证。选项C，代履行的费用按照成本合理确定，由当事人承担，但是法律另有规定的除外。选项D，行政机关可以代履行，或者委托没有利害关系的第三人代履行。

【答案】AE

【考点精炼】

送达决定书	代履行前应当送达决定书
催告	代履行3日前，催告当事人履行，当事人履行的，停止代履行。 ☆提示：立即实施代履行（无须催告），需要立即清除道路等，当事人不能清除的，行政机关可以决定立即实施代履行
监督	代履行时，做出决定的行政机关应当派员到场监督
签名盖章	代履行完毕，行政机关到场监督的工作人员、代履行人和当事人或者见证人应当在执行文书上签名或者盖章
费用承担	代履行的费用按照成本合理确定，由当事人承担，但法律另有规定的除外
委托	代履行可以委托
不适用	代履行不适用金钱等财物

知识点 · 费用承担

【单选题】根据《行政强制法》《国有土地上房屋征收与补偿条例》规定，对被征收人在法定期限内不申请复议或者不提起行政诉讼，在补偿决定规定的期限内又不搬迁的，正确的执行措施是（　　）。

A. 由做出房屋征收决定的市、县级人民政府依法申请人民法院强制执行
B. 由房屋征收实施单位依法申请人民法院强制执行
C. 由房屋征收部门依法申请人民法院强制执行
D. 由房屋所在地基层人民法院直接依职权强制执行

解析　《国有土地上房屋征收与补偿条例》规定，被征收人在法定期限内不申请行政复议或者不提起行政诉讼，在补偿决定规定的期限内又不搬迁的，由做出房屋征收决定的市、县级人民政府依法申请人民法院强制执行，选项A正确。

【答案】A

【单选题】根据《行政强制法》的规定，下列关于行政机关申请人民法院强制执行的表述中，正确的是（　　）。

A. 强制执行的费用由行政机关缴纳和承担
B. 行政机关申请人民法院强制执行前应当书面催告当事人履行义务
C. 行政机关申请人民法院强制执行无须提供关于执行标的情况的材料
D. 人民法院以拍卖方式强制执行，不可以在拍卖后将强制执行的费用扣除

解析　选项A，强制执行的费用由被执行人承担。选项C，行政机关申请人民法院强制执行应当提供下列材料：（1）强制执行申请书；（2）行政决定书及做出决定的事实、理由和依据；（3）当事人的意见及行政机关催告情况；（4）申请强制执行标的情况；（5）法律、行

37

政法规规定的其他材料。选项 D，人民法院以划拨、拍卖方式强制执行的，可以在划拨、拍卖后将强制执行的费用扣除。

【答案】B

【考点精炼】

行政相对人承担费用情形：行政强制执行（代履行、拍卖变卖等）。其他情况行政相对人不承担费用。

【多选题】某市税务局发现 A 软件技术有限责任公司有转移应纳税财产以逃避纳税义务的迹象，遂采取税收保全措施，决定扣押该公司计算机 10 台。根据《行政强制法》《税收征收管理法》及其《实施细则》，下列关于扣押的说法中，正确的有(　　)。

A. 市税务局可以委托第三人保管扣押的 10 台计算机
B. 除法律、行政法规另有规定外，市税务局扣押 10 台计算机的最长期限为 90 日
C. 因扣押发生的保管费用由该公司承担
D. 市税务局决定延长扣押期限的，应当及时书面告知该公司并说明理由
E. 如需要对扣押的物品进行检测检验、检疫的，该费用由市税务局承担

解析　对查封的场所、设施或者财物，行政机关可以委托第三人保管，但扣押财产不涉及第三人保管，选项 A 错误。税务机关采取税收保全措施的期限一般不得超过 6 个月。重大案件需要延长期限的，应当报国家税务总局批准，选项 B 错误。因查封、扣押发生的保管费用由行政机关承担，选项 C 错误。

【答案】DE

【单选题】根据《行政强制法》规定。下列有关冻结的说法中，正确的是(　　)。

A. 冻结存款、汇款应当由法律规定的行政机关实施，行政机关不得委托给其他行政机关或组织
B. 已被其他国家机关依法冻结的存款、汇款，行政机关可以重复冻结
C. 行政法规可以对冻结期限做出特别规定
D. 依照法律规定冻结存款、汇款的，做出决定的行政机关应于当日向当事人交付冻结决定书

解析　选项 AB，实施冻结存款、汇款的强制措施应当遵循《行政强制法》的一些基本要求。其中包括：冻结存款、汇款应当由法律规定的行政机关实施，不得委托给其他行政机关或者组织，选项 A 正确。其他任何行政机关或者组织不得冻结存款、汇款。冻结存款、汇款的数额应当与违法行为涉及的金额相当，已被其他国家机关依法冻结的，不得重复冻结，选项 B 错误。选项 C，自冻结存款、汇款之日起 30 日内，行政机关应当做出处理决定或做出解除冻结决定，情况复杂的，经行政机关负责人批准，可以延长，但是延长的期限不得超过 30 日，法律另有规定的除外。依照法律规定冻结存款、汇款的，做出决定的行政机关应当在 3 日内向当事人交付冻结决定书，选项 D 错误。

【答案】A

【单选题】根据《行政强制法》的规定，下列有关代履行的表述中，正确的是(　　)。

A. 行政机关可以代履行，但是不得采用暴力、胁迫或者其他非法方式，且不可以委托第三人代履行
B. 代履行主要适用于行政机关依法做出要求当事人履行给付金钱或财物等义务的行政决定而当事人到期仍未履行的情形
C. 代履行的费用按照成本合理确定，由行政机关、代履行人及当事人共同分担，但是法律另有规定的除外
D. 代履行3日前，行政机关应当催告当事人履行，且实施代履行前行政机关应送达代履行决定书

解析 选项A，行政机关可以代履行，或者委托没有利害关系的第三人代履行。选项B，代履行主要适用于行政机关做出依法要求当事人履行"排除妨碍、恢复原状等义务"的行政决定，而当事人逾期不履行，经催告仍不履行的情形。选项C，代履行的费用按照成本合理确定，由当事人承担，但法律另有规定的除外。

【答案】D

第五章 行政复议法律制度

知识点 · 行政复议的基本原则

【多选题】下列有关行政复议的说法中，正确的有（　　）。
A. 行政复议要求过程公开和依据公开
B. 对认定事实清楚、证据确凿、程序合法，但是明显不当的具体行政行为，复议机关可以决定变更
C. 行政复议是一种司法行为
D. 复议机关应当从合法性和适当性两方面审查被申请的具体行政行为
E. 行政复议的目的是限制行政相对人的合法权益

【解析】选项A，行政复议的公开原则要求过程公开、依据公开、复议的结果和做出决定的理由公开。选项B，对认定事实清楚、证据确凿、程序合法，但是明显不当或者适用依据错误的具体行政行为，行政复议机关可以决定变更。选项C，行政复议是一种监督救济方式和准司法程序，选项C错误。选项D，行政复议机关应当从合法性和适当性两方面审查被申请的具体行政行为。选项E，行政复议的目的是监督行政主体的行政活动，纠正行政主体做出的违法或者不当的具体行政行为，以保护行政相对人的合法权益，选项E错误。

【答案】ABD

知识点 · 行政复议受案范围

【单选题】纳税人对法定受案范围内的税务具体行政行为不服，可以依法申请复议。下列税务具体行政行为中，纳税人不服，依法"不"可以申请复议的是（　　）。
A. 税务机关拒绝给予举报人一定金额的奖励
B. 税务机关不依当事人申请公开有关政府信息
C. 税务机关做出不具有强制力的行政建议或者行政指导行为
D. 税务机关拒绝公开依法应主动公开的有关政府信息

【解析】不具有强制力的行政建议或行政指导行为属于行政事实行为，对行政相对人的权利义务没有实质影响，不属于行政复议和行政诉讼的范围。

【答案】C

【考点精炼】

同时满足三个情形则为行政复议和行政诉讼的受案范围：（具体情形无须记忆，考试自行判断）

（1）外部行政行为。
（2）具体行政行为。
（3）有强制力和实际影响力的行政行为（行政事实行为）。

【单选题】下列行政纠纷中，不属于行政复议受案范围的是（　　）。
A. 认为行政机关不依法办理行政许可的
B. 对行政机关做出行政处罚决定所依据的法律不服的
C. 认为行政机关不依法发放抚恤金的
D. 对行政机关做出的行政强制措施决定不服的

解析　有下列情形之一的，公民、法人或者其他组织可以依照行政复议法申请行政复议（包括但不限于）：认为符合法定条件，申请行政机关颁发许可证、执照、资质证、资格证等证书，或者申请行政机关审批、登记有关事项，行政机关没有依法办理的（选项A不当选）；申请行政机关依法发放抚恤金、社会保险金或者最低生活保障费，行政机关没有依法发放的（选项C不当选）；对行政机关做出的限制人身自由或者查封、扣押、冻结财产等行政强制措施决定不服的（选项D不当选）。

【答案】B

知识点·抽象行政行为审查

【单选题】根据《行政复议法》《行政复议法实施条例》规范性文件，申请人可依法一并提出对行政行为所依据的有关规范性文件的审查申请。下列文件中，属于可以审查的规范性文件是（　　）。
A. 县级人民政府的规范性文件
B. 设区的市人民政府规章
C. 省级人民政府规章
D. 县人大常委会的规范性文件

解析　公民、法人或者其他组织认为行政机关的具体行政行为所依据的下列规范性文件不合法，在对具体行政行为申请行政复议时，可以一并向行政复议机关提出对该规范性文件的审查申请：(1) 国务院部门的规范性文件；(2) 县级以上地方各级人民政府及其工作部门的规范性文件（选项A正确）；(3) 乡、镇人民政府的规范性文件。一并审查的"规范性文件"规范性文件不含国务院部、委员会规章和地方人民政府规章。规章的审查依照法律、行政法规办理，故选项BC错误。县人大常委会不属于行政机关，故选项D错误。

【答案】A

【考点精炼】

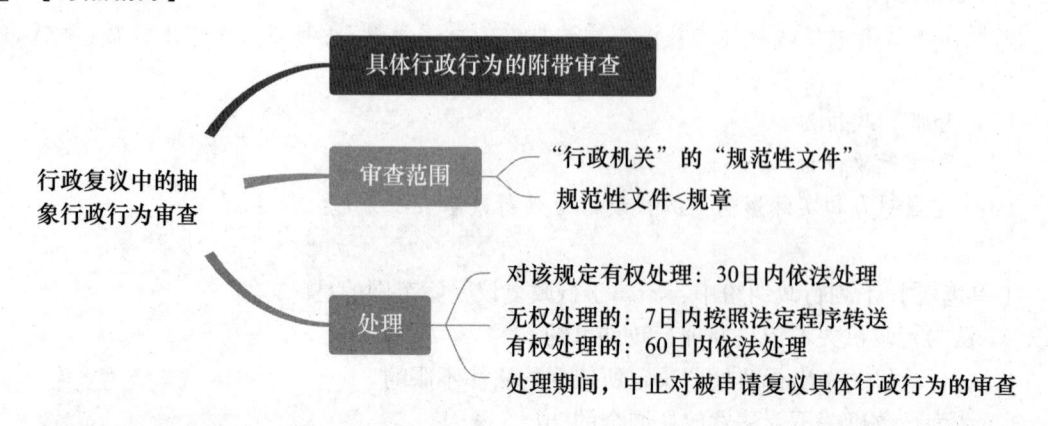

```
                         ┌─ 具体行政行为的附带审查
                         │
                         │                ┌─ "行政机关"的"规范性文件"
行政复议中的抽 ──────────┼─ 审查范围 ─────┤
象行政行为审查            │                └─ 规范性文件<规章
                         │
                         │           ┌─ 对该规定有权处理：30日内依法处理
                         │           │  无权处理的：7日内按照法定程序转送
                         └─ 处理 ────┤  有权处理的：60日内依法处理
                                     │
                                     └─ 处理期间，中止对被申请复议具体行政行为的审查
```

【单选题】根据《行政复议法》规范性文件，公民、法人或者其他组织申请行政复议时，可一并提出对具体行政行为所依据的有关规范性文件的审查申请。在此，可以对其进行审查的"规范性文件"包含（　　）。

A. 国务院部门规范性文件

B. 国务院部门规章

C. 地方人民政府规章

D. 行政法规

解析　（1）公民、法人或者其他组织认为行政机关的具体行政行为所依据的下列规范性文件不合法，在对具体行政行为申请行政复议时，可以一并向行政复议机关提出对该规范性文件的审查申请：①国务院部门的规范性文件（选项A正确）；②县级以上地方各级人民政府及其工作部门的规范性文件；③乡、镇人民政府的规范性文件。

（2）一并审查的"规范性文件"不含国务院部、委员会规章和地方人民政府规章。规章的审查依照法律、行政法规办理，故选项BC错误。

【答案】A

知识点 · 行政复议代表人与代理人

【单选题】根据行政复议法律制度的规范性文件，行政复议期间，行政复议机构认为申请人以外的公民、法人或者其他组织与被审查的具体行政行为有利害关系的，可以通知其作为（　　）参加行政复议。

A. 案外人

B. 共同被申请人

C. 共同申请人

D. 第三人

解析　申请人以外的公民、法人或者其他组织与被审查的具体行政行为有利害关系的，可以作为第三人参加行政复议。第三人参加行政复议的途径有两种：①经行政复议机构通知参加；②主动申请参加。

【答案】D

知识点 · 行政复议机关和行政复议机构

【单选题】 下列有关行政复议机关的说法中,正确的是( )。
A. 行政复议委员会不得邀请行政复议机关以外的人员参加
B. 行政复议机关中从事行政复议工作的人员,均应当取得法律职业资格
C. 行政复议机关和行政复议机构均有做出行政复议决定的职权
D. 行政复议机关与行政复议机构之间存在领导与被领导的关系

解析 选项A,行政复议委员会可以邀请本机关以外的具有相关专业知识人员参加。选项B,对于行政机关中初次从事行政复议的人员,应当通过国家统一法律职业资格考试取得法律职业资格。选项C,行政复议机关有权做出行政复议决定。行政复议机构是行政复议机关内部设立的专门负责办理行政复议案件的办事机构,不是行政主体,行政复议机构的工作具有事务性、程序性和可操作性,其职权和职责主要包括受理权、调查取证权、审查行政行为权力、行政复议决定拟订权、处理或者转送对抽象行政行为的审查申请等,但没有做出行政复议决定的职权。

【答案】 D

知识点 · 行政复议管辖

【单选题】 根据法律、法规关于复议管辖的规范性文件,应当向上一级主管部门申请行政复议的情形是( )。
A. 对国家安全机关做出的具体行政行为不服申请复议的
B. 对自然资源部门做出的具体行政行为不服申请复议的
C. 对公安机关做出的具体行政行为不服申请复议的
D. 对生态环境部门做出的具体行政行为不服申请复议的

解析 根据规范性文件,对海关、金融、外汇管理等实行垂直领导的行政机关和国家安全机关的具体行政行为不服的,应当向上一级主管部门申请行政复议。对地方各级人民政府具体行政行为不服的,向上一级人民政府申请行政复议,故本题选择选项A。

【答案】 A

【考点精炼】

类型	做出行政行为的机关	复议机关
找行政上级	本级人民政府工作部门	本级政府 ☆提示:省、自治区人民政府依法设立的派出机关参照设区的市级人民政府的职责权限
	本级人民政府工作部门依法设立的派出机构,经法律、法规、规章授权	
	对直辖市、设区的市人民政府工作部门按照行政区划设立的派出机构	

续表

类型	做出行政行为的机关	复议机关
找行政上级	本级人民政府依法设立的派出机关	
	本级人民政府或者其工作部门管理的法律、法规、规章授权的组织	
	下一级人民政府	上级政府
	国务院部门依法设立、管理的法律、行政法规、部门规章授权的组织和派出机构	国务院部门
正部级单位（自己管自己）	省级人民政府	省级人民政府
	国务院部门	国务院部门
找职能上级（垂直管理）	海关、金融、外汇管理、税务和国家安全机关	上一级主管部门
双重领导	司法行政机关（司法局）	本级政府或上级司法行政部门

【单选题】根据《行政复议法》《行政复议法实施条例》规范性文件，下列当事人对行政处罚不服申请行政复议的案件中，当事人应当向该部门的上一级主管部门申请行政复议的案件是(　　)。

A. 对外汇管理部门做出的行政处罚不服申请复议的案件

B. 对环境保护部门做出的行政处罚不服申请复议的案件

C. 对自然资源部门做出的行政处罚不服申请复议的案件

D. 对交通运输部门做出的行政处罚不服申请复议的案件

【解析】 对海关、金融、外汇管理等实行垂直领导的行政机关和国家安全机关的具体行政行为不服的，向上一级主管部门申请行政复议，故选项 A 正确。对于选项 BCD，由申请人选择，可以向该部门的本级人民政府申请行政复议，也可以向上一级主管部门申请行政复议。

【答案】A

知识点 · 行政复议的申请

【单选题】根据《行政复议法》规范性文件，因不可抗力或者其他正当理由耽误法定申请期限的，申请期限的计算规则是(　　)。

A. 自障碍消除之日起继续计算　　B. 自障碍消除之日起重新计算

C. 自障碍发生之日起继续计算　　D. 自障碍发生之日起重新计算

【解析】 因不可抗力或者其他正当理由耽误法定申请期限的，申请期限自障碍消除之日起继续计算（申请期限中止）。

【答案】A

【单选题】 根据《行政复议法实施条例》，下列关于行政复议一般申请期限计算方法的说法中，错误的是( )。

A. 当场做出具体行政行为的，自具体行政行为做出之日起计算
B. 具体行政行为依法通过公告形式告知受送达人的，自公告规范性文件的期限届满之日起计算
C. 载明具体行政行为的法律文书直接送达的，自受送达人签收之日起计算
D. 行政机关做出具体行政行为时未告知当事人，事后补充告知的，自行政机关发出补充告知的通知之日起计算

解析 选项 D，行政机关做出具体行政行为时未告知公民、法人或者其他组织，事后补充告知的，自该公民、法人或者其他组织收到行政机关补充告知的通知之日起计算。

【答案】 D

【考点精炼】

起算点

（1）作为的行政行为

情形	计算方法
① 当场做出具体行政行为的	自具体行政行为做出之日起计算
② 载明具体行政行为的法律文书直接送达	自受送达人签收之日起计算
③ 载明具体行政行为的法律文书邮寄送达的	自受送达人在邮件签收单上签收之日起计算 没有邮件签收单的，自受送达人在送达回执上签名之日起计算
④ 具体行政行为依法通过公告形式告知受送达人的	自公告规范性文件的期限届满之日起计算（而非发出公告之日起）
⑤ 行政机关做出具体行政行为时未告知公民、法人或者其他组织，事后补充告知的	自该公民、法人或者其他组织收到行政机关补充告知的通知之日起计算
⑥ 被申请人能够证明公民、法人或者其他组织知道具体行政行为的	自证据材料证明其知道具体行政行为之日起计算

☆提示：行政机关做出具体行政行为，依法应当向有关公民、法人或者其他组织送达法律文书而未送达的，视为该公民、法人或者其他组织不知道该具体行政行为

（2）不作为的行政行为

情形	计算方法
公民、法人或者其他组织依照行政复议法规范性文件申请行政机关履行法定职责，行政机关未履行的，行政复议申请期限依照下列规范性文件计算	
① 有履行期限规范性文件的	自履行期限届满之日起计算
② 没有履行期限规范性文件的	自行政机关收到申请满 60 日起计算

【多选题】根据《行政复议法实施条例》的规范性文件，下列有关行政复议申请期限的表述中，正确的有(   )。

A. 行政机关做出具体行政行为时未告知公民、法人或者其他组织，事后补充告知的，自该公民、法人或者其他组织收到行政机关补充告知的通知之日起计算

B. 被申请人能够证明公民、法人或者其他组织知道具体行政行为的，自证据材料证明其知道具体行政行为之日起计算

C. 载明具体行政行为的法律文书邮寄送达的，自法律文书交邮之日起计算

D. 具体行政行为依法通过公告形式告知受送达人的，自公告对外发出之日起计算

E. 载明具体行政行为的法律文书直接送达的，自受送达人签收之日起计算

【解析】 选项C，载明具体行政行为的法律文书邮寄送达的，自"受送达人在邮件签收单上签收之日"起计算，没有邮件签收单的，自"受送达人在送达回执上签名之日"起计算。选项D，具体行政行为依法通过公告形式告知受送达人的，自"公告规范性文件的期限届满之日"起计算。

【答案】 ABE

【单选题】下列有关行政复议申请期限及相关事项认定的说法中，正确的是(   )。

A. 具体行政行为依法通过公告形式告知受送达人的，自公告发布之日起计算复议申请期限

B. 行政机关做出具体行政行为，依法应当向行政相对人送达法律文书而未送达的，视为该行政相对人不知道该具体行政行为

C. 行政相对人可以自知道或者应当知道具体行政行为之日起60日内提出行政复议申请

D. 行政相对人可以自知道或者应当知道具体行政行为之日起90日内提出行政复议申请

【解析】 选项A，具体行政行为依法通过公告形式告知受送达人的，自公告规范性文件的期限届满之日起计算行政复议申请期限。选项B，行政机关做出具体行政行为，依法应当向有关公民、法人或者其他组织送达法律文书而未送达的，视为该公民、法人或者其他组织不知道该具体行政行为。选项CD，公民、法人或者其他组织认为具体行政行为侵犯其合法权益的，可以自"知道"该具体行政行为之日起60日内提出行政复议申请，但法律规范性文件的申请期限超过60日的除外。

【答案】 B

【考点精炼】申请复议的期限

一般复议期限	（1）公民、法人或其他组织认为具体行政行为侵犯其合法权益的，可以自知道或者应当知道该具体行政行为之日起60日内提出行政复议申请，但是法律规定的申请期限超过60日的除外。 （2）行政机关未履行告知义务，申请期限自申请人知道或者应当知道申请行政复议权利，行政复议机关和申请期限之日计算，但是自知道或者应当知道行政行为内容之日起最长不得超过1年

续表

特殊复议期限	其他法律规定的期限，只有法律规定超过60日的才有效。如《专利法》规定专利复议期限是3个月		
最长复议期限	行政行为做出之日起算	不动产相关：20年	超过最长期限，
		其他：5年	行政复议机关不予受理
不计入申请期限的时间	不可抗力等正当事由：因不可抗力或者其他正当理由耽误法定申请期限的，申请期限自障碍消除之日起继续计算（申请期限中止）		

知识点 · 行政复议的审理

【单选题】根据《行政复议法实施条例》，下列时间中，应计入行政复议审理期限的是(   )。

A. 复议期间专门事项鉴定或者现场勘验所用时间
B. 复议机关审查具体行政行为是否明显不当所用时间
C. 补正申请材料所用时间
D. 协商确定或者指定受理机关所用时间

解析 根据规范性文件，补正申请材料所用时间、协商确定或者指定受理机关所用时间、行政复议期间专门事项鉴定所用时间，以及现场勘验所用时间均不计入行政复议审理期限。

【答案】B

【考点精炼】

审理期限	（1）行政复议机关收到行政复议申请后，应当在5日内进行审查。按照普通程序审理的，行政复议机关负责法制工作的机构应当自行政复议申请受理之日起7日内（简易程序3日），将行政复议申请书副本或者行政复议笔录复印件发送被申请人。 （2）被申请人应当自收到申请书副本或者申请笔录复印件之日起10日内（简易程序5日），提出书面答复，并提交当初做出具体行政行为的证据、依据和其他有关材料。 （3）复议机关应当自受理之日起60日内做出复议决定，但是法律规定期限少于60日的除外；经复议机关负责人批准可以适当延长，但延长期限最多不超过30日（60+30）。 （4）补正申请材料所用时间、协商确定或者指定受理机关所用时间、行政复议期间专门事项鉴定以及现场勘验所用时间均不计入行政复议审理期限

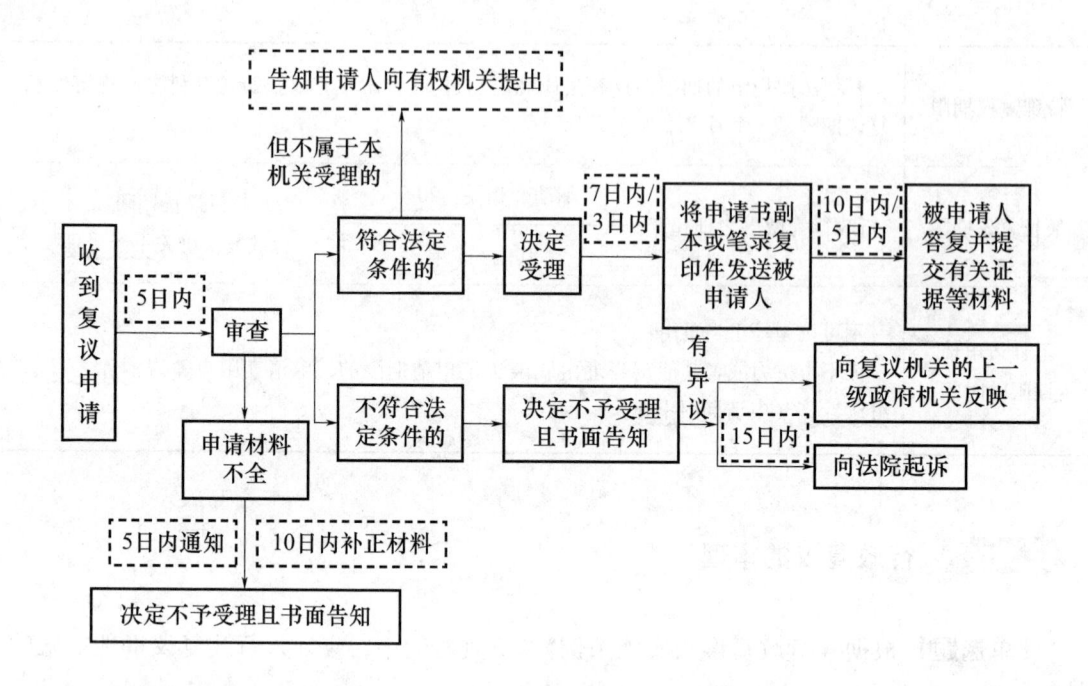

```
                    告知申请人向有权机关提出
                    ┊                        ┊
                    └────────────┬───────────┘
                         但不属于本
                         机关受理的
                              │                  ┌7日内/┐    ┌将申请书副┐   ┌10日内/┐   ┌被申请人┐
                              │                  ┊ 3日内 ┊    │本或笔录复│   ┊ 5日内  ┊   │答复并提│
                    ┌符合法定┐                  └──┬──┘    │印件发送被│   └──┬──┘   │交有关证│
                    │条件的  │──────┬→┌决定┐──────→│申请人    │────────→│据等材料│
┌收到┐              └────────┘      │  │受理│        └──────────┘             └────────┘
│复议│  ┊5日内┊ ┌审查┐──┤          └────┘                          有┌向复议机关的上一┐
│申请│──────→│    │                                                  异│级政府机关反映  │
└────┘        └──┬─┘  │┌不符合法┐  ┌决定不予受理┐                  议└────────────────┘
                 │    └│定条件的│─→│且书面告知  │────────→┊15日内┊
                 │     └────────┘  └────────────┘           ┌向法院起诉┐
                 │                                           └──────────┘
            ┌申请材料┐
            │不全    │
            └────┬───┘
          ┊5日内通知┊ ┊10日内补正材料┊
                 │
        ┌决定不予受理且书面告知┐
        └──────────────────────┘
```

【多选题】 根据《行政复议法》及其《实施条例》的规范性文件，申请人在行政复议期间的法定权利有（　　）。

A. 查阅被申请人的书面答复，做出具体行政行为的证据及依据等有关材料的权利

B. 委托律师作为代理人参加复议的权利

C. 要求依法撤回行政复议申请的权利

D. 停止执行被申请复议的行政行为所确定的给付义务的权利

E. 复议期间对被申请行政复议的行政行为提起诉讼

解析 选项A，申请人、第三人可以查阅被申请人提出的书面答复、做出具体行政行为的证据、依据和其他有关材料，除涉及国家秘密、商业秘密或者个人隐私外，行政复议机关不得拒绝。选项B，申请人、第三人可以委托代理人代为参加行政复议。选项C，行政复议决定做出前，申请人要求撤回行政复议申请的，经说明理由，可以撤回。选项D，复议期间具体行政行为原则上不停止执行，申请人在特殊情况下可申请停止执行，但是否停止须由行政复议机关决定。选项E，已经选择行政复议，对复议决定不服的，仍可以提起行政诉讼，但在法定行政复议期限内不得向人民法院提起行政诉讼。

【答案】 ABC

知识点 · 行政复议中止和终止

【单选题】 根据行政复议法律制度的规定，在（　　）的情形下，行政复议终止。

A. 作为申请人的法人或者其他组织终止

B. 申请人要求撤回行政复议申请，行政复议机构准予撤回

C. 申请人因不可抗力不能参加行政复议，致行政复议中止满60日
D. 案件需要有权机关对涉及的法律适用问题做出解释，致行政复议中止满60日

解析 选项A，如果作为申请人的法人或者其他组织的权利义务承受人不放弃行政复议权利的，行政复议不终止。选项CD，不受"中止满60日"的限制。

【答案】B

【考点精炼】

	行政复议中止：停一下	行政复议终止：结束
原因	（1）作为申请人的公民死亡，其近亲属尚未确定是否参加行政复议的； （2）作为申请人的公民丧失参加行政复议的能力，尚未确定法定代理人参加行政复议的； （3）作为申请人的法人或者其他组织终止，尚未确定权利义务承受人的； ☆提示：发生中止第（1）~（3）项的情形，中止行政复议的，满60日行政复议中止的原因仍未消除的，行政复议终止 （4）作为申请人的公民下落不明或者被宣告失踪的； （5）申请人、被申请人因不可抗力或其他正当理由，不能参加行政复议的； （6）案件涉及法律适用问题，需要有权机关做出解释或者确认的； （7）案件审理需要以其他案件的审理结果为依据，而其他案件尚未审结的； （8）进行调解、和解，申请人和被申请人同意中止的； （9）行政复议附带审查规范性文件； （10）需要中止复议的其他情形。 ☆提示：中止原因消除后恢复审理，应当书面告知有关当事人	（1）申请人要求撤回行政复议申请，行政复议机构准予撤回的； （2）作为申请人的公民死亡，没有近亲属或者其近亲属放弃行政复议权利的； （3）作为申请人的法人或者其他组织终止，没有权利义务的承受人或者其权利义务的承受人放弃行政复议权利的 （4）申请人对行政拘留或者限制人身自由的行政强制措施不服申请行政复议后，因同一违法行为涉嫌犯罪，被采取强制措施

【多选题】根据《行政复议法实施条例》，经复议机构同意，复议申请可以依法撤回。下列关于复议申请依法撤回的法律效果的说法中，错误的有（　　）。

A. 被申请人可以直接申请人民法院强制执行被申请复议的行政决定
B. 申请人不得再以同一事实和理由提出行政复议申请
C. 申请人不得再以同一事实和理由向人民法院提起行政诉讼
D. 被申请人可以直接自行强制执行被申请复议的行政决定
E. 行政复议终止

解析 《行政复议法实施条例》规定：申请人要求撤回行政复议申请，行政复议机构准予撤回的，行政复议终止。因此，选项E正确。选项AD，行政机关改变原行政行为的，为一个全新的行政行为，申请人可在权益受到侵害时对新的行政行为提出法律救济。行政机关未改变原行政行为的，原行政行为继续发生效力，是否需要及如何强制执行应按《行政强制法》的规定进行。选项B，申请人撤回行政复议申请的，不得再以同一事实和理由提出行政复议申请。但是，申请人能够证明撤回行政复议申请违背其真实意思表示的除外。如不违背其真实意思表示，也可以以同一事实和理由申请行政诉讼。选项C，对于非复议前置案件，申请人依法撤回复议申请后，在法定起诉期限内对原行政行为提起诉讼的，人民法院应当受理。

【答案】ABCD

知识点·行政复议决定

【单选题】国务院某部以违法从事生产经营为由对某省某上市公司做出罚款100万元的处罚。该公司不服，向该部申请行政复议。公司对该部做出的复议决定不服，向国务院申请裁决。根据《行政诉讼法》《行政复议法》及《行政复议法实施条例》规定，下列关于本案中复议机关和人民法院处理的说法中，正确的是（　　）。

A. 若该部经复议审理后发现，其做出的罚款处罚决定适用依据错误，可以决定变更
B. 若公司在复议期间撤回复议申请，之后又以同一事实和理由提出复议申请或者向人民法院起诉该部，则复议机关和人民法院均不应受理
C. 若公司委托代理人参加行政复议，则该部作为复议机关应允许代理人查阅该部提出的书面答复，但是对查阅该部做出罚款决定的证据、依据和其他材料的请求可以拒绝
D. 若公司对国务院的裁决仍不服向人民法院起诉，人民法院应予以受理

解析 申请人撤回行政复议申请的，不得再以同一事实和理由提出行政复议申请。但是，申请人能够证明撤回行政复议申请违背其真实意思表示的除外。法律、法规未规定行政复议为提起行政诉讼必经程序，公民、法人或者其他组织向复议机关申请行政复议后，又经复议机关同意撤回复议申请，在法定起诉期限内对原行政行为提起诉讼的，人民法院应当依法受理。可见，撤回复议申请之后，可以依法向人民法院提起行政诉讼，故选项B错误。申请人、第三人可以查阅被申请人提出的书面答复，做出具体行政行为的证据、依据和其他有关材料，除涉及国家秘密、商业秘密或者个人隐私外，行政复议机关不得拒绝，故选项C错误。对国务院部门的行政复议决定不服的，可以向人民法院提起行政诉讼，也可以向国务院申请裁决，国务院依照《行政复议法》的规定做出最终裁决，故选项D错误。

【答案】A

【考点精炼】

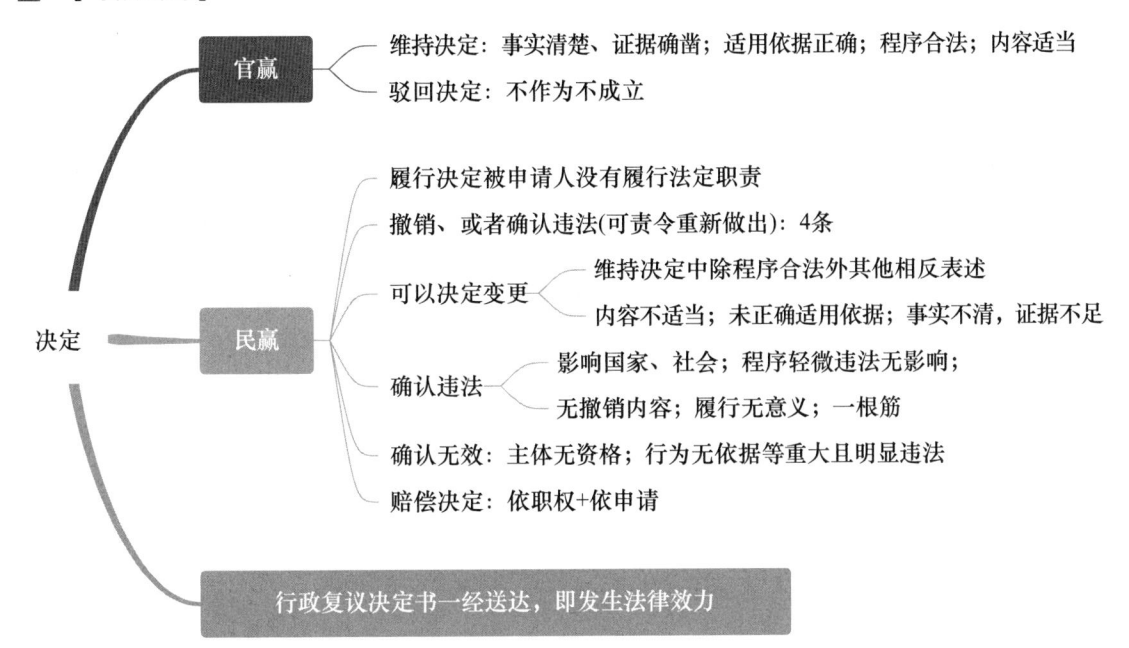

```
          ┌─ 官赢 ─┬─ 维持决定：事实清楚、证据确凿；适用依据正确；程序合法；内容适当
          │        └─ 驳回决定：不作为不成立
          │
          │        ┌─ 履行决定被申请人没有履行法定职责
决定 ─────┤        │
          │        ├─ 撤销、或者确认违法(可责令重新做出)：4条
          │        │
          ├─ 民赢 ─┼─ 可以决定变更 ─┬─ 维持决定中除程序合法外其他相反表述
          │        │                 └─ 内容不适当；未正确适用依据；事实不清，证据不足
          │        │
          │        ├─ 确认违法 ─────┬─ 影响国家、社会；程序轻微违法无影响；
          │        │                 └─ 无撤销内容；履行无意义；一根筋
          │        │
          │        ├─ 确认无效：主体无资格；行为无依据等重大且明显违法
          │        │
          │        └─ 赔偿决定：依职权+依申请
          │
          └─ 行政复议决定书一经送达，即发生法律效力
```

知识点 · 税务行政复议申请

【多选题】某地税务总局稽查局对某纳税人做出罚款10万元的处罚决定，该纳税人对罚款决定不服，向稽查局的主管税务局申请复议。稽查局依法向复议机关提交了据以做出处罚决定的证据、依据和其他有关材料，并提出了书面答复。复议机关审理后决定，变更罚款为5万元。《税务行政复议决定书》送达后，该纳税人逾期未向人民法院起诉。根据税务行政复议法律制度的规范性文件，下列说法中，正确的有（   ）。

A. 如果该纳税人不能按规范性文件缴清10万元罚款，则应当提供相应的担保才能申请复议
B. 该纳税人可以查阅稽查局提交的证据、依据和其他有关材料，但不得查阅书面答复
C. 如果该纳税人在复议决定做出前，经行政复议机构同意，可以撤回申请
D. 该纳税人应当在接到《税务行政处罚决定书》之日起3个月内提出复议申请
E. 如果该纳税人逾期不起诉又不履行罚款5万元的复议决定，由主管税务局依法强制执行或者申请人民法院强制执行

解析 选项A，对税务机关做出逾期不缴纳罚款加处罚款的决定不服，不能采用担保的方式。选项B，申请人、第三人可以查阅被申请人提出的书面答复、做出具体行政行为的证据、依据和其他有关材料，除涉及国家秘密、商业秘密或者个人隐私外，行政复议机关不得拒绝。选项C，税务行政复议决定做出前，申请人要求撤回税务行政复议申请的，"经行政复议机构同意"，可以撤回，但不得以同一基本事实和理由重新申请复议。选项D，申请人可以在知道税务机关做出具体行政行为之日起60日内提出行政复议申请。选项E，行政复议机

51

关做出变更具体行政行为的行政复议决定，申请人逾期不起诉又不履行行政复议决定的，由行政复议机关（该稽查局的主管税务局）依法强制执行，或者申请人民法院强制执行。

【答案】CE

【考点精炼】

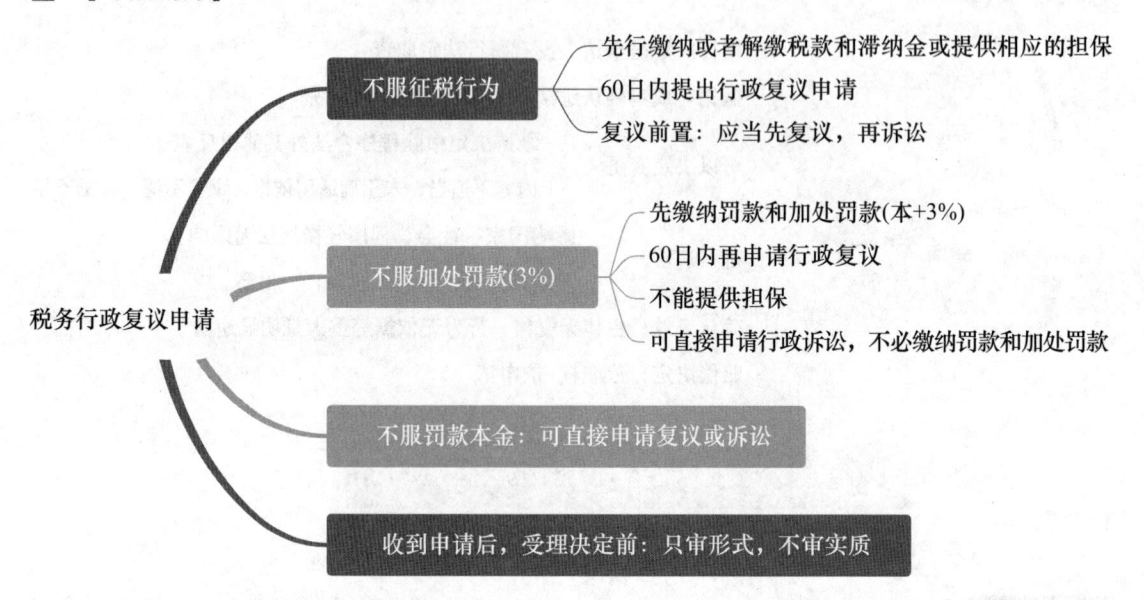

```
                          ┌─ 先行缴纳或者解缴税款和滞纳金或提供相应的担保
              不服征税行为 ─┼─ 60日内提出行政复议申请
             │            └─ 复议前置：应当先复议，再诉讼
             │
             │                ┌─ 先缴纳罚款和加处罚款(本+3%)
税务行政复议申请─ 不服加处罚款(3%)─┼─ 60日内再申请行政复议
             │                ├─ 不能提供担保
             │                └─ 可直接申请行政诉讼，不必缴纳罚款和加处罚款
             │
             ├─ 不服罚款本金：可直接申请复议或诉讼
             │
             └─ 收到申请后，受理决定前：只审形式，不审实质
```

【多选题】根据税务行政复议法律制度的规范性文件，纳税人对税务机关（　　）的行为不服，可以不经复议直接向人民法院提起行政诉讼。

A. 评定纳税信用等级

B. 采取税收强制执行措施

C. 不依法确认纳税担保是否有效

D. 确认税款征收方式

E. 加收滞纳金

【解析】选项ABC，均不属于"征税行为"，不适用复议前置。

【答案】ABC

【多选题】税务行政复议机关收到纳税人提出的复议申请后，在决定是否受理税务行政复议申请时应当审查（　　）。

A. 提出的复议申请是否符合法定复议条件

B. 被申请复议的税务行政行为是否证据充分

C. 是否属于复议机关已处理过案件的重复申请

D. 被申请复议的税务行政行为是否具备合法性和适当性

E. 被申请复议的税务行政行为在行政程序上是否超过法定时限

【解析】选项BDE，属于受理后行政复议机关应当审查的事项。选项E，如果行政行为超过法定时限，属于不合法，对该问题的审查即为对行政行为合法性的审查。

【答案】AC

【单选题】根据《税务行政复议规则》规范性文件，下列关于税务行政复议期间和期限的说法中，正确的是(　　)。

A. 税务行政复议机关收到复议申请后应当在5日内进行审查决定是否受理，该期间含法定节假日

B. 案情复杂，不能在规范性文件期限内做出复议决定的，可以适当延长期限，但延长期限不得超过60日

C. 复议机关责令被申请人重新做出行政行为的，被申请人一般应当在30日内重新做出行政行为

D. 税务行政复议审理期限在和解、调解期间中止计算

解析 选项A，行政复议机关收到行政复议申请以后，应当在5日内审查，决定是否受理，该期间指的是工作日，不含法定节假日。选项B，行政复议机关应当自受理申请之日起60日内做出行政复议决定。情况复杂，不能在规范性文件期限内做出行政复议决定的，经行政复议机关负责人批准，可以适当延期，并告知申请人和被申请人，但是延期不得超过"30日"。选项C，行政复议机关责令被申请人重新做出具体行政行为的，被申请人应当在"60日"内重新做出具体行政行为；情况复杂，不能在规范性文件期限内重新做出具体行政行为的，经行政复议机关批准，可以适当延期，但是延期不得超过30日。选项D，《税务行政复议规则》规范性文件，(税务)行政复议审理期限在和解、调解期间中止计算。

【答案】D

【综合分析题】

2009年6月，A市税务局稽查局（以下简称稽查局）对甲公司进行日常税务检查。稽查局认为，该公司在税务检查期间不如实反映情况、拒不提供有关资料，并且存在不接受税务机关处理的行为，遂向该公司送达《收缴、停止发售发票决定书》（以下简称《决定书》），决定自2009年6月26日起停止向甲公司出售专用发票并收缴其空白发票。

该公司认为：第一，公司在税务检查期间主动配合稽查局进行检查，在力所能及范围内尽可能地给稽查局提供需要的材料，不存在不如实反映情况、拒不提供有关资料的事实。第二，公司在稽查局决定收缴、停止发售发票之前从未接到过税务机关的任何处理决定，因而不存在拒不接受税务机关处理的行为。

该公司遂于2009年7月8日向A市税务局申请复议，请求撤销稽查局做出的《决定书》，并责令被申请人稽查局向该公司发售发票。复议期间，稽查局研究决定，自2009年7月21日起解除收缴、停止发售发票措施，同意该公司使用和领购发票。2009年7月22日，该公司提出撤回税务行政复议申请。

请根据案情，回答下列问题。

1. 根据我国行政法理论，稽查局收缴甲公司空白发票的行为性质上属于(　　)。

A. 执行罚　　　　　　　　　B. 行政处罚

C. 行政裁决　　　　　　　　D. 行政许可的撤销

E. 间接强制执行措施

🔍 **解析** 直接强制措施是直接作用于人身或财务之上的强制措施,收缴发票非直接作用于人身或财务,是一种执行罚性质的间接强制执行措施。

【答案】AE

2. 根据有关法律法规和《税务行政复议规则》,甲公司撤回复议申请的法定条件和要求有( )。

A. 甲公司说明撤回复议申请的理由

B. 稽查局准予撤回复议申请

C. 甲公司与稽查局双方达成和解协议

D. 撤回复议申请是甲公司的真实意思表示

E. 经 A 市税务局行政复议机构同意

🔍 **解析** 申请人在行政复议决定做出以前撤回行政复议申请的,经行政复议机构同意,可以撤回。申请人撤回行政复议申请的,不得再以同一事实和理由提出行政复议申请。但是,申请人能够证明撤回行政复议申请违背其真实意思表示的除外。

【答案】ADE

3. 根据《税务行政复议规则》,若出现( )的情形,则税务行政复议终止。

A. 甲公司因不可抗力不能参加行政复议

B. 甲公司并入其他公司,但其他公司放弃行政复议权利

C. 甲公司撤回复议申请,A 市税务局行政复议机构准予撤回

D. 经 A 市税务局行政复议机构准许甲公司与稽查局双方达成和解

E. 稽查局因不可抗力不能参加行政复议

🔍 **解析** 选项 AE 属于"申请人、被申请人因不可抗力或其他正当理由,不能参加行政复议的"情形,导致税务行政复议中止。

【答案】BCD

第六章 行政诉讼法律制度

知识点 · 行政诉讼的基本原则

【多选题】下列有关行政诉讼的说法中，正确的有（　　）。
A. 行政诉讼实行被告对行政行为合法性负举证责任原则
B. 抽象行政行为不能成为行政诉讼一并审查的对象
C. 若被告认为需要停止执行行政行为的，则可以在行政诉讼期间停止执行行政行为
D. 人民法院判决变更行政行为，任何情况下不得加重原告的义务或者减损原告的权益
E. 没有原告或者利害关系人的申请，人民法院不得依职权在行政诉讼期间裁定停止执行行政行为

解析 选项B，部分抽象行政行为可以成为一并审查的对象。根据《行政诉讼法》规定：公民、法人或者其他组织认为行政行为所依据的国务院部门和地方人民政府及其部门制定的"规范性文件不合法"，在对行政行为提起诉讼时，可以"一并"请求对该规范性文件进行审查。该规范性文件"不含规章"。选项D，人民法院判决变更，不得加重原告的义务或者减损原告的权益。但利害关系人同为原告，且诉讼请求相反的除外。选项E，人民法院认为该行政行为的执行会给国家利益、社会公共利益造成重大损害的，可以裁定停止执行。

【答案】AC

【考点精炼】

类型	说明
被告对行政行为合法性负举证责任原则	举证责任倒置
诉讼期间行政行为不停止执行原则	（1）被告认为需要停止执行。 （2）原告或利害关系人申请停止执行，人民法院认为该行政行为的执行会造成难以弥补的损失，并且停止执行不损害国家利益、社会公共利益。 （3）人民法院认为该行政行为的执行会给国家利益、社会公共利益造成重大损害。 （4）法律、法规规定停止执行
司法依法变更原则	不得加重原告的义务或者减损原告的权益，但利害关系人同为原告，且诉讼请求相反的除外
对行政行为合法性审查原则	行政诉讼审查行为是否合法、明显不当

知识点 · 行政诉讼与行政复议的关系

【单选题】下列关于行政诉讼和行政复议的说法中，正确的是（　　）。
A. 被判处人对治安管理处罚决定不服只能依法提起行政诉讼
B. 对行政复议决定不服的公民、法人或其他组织均能提起行政诉讼
C. 纳税人同税务机关发生纳税争议的，可以直接提起行政诉讼
D. 行政诉讼与行政复议在审级制度上存在差异，前者实行两审终审制，后者实行一级复议制

【解析】选项A，公民、法人或者其他组织对行政机关做出的警告、罚款、没收违法所得、没收非法财物、责令停产停业、暂扣或者吊销许可证、暂扣或者吊销执照、行政拘留等行政处罚决定不服的，可以依照《行政复议法》申请行政复议。选项B，公民、法人或者其他组织对行政复议决定不服的，可以依照《行政诉讼法》的规定向人民法院提起行政诉讼，但是法律规定行政复议决定为最终裁决的除外。选项C，申请人对规定的征税行为不服的，应当先向行政复议机关申请行政复议。对行政复议决定不服的，可以向人民法院提起行政诉讼，即征税行为为复议前置案件。

【答案】D

【考点精炼】行政诉讼与行政复议的区别

	行政复议	行政诉讼
审级制度	一级复议制	两审终审制
审理方式	采用灵活审理方式，包括听取意见、书面审理、调查取证以及组织听证等方式	实行开庭审理
审理标准	法律、法规、规章	以法律、法规为依据；参照规章

知识点 · 行政诉讼受案范围

【单选题】根据《行政诉讼法》及司法解释规定，下列属于行政诉讼受案范围的是（　　）。
A. 税务机关为做出行政行为而实施的层报、咨询等过程性行政行为
B. 税务机关协助人民法院执行时采取违法方式做出的执行行为
C. 上级税务机关基于内部层级监督关系对下级税务机关做出的执法检查、督促履责行为
D. 税务机关做出的对纳税人权利义务不产生实际影响或者不产生外部法律效力的行为

【解析】选项A为内部行政行为和行政事实行为。选项B为外部行政行为、具体行政行为、有强制力和实际影响力的行政行为。选项C为内部行政行为。选项D为内部行政行为、行政事实行为。故选项ACD错误。

【答案】B

第六章 行政诉讼法律制度

【考点精炼】
行政诉讼受案范围与行政复议受案范围判断标准一致，即同时满足三个要件：
(1) 外部行政行为（反义词：内部行政行为）。
(2) 具体行政行为（反义词：抽象行政行为）。
(3) 有强制力和实际影响力的行为，即行政法律行为（反义词：行政事实行为）。

【单选题】 根据《行政诉讼法》及司法解释规定，下列行政行为中，属于行政诉讼受案范围的是(　　)。
A. 税务行政处罚事项告知行为
B. 层报、咨询、论证等过程性行政行为
C. 解除政府特许经营协议行为
D. 税务行政指导行为

解析 选项 A 为行政事实行为。选项 B 为内部行政行为、行政事实行为。选项 D 为行政事实行为。故 ABD 错误。选项 C 为行政法律行为、外部行政行为、具体行政行为。
【答案】 C

【单选题】 根据《行政诉讼法》规定，下列案件中，属于行政诉讼受理范围的是(　　)。
A. 对行政机关暂扣许可证不服提起诉讼的案件
B. 对行政机关做出人事任免、奖惩决定不服提起诉讼的案件
C. 对仲裁委员会就劳动争议做出的仲裁裁决不服提起诉讼的案件
D. 对行政机关做出的不具有强制力的行政指导行为不服提起诉讼的案件

解析 对行政拘留、暂扣或者吊销许可证和执照、责令停产停业、没收违法所得、没收非法财物、罚款、警告等行政处罚不服的案件属于行政诉讼受案范围，选项 A 正确。选项 B 项为内部行政行为。选项 C 为平等主体之间，故适用于民事诉讼而非行政诉讼。选项 D 为行政事实行为。
【答案】 A

【多选题】 根据法律、法规规定，当事人可以依法申请复议也可以依法提起行政诉讼的事项包括(　　)。
A. 行政机关辞退公务员或者取消录用
B. 税务机关做出行政奖励决定
C. 林业部门推广林业科技成果的行政指导活动
D. 公司登记机关做出不予名称预先核准，不予登记决定
E. 市、县级人民政府做出国有土地上房屋征收决定

解析 选项 A，行政机关对行政机关工作人员的奖惩、任免等决定属于内部行政行为，不可以申请行政复议或者提起行政诉讼。选项 B，行政相对人认为行政机关做出的奖励行为侵犯其合法权益的，可以依法申请行政复议或者提起行政诉讼。选项 C，不具有强制力的行政指导行为即行政事实行为不可以作为申请行政复议或者提起行政诉讼的对象。选项 D，根

57

据《公司登记管理条例》的规定，公司登记机关做出不予名称预先核准、不予登记决定的，应当出具《企业名称驳回通知书》《登记驳回通知书》，说明不予核准、登记的理由，并告知申请人享有依法申请行政复议或者提起行政诉讼的权利。选项 E，被征收人对市、县级人民政府做出的房屋征收决定不服的，可以依法申请行政复议，也可以依法提起行政诉讼。

【答案】BDE

【单选题】2013 年 6 月，有人向某市林业局举报某地村民高某毁林采矿。3 日后，市林业局致函当地县政府，要求县政府调查，县政府接函后当日召开专题会议，形成会议纪要：由县林业局、县矿产资源管理局和县安监局三部门共同负责调查处理此事。三部门遂展开调查，并与高某沟通后形成处理意见：要求高某合法开采。2013 年 9 月，又有人举报高某，称高某又在非法采矿，不少林木被毁，当地生态遭到破坏。2013 年 10 月，三部门经调查，向高某共同发出通知：责令高某立即停止违法开采并限期采取相应补救措施，对被破坏的生态进行整治。高某不服，认为自己采矿前履行了必要的许可程序，采矿手续合法、齐全，三部门的调查工作不充分，说其毁林缺乏事实依据，于是决定向人民法院提起行政诉讼。下列有关行为是否具有可诉性的说法中，正确的是（　　）。

A. 三部门的通知行为不具有可诉性
B. 三部门做出相关处理意见的行为具有可诉性
C. 市林业局致函县政府的行为不具有可诉性
D. 县政府专题会议形成的会议纪要具有可诉性

解析　选项 A，三部门的通知对高某的权利义务产生直接影响，故具有可诉性。选项 BCD，均未对高某的权利义务产生直接影响，不具有可诉性。

【答案】C

【多选题】根据《行政诉讼法》及其司法解释规定，对下列事项提起的行政诉讼中，人民法院依法不予受理的有（　　）。

A. 行政机关对其工作人员的奖惩决定　　B. 行政法规、规章
C. 行政指导行为　　D. 国防外交等国家行为
E. 对征收、征用决定不服

解析　选项 A 为内部行政行为。选项 B 为抽象行政行为。选项 C 为行政事实行为。选项 D 属于"管不了"。选项 E，对征收、征用决定及其补偿决定不服，属于行政诉讼受案范围。

【答案】ABCD

【多选题】某市规划局认定刘某所建房屋违反规划，向刘某送达《拆除所建房屋通知》，要求刘某在 15 日内拆除房屋。到期后，刘某未拆除所建房屋，市规划局送达《关于限期拆除所建房屋的通知》，要求刘某在 10 日内自行拆除，否则将依法强制拆除所建房屋。根据行政法理论和有关法律、法规规定，下列关于本案市规划局通知行为的法律性质和程序要求的说法中，正确的有（　　）。

A. 《拆除所建房屋通知》属于行政强制措施，具有可诉性

B. 《拆除所建房屋通知》属于行政处罚决定,具有可诉性
C. 《拆除所建房屋通知》属于行政征收决定,不具有可诉性
D. 《关于限期拆除所建房屋的通知》属于强制执行前的催告行为,不具有可诉性
E. 《拆除所建房屋通知》属于行政强制执行决定,具有可诉性

解析 《拆除所建房屋通知》属于行政处罚,是对违章建筑行为的制裁,具有可诉性;《关于限期拆除所建房屋的通知》属于行政强制执行前的催告,是行政事实行为,一般不具有可诉性。

【答案】 BD

知识点 · 行政诉讼原告

【单选题】 中外合资企业W公司由中方甲公司与外方乙公司共同投资设立。外方乙公司认为,某税务局对W公司做出的停止办理出口退税行政处罚决定侵害其合法权益,遂以乙公司的名义向人民法院提起行政诉讼。对此,人民法院的正确做法是(　　)。

A. 不受理,因为乙公司不是行政行为的相对人
B. 受理,因为乙公司依法享有单独提起行政诉讼的权利
C. 不受理,因为乙公司不是独立的法人
D. 受理,应当同时列甲公司为共同原告,因为甲公司与被诉行政处罚决定有法律上的利害关系

解析 联营企业、中外合资或者合作企业的联营、合资、合作各方,认为联营、合资、合作企业权益或者自己一方合法权益受行政行为侵害的,可以自己的名义提起诉讼。

【答案】 B

【考点精炼】

具体情形下原告资格的确定

组织名称		原告
合伙	合伙企业	以核准登记的字号为原告
	未依法登记领取营业执照的个人合伙	全体合伙人为共同原告（全体合伙人可以出具推选书推选代表人）
个体工商户	有字号	以营业执照上登记的字号为原告
	没字号	以营业执照上登记的经营者为原告
联营、合资、合作企业及其各方权益受损		认为企业权益或自己一方合法权益受行政行为侵害的,联营、合资、合作各方以自己名义提起诉讼
非国有企业被注销、撤销、合并、强令兼并、出售、分立、改变隶属性质等		该企业或其法定代表人起诉
行政机关做出的行政行为侵犯股份制企业经营自主权		股东大会、股东会、董事会以该企业的名义起诉

续表

组织名称	原告
非营利法人合法权益受损	事业单位、社会团体、基金会、社会服务机构等非营利法人的出资人、设立人以自己的名义提起诉讼
业主共有利益受损	业主委员会可以自己的名义提起诉讼

【单选题】股份制上市企业旭日公司认为某商务局做出的决定侵犯其经营自主权。根据法律和司法解释的规定，无权以该公司的名义提起行政诉讼的主体是(　　)。

A. 股东、独立董事　　　　　　B. 股东大会
C. 董事会　　　　　　　　　　D. 股东会

解析 （1）当行政行为侵犯其合法权益时，企业本身自然具有原告资格，企业的法定代表人可以企业的名义向人民法院起诉。根据公司法律制度的规定，公司法定代表人依照公司章程的规定，由董事长、执行董事或者经理担任。选项A中股东、独立董事不是企业法定代表人，不能以企业名义起诉。（2）股份制企业的股东大会、股东会、董事会等认为行政机关做出的行政行为侵犯企业经营自由权的，可以企业名义提起诉讼。

【答案】A

备注：新《公司法》出台后，股东大会已经改名为股东会，但新《行政复议法》出台时间在新《公司法》之前，故《行政复议法》依然采用老《公司法》股东大会的称呼。

【多选题】根据有关司法解释的规定，公民、法人或者其他组织可以依法提起行政诉讼从而成为原告的情形包括(　　)。

A. 被诉的行政行为涉及其相邻权的
B. 要求主管行政机关依法追究加害人法律责任的
C. 与撤销或者变更行政行为没有法律上利害关系的
D. 被诉的行政行为涉及其公平竞争权的
E. 在复议程序中被追加为第三人的

解析 有下列情形之一的，公民、法人或者其他组织也可以依法提起行政诉讼：（1）被诉的行政行为涉及其相邻权或者公平竞争权的（选项AD正确）；（2）与被诉的行政复议决定有法律上利害关系或者在复议程序中被追加为第三人的（选项E正确）；（3）要求主管行政机关依法追究加害人法律责任的（选项B正确）；（4）与撤销或者变更行政行为有法律上利害关系的（选项C错误）。

【答案】ABDE

【考点精炼】

所谓原告，就是有利害关系的人，直接判断即可。

知识点 · 行政诉讼被告

【单选题】下列有关行政诉讼被告的说法中,正确的是( )。
A. 复议机关改变原行政行为的,由做出原行政行为的行政机关和复议机关作为共同被告
B. 行政诉讼被告对原告的诉讼请求具有反诉权
C. 行政诉讼被告可以是行政机关工作人员
D. 当事人不服经上级行政机关批准的行政行为而向人民法院提起诉讼的,应当以在对外发生法律效力的文书上署名的行政机关为被告

解析 选项A,经复议的案件,复议机关决定维持原行政行为的,做出原行政行为的行政机关和复议机关为共同被告。复议机关改变原行政行为的,复议机关为被告。选项B,行政诉讼被告对原告的诉讼请求没有反诉权。选项C,行政诉讼被告只能是行政主体(包括行政机关和法律、法规授权的组织),行政机关工作人员不能成为行政诉讼被告。

【答案】 D

【考点精炼】
具体情形下被告资格的确定——抓行政主体

	行政行为不服	行政诉讼被告
一般规定	行政机关做出具体行为	行政机关
不服上级批准	上级行政机关批准下级行政机关做出具体行为	对外署名的机关 ☆提示:行政复议被申请人—批准机关
经复议的案件(对谁不满找谁,假设我们是原告)	复议维持,我们不满	做出原行政行为的行政机关和复议机关都有错,两机关为共同被告
	复议改变,我们不满	复议机关有错,复议机关为被告
	法定期限内未做出复议决定(复议不作为),我们不满	对谁不满找谁,对原行政行为不满,原行政机关为被告;对复议机关不作为不满,复议机关为被告
有担责能力的行政主体为被告	行政机关和行政机关(或法律、法规、规章授权的组织)	共同为被告
	行政机关与其他组织	行政机关为被告,其他组织为第三人
	法律、法规、规章授权的组织	该组织为被告

续表

	行政行为不服		行政诉讼被告
有担责能力的行政主体为被告	受行政机关委托的组织		委托的行政机关为被告
	派出机关		派出机关为被告
	法律、法规、规章授权机构且以自己名义实施		派出机构（超越职权也可以）为被告
	法律、法规、规章未授权且以自己名义实施		设立该机构的行政机关为被告
	由国务院、省级人民政府批准设立的开发区管理机构（具有行政主体，可以理解为"区政府"）	对该机构做出的行政行为不服提起诉讼	以该开发区管理机构为被告
		对该开发区管理机构所属职能部门做出的行政行为不服提起诉讼	职能部门为被告
	其他开发区管理机构		有主体资格则为被告，没主体资格设立该机构的政府为被告。（职能部门不能成为被告）
	村委会、居委会、高等学院等事业单位、行业协会等		有法律、法规、规章授权，该组织为被告；无法律、法规、规章授权，委托行政机关为被告
行政机关被撤销或职权变更	有继续行使其职权的机关		继续行使其职权的机关为被告
	无继续行使其职权的机关	双重领导	人民政府为被告
		垂直领导	上级行政机关为被告
房屋征收	市、县级人民政府确定的房屋征收部门组织实施房屋征收与补偿工作过程中做出行政行为		以房屋征收部门为被告
	征收实施单位受房屋征收部门委托，在委托范围从事的行为		
行政许可案件	一般行政许可		做出行政许可决定的机关为被告
	许可经上级机关批准，对批准或不批准不服一并提起诉讼		下级机关和上级机关

续表

	行政行为不服	行政诉讼被告
行政许可案件	行政许可依法须经下级行政机关或者管理公共事务的组织初步审查并上报，当事人对不予初步审查或者不予上报不服提起诉讼的	以下级行政机关或者管理公共事务的组织为被告
	规定统一办理行政许可的，对行政许可行为不服	做出具有实质影响的不利行为的机关
行政诉讼被告的特殊性	（1）对原告的诉讼请求没有反诉权； （2）被诉行政机关负责人应当出庭应诉。不能出庭的，应当委托行政机关相应的工作人员出庭，不得仅委托律师出庭	

【单选题】根据《行政诉讼法》及司法解释规定，对复议机关决定维持原行政行为而当事人不服提起行政诉讼的案件，确定被告的规则是(　　)。

A. 以复议机关为被告，以做出原行政行为的行政机关为第三人

B. 以做出原行政行为的行政机关和复议机关为共同被告

C. 以做出原行政行为的行政机关为被告，复议机关作为第三人

D. 由当事人选择做出原行政行为的行政机关和复议机关二者之一作为被告

解析　复议机关维持原行政行为的，原行政机关和复议机关为共同被告。

【答案】B

【单选题】根据《行政诉讼法》及规定，复议机关决定维持原行政行为，当事人不服，向人民法院提起行政诉讼，人民法院确定诉讼被告的规则是(　　)。

A. 复议机关为被告

B. 做出原行政行为的行政机关为被告

C. 由原告选择做出原行政行为的行政机关与做出维持决定的复议机关二者中任选一个为被告

D. 做出原行政行为的行政机关和复议机关为共同被告

解析　经复议的案件，复议机关决定维持原行政行为的，做出原行政行为的行政机关和复议机关是共同被告。

【答案】D

【多选题】根据有关司法解释，下列关于行政许可案件被告确定的表述中，正确的有(　　)。

A. 当事人不服行政许可决定提起行政诉讼的，以做出行政许可决定的行政机关为被告

B. 行政许可依法须经上级行政机关批准，当事人对批准或者不批准行为不服一并提起

63

行政诉讼的，以上级行政机关为共同被告

C. 按规定行政许可须经下级行政机关初步审查并上报，当事人对不予初步审查或者不予上报的行为不服提起行政诉讼的，以下级行政机关为被告

D. 行政机关按规定统一办理行政许可的，若当事人对行政许可行为不服提起行政诉讼，以对当事人做出具有实质影响的不利行为的行政机关为被告

E. 行政机关按规定统一办理行政许可的，若当事人对行政许可行为不服提起行政诉讼，以实施行政许可的所有行政机关为共同被告

解析 选项 E 应以对当事人做出具有实质影响的不利行为的行政机关为被告。

【答案】 ABCD

知识点 · 行政诉讼第三人

【单选题】 某区房产管理局向郭某发放了一份房屋产权证书，郭某系房屋产权人。李某知道此事后非常气愤，声称自己几年前就从该区房产管理局领到了所涉房产的产权证书。因交涉没有结果，李某遂以房屋产权人的名义向区政府申请复议，请求撤销区房产管理局向郭某发放的房屋产权证书。经复议审理，区政府复议决定撤销向郭某发放的房屋产权证书。郭某接到决定书后没几天即遇交通事故死亡。郭某的妻子对该决定不服，以自己的名义直接向人民法院提起行政诉讼。根据《行政诉讼法》及司法解释的规定，下列关于本案当事人起诉的效力以及人民法院处理的说法中，正确的是（　　）。

A. 本案起诉不成立，理由是本案不属于法定受案范围

B. 本案起诉不成立，理由是原告没有先申请复议处理

C. 本案起诉不成立，人民法院应当裁定不予受理，理由是郭某的妻子没有原告资格，应以郭某代理人身份起诉

D. 本案起诉成立，人民法院应当通知李某作为第三人参加诉讼

解析 选项 A，房屋为夫妻共同财产，撤销房产证的复议决定对郭某或其妻子的合法权益造成损害，可依法提起行政诉讼。选项 B，对房屋产权登记行为不服，法律并未要求复议前置。选项 C，有权提起诉讼的公民死亡，其近亲属可以提起诉讼；在本题中，郭某的房屋产权证被撤销，郭某本人有权提起行政诉讼，郭某死亡，其妻作为近亲属有权提起行政诉讼（或者，从郭某妻子作为产权共有人、继承人的角度，属于利害关系人，亦有权提起行政诉讼）。选项 D，本题是一个房屋有两本房产证、分属两个不同的人，两个持证人属于有利害关系的人，其中一人起诉的，人民法院应当通知另一人（李某）作为第三人参加诉讼。

【答案】 D

知识点 · 行政诉讼证据的收集和审查认定

【多选题】 在行政诉讼中，人民法院审查（　　），属于对证据真实性的审查。

A. 证人与当事人是否存在亲属关系

B. 鉴定结论的做出是否依据科学的方法

C. 录音资料与待证事实是否有关联

D. 复制件证据是否通过欺诈手段获得

E. 行政执法文书上印文的真伪

解析 （1）对证据真实性审查包括：①证据形成的原因（选项BE）；②发现证据时的客观环境；③证据是否为原物、原件，复制品、复制件与原物、原件是否相符；④提供证据的人或者证人与当事人是否具有利害关系（选项A）；⑤影响证据真实性的其他因素。（2）选项C，证据与待证事实是否具有证明关系，属于关联性的问题。（3）选项D，证据取得手段不合法，属于合法性的问题。

【答案】 ABE

【考点精炼】

行政诉讼证据的审查认定

全面审查	关联性	审查证据与待证事实是否具有证明关系、关联程度
	合法性	审查证据的形式是否合法、取得是否合法
	真实性	审查证据形成的原因，发现证据的客观环境，是否为原物、原件，复制件与原件是否相符，证人与当事人是否具有利害关系等

【多选题】 某县城管执法局认为A电子公司的建房违法，决定强行拆除其违法建筑。其后，拆除决定被认定违法，A电子公司要求县城管执法局予以赔偿，遭到拒绝，遂向人民法院提起行政赔偿诉讼。A电子公司除向人民法院提供证据证明房屋损失外，还提供了本公司员工赵某与当地居民钱某的证言，以证明房屋被拆除时房内有办公用品、机械设备未搬出，县城管执法局应予赔偿。县城管执法局提交了A电子公司员工孙某和执法人员盛某的证言，以证明房屋内没有物品。根据我国法律和有关规定，下列有关该案证人证言的表述中，正确的有（ ）。

A. 盛某证言的证明效力优于钱某证言的证明效力

B. 人民法院不能因赵某为原告A电子公司的员工而不采信其证言

C. 盛某的证言不具有法律上的证明效力

D. 若赵某出庭作证，法庭应当告知其诚实作证的义务和作伪证的责任

E. 赵某、孙某与盛某的证言均不得采信，人民法院应当采信钱某的证言

解析 选项BCE，与一方当事人有亲属关系或者其他密切关系的证人所作的对该当事人有利的证言，不能"单独"作为定案依据，但并不直接导致不能采信、不具有证明力等后果。选项A，其他证人证言优于与当事人有亲属关系或者其他密切关系的证人提供的对该当事人有利的证言。选项D，证人出庭作证时，应当出示证明其身份的证件，法庭应当告知其诚实作证的法律义务和作伪证的法律责任。

【答案】 BD

【考点精炼】

同一事实下证据证明力大小	法定机关证据优先	（1）国家机关及其他职能部门依职权制作的公文文书优于其他书证。 （2）鉴定意见、现场笔录、勘验笔录、档案材料，及经过公证或者登记的书证优于其他书证、视听资料和证人证言。 （3）法定鉴定部门的鉴定意见优于其他鉴定部门的鉴定意见
	原物优先	（1）原件、原物优于复制件、复制品。 （2）原始证据优于传来证据
	法庭证据优先	（1）法庭主持勘验所制作的勘验笔录优于其他部门主持勘验所制作的勘验笔录。 （2）出庭作证的证人证言优于未出庭作证的证人证言
	无利害关系优先	其他证人证言优于与当事人有亲属关系或者其他密切关系的证人提供的对该当事人有利的证言
	证据链优先	数个种类不同、内容一致的证据优于单个孤立的证据

【多选题】根据行政诉讼法律制度的规定，证明同一事实的数个证据，其证明效力的认定规则包括(   )。

A. 经过登记的书证优于国家机关依职权制作的公文文书

B. 视听资料优于现场笔录、勘验笔录、档案材料

C. 法定鉴定部门的鉴定意见优于其他鉴定部门的鉴定意见

D. 出庭作证的证人证言优于未出庭作证的证人证言

E. 数个种类不同、内容一致的证据优于一个孤立的证据

解析　选项A，国家机关及其他职能部门依职权制作的公文文书优于其他书证（包括经过登记的书证）。选项B，鉴定意见、现场笔录、勘验笔录、档案材料及经过公证或者登记的书证优于其他书证、视听资料和证人证言。

【答案】CDE

【多选题】下列关于行政诉讼证据的说法中，正确的有(   )。

A. 出庭作证的证人均不得旁听案件的审理

B. 手机中的微信聊天属于电子数据

C. 没有当事人签名的现场笔录不具有法律效力

D. 仲裁机构生效裁决书确认的事实可以作为定案依据

E. 证人根据其专业知识所做的推测，可以作为定案依据

解析　出庭作证的证人不得旁听案件的审理，故选项A正确。电子数据通常是指电子邮件、电子数据交换、网上聊天记录、网络博客、手机短信、电子签名、域名等证据形式，

故选项 B 正确。被告向人民法院提供的现场笔录,应当载明时间、地点和事件等内容,并由执法人员和当事人签名。当事人拒绝签名或者不能签名的,应当注明原因。有其他人在现场的,可由其他人签名。法律、法规和规章对现场笔录的制作形式另有规定的,从其规定,故选项 C 错误。生效的人民法院裁判文书或者仲裁机构裁决文书确认的事实,可以作为定案依据,故选项 D 正确。证人根据其经历所作的判断、推测或者评论,不能作为定案的依据,故选项 E 错误。

【答案】ABD

知识点·行政诉讼中的举证责任

【多选题】下列有关行政诉讼证据收集与举证责任的说法中,正确的有( )。
A. 原告对被诉行政行为的违法负有举证责任
B. 人民法院不得主动收集证据
C. 被告对被诉行政行为的合法性负有举证责任
D. 原告请求行政赔偿的,应当对被诉行政行为造成的损害事实提供证据
E. 进入诉讼程序后,被告不得自行收集证据

解析 原告可以提供证明被诉行政行为违法的证据。原告提供的证据不成立的,不免除被告对被诉行政行为合法性的举证责任。故选项 A 错误,选项 C 正确。人民法院有权向有关行政机关及其他组织、公民调取证据,但不得为证明行政行为的合法性调取被告做出行政行为时未收集的证据,故选项 B 错误。在行政赔偿、补偿诉讼中,原告应当对被诉行政行为造成损害的事实提供证据,故选项 D 正确。在诉讼过程中,被告及其诉讼代理人不得自行向原告、第三人和证人收集证据,故选项 E 正确。

【答案】CDE

【单选题】根据《行政诉讼法》及有关规定,若原告确有证据证明被告持有的证据对原告有利,被告无正当理由拒不提供,则人民法院的正确做法是( )。
A. 直接认定被告主张的事实存在
B. 责令被告退出法庭并缺席审判
C. 推定原告的主张成立
D. 直接判决撤销被诉行政行为

解析 原告确有证据证明被告持有的证据对原告有利,被告无正当理由拒不提供的,可以推定原告基于该证据主张的事实成立。

【答案】C

【单选题】某市政府征收辖区内某村的部分集体土地用于建造港口。该村村民孙某因对补偿款数额不满,到港口施工现场进行阻挠。市公安局派警察到现场处理,警察将孙某强行带离并进行了询问。经调查后,市公安局决定对孙某处以 10 日拘留,孙某不服,向市人民法院提起行政诉讼,市人民法院受理。根据《行政诉讼法》及司法解释的规定,下列关于

本案涉及的审查对象和举证责任的说法中，正确的是( )。

A. 市人民法院对市政府征收土地的行为是否合法应予以审查，理由是该行为是本案的附带审查对象
B. 市人民法院对市政府征收土地的行为是否合法应予以审查，理由是该行为是本案的主要审查对象
C. 若市公安局提出孙某的起诉超过法定期限，则市公安局应提供证据对此加以证明
D. 若孙某提供的证明市公安局拘留决定违法的证据不成立，则市公安局对拘留决定合法性的举证责任依法免除

解析 选项AB，孙某是对市公安局的拘留决定不服，公安局的拘留决定是否合法，关键取决于孙某的阻挠行为是否违反《治安管理处罚法》的规定、公安局执行拘留的程序是否合法，与市政府征收土地的行为不具有牵连关系，因此，市政府征收土地的行为并非本案审查对象。选项C，公民、法人或者其他组织向人民法院起诉时，应当提供其符合法定条件的相应的证据材料，但被告认为原告起诉超过起诉期限的除外（即原告起诉超过起诉期限的证据由被告提供）。选项D，原告可以提供证明被诉行政行为违法的证据。原告提供的证据不成立的，"不免除"被告对被诉行政行为合法性的举证责任。

【答案】C

【多选题】袁某认为A区房产管理局对他的房产信息记载有误，要求更正，该局拒绝。袁某向人民法院起诉该局不作为，请求人民法院判决该局在一定期限内更正，人民法院予以受理。该局认为，袁某的起诉超过法定期限。下列关于本案人民法院受理和举证责任的说法中，正确的有( )。

A. 人民法院受理本案错误，理由是袁某的起诉不属于行政诉讼受案范围，袁某应向上一级房产管理局投诉
B. 人民法院受理本案正确，A区房产管理局应当对拒绝更正的理由进行举证
C. 人民法院受理本案错误，理由是袁某错列被告，袁某应起诉A区人民政府
D. 人民法院受理本案错误，理由是袁某没有提供充分的证明A区房产管理局所记载房产信息有误且拒绝予以更正的证据
E. 人民法院受理本案正确，A区房产管理局应当对原告的起诉超过法定期限进行举证

解析 选项A，袁某起诉被告不作为，不予以更正错误登记信息，被告的不作为可能对袁某的合法权益造成损害，该案属于行政诉讼的受案范围。选项B，行政诉讼被告对做出的行政行为负有举证责任，应当提供做出该行政行为的证据和所依据的规范性文件。选项C，区房产管理局属于县级以上人民政府工作部门，具有行政主体资格，可以作为行政诉讼被告，袁某直接起诉A区房产管理局即可。选项DE，公民、法人或者其他组织向人民法院起诉时，应当提供其符合法定（起诉）条件的相应的证据材料，但被告认为原告起诉超过起诉期限的除外。（即被告认为原告起诉超过法定期限的，由被告举证）

【答案】BE

【多选题】某区城管执法局负责对某历史文化古迹区域进行城管执法。区城管执法局接到举报并经现场勘验，认定黄某在古迹区域擅自建房，遂决定拆除该房屋并组织强制拆除。黄某的父亲称，房屋系自己所建，拆除行为侵犯其合法权益，遂以自己的名义向人民法院起诉，人民法院予以受理。根据行政诉讼法律制度的规定，下列关于黄某父亲和区城管执法局提供证据的说法中，正确的有（　　）。

A. 黄某的父亲应当提供证据证明区城管执法局决定拆除房屋和强制拆除的行为没有事实和法律依据
B. 黄某的父亲应当提供证据证明区城管执法局决定拆除房屋和强制拆除的行为超越其法定权限或者违反法定程序
C. 黄某的父亲应当提供证据证明房屋系自己所建或者自己与拆除行为有利害关系
D. 区城管执法局应当在开庭审理前或者人民法院指定的证据交换之日向人民法院提供证据
E. 区城管执法局应当提供证据和依据证明其有拆除房屋的决定权和强制执行的权利

解析 被告对做出的行政行为负有举证责任，应当提供做出该行政行为的证据和所依据的规范性文件，故选项 AB 错误，选项 E 正确。公民、法人和其他组织向人民法院起诉时，应当提供其符合法定条件的相应的证据材料，但被告认为原告起诉超过起诉期限的除外，选项 C 正确。被告应当在收到起诉状副本之日起 15 日内提交答辩状，并提供据以做出行政行为的证据和所依据的规范性文件，选项 D 错误。

【答案】 CE

【考点精炼】

原告举证时间	开庭审理前或者人民法院指定的交换证据清单之日
被告举证时间	被告收到起诉状副本之日起 15 日内提交证据及规范性文件、答辩状，因不可抗力等事由不能提供的，收到起诉状副本之日起 15 日内书面形式向人民法院申请延期提供，人民法院允许的，事由消除后 15 日内提供。 举证事项如下： （1）被诉行政行为合法性：做出行政行为的事实材料和规范性文件。 （2）主张原告起诉超过起诉期限

知识点· 行政诉讼第一审程序

【单选题】行政行为存在重大且明显违法情形，人民法院应判决确认该行政行为无效。根据《行政诉讼法》及司法解释规定，该情形不包括（　　）。

A. 行政行为明显不当
B. 行政行为的内容客观上不可能实施
C. 减损权利或者增加义务的行政行为没有法律规范依据
D. 行政行为实施主体不具有行政主体资格

解析 行政行为有实施主体不具有行政主体资格或者没有依据等重大且明显违法情形，

原告申请确认行政行为无效的，人民法院判决确认无效。有下列情形之一的，属于行政诉讼法规定的"重大且明显违法"：（1）行政行为实施主体不具有行政主体资格。（2）减损权利或者增加义务的行政行为没有法律规范依据。（3）行政行为的内容客观上不可实施。（4）其他重大且明显违法的情形。

【答案】A

【考点精炼】

判决类型总结

作为的具体行政行为	（1）合法且合理＝判决驳回原告诉讼请求。 （2）合法但不合理（自由裁量权）＝变更判决。 （3）违法。 ① 一般违法（实体或程序），能撤销就撤销，判决后可以责令重新做出行政行为，不能撤销就确认违法。 ② 重大且明显违法（3项必背）：主体无资格、行为无法律依据、客观不可能＝确认无效判决
不作为	（1）被告合法＝判决驳回原告诉讼请求。 （2）被告不合法＝能履行则履行判决，不能履行确认违法

【单选题】原告认为被告行政机关做出的行政行为违法侵害其合法权益而请求人民法院撤销。人民法院通过审理查清案件全部事实后，认为被诉行政行为证据确凿，适用法律法规正确，符合法定程序。根据《行政诉讼法》及司法解释规定，人民法院应当判决(　　)。

A. 变更或废止被诉行政行为

B. 维持被诉行政行为

C. 驳回原告诉讼请求

D. 撤销被诉行政行为或者确认被诉行政行为违法

解析 行政行为证据确凿，适用法律法规正确，符合法定程序的，人民法院判决驳回原告的诉讼请求。（三个条件，缺一不可）

【答案】C

【多选题】2016年底，梁某按照县税务局要求缴纳一笔税款，2018年初，梁某发现多缴税款39万元，5月15日，梁某向县税务局提交要求退还多缴税款的书面申请。县税务局于5月25日做出不予退还税款的决定。梁某在复议机关市税务局做出维持县税务局不予退还的复议决定后，依法向人民法院起诉。下列关于本案复议与诉讼事项的说法中，正确的有(　　)。

A. 本案被告仅为县税务局

B. 市税务局是诉讼中的第三人

C. 梁某可以不经复议直接就县税务局不予退还税款的行为向人民法院提起诉讼

D. 人民法院审理此案应当就县税务局做出的不予退还税款决定进行事实审和法律审，并可适用司法解释

E. 人民法院应当在审查县税务局行政行为合法性的同时，一并审查市税务局复议决定的合法性

解析 经过复议的案件，复议机关维持原行政行为的，复议机关和做出原行政行为的行政机关为共同被告，故县税务局和市税务局是共同被告，故选项 AB 错误。行政机关不予退还税款的行为属于征税行为，行政相对人应当先向行政复议机关申请行政复议，对复议决定不服的，才可以向人民法院提起行政诉讼，故选项 C 错误。人民法院审理行政案件既审查事实问题也审查法律问题，并且可以适用最高人民法院的司法解释，故选项 D 正确。人民法院应当在审查原行政行为合法性的同时，一并审查复议决定的合法性。人民法院对原行政行为做出判决的同时，应当对复议决定一并做出相应判决，故选项 E 正确。

【答案】DE

【多选题】根据《行政诉讼法》规定，行政机关拒绝履行判决、裁定的，第一审人民法院可以采取的措施有(　　)。

A. 在规定期间内不履行的，从期满之日起，对该行政机关负责人按日处以 50 元至 100 元的罚款
B. 向该行政机关的上一级行政机关提出司法建议
C. 对应当给付的款项，通知银行从该行政机关的账户内划拨
D. 提请人民检察院对该行政机关提起公益诉讼
E. 将该行政机关拒绝履行的情况予以公告

解析 行政机关拒绝履行判决、裁定、调解书的，第一审人民法院可以采取下列措施：(1) 对应当归还的罚款或者应当给付的款额，通知银行从该行政机关的账户内划拨（选项 C）。(2) 在规定期限内不履行的，从期满之日起，对该行政机关负责人按日处 50～100 元的罚款（选项 A）。(3) 将行政机关拒绝履行的情况予以公告（选项 E）。(4) 向监察机关或者该行政机关的上一级行政机关提出司法建议。接受司法建议的机关，根据有关规定进行处理，并将处理情况告知人民法院（选项 B）。(5) 拒不履行判决、裁定、调解书，社会影响恶劣的，可以对该行政机关直接负责的主管人员和其他直接责任人员予以拘留。情节严重，构成犯罪的，依法追究刑事责任。

【答案】ABCE

【单选题】根据《行政诉讼法》及司法解释规定，由推选产生的 2～5 名当事人作为诉讼代表人参加诉讼的适用情形是(　　)。

A. 同案原告 10 人以上
B. 同案原告 15 人以上
C. 同案原告 30 人以上
D. 同案原告 5 人以上

解析 当事人 10 人以上的，由当事人推选代表人。当事人推选不出的，可以由人民法院在起诉的当事人中指定代表人。《行政诉讼法》规定的代表人为 2～5 人。

【答案】A

【单选题】下列关于行政诉讼中的诉讼代表人的说法中，错误的是(　　)。
A. 诉讼代表人与本案的诉讼标的没有法律上的利害关系
B. 诉讼代表人是由法律规定、当事人推选或者人民法院指定产生的
C. 诉讼代表人是本案的当事人
D. 诉讼代表人放弃或者变更诉讼请求，需经过被代表的其他当事人的同意

【解析】选项AC，诉讼代表人是本案的当事人，与本案的诉讼标的有法律上的利害关系，其参加诉讼的目的是保护自己和全体当事人的权益，并且要受人民法院判决的约束。选项BD，诉讼代表人是由法律规定或由当事人推选或人民法院指定产生的，如果放弃或变更诉讼请求，需经过被代表的其他当事人的同意。

【答案】A

【多选题】根据《行政诉讼法》及司法解释规定，下列关于诉讼代表人的说法中，正确的有(　　)。
A. 诉讼代表人是诉讼当事人，其参加诉讼的目的是维护自己和全体当事人的合法权益
B. 同案原告为10人以上的，即可适用代表人诉讼，由诉讼代表人参加诉讼
C. 诉讼代表人代表"被代表人"参加诉讼，不是诉讼当事人
D. 诉讼代表人必须由当事人推选产生
E. 诉讼代表人至多为3人

【解析】选项AC，诉讼代表人是本案的当事人，其参加诉讼的目的是维护自己和全体当事人的合法权益。选项BE，同案原告为10人以上，应当推选2～5名诉讼代表人参加诉讼。选项D，诉讼代表人是由法律规定或由当事人推选或由人民法院指定产生的。

【答案】AB

【多选题】A县政府设立的临时机构基础设施建设指挥部认定，该县B镇陈某等10户居民自建的附属房及围墙系违法建筑，决定强制拆除，并委托该县B镇政府负责强制拆除有关事宜，陈某等10户居民对该决定不服而起诉。关于复议机关、诉讼参加人及诉讼管辖的说法，正确的有(　　)。
A. 本案被告为B镇政府
B. 本案应由A县人民法院管辖
C. 若仅陈某起诉，则没有起诉的其他9户居民为第三人
D. 若10户居民对该决定不服申请复议，复议机关为A县政府
E. 若10户居民在指定期限内未选定诉讼代表人，人民法院可以依职权指定

【解析】选项AD，"基础设施建设指挥部"属于临时机构，应当以设立该临时机构的A县政府为被告或被申请人，以A县政府的上一级人民政府为复议机关。选项B，被告为县级以上人民政府的案件应由中级人民法院管辖，在本题中，A县人民法院为基层人民法院，无权管辖本案。选项C，根据《行政诉讼法》的规定，公民、法人或者其他组织同被诉行政行为有利害关系但没有提起诉讼，或者同案件处理结果有利害关系的，可以作为第三人申请参

加诉讼,或者由人民法院通知参加诉讼。选项 E,同案原告为 10 人以上,应当推选 2~5 名诉讼代表人参加诉讼,在指定期限内未选定的,人民法院可以依职权指定。

【答案】CE

【单选题】根据《行政诉讼法》的规定,关于行政诉讼起诉期限的说法,正确的是( )。

A. 公民、法人或者其他组织直接向人民法院提起诉讼的,应当在知道或者应当知道做出行政行为之日起 6 个月内提出,法律另有规定的除外
B. 公民、法人或者其他组织直接向人民法院提起诉讼的,应当在知道或者应当知道做出行政行为之日起 6 个月内提出,法律、行政法规另有规定的除外
C. 公民、法人或者其他组织直接向人民法院提起诉讼的,应当在知道或者应当知道做出行政行为之日起 6 个月内提出,《行政诉讼法》不允许适用其他单行法律特别规定的起诉期限
D. 申请人不服复议决定的,可以在收到复议决定书之日起 15 日内向人民法院提起诉讼;复议机关逾期不做决定的,申请人可以在复议期满之日起 15 日内向人民法院提起诉讼,法律、行政法规另有规定的除外

解析 选项 ABC,公民、法人或者其他组织直接向人民法院提起诉讼的,应当自知道或者应当知道做出行政行为之日起 6 个月内提出,法律另有规定的除外。选项 D,公民、法人或者其他组织不服复议决定的,可以在收到复议决定书之日起 15 日内向人民法院提起诉讼。复议机关逾期不做决定的,申请人可以在复议期满之日起 15 日内向人民法院提起诉讼,法律另有规定的除外。

【答案】A

【多选题】根据《行政诉讼法》规定,下列关于起诉事项的说法中正确的有( )。

A. 认为国务院部门、地方人民政府及其部门制定的规范性文件不合法,当事人可以单独就规范性文件提起诉讼
B. 起诉状内容欠缺或者有其他错误的,应当给予指导和释明,并一次性告知当事人需补正的内容
C. 受诉人民法院自收到起诉状之日起 7 日内既不立案,又不做出不予立案裁定的,当事人可以向上一级人民法院起诉
D. 不经行政复议而直接向人民法院提起行政诉讼的,当事人应当自知道或应当知道做出行政行为之日起 6 个月内起诉,法律另有规定的除外
E. 被告应当在收到诉讼状之日起 10 日内向人民法院提交做出行政行为的证据

解析 选项 A,对抽象行政行为不可单独提起行政诉讼。选项 E,被告应当在收到起诉状副本之日起 15 日内向人民法院提交做出行政行为的证据和所依据的规范性文件,并提出答辩状。

【答案】BCD

【多选题】根据《行政诉讼法》规定，人民法院审理第一审行政案件，认定事实清楚、权利义务关系明确、争议不大的，可以适用简易程序。具备该前提条件，可以适用简易程序的案件包括(   )。

A. 行政机关不履行行政协议的案件
B. 被诉行政行为是依法当场做出的案件
C. 行政机关不履行法定职责的案件
D. 被诉行政行为涉及款额10000元以下的所有行政案件
E. 政府信息公开案件

解析 人民法院审理下列第一审行政案件，认为事实清楚、权利义务关系明确、争议不大的，可以适用简易程序：(1) 被诉行政行为是依法当场做出的（选项B正确）；(2) 案件涉及款额2000元以下的；(3) 属于政府信息公开案件的（选项E正确）。除前述规定以外的第一审行政案件，当事人各方同意适用简易程序的，可以适用简易程序。发回重审、按照审判监督程序再审的案件不适用简易程序。

【答案】BE

【综合分析题】

(一)

甲省乙市开源公司（注册地位于乙市丙区）经乙市工商局核准取得《企业法人营业执照》，从事某类产品生产经营。后来，甲省商务厅函告开源公司：按照甲省地方性法规最新规定，新建此类企业必须到省商务厅办理相应生产经营许可证后，方可向当地工商局申请企业登记，否则予以处罚。

开源公司置之不理，甲省商务厅遂以开源公司违法生产经营为由，对其处以40万元罚款，开源公司对此不服，遂向人民法院起诉，请求撤销甲省商务厅的处罚决定。理由是，甲省商务厅的函告没有法律依据，且甲省地方性法规最新规定与国务院商务部出台的某规章相冲突。

请根据案情，回答下列问题。

1. 根据《行政诉讼法》及司法解释的规定，下列关于本案中的函告性质的表述中，正确的有(   )。

A. 函告行为是行政强制行为的一种
B. 函告行为是行政处罚行为的一种
C. 函告行为是其他侵犯财产权的行为
D. 函告行为属于一种通知行为
E. 函告行为属于行政事实行为的一种

解析 本题中，开源公司已经取得《企业法人营业执照》，函告对开源公司的权利义务不产生实际影响，属于通知性行政事实行为。

【答案】DE

2. 根据《行政诉讼法》及司法解释的规定，对本案有管辖权的人民法院有(   )。

A. 甲省高级人民法院
B. 乙市中级人民法院
C. 乙市丙区人民法院
D. 甲省商务厅所在地的人民法院
E. 甲省工商局所在地的人民法院

解析 行政案件由最初做出行政行为的行政机关所在地人民法院管辖。经复议的案件，也可以由复议机关所在地人民法院管辖。在本题中，做出处罚决定的是甲省商务厅，开源公司直接提起行政诉讼，应由甲省商务厅所在地的人民法院管辖。

【答案】 D

3. 根据《行政诉讼法》的基本原则，下列关于本案的审理对象、审理范围的说法中，正确的有(　　)。
   A. 审理对象是甲省制定地方性法规的行为
   B. 审理对象是甲省商务厅的函告行为
   C. 审理对象是甲省商务厅做出的处罚决定
   D. 审理对象是乙市工商局的不作为行为
   E. 审理范围包括事实问题和法律问题

解析 选项A，抽象行政行为不能成为行政诉讼的直接对象。选项BCD，对具体行政行为合法性进行审查原则要求，对超出原告起诉之外的具体行政行为，人民法院不予审查。在本题中，开源公司只是对甲省商务厅的罚款决定不服，请求撤销甲省商务厅的处罚决定，故审理对象只是甲省商务厅做出的处罚决定。选项E，被告对具体行政行为合法性负举证责任，应当提供做出该具体行政行为的证据（事实问题）和所依据的规范性文件（法律问题）。

【答案】 CE

4. 如地方性法规与部门规章冲突，下列冲突解决方式中，正确的有(　　)。
   A. 应当直接以部门规章为依据
   B. 应当直接以地方性法规为依据
   C. 应当找国务院提出意见
   D. 应当直接找全国人大常委会裁决
   E. 应当直接找甲省地方人大常委会裁决

解析 国务院部门规章与地方性法规之间对同一事项的规定不一致，不能确定如何适用时，由国务院提出意见。国务院认为应当适用地方性法规的，应当决定在该地方适用地方性法规的规定；认为应当适用部门规章的，应当提请全国人大常委会裁决。

【答案】 C

（二）

某市甲区税务局稽查局根据群众举报，对该区A电器有限公司进行稽查。稽查中发现A电器有限公司设内账，记录对外销售产品情况。其中：记录的销售额大于实际开票金额。依据其内部进销存账、送货单，确定有4900万元收入没有向税务机关如实申报，少计销项税额840万元。

根据《税收征收管理法》第63条规定，甲区税务局稽查局对A电器有限公司处以420万元罚款，补税罚款共计1200多万元。A电器有限公司对罚款不服，向某市甲区人民法院提起诉讼。甲区人民法院以甲区税务局稽查局提供的证据不足以证明A电器有限公司偷税为由判决甲区税务局稽查局败诉。甲区税务局稽查局不服，向某市中级人民法院提起诉讼。

请根据案情，回答下列问题。

1. 甲区人民法院以甲区税务局稽查局提供的证据不足以证明 A 电器有限公司偷税为由判决甲区税务局稽查局败诉。下列关于行政诉讼证据收集和举证的说法中，正确的有(　　)。

    A. 一审人民法院可以主动调查收集证据以证明 A 电器有限公司偷税
    B. A 电器有限公司应提供证据证明其行为不构成偷税
    C. 若原告 A 电器有限公司提供的证明罚款处罚决定违法的证据不成立，则被告甲区税务局稽查局对罚款处罚决定合法性的举证责任仍不能免除
    D. A 电器有限公司应提供证据证明其起诉符合法定条件
    E. 一审中，甲区税务局稽查局不能自行向 A 电器有限公司收集证据

    🔍 **解析** 选项 BD，原告应当提供的是其符合法定（起诉）条件的相应的证据材料，无须自证其行为不构成偷税。选项 C，原告"可以"提供证明被诉行政行为违法的证据，原告提供的证据不成立的，不免除被告对被诉行政行为的举证责任。即原告可以举证证明自己的行为不构成偷税，但若举证不成，被告仍应承担举证证明原告偷税成立、处罚合法的责任。选项 A，不得为证明行政行为的合法性而调取被告做出行政行为时未收集的证据。选项 E，在诉讼过程中，被告及其诉讼代理人不得自行向原告、第三人和证人收集证据。

    【答案】 CDE

2. 下列关于本案一审程序及审理依据的说法中，正确的有(　　)。

    A. 如果没有特殊情况，甲区人民法院应当在立案之日起 6 个月内做出一审判决
    B. 人民法院审理此案，以法律、法规为依据，可以参照税收规章
    C. 一审程序一律实行开庭审理
    D. 如果原告在审理过程中未经许可中途退庭，甲区人民法院可以缺席判决
    E. 被告甲区税务局稽查局应当在收到起诉状副本之日起 15 日内提交答辩状

    🔍 **解析** 选项 A，原则上，人民法院应当在立案之日起 6 个月内做出一审判决。选项 B，人民法院审理行政案件，以法律、行政法规、地方性法规、自治条例和单行条例为依据，并参照规章。选项 C，一审程序应当一律实行开庭审理，不得进行书面审理（开庭不等于公开审理）。选项 D，原告经合法传唤，无正当理由拒不到庭或者未经法庭许可中途退庭的，视为申请撤诉。选项 E，被告应当在收到起诉状副本之日起 15 日内提交答辩状，并提供据以做出被诉行政行为的全部证据和所依据的规范性文件。

    【答案】 ABCE

【考点精炼】

按撤诉处理	(1) 原告经传票传唤，无正当理由拒不到庭或未经法庭许可中途退庭的。 (2) 原告在法定期限内未缴纳诉讼费用又未提出暂不缴纳诉讼费用申请的
缺席判决	(1) 原告或上诉人申请撤诉，人民法院裁定不予准许，原告经传票传唤无正当理由拒不到庭，或者未经法庭许可中途退庭的。 (2) 被告经传票传唤，无正当理由拒不到庭，或者未经法庭许可中途退庭的。 ☆提示：经传票传唤且无正当理由，原告不来按撤诉处理，被告不来按缺席判决，第三人不来，没有关系

3. 下列关于本案二审程序的说法中，正确的有(　　)。
   A. 二审人民法院做出的判决为发生法律效力的判决
   B. 除特殊情况需要延长期限外，二审人民法院应当自收到上诉状之日起3个月内做出判决
   C. 二审人民法院应当对一审人民法院裁判和被诉行政行为是否合法进行全面审查
   D. 原审判决认定事实不清的，二审人民法院可以裁定撤销原判，发回重审
   E. 甲区税务局稽查局在收到一审判决后15日内提出上诉

   解析　选项D，原判决认定事实不清、证据不足，或者由于违反法定程序可能影响案件正确判决的，裁定撤销原判，发回重审，也可以查清事实后改判。选项E，不服一审判决的上诉期为15天，不服一审裁定的上诉期为10天。
   【答案】ABCE

4. 下列证据材料中，属于书证的有(　　)。
   A. 用于证明A电器有限公司经营范围的营业执照
   B. 用于证实开票单位、金额的、盖有发票专用章的发票
   C. 用于证明收货单位的送货单
   D. 用于证明系A电器有限公司持有的发票
   E. 用于证明数量的内部进销存账

   解析　书证是以其内容、文字、符号、图画等来表达一定的思想并用以证明案件事实的材料。选项D，发票在A电器有限公司手中，就可证明由其占有，不需要以发票记载内容作证，为物证。
   【答案】ABCE

(三)

甲公司系某省某市一家建筑施工企业。2015年8月，该企业承接该市某单位的一项改建工程。因该公司违反法律及有关规定操作，施工阶段发生生产安全事故。某省住房和城乡建设厅经现场调查后当场做出暂扣该公司安全生产许可证3个月的决定，市安全生产监督管理局做出对该公司罚款20万元的决定，该公司对市安全生产监督管理局做出的罚款决定不服，向人民法院提起行政诉讼。

请根据案情，回答下列问题。

1. 根据《行政诉讼法》及司法解释规定，下列关于被告确定、出庭应诉事项及人民法院做法的说法中，正确的有(　　)。
   A. 市安全生产监督管理局作为被告，其正职负责人或者副职负责人依法应当出庭应诉
   B. 若本案市安全生产监督管理局负责人不能出庭应诉，人民法院应缺席判决
   C. 若本案市安全生产监督管理局负责人不能出庭应诉，人民法院应终结诉讼
   D. 省住房和城乡建设厅作为共同被告，其负责人依法应当出庭应诉
   E. 省住房和城乡建设厅作为第三人，其负责人依法应当出庭应诉

   解析　选项ADE，省住房和城乡建设厅做出的暂扣安全生产许可证件与市安全生产监督管理局做出的罚款决定，为两个独立的行政行为。甲公司对市安全生产监督管理局的罚款

决定不服提起行政诉讼，应当以市安全生产监督管理局为被告，省住房和城乡建设厅既非被告也非第三人。选项BC，被诉行政机关负责人应当出庭应诉。不能出庭的，应当委托行政机关相应的工作人员出庭（若被告无正当理由拒不出庭时，人民法院才可缺席判决，本题中未表示此条件）。

【答案】A

2. 本案中，省住房和城乡建设厅做出暂扣甲公司安全生产许可证3个月的决定。下列关于暂扣安全生产许可证这一行为的性质、类型及适用法律问题的说法中，正确的有(　　)。
   A. 省住房和城乡建设厅暂扣许可证的行为是行政处罚，属于能力罚，应适用《行政处罚法》的程序规定
   B. 省住房和城乡建设厅暂扣许可证的行为是行政事实行为，属于行政指导，应适用《行政许可法》的程序规定
   C. 省住房和城乡建设厅暂扣许可证的行为是双方行政行为，应适用《行政强制法》的程序规定
   D. 省住房和城乡建设厅暂扣许可证的行为是损益行政行为，应适用《行政处罚法》的程序规定
   E. 省住房和城乡建设厅暂扣许可证的行为是没收，应适用《行政强制法》的程序规定

解析　选项ABCE，"暂扣许可证"属于行政处罚的法定种类之一，为能力罚（行为罚）。省住房和城乡建设厅暂扣许可证的行为属于行政处罚，应适用《行政处罚法》的程序规定。选项D，行政处罚为损益行政行为。

【答案】AD

3. 本案中，市安全生产监督管理局做出对甲公司罚款20万元的决定。下列关于该罚款处罚的告知程序及听证程序的说法中，正确的有(　　)。
   A. 若该公司要求举行听证，应当在安全生产监督管理局告知其听证后5日内提出
   B. 若本案依法举行听证，由市安全生产监督管理局指定非本案调查人员主持听证
   C. 若本案依法举行听证，则市安全生产监督管理局调查人员以及甲公司有关人员可以亲自参加听证，市安全监督管理局和甲公司也可以各自委托1~2人代理参加听证
   D. 做出该罚款处罚决定前，市安全监督管理局应事先向甲公司告知其违法的事实、理由、处罚依据及依法享有的权利
   E. 若甲公司不要求举行听证，可以送达《行政处罚事项告知书》

解析　选项A，行政处罚听证程序中，当事人要求听证的，应当在行政机关告知后"5日内"提出。选项B，听证应当由行政机关指定非本案调查人员主持。选项C，"当事人"可以亲自参加听证，也可以委托1~2人代理参加听证（行政机关不得委托代理人）。选项DE，行政机关在依法做出行政处罚决定之前，"应当事先告知"当事人做出行政处罚决定的事实、理由及法律依据，并告知当事人依法享有的权利。告知权利的内容，包括有权申请执法人员回避、有权为自己辩解、陈述事实并提出证据、有权依法要求举行听证等。据此规定可知，无论当事人是否选择行使其权利，"告知"均是行政机关应当履行的法定义务，而《行政处罚事项告知书》是写明相应权利的载体，行政机关应当送达当事人。

【答案】ABD

4. 根据《行政许可法》规定，若省住房和城乡建设厅查明甲公司实际上不符合安全生产许可条件，其安全生产许可证系通过贿赂、欺骗手段取得，则下列关于省住房和城乡建设厅依法采取措施及处理理由的说法中，正确的有（   ）。

  A. 应当变更该许可，理由是客观情况发生重大变化
  B. 应当撤回该许可，理由是甲公司通过贿赂和欺骗手段违法取得该许可
  C. 应当撤销该许可，理由是甲公司通过贿赂和欺骗手段违法取得该许可
  D. 应当撤销该许可，但是对甲公司基于该许可实施的可获得利益应给予适当补偿，理由是信赖保护原则
  E. 是否撤销该许可，由省住房和城乡建设厅根据具体情况进行裁量决定，理由是省住房和城乡建设厅基于过错违法授予许可

解析 被许可人以欺骗、贿赂等不正当手段取得许可的，应当予以撤销，且被许可人的利益不受保护。（无须赔偿）

【答案】 C

（四）

马某系某市 A 区办事处某村村民。2012 年 2 月下旬，马某在本村塔石路东侧动工修建两层砖墙彩钢瓦房，建筑面积为 80.68 平方米。市自然资源和规划局（位于该市 B 区）于 2 月 29 日决定立案调查，派人前往现场勘查、拍照，并对马某进行了询问。经调查发现，马某所修建的房屋主要是供其生活居住使用。

3 月 1 日 14 时 15 分，市自然资源和规划局执法人员向马某送达《责令改正通知书》一份，主要内容是：责令马某在 1 日内自行拆除，否则将依法采取措施，并予以强制拆除。执法人员就送达过程进行了现场录像。马某在规定时间内执意不拆除。

3 月 2 日 17 时 45 分，市自然资源和规划局执法人员通知供电部门工作人员，对马某所建房屋实施全面断电。3 月 3 日 14 时 30 分，执法人员当场宣布执行并制做了现场笔录，并组织执法人员强行拆除房屋。马某拒绝在现场笔录上签字，半天时间内，市自然资源和规划局将马某所建的两层砖墙彩钢瓦房拆除完毕。

《中华人民共和国城乡规划法》第 68 条：城乡规划主管部门做出责令停止建设或者限期拆除的决定后，当事人不停止建设或者逾期不拆除的，建设工程所在地县级以上地方人民政府可以责成有关部门采取查封施工现场、强制拆除等措施。

请根据案情，回答下列问题。

1. 若马某擅自修建房屋正在施工过程中，市自然资源和规划局根据授权依法对其采取查封措施，则该行为的性质属于（   ）。

  A. 行政裁决行为　　　　　　　　B. 行政征收行为
  C. 行政强制措施　　　　　　　　D. 行政强制执行行为
  E. 证据先行登记保存

解析 行政强制措施，是指行政机关在行政管理过程中，为制止违法行为、防止证据损毁、避免危害发生、控制危险扩大等情形，依法对公民的人身自由实施暂时性限制，或者对公民、法人或者其他组织的财物实施暂时性控制的行为。

【答案】 C

2. 若马某对市自然资源和规划局强制拆除行为不服，直接向人民法院提起行政诉讼，关于受案范围、管辖及人民法院处理的说法，正确的有(　　)。
   A. 本案不属于人民法院受案范围，因为《行政诉讼法》第12条、第13条对此均未做规定
   B. 本案属于人民法院受案范围，马某应向A区人民法院起诉
   C. 本案属于人民法院受案范围，马某应向B区人民法院起诉
   D. 本案属于人民法院受案范围，因为强制拆除行为作为一种强制执行行为具有可诉性
   E. 人民法院应判决维持强制拆除行为，因为该行为仅违反了《行政强制法》的程序规定

   【解析】 因建筑物的拆除而发生纠纷的行政案件，由不动产所在地人民法院管辖。行政行为违反法定程序的，人民法院应做出撤销判决。《行政诉讼法》第20条：因不动产提起的行政诉讼，由不动产所在地人民法院管辖。《行政诉讼法适用解释》第9条：行政诉讼法第20条规定的"因不动产提起的行政诉讼"是指因行政行为导致不动产物权变动而提起的诉讼。不动产已登记的，以不动产登记簿记载的所在地为不动产所在地；不动产未登记的，以不动产实际所在地为不动产所在地。本案中市自然资源和规划局强制拆除行为如果错误的话，侵害的是马某对建筑物的所有权，因此，由不动产所在地人民法院管辖。

   【答案】 BD

3. 根据《行政强制法》，市自然资源和规划局依法做出强制拆除决定前，应当经过的法定程序有(　　)。
   A. 代履行　　　　　　　　　　B. 口头宣布
   C. 搬迁安置　　　　　　　　　D. 执行中止
   E. 书面催告

   【解析】 行政机关做出强制执行决定前，应当事先催告当事人履行义务。催告应当以书面形式做出。经催告，当事人逾期仍不履行行政决定，且无正当理由的，行政机关可以做出强制执行决定。

   【答案】 E

4. 根据《行政强制法》，市自然资源和规划局依法强制拆除马某违法建筑物的行为属于(　　)。
   A. 代履行　　　　　　　　　　B. 行政裁决
   C. 司法强制执行　　　　　　　D. 行政强制措施
   E. 行政处罚

   【解析】 行政机关依法做出要求当事人履行排除妨碍、恢复原状等义务的行政决定，当事人逾期不履行，经催告仍不履行，其后果已经或者将危害交通安全、造成环境污染或者破坏自然资源的，行政机关可以代履行，或者委托没有利害关系的第三人代履行。

   【答案】 A

(五)

陈某和谢某住对门，素有矛盾。某日夜里，陈某酒后猛撞谢某家屋门，持械闯入谢某家

并猛砸谢某家用电器等物品,谢某夫妇即上前阻止,双方发生推搡,此时,隔壁邻居张某也被惊醒,并去谢某家劝阻双方。谢某夫妇当即报案,县公安局派民警姜某、石某立即进入现场调查,对现场物品、痕迹等进行拍照,制作现场笔录,调取谢某儿子(12岁)用手机录下的陈某猛砸谢某家物品的录音资料。

向陈某邻居张某了解事发起因和过程,并请县价格鉴证中心作价格鉴定意见,之后县公安局决定对陈某做出行政拘留10日的处罚。

陈某对拘留决定不服,向人民法院起诉。人民法院依法审理该案,县公安局向人民法院提交了照片、现场笔录、鉴定意见及录音资料,陈某要求隔壁邻居张某作证。人民法院审理期间认定,张某的相关证言系推断性证言。

请根据案情,回答下列问题。

1. 根据《行政诉讼法》规定,本案中,可以作为诉讼证据使用的有( )。
   A. 陈某向人民法院当庭所做的真实陈述　　B. 物品被砸坏的照片
   C. 谢某儿子的录音证据　　D. 县价格中心所做价格鉴定意见
   E. 隔壁邻居张某所做的推断性证言

解析 (1)行政诉讼证据包括书证、物证、视听资料、电子数据、证人证言、当事人陈述、鉴定意见、勘验笔录和现场笔录。(2)选项E,证人证言是指了解案件情况的人以口头或书面的方式,向人民法院所做的与案件有关的"事实陈述"。推断性证言不能作为诉讼证据使用。

【答案】 ABCD

2. 下列与诉讼证据有关的说法中,不正确的有( )。
   A. 县公安局提交的鉴定意见应有县价格鉴证中心盖章和鉴定人签名
   B. 陈某在诉讼中可以对现场笔录的合法性提出异议
   C. 现场笔录也可以由公安局事后补正,当事人签名或盖章即可
   D. 某县公安局提交的现场笔录没有当事人之外的其他在场人签名,则没有法律效力
   E. 若陈某当时拒绝在现场笔录上签名,县公安局执法人员写明原因,人民法院仍应认定现场笔录没有法律效力

解析 选项A,被告提交的鉴定意见应当有鉴定人的签名和鉴定部门的盖章。选项B,现场笔录作为证据之一,对其合法性进行质证,是证据质证的重要内容。选项C,现场笔录应当在现场制作,不能事后补正,并应当由当事人签名或盖章。选项DE,被告向人民法院提供的现场笔录,应当载明时间、地点和事件等内容,并由执法人员和当事人签名。当事人拒绝签名或者不能签名的,不直接导致现场笔录无效,应当注明原因;有其他人在现场的,可由其他人签名。法律、法规和规章对现场笔录的制作形式另有规定的,从其规定。

【答案】 CDE

3. 下列关于本案证据收集与补充、证据提供、证据调取与审核的说法中,不符合《行政诉讼法》规定的有( )。
   A. 人民法院应当按照法定程序全面客观地审查核实证据,对未采纳的证据应当在裁判文书中注明理由

B. 人民法院不得为证明公安局处罚决定的合法性调取被告在做出处罚时未收集的证据
C. 诉讼期间，县公安局不得自行向原告和证人收集证据，但作为其诉讼代理律师可以
D. 陈某可以提供证明县公安局处罚决定违法的证据，其提供的证据若不成立，则县公安局证明处罚决定合法性的举证责任依法免除
E. 若陈某提出了在行政处罚程序中没有提出的理由或证据，经人民法院准许，县公安局可以补充相关证据

【解析】 选项C，行政机关向人民法院提交的证据应当在"做出行政行为之前"收集。在诉讼过程中，被告及其诉讼代理人（包括律师与非律师代理人）不得自行向原告、第三人和证人收集证据。选项D，原告可以提供证明被诉行政行为违法的证据，原告提供的证据不成立的，"不免除"被告对被诉行政行为的举证责任。选项E，原告或者第三人提出了其在行政处理程序中没有提出的理由或者证据的，经人民法院准许，被告可以补充证据。

【答案】 CD

4. 若本案县公安局对陈某做出的处罚决定是罚款1000元，陈某不服，向人民法院起诉，则下列关于适用简易程序的说法中，正确的有（　　）。

A. 若一审人民法院适用简易程序审理此案，则应由审判员一人独任审理，并应当当庭宣判
B. 若一审人民法院认为本案事实清楚，权利义务关系明确，争议不大，则可以适用简易程序审理
C. 本案中，被告若同意适用简易程序，一审人民法院可以适用简易程序审理
D. 二审人民法院审理本案也可以适用简易程序
E. 若一审人民法院适用简易程序审理此案，则应在立案之日起15日内审结

【解析】 选项A，适用简易程序审理的行政案件，由审判员一人独任审理，但不要求当庭宣判。选项BCD，人民法院审理下列"第一审"（二审不适用）行政案件，认为事实清楚、权利义务关系明确、争议不大的，可以适用简易程序：被诉行政行为是依法当场做出的；案件涉及款额2000元以下的；属于政府信息公开案件的。除上述规定以外的第一审行政案件，当事人各方同意（只被告同意不行）适用简易程序的，可以适用简易程序。发回重审、按照审判监督程序再审的案件不适用简易程序。选项E，适用简易程序审理的行政案件，应当自立案之日起45日内审结。

【答案】 B

（六）

2020年6月3日，甲县税务局向A公司送达《税务处理决定书》，要求该公司于15日内补缴税款360万元，以及相应的滞纳金。A公司届期未缴纳。6月24日，甲县税务局送达催告文书，限期10日内补缴税款及滞纳金。A公司届期仍未缴纳。7月14日，甲县税务局送达《税收强制执行决定书》。该决定书中载明应补缴税款和滞纳金的金额，以及A公司依法享有的权利等事项，但没有载明税收强制执行所依据的法律、法规。当日，甲县税务局通知银行将上述税款、滞纳金从A公司的银行账户中扣缴入库。

8月25日，A公司以税收强制执行行为程序违法为由，向甲县人民法院提起行政诉讼，

请求判决撤销《税收强制执行决定书》，退还全部税款、滞纳金，并赔偿利息损失。人民法院受理案件后，通知甲县税务局应诉。甲县税务局提交答辩状，并提供相关证据、依据。人民法院公开审理该案并做出判决。

请根据案情，回答下列问题。

1. 根据行政法原理，下列有关税收强制执行行为属性的说法中，正确的有(　　)。
   A. 属于损益行政行为
   B. 属于非要式行政行为
   C. 属于作为行政行为
   D. 属于具体行政行为
   E. 属于依职权的行政行为

解析　选项 B，强制执行决定应当以书面形式做出，并载明《行政强制法》规定的法定事项内容，故属于要式行政行为。

【答案】 ACDE

2. 下列有关 A 公司权利和税收强制执行的说法中，正确的有(　　)。
   A. 本案中，甲县税务局可以委托人民法院代履行税收强制执行
   B. A 公司收到催告文书后，有权进行陈述和申辩
   C. 在催告期间内，若有证据证明 A 公司有转移或者隐匿财物迹象，则甲县税务局可以做出立即强制执行决定
   D. A 公司的开户银行接到甲县税务局划拨存款决定后，应当立即划拨
   E. 税收强制执行由法律设定

解析　选项 A，对从事生产、经营活动的纳税人所做出的生效的征税决定，应当由税务机关自行强制执行。选项 D，金融机构接到行政机关依法做出划拨存款、汇款的决定后，应当立即划拨。法律规定以外的行政机关或者组织要求划拨当事人存款、汇款的，金融机构应当拒绝。

【答案】 BCDE

3. 下列有关本案行政诉讼的说法中，正确的有(　　)。
   A. 若 A 公司先提出行政复议申请且被受理，在法定复议期间内又向人民法院起诉的，人民法院应当不予受理
   B. A 公司应当在收到《税收强制执行决定书》之日起 6 个月内提起行政诉讼
   C. 若 A 公司先提出行政复议申请，在复议决定做出前又要求撤回申请，且复议机关准予撤回的，则 A 公司在法定期限内提起诉讼，人民法院应当受理
   D. 若 A 公司就税收强制执行既提起诉讼又申请复议的，则由人民法院优先管辖
   E. 人民法院审理该案可以适用简易程序

解析　选项 D，公民、法人或其他组织既提起行政诉讼又申请行政复议的，由"先立案"的机关管辖，同时立案的，由公民、法人或者其他组织选择。选项 E，人民法院审理下列第一审行政案件，认为事实清楚、权利义务关系明确、争议不大的，可以适用简易程序：被诉行政行为是依法当场做出的；案件涉及款额 2000 元以下的；属于政府信息公开案件的。除上述以外的第一审行政案件，当事人各方同意适用简易程序的，可以适用简易程序。本案不属于上述情形，不适用简易程序。

【答案】 ABC

4. 下列有关本案税收强制执行行为及人民法院判决的说法中，正确的有(　　)。
A. 人民法院应判决确认被诉行政行为合法有效，驳回 A 公司的诉讼请求
B. 本案税收强制执行行为轻微违反法定程序，且对 A 公司的重要程序性权利不产生实质损害
C. 人民法院应当判决确认被诉行政行为违法，但不得判决撤销
D. 人民法院应判决撤销被诉行政行为，理由是税收强制执行行为缺乏事实根据
E. 人民法院应当判决确认被诉行政行为无效，理由是税收强制执行行为没有法律依据

解析 行政行为程序轻微违法，但对原告权利不产生实际影响的（如处理期限、通知、送达等程序轻微违法，但不影响原告的听证、陈述、申辩等权利），人民法院判决确认违法，但不撤销行政行为。减损权利或者增加义务的行政行为没有法律规范依据——确认无效。

【答案】BC

（七）

甲公司拥有若干间商铺，对外出租经营。当承租人索要发票时，甲公司就以公司账户收取租金，按照会计制度规定核算租金收入，并开具发票；当承租人不需要开具发票时，甲公司就以公司法定代表人、实际控制人李某指定的私人账户收取租金，租金收入不登记入账，不开具发票。接到实名举报后，市税务稽查局（以下简称稽查局）对甲公司立案检查。经查实，甲公司隐瞒收入少缴税款的行为构成偷税。稽查局向甲公司送达《税务行政处罚事项告知书》，告知违法事实、处罚依据及其享有的陈述、申辩权利。甲公司未在规定期限内提出陈述、申辩意见。

2021 年 7 月 12 日，稽查局向甲公司送达《税务处理决定书》，限其 15 日内缴纳少缴的税款和滞纳金。向甲公司送达《税务行政处罚决定书》，限其 15 日内缴清罚款。若到期不缴纳罚款，每日按罚款数额的 3% 加处罚款。

期限届满，甲公司未缴纳任何税款、滞纳金和罚款。稽查局决定对其强制执行，并向其送达催告文书。甲公司置之不理。

2021 年 8 月 24 日，稽查局做出划拨存款决定，通知甲公司开户银行，将甲公司存款划入财政专户抵缴部分罚款。对于未执行的税款、滞纳金和剩余罚款，稽查局决定扣押并拍卖甲公司办公车辆用以抵缴。稽查局另外查明，李某名下有住宅 8 套，车辆 1 部。

请根据上述案情，回答下列问题。
1. 下列有关本案加处罚款的说法中，正确的有(　　)。
A. 稽查局加处罚款属于行政强制措施
B. 稽查局加处罚款属于行政处罚
C. 稽查局加处罚款属于行政强制执行
D. 稽查局可以在不损害公共利益和他人合法权益的情况下，与甲公司达成执行协议，甲公司采取补救措施的，可以减免加处的罚款
E. 稽查局加处罚款不得超出罚款的数额

解析 选项 ABC，加处罚款属于行政强制执行。选项 D，实施行政强制执行，行政机关

可以在不损害公共利益和他人合法权益的情况下,与当事人达成执行协议。执行协议可以约定分阶段履行。当事人采取补救措施的,可以减免加处的罚款或者滞纳金。选项 E,加处罚款或者滞纳金的数额不得超出金钱给付义务的数额。

【答案】CDE

2. 下列有关甲公司对罚款不服的行政救济和稽查局对罚款强制执行的说法中,正确的有( )。
  A. 甲公司对罚款不服的,必须先申请行政复议
  B. 甲公司在稽查局限定的期限内不缴纳罚款,稽查局可当即对罚款强制执行
  C. 自甲公司收到处罚决定书之日起满 60 日不申请行政复议的,稽查局可当即对罚款强制执行
  D. 甲公司对罚款不服的,可以直接提起行政诉讼
  E. 甲公司对罚款不服的,必须先足额缴纳罚款,才能申请行政救济

解析 选项 ADE,罚款行为不属于征税行为,因此甲公司对罚款行为不服的,可以申请行政复议(不需要足额缴纳罚款),也可以直接向人民法院提起行政诉讼。选项 B,行政机关做出强制执行决定前,应当事先催告当事人履行义务。选项 C,当事人对税务机关的处罚决定逾期不申请行政复议也不向人民法院起诉、又不履行的,做出处罚决定的税务机关可以采取《税收征管法》规定的强制执行措施,或者申请人民法院强制执行。

【答案】D

3. 根据《行政强制法》规定,下列有关本案催告的说法中,正确的有( )。
  A. 稽查局催告甲公司履行义务,可以采用口头方式做出
  B. 稽查局催告甲公司履行义务,应当告知甲公司享有陈述权和申辩权
  C. 在催告甲公司履行义务期间,对有证据证明有转移或者隐匿财物迹象的,稽查局可以做出立即强制执行决定
  D. 事先催告甲公司履行义务,是稽查局实施强制措施的必经程序
  E. 事先催告甲公司履行义务,是稽查局实施强制执行的必经程序

解析 选项 ABDE,行政机关做出强制执行决定前,应当事先催告当事人履行义务。催告应当以书面形式做出,并载明下列事项:(1)履行义务的期限;(2)履行义务的方式;(3)涉及金钱给付的,应当有明确的金额和给付方式;(4)当事人依法享有的陈述权和申辩权。选项 C,在催告期间,对有证据证明有转移或者隐匿财物迹象的,行政机关可以做出立即强制执行决定。

【答案】BCE

4. 下列有关本案扣押、拍卖财产的说法中,正确的有( )。
  A. 稽查局扣押财产发生的保管费用由甲公司负担
  B. 根据《行政强制法》规定,稽查局扣押财产的期限一般不得超过 30 日
  C. 若稽查局未尽妥善保管义务造成扣押财产损失的,应当承担赔偿责任

D. 稽查局拍卖财产发生的费用由甲公司负担

E. 稽查局有权将李某的房产或者车辆查封、扣押、拍卖

解析 选项A，因查封、扣押发生的保管费用由行政机关承担。选项B，查封、扣押的期限不得超过30日。情况复杂的，经行政机关负责人批准，可以延长，但是延长期限不得超过30日。法律、行政法规另有规定的除外。选项C，对查封、扣押的场所、设施或者财物，行政机关应当妥善保管，不得使用或者损毁。因未尽妥善保管义务造成损失的，应当承担赔偿责任。选项DE，查封、扣押限于涉案的场所、设施或者财物，不得查封、扣押与违法行为无关的场所、设施或者财物（对于甲公司的办公车辆，与其违法行为无关，稽查局无权扣押，更谈不上拍卖）。

【答案】 BC

（八）

某加油站系个人独资企业，投资人是李某。2018年9月11日，Z市税务局第一稽查局决定对该加油站涉嫌偷税问题进行立案调查。经调查取证，第一稽查局于2018年12月29日做出税务处理决定，决定追缴增值税若干，并于同日送达《税务处理决定书》。该加油站向Z市税务局依法提出复议申请。Z市税务局经复议审查后做出复议决定，维持了第一稽查局做出的上述税务处理决定。李某不服，遂提起行政诉讼。

一审人民法院查明，该加油站已于2018年8月13日办理企业注销登记，第一稽查局在做出税务决定之前，并不知道该加油站已被注销登记。一审人民法院依据《中华人民共和国行政诉讼法》第70条第（一）项规定，判决如下：

一、撤销第一稽查局税务处理决定；

二、撤销Z市税务局行政复议决定；

三、第一稽查局于判决生效后重新做出处理决定。

第一稽查局不服，依法提起上诉。二审人民法院认为，一审判决认定事实清楚，适用法律正确，故判决驳回上诉，维持原判。

第一稽查局仍不服，以企业注销登记行为违法为由申请再审。理由是，企业注销登记前没有依法先行注销税务登记，且办理企业注销登记时提交的清算报告内容不实，存在骗取注销登记的问题。

分析以上案情，结合相关法律规定，回答下列问题。

1. 下列有关该加油站企业性质、财产归属和债务承担、企业终止和相关责任的说法中，正确的有（　　）。

A. 投资人李某应以其个人所有财产对该加油站的民事债务承担无限责任

B. 无论该加油站被吊销营业执照还是经登记机关注销登记，都导致该个人独资企业终止

C. 该加油站是由一个自然人投资，财产为投资人所有的经营实体

D. 该加油站的债务在法律上包括所欠职工工资和社会保险费用、税款及其他债务

E. 投资人李某应以其个人所有财产对加油站存续期间所欠税款债务承担无限责任

解析 选项B：①经注销登记后，个人独资企业终止；②营业执照被吊销后，企业并非

当然终止，需要办理注销登记后，企业才终止。

【答案】ACDE

2. 下列有关本案税务处理决定、行政复议决定及一审人民法院判决的说法中，正确的有( )。
   A. 复议决定错误，理由是Z市税务局在复议程序中对税务处理决定的错误未予纠正
   B. 税务处理决定错误，因为第一稽查局在该加油站已注销的情况下仍对其做出行政处理决定，于法无据
   C. 一审人民法院判决撤销被诉税务处理决定并无不妥，理由是本案税务处理决定缺乏事实依据和法律依据
   D. 税务处理决定正确，理由是该加油站在注销登记前没有依法先行注销税务登记
   E. 复议决定正确，理由是第一稽查局对该加油站注销登记不知情，故认定该加油站为处理对象，符合法律规定

解析　(1) Z市稽查局的税务处理决定分析：Z市稽查局于2018年12月29日做出税务处理决定，而该加油站已于2018年8月13日办理企业注销登记。根据相关法律规定，企业成立于颁发营业执照之日，消灭于注销营业执照之日，从注销之日起，该站已失去权利能力和行为能力，在该站已注销的情况下，Z市稽查局仍以被注销企业为主体做出行政处理决定，于法无据。(2) Z市税务局的复议决定分析：Z市税务局在行政复议程序中未予纠正市稽查局的上述错误，而是维持了稽查局的税务处理决定，故复议决定依法也应予以撤销。(3) 人民法院一审、二审判决认定事实清楚，适用法律正确。

【答案】ABC

3. 下列有关本案的核心争议、诉讼审查和再审处理的说法中，正确的有( )。
   A. 本案一审、二审的核心争议是该加油站的行为是否涉嫌偷税的问题，再审申请人要求对本案提起再审，于法有据，人民法院应予支持
   B. 再审申请人第一稽查局以企业注销登记行为违法为由要求再审，其理由不能成立，人民法院应不予支持
   C. 本案一审、二审的核心争议是被诉税务处理决定是否存在税务处理对象错误的问题，而企业注销登记行为合法与否是申请再审阶段的重点审查内容
   D. 再审人民法院应当对本案注销登记行为合法与否，以及适当与否进行全面审查
   E. 企业注销登记行为合法与否，不属于本案申请再审阶段的诉讼审查范围

解析　本案的核心争议是被诉处理决定是否存在处理主体错误的问题。注销登记不属于本案审查范围，再审申请人以注销登记行为违法为由要求对本案提起再审，理由不能成立。

【答案】BE

4. 下列有关再审申请和再审人民法院如何处理此案的说法中，正确的有( )。
   A. 再审申请人第一稽查局的再审申请理由成立，再审人民法院应判决指令一审人民法院重新审理此案，因为一审、二审判决确有错误

B. 再审人民法院应裁定驳回再审申请人第一稽查局的再审申请，因为一审、二审判决正确
C. 再审申请人第一稽查局的再审申请不能成立，因为不符合《行政诉讼法》规定的情形
D. 再审人民法院应判决驳回再审申请人第一稽查局的再审申请，因为再审申请人第一稽查局的再审申请不能成立
E. 再审申请人第一稽查局的再审申请理由成立，再审人民法院应判决指令二审人民法院重新审理此案，因为一审、二审判决确有错误

解析 （1）当事人的申请符合下列情形之一的，人民法院应当再审：①不予立案或者驳回起诉确有错误的；②有新的证据，足以推翻原判决、裁定的；③原判决、裁定认定事实的主要证据不足、未经质证或者系伪造的；④原判决、裁定适用法律、法规确有错误的；⑤违反法律规定的诉讼程序，可能影响公正审判的；⑥原判决、裁定遗漏诉讼请求的；⑦据以做出原判决、裁定的法律文书被撤销或者变更的；⑧审判人员在审理该案件时有贪污受贿、徇私舞弊、枉法裁判行为的。

（2）本题中，生效的判决不存在上述情形，故因为不符合《行政诉讼法》规定的再审申请情形，应裁定（非判决）驳回再审申请人第一稽查局的再审申请。

【答案】BC

（九）

2020年8月，某省市甲区税务局第二税务分局（以下简称二分局）对辖区内甲公司（张某投资设立的一人有限责任公司）的下列违法行为进行查处：

其一，甲公司未妥善办理财务人员工作变动交接手续导致未能按期办理纳税申报。收到二分局依法送达的《责令限期改正通知书》后，甲公司即在限期内完成纳税申报。经查，甲公司此前均能够按期办理纳税申报。

其二，甲公司与买卖合同相对人发生合同纠纷，拒绝向对方开具增值税专用发票，相对人为此向税务机关实名举报。二分局接到举报后查明，甲公司已经按照未开具发票收入对该笔销售业务申报缴纳增值税，遂依据《发票管理办法》对甲公司未按照规定开具发票的行为处以2000元罚款。

其三，2023年2月，甲公司将尚未分配的利润10万元转增为实收资本，并办理变更登记。对此，二分局依据相关税收规范性文件规定，认定公司股东张某应当按照"利息、股息、红利所得"税目缴纳2万元个人所得税。甲公司未按规定代扣代缴税款，遂依据《税收征收管理法》第69条规定，对甲公司未履行代扣代缴个人所得税义务处以1万元罚款。

其四，甲公司将部分炉渣和煤灰固体生产废物作为水泥原料进行综合利用，其余废料堆放在市区。环保部门认定，甲公司排放固体废物应当缴纳环境保护税，并将计税依据和应征税款书面通知税务部门。因涉案税款较大，案件由甲区税务局重大税务案件审理委员会予以处理，二分局依据审理意见向甲公司送达征税文书，责令其在15日内缴清税款和滞纳金。

要求：根据上述案情，回答下列问题。

1. 下列关于对甲公司未按期办理纳税申报行为认定和处理说法中，正确的有( )。
   A. 甲公司未按期办理纳税申报并非故意，因此不构成违法
   B. 二分局责令甲公司限期改正，属于税务行政处罚
   C. 甲公司行为属于"首违不罚"情形，二分局对甲公司可以不予罚款
   D. 甲公司行为不属于"情节严重"的违法行为
   E. 二分局只有证明甲公司具有主观过错，才能认定其行为构成违法

解析 选项AE，甲公司没有按照法律规定履行纳税申报义务，因此属于违法行为。选项B，责令限期改正不属于行政处罚。选项C，"纳税人未按照《税收征收管理法》及实施细则等有关规定的期限办理纳税申报和报送纳税资料"属于首违不罚事项清单所列事项，对于首次发生清单中所列事项且危害后果轻微，在税务机关发现前主动改正或者在税务机关责令限期改正的期限内改正的，可以不予行政处罚。

【答案】 CD

2. 下列关于对甲公司发票违法行为处理及其依据的说法中，正确的有( )。
   A. 二分局对甲公司进行处罚所依据的《发票管理办法》属于部门规章
   B. 二分局对甲公司处以罚款属于依申请的行政行为
   C. 即使甲公司缴纳罚款后拒绝对该笔销售业务开具发票，二分局也不能对其再次处以罚款
   D. 二分局对甲公司处以罚款属于裁量行政行为
   E. 若甲公司缴纳罚款后拒绝开具发票，则二分局应当对其直接处罚，否则构成行政不作为

解析 选项A，《发票管理办法》属于行政法规。选项BD，行政处罚属于依职权的行政行为、裁量行政行为。选项C，对当事人的同一个违法行为，不得给予两次以上罚款的行政处罚。选项E，行政机关在实施行政处罚时，应当责令当事人改正或者限期改正违法行为。

【答案】 CD

3. 下列关于征税行为的表述中，正确的有( )。
   A. 若张某拒绝缴纳个人所得税，则二分局有权对甲公司予以追征
   B. 二分局无权对甲公司征收个人所得税
   C. 若甲公司未按期缴纳环境保护税，则经批准，二分局有权对甲公司强制执行
   D. 若甲公司未按期缴纳环境保护税，则经批准，二分局有权对甲公司实施税收保全行为
   E. 若张某拒绝缴纳个人所得税，则经批准，二分局有权对张某强制执行个人所得税税额

解析 选项AB，根据《税收征收管理法》第69条，扣缴义务人应扣未扣、应收而不收税款的，由税务机关向纳税人追缴税款，对扣缴义务人处应扣未扣、应收未收税款50%以上三倍以下的罚款。本题中，对未缴纳的个人所得税，应是对张某追征，无权对甲公司

征收。选项CE，从事生产、经营活动的纳税人、扣缴义务人未按照规定的期限缴纳或者解缴税款，纳税担保人未按照规定的期限缴纳所担保的税款，由税务机关责令限期缴纳，逾期仍未缴纳的，经县以上税务局（分局）局长批准，税务机关可以采取规定的强制执行措施。张某不属于《税收征管法》规定的生产、经营纳税人。选项D，税务机关对从事生产、经营活动的纳税人以前纳税期的纳税情况依法进行税务检查时，发现纳税人有逃避纳税义务行为，并有明显地转移、隐匿其应纳税的商品、货物及其他财产或者应纳税收入迹象的，可以按照《税收征收管理法》规定的批准权限采取税收保全措施或者强制执行措施。

【答案】BC

4. 下列关于对甲公司予以行政救济的说法，正确的有（   ）。
A. 若甲公司因不服二分局征收环境保护税而提出行政复议，则应当以甲区税务局作为被申请人
B. 若甲公司不服二分局对其所作10000元罚款处罚，则可以张某作为申请人提起行政复议
C. 若甲公司因不服二分局征收环境保护税而提出行政复议，则应当以二分局作为被申请人
D. 若甲公司不服二分局对其所作的行政处罚，则可以不经过行政复议直接提起行政诉讼
E. 甲公司不能直接对二分局征收环境保护税的行为提起行政诉讼

解析 选项AC，申请人对经重大税务案件审理程序做出的决定不服的，审理委员会所在税务机关（甲区税务局）为被申请人。选项B，10000元罚款的行政处罚对象是甲公司而非张某，因此该行为并未侵犯张某的合法权益，不能以张某的名义申请复议。选项D，对于行政处罚决定不服，可以申请复议，也可以直接提起行政诉讼。选项E，申请人对征税行为不服的，应当先向行政复议机关申请行政复议，对行政复议决定不服的，可以向人民法院提起行政诉讼。

【答案】ADE

第七章 民法总论

知识点 · 民法的基本原则

【单选题】下列法律原则中，属于民法基本原则的是(　　)。
A. 公信原则
B. 公序良俗原则
C. 公示原则
D. 等价有偿原则

解析　民法基本原则包括：权益保护原则、平等原则、意思自治原则、公平原则、诚实信用原则、公序良俗原则（选项 B）和生态保护原则。

【答案】B

【多选题】下列属于民法的基本原则的有(　　)。
A. 合法性原则
B. 公平原则
C. 绿色原则
D. 诚实信用原则
E. 公序良俗原则

解析　民法的基本原则包括：权益保护原则、平等原则、意思自治原则、公平原则、诚实信用原则、公序良俗原则、生态保护原则（绿色原则）。

【答案】BCDE

知识点 · 民事法律事实

【单选题】下列民事法律事实中，属于法律行为的是(　　)。
A. 甲将购物卡 8 折卖给其同事
B. 乙将路边晕倒的陌生人送到医院并垫付医药
C. 丙因债务纠纷将债权人戊打伤
D. 丁海边游玩时拾得用于赏玩的奇石和贝壳若干

解析　选项 A，体现主观意志，又需要对外进行意思表示，该事项属于法律行为，故当选。选项 B，该行为属于无法定或者约定的义务，为避免他人利益受损而管理他人事务的行为，因此属于无因管理，体现了主观意志（送医院），无须意思表示（对方已晕倒），故无因管理属于事实行为。选项 C，将人打伤属于侵权行为，体现了主观意志（打人），无须对外进行意思表示（打之前不会征得对方同意），故侵权行为属于事实行为。选项 D，属于先占，体现了主观意志（想占有石头和贝壳），无须对外进行意思表示（无主物，无须征得他人同意），故先占属于事实行为。选项 BCD，均为事实行为，故不当选。

【答案】A

📖 【考点精炼】

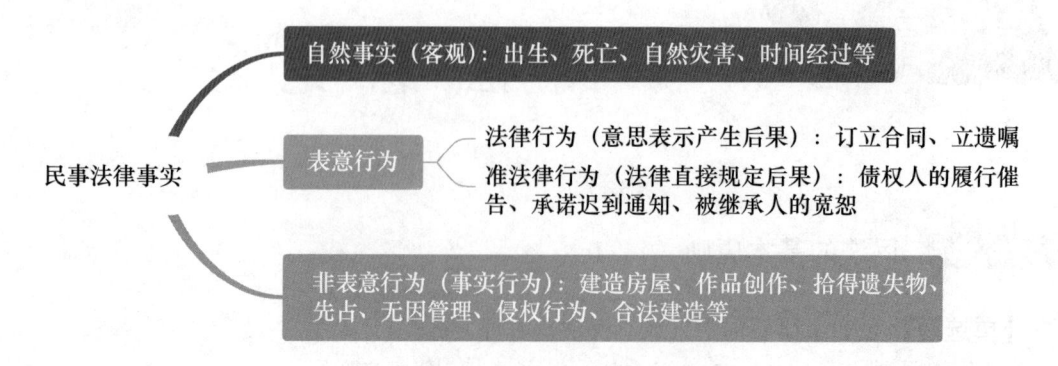

```
                    ┌─ 自然事实（客观）：出生、死亡、自然灾害、时间经过等
                    │
                    │                 ┌─ 法律行为（意思表示产生后果）：订立合同、立遗嘱
民事法律事实 ──┼─ 表意行为 ──┤
                    │                 └─ 准法律行为（法律直接规定后果）：债权人的履行催
                    │                    告、承诺迟到通知、被继承人的宽恕
                    │
                    └─ 非表意行为（事实行为）：建造房屋、作品创作、拾得遗失物、
                       先占、无因管理、侵权行为、合法建造等
```

【单选题】甲因病去世，留有遗嘱。甲的儿子乙依照甲的遗嘱继承了甲的一套房产。乙取得该套房产所有权的法律原因属于(　　)。

A. 事实构成　　　　　　　　　　B. 事实行为
C. 法律行为　　　　　　　　　　D. 事件

🔍 **解析** 乙取得房产所有权需要有有效的遗嘱和甲死亡两个事实，两个或两个以上民事法律事实属于事实构成。

【答案】A

【单选题】根据民法理论，下列行为中，属于民事法律行为的是(　　)。

A. 侵权行为　　　　　　　　　　B. 先占行为
C. 代理行为　　　　　　　　　　D. 无因管理行为

🔍 **解析** 选项A，侵权行为体现了主观意志（想侵权），无须对外进行意思表示（不会征得被侵权人同意），属于事实行为。选项B，先占体现了主观意志（想占有），无须对外进行意思表示（先占只针对无主物），属于事实行为。选项C，代理，例如请代理律师，体现了主观意志（请律师），需要对外进行意思表示（签委托代理合同），故属于法律行为，选项C正确。选项D，无因管理体现了主观意志，无须对外进行意思表示，属于事实行为。

【答案】C

【单选题】根据民法理论，下列属于民事法律行为的是(　　)。

A. 甲拒绝他人向其发出的要约　　　B. 丁免除其债务人的5万元货款债务
C. 丙将债权让与的事实通知其债务人　D. 乙催告其债务人按时还款

🔍 **解析** 选项A，受要约人拒绝要约人发出的要约，法定后果是原要约失效，是法律规定的后果，故为准法律行为。选项B，债权人免除债务人的债务，为约定的法律后果，即债务免除，故为法律行为。选项C，债权让与通知到达债务人即对债务人发生法律效力，为法律规定的后果，故为准法律行为。选项D，债权人催告债务人还款，会发生该债权诉讼时效中断的法律后果，也是法律规定的后果，故为准法律行为。故选项B正确，其他选项均为准法律行为。

【答案】B

【多选题】《民法典》第129条规定:"民事权利可以依据民事法律行为、事实行为、法律规定的事件或者法律规定的其他方式取得"。下列关于该规定中的"事实行为"特点的说法中,正确的有(　　)。
A. 事实行为仅在符合法定构成要件时才发生法律规定的效果
B. 事实行为以行为人的意思表示为核心要素
C. 事实行为不要求行为人具有相应的民事行为能力
D. 事实行为能引起民事权利的发生,亦能引起民事权利的变更或者消灭
E. 事实行为依行为人意思表示的内容而发生相应的法律效果

解析　事实行为的特点:体现了主观意志(脑子里想法),无须对外进行意思表示。选项A,只有满足主观意志+无须意思表示两个要件,才发生法律规定的效果,故正确。选项BE,事实行为,无须对外进行意思表示,故错误。选项C,法律行为需要行为人有相应的民事行为能力,而事实行为无须行为人有相应民事行为能力,例如骆宾王七岁写下《咏鹅》,精神病人梵高作画,无论是诗词还是画的创作行为都是无民事行为能力人所做,该著作权也要受到法律保护,故C正确。选项D,民事法律事实会引起法律关系的发生、变更和消灭,民事权利也是法律关系的一种,而事实行为是民事法律事实的一种,故也会引起法律权利的改变,选项D正确。

【答案】ACD

【单选题】下列法律事实中,属于法律行为的是(　　)。
A. 张某高楼抛物　　　　　　　　B. 李某拾得他人手机占为己有
C. 李某施救落水儿童　　　　　　D. 王某立遗嘱

解析　选项ABC,所实施的行为由于欠缺意思表示,属于事实行为,故排除。

【答案】D

知识点·民事责任

【单选题】我国《民法典》规定了承担民事责任的方式,其中不包括(　　)。
A. 赔礼道歉　　　　　　　　　　B. 消除危险
C. 吊销许可证件　　　　　　　　D. 修理、重做、更换

解析　吊销许可证件属于行政处罚,故选项C当选。

【答案】C

知识点·自然人

【单选题】下列关于自然人民事权利能力与民事行为能力的说法中,正确的是(　　)。
A. 自然人的民事权利能力与民事行为能力同时产生
B. 自然人的民事权利能力与民事行为能力同时消灭
C. 自然人的民事权利能力始于出生,终于死亡
D. 自然人之间民事行为能力人人平等,不存在差异

【解析】 自然人从出生时起到死亡时止,具有民事权利能力,依法享有民事权利,承担民事义务。自然人的民事权利能力一律平等,选项 C 正确。自然人的民事行为能力,与其年龄、智力和精神状况相关,故选项 ABD 错误。

【答案】 C

【考点精炼】

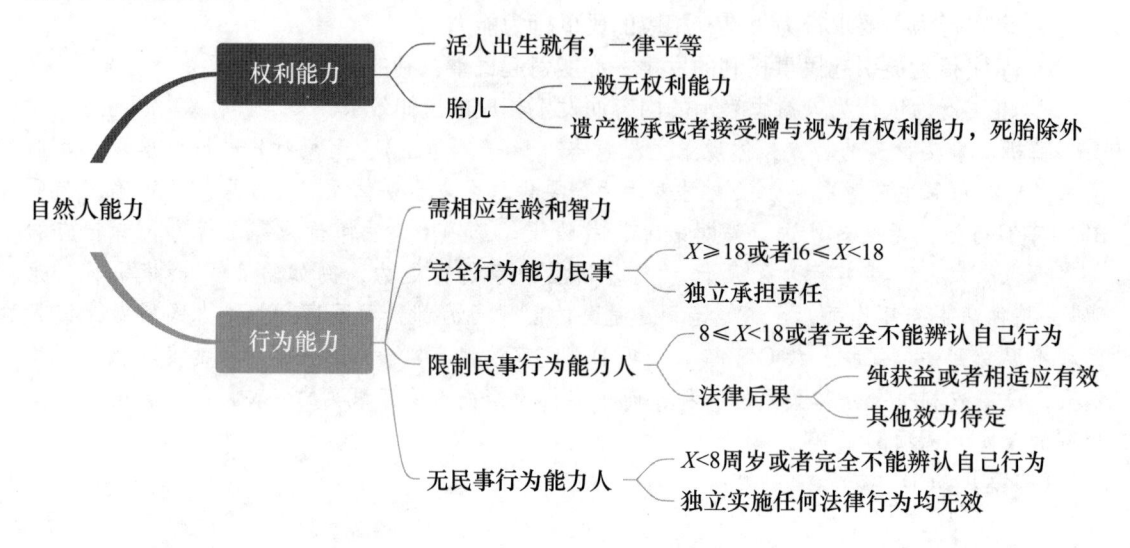

```
自然人能力 ─┬─ 权利能力 ─┬─ 活人出生就有,一律平等
            │            └─ 胎儿 ─┬─ 一般无权利能力
            │                     └─ 遗产继承或者接受赠与视为有权利能力,死胎除外
            └─ 行为能力 ─┬─ 需相应年龄和智力
                         ├─ 完全行为能力民事 ─┬─ $X \geq 18$ 或者 $16 \leq X < 18$
                         │                    └─ 独立承担责任
                         ├─ 限制民事行为能力人 ─┬─ $8 \leq X < 18$ 或者完全不能辨认自己行为
                         │                      └─ 法律后果 ─┬─ 纯获益或者相适应有效
                         │                                   └─ 其他效力待定
                         └─ 无民事行为能力人 ─┬─ $X < 8$ 周岁或者完全不能辨认自己行为
                                               └─ 独立实施任何法律行为均无效
```

【单选题】 根据《民法典》规定,死亡宣告被撤销后,被宣告死亡的人的婚姻关系可以自行恢复的情形是( )。

A. 其配偶虽再婚但再婚配偶失踪
B. 其配偶已经与他人同居
C. 其配偶虽再婚但再婚配偶已去世
D. 其配偶虽再婚但已离婚

【解析】 死亡宣告被撤销的,婚姻关系自撤销死亡宣告之日起自行恢复。但其配偶再婚或者向婚姻登记机关书面声明不愿意恢复的除外。选项 ACD 都属于配偶已再婚情形,故错误。

【答案】 B

知识点 · 法人

【多选题】 下列民事主体中,属于《民法典》规定的特别法人的有( )。

A. 合伙企业
B. 居民委员会
C. 村民委员会
D. 宗教活动团体
E. 农村集体经济组织

【解析】 选项 A,属于非法人组织。选项 BCE,机关法人、农村集体经济组织法人、城镇农村的合作经济组织法人、基层群众性自治组织法人(居民委员会、村民委员会),属于特别法人。选项 D,属于非营利法人。

【答案】 BCE

● 【考点精炼】

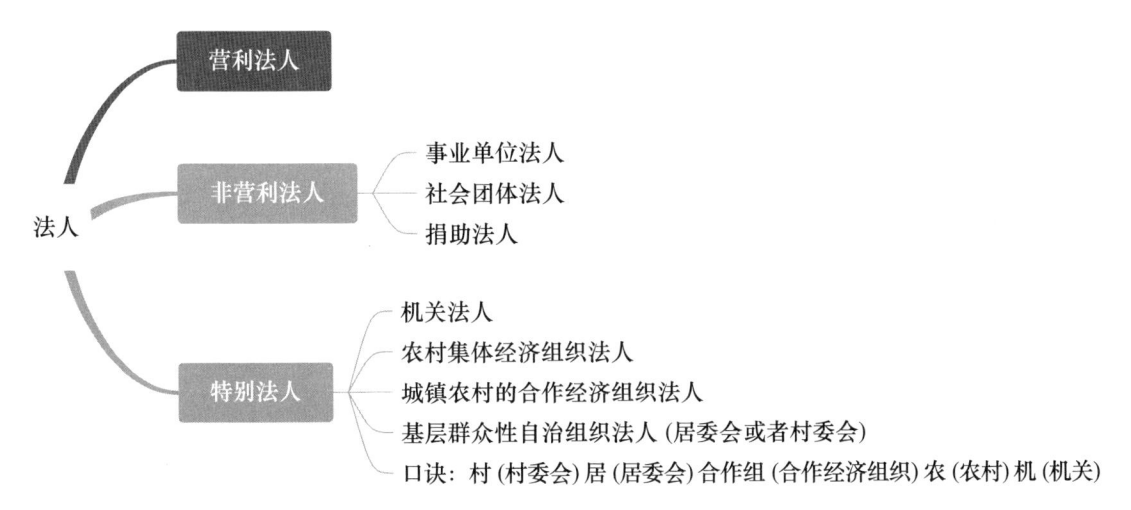

```
              ┌─ 营利法人
              │
              │                ┌─ 事业单位法人
              ├─ 非营利法人 ──┤── 社会团体法人
法人 ──────┤                └─ 捐助法人
              │
              │                ┌─ 机关法人
              │                ├─ 农村集体经济组织法人
              └─ 特别法人 ────┤── 城镇农村的合作经济组织法人
                               ├─ 基层群众性自治组织法人(居委会或者村委会)
                               └─ 口诀：村(村委会)居(居委会)合作组(合作经济组织)农(农村)机(机关)
```

【单选题】下列民事主体中，属于特别法人的是（　　）。
A. 村民委员会　　　　　　　　　　B. 有限合伙企业
C. 特殊的普通合伙企业　　　　　　D. 个人独资企业

🔍 **解析**　符合规定的机关法人、农村集体经济组织法人、城镇农村的合作经济组织法人、基层群众性自治组织法人，为特别法人。

【答案】A

【多选题】根据《民法典》规定，特别法人包括（　　）。
A. 捐助法人　　　　　　　　　　　B. 国家机关
C. 农村集体经济组织　　　　　　　D. 居民委员会
E. 村民委员会

🔍 **解析**　选项 A，属于非营利法人，故排除。选项 BCDE，《民法典》规定的特别法人主要包括机关法人、农村集体经济组织法人、城镇农村的合作经济组织法人、基层群众性自治组织法人（居民委员会、村民委员会）。

【答案】BCDE

【多选题】根据《民法典》的规定，法人成立必须具备的条件有（　　）。
A. 有自己的名称、组织机构、住所　　B. 有自己的财产或者经费
C. 有自己的分支机构　　　　　　　　D. 能独立承担民事责任
E. 依法成立

🔍 **解析**　法人成立的条件有：(1) 法人应当依法成立（选项 E）。(2) 法人应当有自己的财产或者经费（选项 B）。(3) 法人应当有自己的名称、组织机构、住所（选项 A）。法人是否有分支机构不作为法人成立的条件，故选项 C 排除。法人独立承担民事责任属于法人的特征，故选项 D 排除。综上所述，本题选择选项 ABE。

【答案】ABE

【单选题】下列有关法人特征的说法中，正确的是(　　)。
A. 法人的财产属于法人出资人共有
B. 法人民事权利能力受法人财产范围制约
C. 法人独立承担民事责任
D. 法人的人格与其创立人的人格不能分离

🔍 **解析**　选项A，法人的财产属于法人所有。选项B，法人一经成立，法律即赋予其民事权利能力和民事行为能力，使其取得享有民事权利和承担民事义务的法律资格，不受法人财产范围制约，即A公司注册资本为100万元，但是可以签订1000万元合同。选项D，法人的人格与其创立人和成员的人格是分离的，法人具有独立的人格，即乔布斯和苹果公司是分离的。

【答案】C

【单选题】根据《民法典》规定，下列民事法律制度中，适用范围仅限于自然人领域的是(　　)。
A. 民事权利能力制度
B. 监护制度
C. 委托代理制度
D. 民事行为能力制度

🔍 **解析**　选项AD，除自然人外，法人亦适用民事权利能力制度与民事行为能力制度。选项C，民事主体均可以适用委托代理制度。

【答案】B

知识点 · 民事权利

【单选题】甲擅自将乙委托其保管的一幅字画卖给了丙。事后，乙追认甲的行为有效。根据民事权利理论，乙行使的权利属于(　　)。
A. 支配权　　　B. 请求权　　　C. 抗辩权　　　D. 形成权

🔍 **解析**　形成权，是指依权利人的单方意思表示，就能使既存的法律关系发生变化的权利，如追认权、同意权、撤销权、解除权、抵销权等。支配权（仅凭自己意志就可随意支配客体的权利，不必经他人同意）：物权、人身权和知识产权。

【答案】D

【考点精炼】

总结-分类辨析

债权	属于	财产权、请求权、相对权、对人权、非专属权
物权		财产权、支配权、绝对权、对世权、非专属权
人身权		支配权、绝对权、对世权、专属权
知识产权		支配权、绝对权、对世权
形成权	包括	承认权、同意权、选择权、撤销权、解除权、抵销权、终止权

【多选题】下列民事权利中,属于支配权的有( )。

A. 债权
B. 物权
C. 人身权
D. 抗辩权
E. 知识产权

解析 选项A,属于请求权,故排除。选项BCE,支配权是对客体直接支配并享受其利益的排他性权利,如物权、人身权和知识产权,故本题选择BCE。选项D,抗辩权,是指能够阻止相对人所行使的请求权的效力发生的权利,并不属于支配权,故排除。

【答案】 BCE

【多选题】下列关于民事权利属性的说法中,正确的有( )。

A. 债权属于请求权
B. 物权属于相对权
C. 人格权属于对人权
D. 著作权属于支配权
E. 追认权属于形成权

解析 选项A,债权属于请求权。选项B错误,物权属于绝对权。选项C错误,人格权属于对世权。选项D,著作权属于支配权。选项E,追认权属于形成权。

【答案】 ADE

【单选题】根据《民法典》规定,下列人格权中,自然人和非法人组织均享有的是( )。

A. 名称权
B. 荣誉权
C. 隐私权
D. 肖像权

解析 自然人享有人格权(包括生命权、身体权、健康权、姓名权、肖像权、名誉权、荣誉权、隐私权、婚姻自主权等权利)、身份权(包括配偶权、亲权、亲属权)、物权、债权、知识产权、继承权、股权和其他成员权。法人、非法人组织享有名称权、名誉权和荣誉权等权利。选项A,自然人称为"姓名权"而非"名称权"。选项C,非法人组织称为"商业秘密"。选项D,非法人组织称为"商标"。

【答案】 B

【单选题】《民法典》第148条规定,"一方以欺诈手段,使对方在违背真实意思的情况下实施的民事法律行为,受欺诈方有权请求人民法院或者仲裁机构予以撤销。"该规定表明撤销权是( )。

A. 支配权
B. 请求权
C. 形成权
D. 抗辩权

解析 形成权,是指依权利人的单方意思表示,就能使既存的法律关系发生变化的权利,如承认权、同意权、撤销权、解除权、抵销权等。可撤销的民事法律行为,撤销权人行使其权利,无须经对方同意。

【答案】 C

【多选题】 下列民事权利中,权利人不得转让和继承的有( )。
A. 租金债权　　　　　　　　　B. 地役权
C. 身体权　　　　　　　　　　D. 健康权
E. 居住权

解析　专属权,是指只能由权利主体本人享有或者行使的权利。专属权不得让与和继承,如人格权、身份权、居住权。

【答案】 CDE

知识点 · 民事法律行为分类

【多选题】 下列法律事实中,属于要式法律行为的是( )。
A. 买卖合同　　　　　　　　　B. 赠与合同
C. 借用合同　　　　　　　　　D. 保证合同
E. 抵押合同

解析　选项 ABC,买卖合同、赠与合同、借用合同属于诺成合同。选项 D,保证合同要求采用书面形式。选项 E,抵押人和抵押权人以书面形式订立抵押合同。二者均属于要式法律行为。

【答案】 DE

【考点精炼】

单方法律行为	例如,立遗嘱、抛弃所有权
双方法律行为	例如,买卖合同
共同法律行为	是指两个以上行为人达成一致。例如,合伙合同
决议行为	多个行为人的意思表示无须达成一致。例如,公司股东会决议、业主大会决议、债权人会议决议等
财产法律行为	例如,设立抵押权、订立合同
身份法律行为	例如,结婚、离婚、收养
要式法律行为	例如,房屋买卖合同
不要式法律行为	不要求特定的法律形式
主法律行为	借款合同
从法律行为	抵押合同
基本法律行为	例如,需法定代理人同意的限制行为能力人所实施的法律行为
补助法律行为	例如,法定代理人对限制行为能力人依法不能独立实施的法律行为的"同意行为"(效力待定,有效)

续表

生存法律行为	是指效力发生于行为人生前的法律行为，也称生前行为
死因法律行为	是指以行为人死亡作为生效要件的法律行为，也称死后行为。例如，遗嘱
诺成法律行为	也称"不要物法律行为"，双方当事人意思表示达成一致，法律行为即成立。例如，买卖合同、租赁合同
践成法律行为	也称"要物法律行为"或"实践性法律行为"。例如，自然人之间借贷合同、借用合同、保管合同、定金合同
有偿法律行为	例如，买卖合同、租赁合同
无偿法律行为	例如，赠与合同、借用合同

知识点 · 民事法律行为的形式

【单选题】民事法律行为是以意思表示为核心要素，旨在依意思表示的内容发生相应司法效果的表意行为，法律行为的形式其实就是意思表示的方式，下列意思表示的方式中，仅在法律有特别规定或者当事人有特别约定的情形下，才可以视为意思表示的是(　　)。

A. 沉默形式　　　　　　　　B. 口头形式
C. 书面形式　　　　　　　　D. 推定形式

解析 特定沉默仅在法律有特别规定或者当事人有特别约定或者符合当事人之间的交易习惯的情况下，才可以视为意思表示，故选项 A 正确。

【答案】A

知识点 · 民事法律行为生效时间

【单选题】下列关于意思表示生效时间的说法中，符合《民法典》规定的是(　　)。

A. 以对话方式做出的意思表示，到达相对人时生效
B. 采用数据电文形式的非对话意思表示，进入相对人任一系统时生效
C. 以非对话方式做出的意思表示，相对人知道其内容时生效
D. 以公告方式做出的意思表示，公告发布时生效

解析 选项 A，以对话方式做出的意思表示，相对人知道其内容时生效。选项 B，以非对话方式做出的采用数据电文形式的意思表示，相对人指定特定系统接收数据电文的，该数据电文进入该特定系统时生效。未指定特定系统的，相对人知道或者应当知道该数据电文进入其系统时生效。当事人对生效时间另有约定的，按照其约定。选项 C，以非对话方式做出的意思表示，到达相对人时生效。选项 D，公告方式做出的意思表示，公告发布时生效，选项 D 正确。

【答案】D

【考点精炼】

无相对人的意思表示	意思表示完成时生效，法律另有规定，从其规定。例如，遗嘱行为、抛弃动产等单方民事法律行为		
有相对人的意思表示	对话方式		相对人知道内容时生效
	非对话方式	原则	以非对话方式做出的意思表示，到达相对人时生效
		数据电文	（1）相对人指定特定系统接收数据电文的，该数据电文进入该特定系统时生效； （2）未指定特定系统的，相对人知道或者应当知道该数据电文进入其系统时生效； （3）当事人对采用数据电文形式的意思表示的生效时间另有约定的，按照其约定
	公告		公告发布时生效

知识点·民事法律行为的效力样态

【多选题】根据民法相关规定，下列法律行为中，可因重大误解而请求撤销的有（　　）。

A. 甲不知女友已与他人结婚而到商场购买订婚钻戒

B. 乙误将真画当成赝品而低价出售

C. 丙误将单价1800元的商品以180元的价格售出

D. 丁误认某人为救命恩人而给其5000元以表谢意

E. 戊误以为自己能分到公寓房而按公寓房面积到商场购买地毯

解析 选项AE，属于动机错误，仅是做出意思表示的内心起因发生错误，不构成重大误解。选项B，属于对标的物性质的误解，达到重要程度的，可撤销。选项C，属于重大误解，可撤销。选项D，行为人对行为的性质、对方当事人、标的物的品种、质量、规格和数量等的错误认识，使行为的后果与自己的意思相悖，造成较大损失的意思表示。

【答案】BCD

【考点精炼1】

重大误解和动机错误

重大误解：指行为人对行为的性质（以为PS4能打电话，去买PS4）、对方当事人（认错人）、标的物的品种、质量、规格和数量（想买7号电池，结果买5号电池）等产生错误认识。

动机错误：炒股认为大盘是牛市，结果大盘暴跌接盘，此时不是重大误解。

【考点精炼 2】

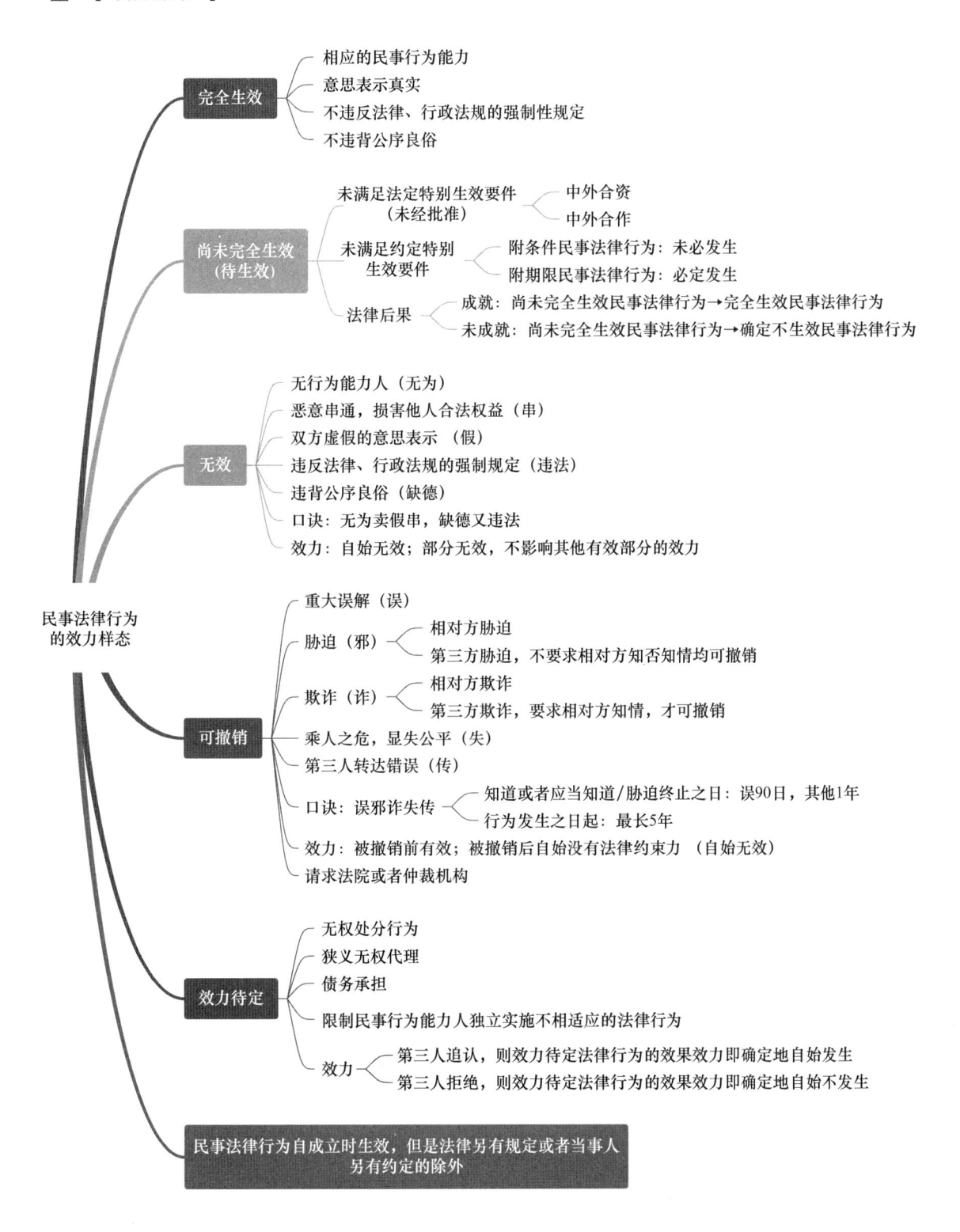

民事法律行为的效力样态

- **完全生效**
  - 相应的民事行为能力
  - 意思表示真实
  - 不违反法律、行政法规的强制性规定
  - 不违背公序良俗

- **尚未完全生效（待生效）**
  - 未满足法定特别生效要件（未经批准）
    - 中外合资
    - 中外合作
  - 未满足约定特别生效要件
    - 附条件民事法律行为：未必发生
    - 附期限民事法律行为：必定发生
  - 法律后果
    - 成就：尚未完全生效民事法律行为→完全生效民事法律行为
    - 未成就：尚未完全生效民事法律行为→确定不生效民事法律行为

- **无效**
  - 无行为能力人（无为）
  - 恶意串通，损害他人合法权益（串）
  - 双方虚假的意思表示（假）
  - 违反法律、行政法规的强制规定（违法）
  - 违背公序良俗（缺德）
  - 口诀：无为卖假串，缺德又违法
  - 效力：自始无效；部分无效，不影响其他有效部分的效力

- **可撤销**
  - 重大误解（误）
  - 胁迫（邪）
    - 相对方胁迫
    - 第三方胁迫，不要求相对方知否知情均可撤销
  - 欺诈（诈）
    - 相对方欺诈
    - 第三方欺诈，要求相对方知情，才可撤销
  - 乘人之危，显失公平（失）
  - 第三人转达错误（传）
  - 口诀：误邪诈失传
    - 知道或者应当知道/胁迫终止之日：误90日，其他1年
    - 行为发生之日起：最长5年
  - 效力：被撤销前有效；被撤销后自始没有法律约束力（自始无效）
  - 请求法院或者仲裁机构

- **效力待定**
  - 无权处分行为
  - 狭义无权代理
  - 债务承担
  - 限制民事行为能力人独立实施不相适应的法律行为
  - 效力
    - 第三人追认，则效力待定法律行为的效果效力即确定地自始发生
    - 第三人拒绝，则效力待定法律行为的效果效力即确定地自始不发生

- **民事法律行为自成立时生效，但是法律另有规定或者当事人另有约定的除外**

【单选题】根据《民法典》规定，因重大误解而请求撤销法律行为的，撤销权的除斥期间为自行为人知道或者应当知道撤销事由之日起(　　)。

A. 90 日内　　　　　　　　　　B. 1 年内
C. 5 年内　　　　　　　　　　 D. 60 日内

解析　因重大误解的当事人自知道或者应当知道撤销事由之日起 90 日内没有行使撤销权的，撤销权消灭，本题选择选项 A。

【答案】 A

【单选题】甲在乙商场购买一个标明"原装进口"的智能手机配件，拿到专业维修店检测，结果确定所买配件为国产。甲多次与乙商场交涉未果，遂诉至人民法院，请求人民法院撤销该手机配件买卖合同。根据规定，甲的撤销权的行使期间是(　　)。

A. 2 年　　　　B. 3 年　　　　C. 1 年　　　　D. 4 年

解析　以欺诈手段订立的合同，撤销权自当事人知道或者应当知道撤销事由之日起 1 年内行使。

【答案】 C

【单选题】关于可撤销的民事法律行为，规定在一定期间内行使撤销权（除斥期间），下列说法正确的是(　　)。

A. 当事人受欺诈的，应当自知道或者应当知道撤销事由之日起 90 日内行使撤销权
B. 因重大误解而为的民事法律行为，当事人应当自知道或者应当知道撤销事由之日起 1 年内行使撤销权
C. 当事人受胁迫的，自胁迫行为终止之日起 1 年内没有行使撤销权的
D. 当事人受胁迫的，自胁迫行为终止之日起 90 日内没有行使撤销权的

解析　当事人受欺诈的，当事人自知道或者应当知道撤销事由之日起 1 年内行使撤销权，故选项 A 排除。重大误解的当事人自知道或者应当知道撤销事由之日起 90 日内没有行使撤销权的，撤销权消灭，故选项 B 排除。当事人受胁迫的，自胁迫行为终止之日起 1 年内没有行使撤销权的，选项 C 正确，选项 D 错误。

【答案】 C

【多选题】甲、乙签订房屋买卖合同，双方约定，甲以 300 万元价格将其房屋卖给乙。为少交税款，双方约定在书面房屋买卖合同中，交易价款写 250 万元，合同签订 1 周后，双方即办理了房屋过户登记手续，后因房款支付数额，双方发生纠纷，下列关于本案房屋买卖合同属性、效力及甲、乙双方权利义务的说法中，正确的有(　　)。

A. 约定房屋价款 300 万元的房屋买卖合同有效
B. 约定房屋价款 250 万元的房屋买卖合同有效
C. 甲、乙关于房屋价款 250 万元的约定属于虚假意思表示
D. 乙仅有义务向甲支付 250 万元房屋价款
E. 甲有权请求乙支付 300 万元房屋价款

解析 行为人与相对人以虚假的意思表示实施的民事法律行为无效。因此约定价款250万元的买卖合同无效,而约定价款300万元的买卖合同有效,甲有权请求乙支付300万元的价款。

【答案】ACE

【单选题】根据法律规定,下列行为中,属于无效民事行为的有( )。
A. 甲将朋友托其保管的相机卖给他人
B. 乙用其盗取的某公司空白合同与他人签订合同
C. 丙误将混纺面料当成纯毛面料高价购买
D. 丁在醉酒神志不清的状态下将其名贵手表低价卖给他人

解析 选项A,构成无权处分,属于效力待定法律行为。选项B,"盗取"违法,该情形下的合同无效。选项C,构成重大误解,属于可撤销的法律行为。选项D,属于有效法律行为。行为人应当对醉酒状态下实施的民事行为和后果具有预见性,因此,醉酒后也应当对自己的行为承担责任。

【答案】B

【多选题】根据《民法典》规定,下列各项中属于无效民事法律行为的有( )。
A. 以虚假的意思表示实施的民事法律行为
B. 违背公序良俗的民事法律行为
C. 受第三人欺诈所实施的民事法律行为
D. 受第三人胁迫所实施的民事法律行为
E. 无民事行为能力人实施的民事法律行为

解析 选项CD,属于可撤销民事法律行为。

【答案】ABE

【多选题】甲有笔记本电脑1台,对15周岁的乙表达出卖的意愿,限乙1周内答复,乙当即拒绝,但乙父次日知悉后表示同意。根据《民法典》相关规定,甲乙间笔记本电脑买卖合同( )。
A. 可撤销 B. 不成立
C. 有效 D. 效力待定
E. 成立

解析 15周岁的乙为限制民事行为能力人,限制民事行为能力人实施的纯获利益的民事法律行为或者与其年龄、智力、精神健康状况相适应的民事法律行为有效;实施的其他民事法律行为经法定代理人同意或者追认后有效。讨论民事法律行为的效力样态的前提是该民事法律行为已经成立。

【答案】CE

【单选题】奥运会前夕，甲对乒乓球运动员乙说：1个月后的奥运会上，你若获得单打金牌，我即送你1套价值500万元的海景房。根据《民法典》相关规定，该行为属于( )。

A. 附条件法律行为　　　　　　　　B. 有偿法律行为
C. 实践性法律行为　　　　　　　　D. 附期限法律行为

【解析】 本题的法律事实属于无偿法律行为、诺成法律行为、附条件法律行为（未必得金牌）。

【答案】 A

【多选题】根据《民法典》规定，撤销权人对可撤销民事法律行为主张撤销时，其撤销意思表示的相对人包括( )。

A. 实施胁迫的对方当事人　　　　　B. 实施欺诈的第三人
C. 实施欺诈的对方当事人　　　　　D. 实施胁迫的第三人
E. 人民法院或者仲裁机构

【解析】 可撤销民事法律行为，是指由于存在法定的重大意思表示瑕疵而可以请求人民法院或者仲裁机构予以撤销的民事法律行为，与之实施民事法律行为的对方当事人为撤销意思表示的相对人。

【答案】 AC

【单选题】根据《民法典》规定，下列关于撤销权除斥期间的说法中，正确的是( )。

A. 因受欺诈实施的民事法律行为，撤销权除斥期间为90日
B. 因受胁迫实施的民事法律行为，撤销权除斥期间为1年
C. 因重大误解实施的民事法律行为，撤销权除斥期间为1年
D. 上述撤销权除斥期间自可撤销民事法律行为发生之日起算

【解析】 有下列情形之一的，撤销权消灭：(1) 当事人自知道或者应当知道撤销事由之日起1年内、重大误解的当事人自知道或者应当知道撤销事由之日起90日内没有行使撤销权。(2) 当事人受胁迫，自胁迫行为终止之日起1年内没有行使撤销权。(3) 当事人知道撤销事由后明确表示或者以自己的行为表明放弃撤销权。(4) 当事人自民事法律行为发生之日起5年内没有行使撤销权。

【答案】 B

【单选题】根据《民法典》的规定，下列甲乙之间的合同，效力待定的是( )。

A. 甲在醉酒的情况下将自己的摩托车低价卖给乙
B. 甲授权16岁的丙将汽车以15万元的价格出卖给乙
C. 甲将其一处正在出租的房产赠送给15岁的乙
D. 甲将价值16万元的汽车作为生日礼物赠送给7岁的乙

【解析】 选项AC属于有效的民事法律行为。选项B属于效力待定的民事法律行为。选项D属于无效的民事法律行为。

【答案】 B

知识点 · 法律行为的代理

【单选题】 下列关于代理制度的说法中,正确的是( )。
A. 转委托代理未经被代理人同意的,被代理人应当对转委托的第三人的行为承担责任
B. 共同代理是指一个代理人同时为一个民事法律关系中两个委托人所做的代理
C. 人民法院可以将未成年人的父母指定为代理人
D. 特别代理是指代理权被限定在一定范围或特定事项上的代理

解析 选项 A,转委托代理未经被代理人同意或者追认的,代理人应当对转委托的第三人的行为承担责任,但是在紧急情况下代理人为了维护被代理人的利益需要转委托第三人代理的除外。选项 B,共同代理是指代理权属于 2 人以上的代理,例如,甲委托乙、丙共同为其办理有关事项,乙和丙为甲的共同代理人。选项 C,一般情形下,父母是未成年子女的法定代理人。

【答案】 D

【单选题】 甲授权乙以自己的名义实施合同诈骗,乙明知订立合同是欺诈行为,仍然以甲的名义与相对人丙订立合同,致丙受到损害。根据《民法典》规定,对于丙所受损害的责任承担表述中,正确的是( )。
A. 甲和乙根据各自过错大小承担按份赔偿责任
B. 甲和乙承担连带赔偿责任
C. 乙承担赔偿责任
D. 甲承担赔偿责任

解析 代理人知道或者应当知道代理事项违法仍然实施代理行为,或者被代理人知道或者应当知道代理人的代理行为违法未作反对表示的,被代理人和代理人应当承担连带责任。

【答案】 B

【考点精炼】

(一)有权代理:禁止下列代理行为

禁止类型	具体内容	效力
滥用代理权	代理人实施代理行为时,<u>不得滥用代理权</u>	—
自己代理	代理人不得以被代理人的名义与自己实施民事法律行为,但是被代理人同意或者追认的除外	<u>效力待定 被代理人追认后有效</u>
双方代理	代理人不得以被代理人的名义与自己同时代理的其他人实施民事法律行为,但是被代理的双方同意或者追认的除外	<u>效力待定 双方被代理人追认后有效</u>
恶意代理	<u>代理人和相对人恶意串通,损害被代理人合法权益的,代理人和相对人应当承担连带责任</u>	无效(串)

（二）无权代理

1. 狭义无权代理

类型	（1）<u>自始没有代理权</u>：行为人没有代理权而实施代理行为
	（2）<u>越权代理</u>：行为人有代理权，但却超越代理权限范围而进行的代理
	（3）<u>代理权终止</u>：代理权终止后仍然实施代理行为
效力	<u>效力待定</u>，其对被代理人有效与否取决于被代理人的意思。若被代理人未予追认，则对被代理人不发生效力
相对人的责任	相对人<u>知道</u>或者应当知道行为人无权代理的，相对人和行为人按照各自的<u>过错</u>承担责任

2. 表见代理：<u>无权代理＋相对人有理由信任</u>

法律后果	行为人没有代理权、超越代理权或者代理权终止后，仍然实施代理行为，相对人<u>有理由相信</u>行为人有代理权的，该代理行为有效，<u>由被代理人承受法律后果，即享受其权利、承受其义务</u>。如果被代理人因此遭受到损失，被代理人有权要求无权代理人赔偿

【单选题】甲在展销会上看到乙公司展台上有一款进口食品料理机，想起同事丙前几天说想买 1 台料理机，遂自作主张以丙的名义向乙公司订购 1 台该款料理机，约定货到付款。随后，乙公司将料理机快递给丙，丙签收付款。根据《民法典》规定，乙公司与丙之间买卖合同的效力应为(　　)。

A. 效力待定　　　　　　　　　B. 无效
C. 可撤销　　　　　　　　　　D. 有效

【解析】 行为人没有代理权、超越代理权或者代理权终止后，仍然实施代理行为，未经被代理人追认的，对被代理人不发生效力。本题中，丙签收付款代表对甲的代理行为进行追认，因此乙公司与丙之间的买卖合同有效，本题选择选项 D。

【答案】D

【多选题】甲公司委托乙代为购买手机屏幕，乙在考察之后决定从 A 公司购进。在与 A 公司洽谈过程中，乙发现 A 公司生产的手机电池也不错，遂与其签订了购买手机屏幕和电池的合同。事后，A 公司催促甲公司支付货款，甲公司称，仅委托乙购买手机屏幕但未委托其购买手机电池，拒绝支付电池的货款。本案中，下列关于乙与 A 公司所签购买电池合同是否成立以及效力状态的说法中，正确的有(　　)。

A. 该合同效力待定
B. 该合同可撤销
C. 该合同有效

D. 该合同无效

E. 该合同成立

解析 选项D，狭义无权代理属于效力待定法律行为，其有效或者无效取决于被代理人的意思。本题中，甲公司予以拒绝，故合同的效力为无效。选项E，本题中，乙与A公司已经签订了合同，故合同成立，选项E正确。

【答案】 DE

【多选题】 甲委托乙出售房屋，并向乙出具授权委托书。根据《民法典》规定，下列乙的代理行为中，属于效力待定行为的有(　　)。

A. 乙以甲的名义与自己签订房屋买卖合同

B. 乙与丁恶意串通以远低于市场价的价格将房屋卖给丁

C. 乙以甲的名义与委托其买房的丙签订房屋买卖合同

D. 不知甲意外去世，以甲的名义将房屋卖给他人

E. 乙在甲取消委托后，仍向他人出示尚未被收回的授权委托书售出房屋

解析 选项A，属于自己代理，是指代理人以被代理人的名义与自己进行民事活动的行为，该行为效力待定，经被代理人追认后有效。选项B，属于代理人与相对人恶意串通，损害被代理人合法权益的，代理人和相对人应当承担连带责任，该行为无效。选项C，属于双方代理，是指代理人以被代理人的名义与自己代理的其他人进行民事活动的行为，该行为属于效力待定。选项D，被代理人死亡后，有下列情形之一的，委托代理人实施的代理行为有效：(1) 代理人不知道并且不应当知道被代理人死亡；(2) 被代理人的继承人予以承认；(3) 授权中明确代理权在代理事务完成时终止；(4) 被代理人死亡前已经实施，为了被代理人的继承人的利益继续代理。选项E，属于表见代理，该行为有效，由被代理人承担代理行为所带来的法律后果，即享有其权利，承担其义务。

综上所述，本题属于效力待定的有选项AC。

【答案】 AC

【单选题】 下列民事代理行为中，属于表见代理的是(　　)。

A. 代理人超越被代理人的委托授权范围所做的代理行为

B. 某公司销售员解除职务后，继续隐瞒该事实与原客户订立销售公司产品的合同

C. 被代理人死亡后，代理人继续实施的代理行为

D. 代理人因突发疾病将其代理权转托他人而产生的代理

解析 选项A，属于越权代理，离表见代理还有一大步"善意第三人有理由相信"。选项C，如果该代理为委托代理，则"被代理人死亡"并非代理关系终止事由，代理人应当继续实施必要的代理行为，等待被代理人继承人的进一步指示。如果该代理为法定代理或指定代理，被代理人死亡，代理即告终止。选项D，属于转代理或再代理。

【答案】 B

> 知识点 · 诉讼时效

【单选题】下列债权请求权中，人民法院不支持当事人提出诉讼时效抗辩的是（　　）。
A. 身体受到伤害的损害赔偿请求权　　B. 贷款本金和利息的偿付请求权
C. 存款本金和利息的支付请求权　　　D. 股息和红利的支付请求权

解析　选项A，适用诉讼时效制度。选项BC，"存款"本金及利息的支付请求权不适用诉讼时效制度，而贷款本身是借贷关系，故适用。选项D，基于投资关系产生的"缴付出资"请求权不适用，并非股息和红利请求权。

【答案】C

【考点精炼】

诉讼时效适用对象	（1）诉讼时效的适用对象是请求权，包括债权请求权和物权请求权。 （2）但下列请求权不适用诉讼时效的规定： ①请求停止侵害、排除妨碍、消除危险； ②不动产物权和登记的动产物权的权利人请求返还财产； ③请求支付抚养费、赡养费或者扶养费； ④支付存款本金及利息请求权； ⑤兑付国债、金融债券及向不特定对象发行的企业债券本息请求权； ⑥基于投资关系产生的缴付出资请求权； ⑦其他依法不适用诉讼时效规定的债权请求权

【单选题】甲公司、乙公司于5月1日签订1份买卖合同。6月1日，甲公司按约定交货。货物存在隐蔽瑕疵，乙公司当初并不知情。直至7月1日，乙公司才发现货物存在瑕疵，当即向甲公司去函，要求对该瑕疵予以补救并赔偿。甲公司于8月2日回函，拒绝了乙公司的要求。根据《民法典》规定，本案乙公司赔偿请求权的诉讼时效期间的起算时间为（　　）。
A. 5月1日　　B. 6月1日　　C. 7月1日　　D. 8月2日

解析　诉讼时效期间自权利人知道或者应当知道权利受到损害及义务人之日起计算。7月1日乙公司发现货物存在瑕疵，因此从7月1日起算诉讼时效，本题选择选项C。

【答案】C

【考点精炼】

诉讼时效期间的类型

	适用情形	起算点	年限
普通诉讼时效	法律无特别规定的民事法律关系	自知道或应当知道权利受到损害以及义务人之日起，法律另有规定的，按照其规定(主观)	3年
特殊诉讼时效	（1）国际货物买卖合同。 （2）技术进出口合同		4年
最长诉讼时效	所有	权利受到损害之日起(客观)	20年

【单选题】诉讼时效期间与除斥期间是民法上两项权利行使的限制期间，下列关于二者区别的说法中，正确的是(　　)。

A. 诉讼时效期间届满则实体权利消灭，除斥期间届满则发生永久性抗辩权
B. 诉讼时效期间为不变期间，除斥期间为可变期间
C. 诉讼时效期间适用于债权请求权，除斥期间适用于形成权
D. 除斥期间适用中断、中止、延长，诉讼时效期间并不适用

【解析】 选项A，诉讼时效期间届满则发生永久性抗辩权，除斥期间届满则"实体权利"消灭。选项B，诉讼时效期间为"可变期间"，除斥期间为"不变期间"。选项D，诉讼时效期间适用中断、中止、延长，除斥期间为不变期间，故选项D错误。

【答案】 C

【考点精炼】

诉讼时效期间的类型

	适用情形	起算点	年限
普通诉讼时效	法律无特别规定的民事法律关系	自知道或应当知道权利受到损害以及义务人之日起，法律另有规定的，按照其规定。（主观）	3年
特殊诉讼时效	（1）国际货物买卖合同。 （2）技术进出口合同		4年
最长诉讼时效	所有	权利受到损害之日起（客观）	20年

【多选题】下列关于诉讼时效的适用及期间起算点的说法中，正确的有(　　)。

A. 主债务诉讼时效期间届满，保证人不得行使主债务人的诉讼时效抗辩权
B. 身体受到伤害要求赔偿的，适用普通诉讼时效
C. 未成年人遭受性侵害的损害赔偿请求权的，自受害人年满18周岁之日起计算
D. 债务人自愿履行债务后又以诉讼时效期间届满为由提出抗辩的，人民法院不予支持
E. 分期履行的债务，诉讼时效期间从最后一期履行期限届满之日起计算

【解析】 选项A，主债务诉讼时效期间届满，保证人享有主债务人的诉讼时效抗辩权。

【答案】 BCDE

【考点精炼】

讼时效期间的起算

	分期履行	诉讼时效期间自最后一期履行期限届满之日起计算
特殊规定	对法定代理人的请求权	无民事行为能力人或者限制民事行为能力人对其法定代理人的请求权的诉讼时效期间，自该法定代理终止之日起计算
	未成年人遭受性侵	自受害人年满18周岁之日起计算
	无人或限人的权利受损	无民事行为能力人或者限制民事行为能力人的权利受到损害的，诉讼时效期间自其法定代理人知道或者应当知道权利受到损害及义务人之日起计算，但是法律另有规定的除外

【单选题】根据《民法典》相关规定，下列关于诉讼时效期间届满法律效果的说法中，正确的是(   )。

A. 诉讼时效期间届满，权利人丧失实体权利
B. 诉讼时效期间届满，义务人取得一时抗辩权
C. 诉讼时效期间届满后，义务人同意履行义务的，诉讼时效期间重新起算
D. 诉讼时效期间届满后，义务人已经自愿履行义务的，可以主张返还不当得利

解析 选项 A，诉讼时效期间届满则"胜诉权"消灭，除斥期间届满则"实体权利"消灭。选项 B，诉讼时效期间届满后，义务人取得永久性抗辩权。选项 D，诉讼时效期间届满后，义务人同意履行的，不得以诉讼时效期间届满为由抗辩。义务人已经自愿履行的，不得请求返还。

【答案】C

【单选题】下列有关诉讼时效期间的说法中，正确的是(   )。

A. 商品"保质期"属于诉讼时效期间
B. 当事人不可以自行约定诉讼时效期间
C. 可撤销民事法律行为中撤销权人的撤销权的行使期限属于诉讼时效期间
D. 合同当事人的法定解除权的行使期限属于诉讼时效期间

解析 选项 A，保质期不是诉讼时效期间。选项 B 正确，诉讼时效期间属于法定性，不能由当事人自由约定。选项 CD，诉讼时效期间适用于债权请求权，除斥期间则适用于撤销权、解除权。

【答案】B

【多选题】以下属于诉讼时效中断的事由有(   )。

A. 债权人申请支付令
B. 债务人请求延期支付
C. 法定代理人遇不可抗力
D. 债权人提出清偿请求
E. 债权人出差未回

解析 诉讼时效中断事由为：双方想办法解决这项纠纷（主观）。选项 C，属于诉讼时效中止的法定事由。选项 E，债权人出差未回不影响其向债务人主张权利。

【答案】ABD

【多选题】下列事由中，能够引起诉讼时效中断的有(   )。

A. 债权人提起代位权诉讼
B. 权利被侵害的无民事行为能力人的法定代理人丧失行为能力
C. 权利人被义务人控制，无法主张权利
D. 债务人请求延期履行
E. 债务人同意履行债务

解析 诉讼时效中断事由为：双方想办法解决这项纠纷（主观）。选项 BC，属于诉讼时效中止事由。

【答案】ADE

第八章 物权法

》》知识点 • 物

【单选题】物权关系的客体是物，依不同标准可将物划分为若干类型。下列各类物中，属于孳息物的是( )。

A. 出租柜台取得的租金　　　　B. 苹果树上已成熟的苹果
C. 羊身上的羊毛　　　　　　　D. 房屋的门窗

解析 选项 A，属于法定孳息。选项 BC，天然孳息要求与原物分离，成熟的苹果和羊毛未与原物分离，不属于孳息。选项 D，门窗不属于孳息。

【答案】A

【考点精炼】

类型		说明
特定物		具有独立特征或被权利人指定，不能以其他物替代。例如，梵高的画
种类物		具有共同特征和同样经济意义并可以用度量衡计算的可替代之物。例如，五常大米、批量印刷的书。 ☆提示：特定物在交付前丢了只能赔钱，种类物在交付前丢了可以赔物
主物		独立存在，起主要作用
从物		独立存在，处于附属地位、起辅助和配合作用，例如，电视机是主物，遥控器是从物。 ☆提示：主物的所有权转移及于从物，但是当事人另有约定除外
原物		依其自然属性或者法律规定产生新物的物。例如，生蛋的母鸡
孳息物	天然孳息	指原物依自然规律产生的物（须与原物分离，成为独立的物）。例如，母鸡所产鸡蛋、苹果树上掉下的苹果
	法定孳息	原物依法律规定产生的物。例如，利息、租金

【单选题】物可分为原物和孳息，下列选项中属于孳息的是( )。

A. 尚在牛体内的牛犊　　　　　B. 羊身上未剪下的羊毛
C. 存款利息　　　　　　　　　D. 苹果树上已经成熟的苹果

解析 存款利息属于法定孳息，因法律关系所获得的收益，选项 C 正确。选项 ABD，孳息与原物未分离，不构成孳息，故排除。

【答案】C

111

> 知识点 · 物权法的基本原则

【单选题】不同种类的物有不同的法律特征。下列关于这些特征的说法中，正确的是( )。

A. 集合物上存在多个所有权

B. 合成物上存在多个所有权

C. 共有物之上集两个或者两个以上所有权为一体

D. 单一物独立成一体

解析 选项 ABD，单一物、合成物之上只有一个所有权。集合物在以一个整体作为权利义务标的时，只产生一个所有权。选项 C，共有的所有权是一个而不是多个，是同一个所有权由多人享有。

【答案】D

【考点精炼】

物权客体特定原则亦称"一物一权原则"，一物之上不能同时并存两个以上互不相容的物权。不能并存的物权包括三种：所有权×2，宅基地使用权×2，建设用地使用权×2。

【多选题】不可以在同一物上并存的物权有( )。

A. 建设用地使用权

B. 所有权

C. 抵押权

D. 质权

E. 宅基地使用权

解析 一物一权，是指一个物上不允许有互不相容的物权同时存在。不能并存的物权包括三种：所有权×2，宅基地使用权×2，建设用地使用权×2。

【答案】ABE

> 知识点 · 物权的分类

【多选题】根据物权法律制度的规定，用益物权包括( )。

A. 宅基地使用权

B. 抵押权

C. 建设用地使用权

D. 质权

E. 土地承包经营权

解析 选项 BD，属于担保物权。

【答案】ACE

【考点精炼】

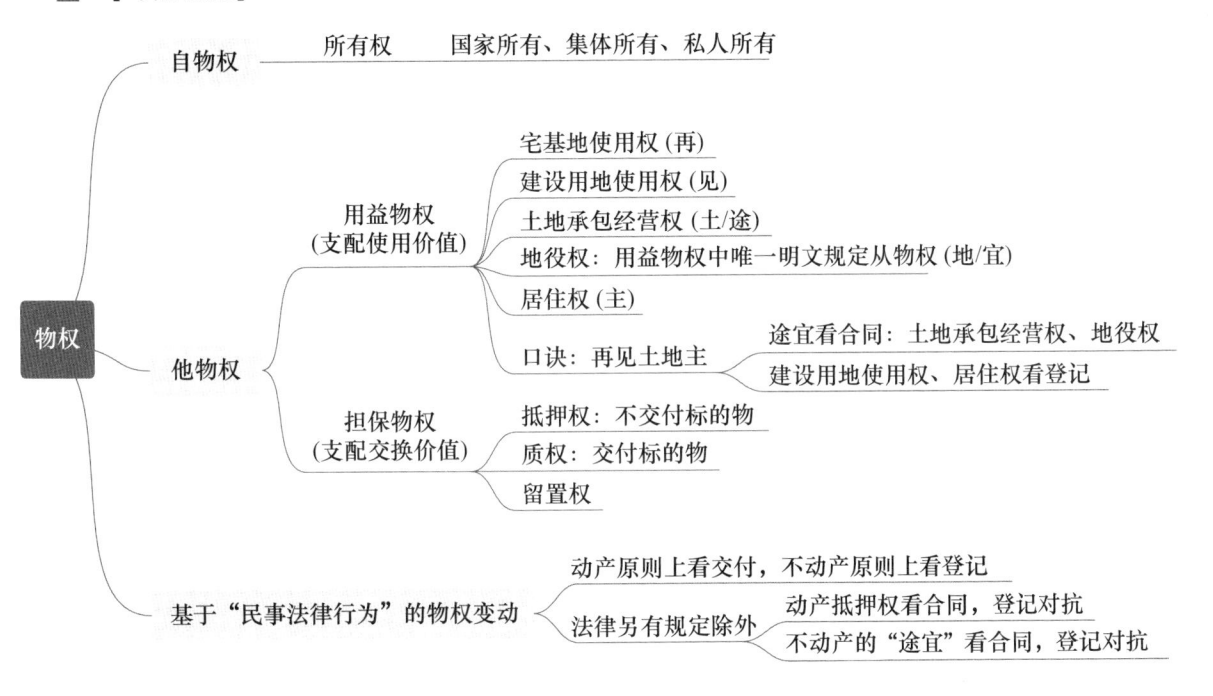

```
物权
├─ 自物权 ── 所有权 ── 国家所有、集体所有、私人所有
├─ 他物权
│   ├─ 用益物权（支配使用价值）
│   │   ├─ 宅基地使用权（再）
│   │   ├─ 建设用地使用权（见）
│   │   ├─ 土地承包经营权（土/途）
│   │   ├─ 地役权：用益物权中唯一明文规定从物权（地/宜）
│   │   ├─ 居住权（主）
│   │   └─ 口诀：再见土地主
│   │        ├─ 途宜看合同：土地承包经营权、地役权
│   │        └─ 建设用地使用权、居住权看登记
│   └─ 担保物权（支配交换价值）
│       ├─ 抵押权：不交付标的物
│       ├─ 质权：交付标的物
│       └─ 留置权
└─ 基于"民事法律行为"的物权变动
    ├─ 动产原则上看交付，不动产原则上看登记
    └─ 法律另有规定除外
         ├─ 动产抵押权看合同，登记对抗
         └─ 不动产的"途宜"看合同，登记对抗
```

【单选题】下列用益物权中，属于从物权的是(　　)。

A. 建设用地使用权

B. 土地承包经营权

C. 地役权

D. 宅基地使用权

解析 从物权是指从属于其他权利，并为所从属的权利服务的物权，如担保物权、地役权（选项C）。

【答案】C

知识点·物权效力

【单选题】甲遗失之物被乙拾得，在甲向乙提出返还请求后，乙将该物赠与交付于丙，根据《民法典》规定，针对这种情况，甲仍可以请求返还该物，此时体现的是(　　)。

A. 物权的支配效力

B. 物权的优先效力

C. 物权的排他效力

D. 物权的追及效力

解析 物权的追及效力，是指物权的标的物无论辗转落入何人之手，物权人皆可追及物的所在并对物的占有人主张物权、请求返还的效力。

【答案】D

知识点 · 物权变动

【单选题】下列物权取得方式中,属于继受取得的是( )。
A. 甲因建造而取得自建房屋所有权
B. 乙取得其从海中垂钓所得石斑鱼的所有权
C. 丙自土地承包经营权人处受让土地经营权
D. 丁基于添附而取得添附物的所有权

解析 选项ABD,物权的原始取得,是指权利人不依赖他人既有的权利和意志,而是基于法律规定的特定法律事实而取得物权,即把物权从0→1创设出来。选项C,物权的继受取得,是指基于他人既有的权利而取得物权,即从别人手里拿过来的物权(1→1)。

【答案】C

【考点精炼】

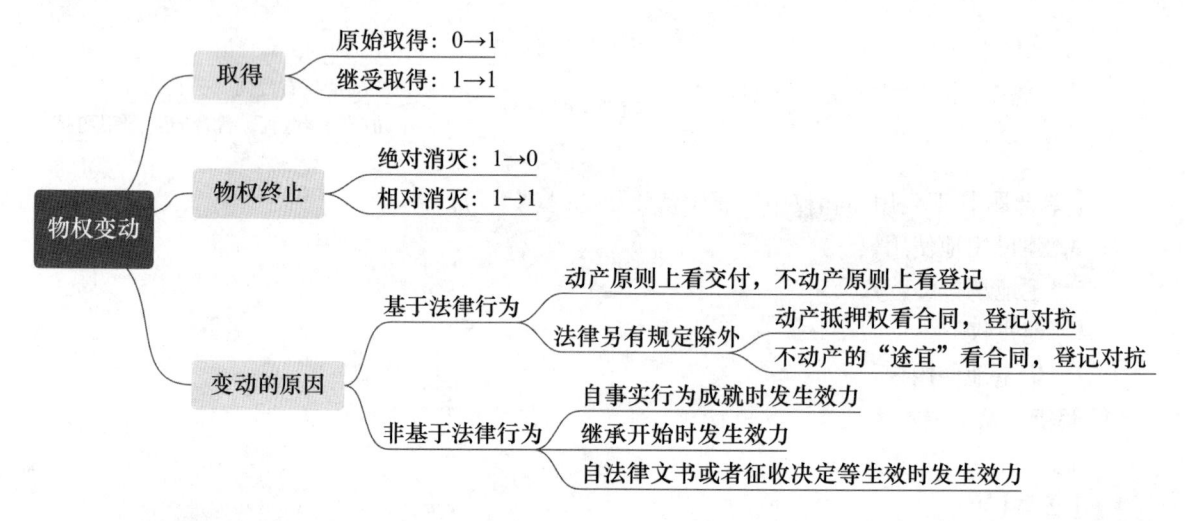

```
                    ┌ 原始取得:0→1
           ┌ 取得 ──┤
           │        └ 继受取得:1→1
           │
           │            ┌ 绝对消灭:1→0
物权变动 ──┼ 物权终止 ──┤
           │            └ 相对消灭:1→1
           │
           │                           ┌ 动产原则上看交付,不动产原则上看登记
           │            ┌ 基于法律行为 ─┤ 动产抵押权看合同,登记对抗
           └ 变动的原因 ┤               └ 法律另有规定除外
                        │                 不动产的"途宜"看合同,登记对抗
                        │                 ┌ 自事实行为成就时发生效力
                        └ 非基于法律行为 ─┤ 继承开始时发生效力
                                          └ 自法律文书或者征收决定等生效时发生效力
```

【多选题】下列选项中,属于因法律行为之外的法律事实导致物权变动的情形的有( )。
A. 征用
B. 赠与
C. 添附
D. 无主物的取得
E. 标的物的消费

解析 物权变动的原因主要包括:(1)法律行为,如买卖互易、赠与、遗赠。(2)法律行为之外的法律事实,如时效、先占、添附(选项C)、继承、无主物的取得(选项D)、标的物消费(选项E)、标的物灭失及混同等。(3)公法上的原因,如公用征收、没收、罚款等。

【答案】CDE

【单选题】根据规定,当事人之间订立有关设立不动产物权的合同,除法律另有规定或者合同另有约定外,自合同成立时生效,未办理物权登记的,其产生的效果是( )。

A. 不影响合同的效力
B. 合同无效
C. 合同待生效
D. 合同可撤销

解析 当事人之间订立有关设立、变更、转让和消灭不动产物权的合同,除法律另有规定或者合同另有约定外,自合同成立时生效,未办理物权登记的,不影响合同效力。该题体现了物债两分原则,物权是否设立与债权(合同)无必然联系,要分别单独判断。除非考核第7章民事法律行为的效力样态中的无效民事法律行为,即"无为卖假串,缺德又违法",该民事法律行为(合同)无效,否则合同几乎都是有效的。

【答案】 A

【单选题】乙与甲公司签订商品房预售合同,预购商品房1套,并向登记机关申请办理了预告登记,房屋建好后,因房价上涨,甲公司遂擅自将乙选购的商品房以更高价格出售给不知情的丙。根据《民法典》规定,下列关于甲公司与丙商品房买卖合同效力的说法中,正确的是( )。

A. 商品房买卖合同可撤销
B. 商品房买卖合同效力待定
C. 商品房买卖合同有效
D. 商品房买卖合同无效

解析 当事人之间订立有关设立、变更、转让和消灭不动产物权的合同,除法律另有规定或者当事人另有约定外,自合同成立时生效,未办理物权登记的,不影响合同效力,该买卖合同有效,本题选择选项C。

【答案】 C

【单选题】物权法律制度规定了不动产登记制度。下列关于各种登记的说法中,正确的是( )。

A. 预告登记是异议抗辩登记
B. 更正登记是为消除登记内容错误或遗漏的登记
C. 变动登记是对原登记权利的涂销登记
D. 异议登记旨在保全一项将来发生的不动产物权变动

解析 选项A,异议登记也称异议抗辩登记。选项C,更正登记是对原登记权利的涂销登记,同时是对真正权利的初始登记。选项D,预告登记旨在保全一项将来发生的不动产物权变动。

【答案】 B

【考点精炼】

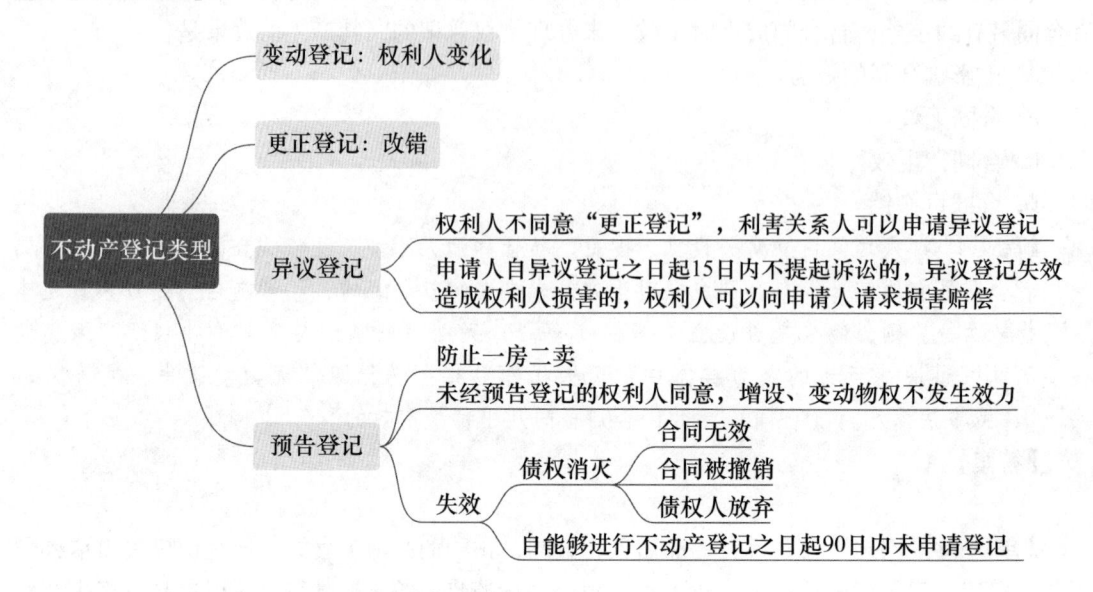

不动产登记类型
- 变动登记：权利人变化
- 更正登记：改错
- 异议登记
  - 权利人不同意"更正登记"，利害关系人可以申请异议登记
  - 申请人自异议登记之日起15日内不提起诉讼的，异议登记失效
  - 造成权利人损害的，权利人可以向申请人请求损害赔偿
- 预告登记
  - 防止一房二卖
  - 未经预告登记的权利人同意，增设、变动物权不发生效力
  - 失效
    - 债权消灭
      - 合同无效
      - 合同被撤销
      - 债权人放弃
    - 自能够进行不动产登记之日起90日内未申请登记

【单选题】甲将自己电脑出租给乙使用，租赁期间，甲又将电脑卖给丙，并与丙约定于租期届满时由丙直接向乙请求返还电脑。甲与丙之间变动物权的交付方式属于(　　)。
A. 指示交付
B. 现实交付
C. 占有改定
D. 简易交付

解析 指示交付指的是动产物权设立和转让前，第三人（乙）依法占有该动产的，负有交付义务的人（甲）可以通过转让请求第三人返还原物的权利代替交付。故本题选择选项 A。

【答案】A

【考点精炼】

动产变动
- 现实交付
- 交付替代（观念交付）
  - 先出租后卖
    - 卖给承租人：简易交付
    - 卖给第三人：指示交付
  - 先卖后回租：占有改定

【单选题】下列物权变动中，以登记作为对抗要件的是(　　)。
A. 以正在建造的建筑物设定抵押权
B. 转让汽车所有权
C. 以土地承包经营权设定抵押权
D. 设立建设用地使用权

解析 选项 B，船舶、航空器和机动车等特殊动产物权的设立、变更、转让和消灭，未经登记，不得对抗善意第三人，故正确。选项 A，建筑物为不动产，不动产物权变动原则上看登记，故正确。选项 C，用益物权中，宅基地使用权设立不讨论，"途宜"即土地承包经营权和地役权的设立看合同，合同生效时设立，登记对抗，但土地承包经营权要对外处分即设定抵押权时，其称呼必须成为"土地经营权"而非"土地承包经营权"。"土地承包经营权"有身份属性，一般要求是集体成员才能取得，而设定抵押权更多是财产权，故称为"土地经营权"，故错误。选项 D，用益物权的物权变动更多是"不动产"即房子和地，所以原则上设立该用益物权看登记。

【答案】B

【单选题】下列物权变动中，未经登记，不得对抗善意第三人的是（　　）。
A. 甲将其收藏的字画出售给乙
B. 甲将其新能源汽车赠与好友乙
C. 甲在其宅基地上建成一幢楼房
D. 甲将一套机器设备质押给乙用来作借款合同担保

解析　选项 B，船舶、航空器和机动车等特殊动产物权的设立、变更、转让和消灭，未经登记，不得对抗善意第三人。选项 AD，一般动产物权变动看交付，故错误。选项 C，建房子为事实行为，事实行为成就时取得该房产物权，但房产未经登记无法变更所有权，与本题考核点无关故排除。

【答案】B

【单选题】2017 年 5 月 10 日，甲借用乙的自行车，双方约定借期 1 个月。5 月 19 日，甲决定买下该自行车，于是发微信告知乙。5 月 20 日，乙回复同意。5 月 25 日，甲将自行车款通过微信支付给乙。根据法律规定，甲取得该自行车所有权的时间是（　　）。
A. 5 月 10 日　　　　　　　　　　B. 5 月 19 日
C. 5 月 20 日　　　　　　　　　　D. 5 月 25 日

解析　动产所有权一般是交付转移。标的物在订立合同之前已为买受人占有的，合同生效的时间为交付时间。题目中 5 月 20 日双方意思表示达成一致，买卖合同成立且生效，所有权转移。

【答案】C

【单选题】甲乙于 5 月 1 日签订一份动产买卖合同，甲于 5 月 6 日将标的物交付给乙，5 月 10 日乙付款，5 月 11 日办理所有权转移登记，根据上述，乙何时得到该动产的所有权（　　）。
A. 5 月 1 日　　　　　　　　　　B. 5 月 11 日
C. 5 月 10 日　　　　　　　　　　D. 5 月 6 日

解析　在买卖合同中，动产交付时，所有权即转移，故本题选择选项 D。

【答案】D

【单选题】甲向乙购买一辆汽车,两人于3月10日成立买卖合同,并约定过两天交付该车,3月14日,乙将车交给甲。3月16日,甲将车款转至乙的账户,3月28日,甲乙完成了车辆的变更登记,甲于( )取得汽车的所有权。

A. 3月10日
B. 3月14日
C. 3月16日
D. 3月28日

解析 在买卖合同中,动产交付时,所有权即转移。

【答案】 B

知识点 · 所有权取得和消灭

【单选题】下列所有权取得方式中,属于继受取得的是( )。

A. 先占
B. 添附
C. 赠与
D. 建造

解析 选项ABD,原始取得基于法律规定直接取得所有权,如先占、生产、收取孳息、添附等方式。选项C,继受取得,基于他人既存的权利而取得所有权,如赠与(选项C)、继承等方式。

【答案】 C

【多选题】根据民法的相关理论,下列有关民事权利的表述中,正确的有( )。

A. 权利取得是指某项权利归属于某个当事人的情形
B. 继受取得是权利的绝对发生
C. 物权属于财产权、支配权、绝对权、对世权、非专属权
D. 人格权是一种绝对权,不存在对应义务
E. 自卫行为包括正当防卫和紧急避险

解析 权利的继受取得,是指自前手权利人处承受而来的权利取得,也称"权利的传来取得",是权利的"相对发生",故选项B错误。民事权利和民事义务是相互依存的,任何权利都存在对应的义务,故选项D错误。

【答案】 ACE

【单选题】根据民事法律制度的规定,下列物可以适用先占取得的是( )。

A. 遗失的手表
B. 所有人不明的埋藏物
C. 房屋
D. 所有人抛弃的动产

解析 先占是指以所有的意思,占有"无主动产"而取得其所有权的法律事实。选项AB,只是所有权人不明,并非"无主"。选项C,属于不动产。

【答案】 D

【单选题】下列所有权的取得方式中，属于非依法律行为而取得的是(　　)。
A. 学生甲与同学乙互易铅笔一支
B. 学生乙从老师处受赠图书一本
C. 农民丙从承包土地里收获庄稼一车
D. 市民丁从某公司购买汽车一辆

解析　选项 ABD，互易、赠与、买卖属于依法律行为而取得所有权，故 ABD 排除。选项 C，收获庄稼属于基于法律行为"以外"的事实行为取得所有权，即非基于法律行为取得所有权，因此选项 C 当选。

【答案】 C

【多选题】在下列法律事实中，不知情的第三人可以依善意取得制度取得相应物权的有(　　)。
A. 保留所有权的动产买卖中，尚未付清全部价款的买方将其占有的动产卖给不知情的第三人
B. 动产的承租人将其承租的动产向不知情的第三人设定质权
C. 动产质权人将质物转质于不知情的第三人
D. 受托代为转交某一物品的人将该物品赠与不知情的第三人
E. 物品的借用人将其借用的物品赠与不知情的第三人

解析　选项 DE，赠与行为中第三人未支付合理对价，不符合善意取得制度。

【答案】 ABC

【考点精炼】

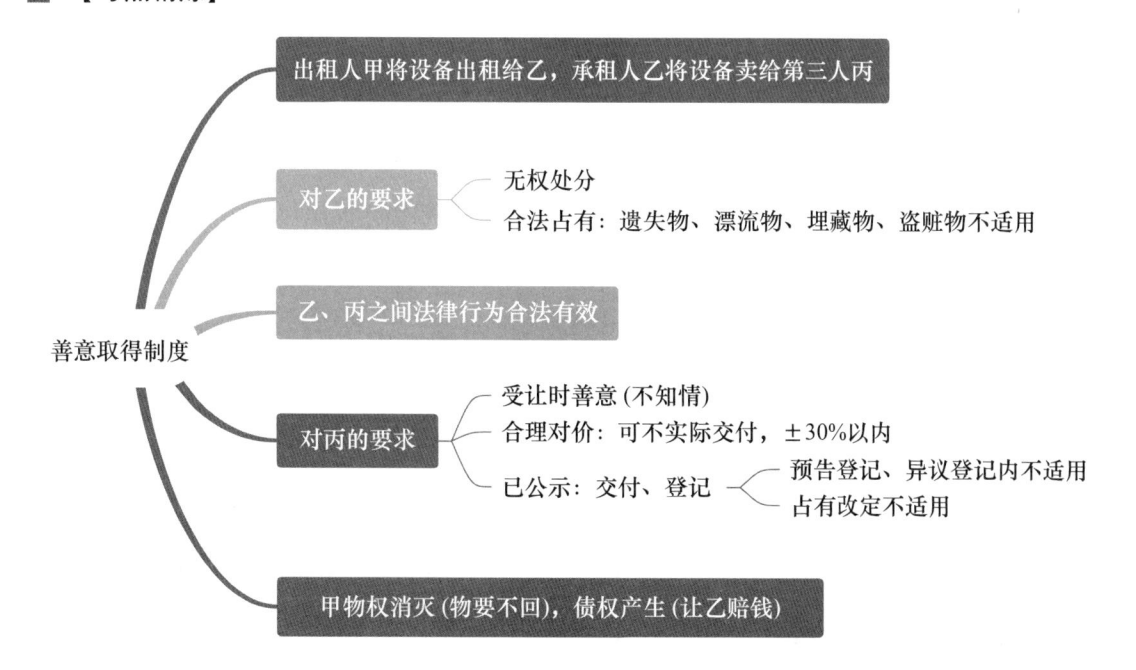

善意取得制度
- 出租人甲将设备出租给乙，承租人乙将设备卖给第三人丙
- 对乙的要求
  - 无权处分
  - 合法占有：遗失物、漂流物、埋藏物、盗赃物不适用
- 乙、丙之间法律行为合法有效
- 对丙的要求
  - 受让时善意（不知情）
  - 合理对价：可不实际交付，±30%以内
  - 已公示：交付、登记
    - 预告登记、异议登记内不适用
    - 占有改定不适用
- 甲物权消灭（物要不回），债权产生（让乙赔钱）

【单选题】下列关于善意取得适用条件的说法中，不符合《民法典》规定的是(　　)。

A. 须受让的财产限于动产

B. 须受让人受让财产时是善意的

C. 须出让人为无权处分人

D. 须受让财产是以合理价格转让

解析　选项A，善意取得制度对于动产和不动产均适用，表述错误。选项BD，善意取得的适用条件：(1) 受让人受让该动产时是善意的。(2) 以合理的价格转让。(3) 转让的动产依照法律规定已经交付给受让人，转让的不动产依照法律规定应当登记的已经登记。选项C，适用善意取得制度的前提是无处分权人处分动产或者不动产，如果是有权处分，则不适用善意取得制度。

【答案】 A

【多选题】根据《民法典》规定，下列关于物权取得的说法中，正确的有(　　)。

A. 动产与不动产均可以适用善意取得

B. 不动产物权非经登记不能取得

C. 所有权和他物权均可以适用善意取得

D. 动产物权非交付不能取得

E. 因合法建造、收取孳息、人民法院判决、公用征收而取得所有权的，属于依法律行为以外的法律事实而取得的所有权

解析　选项B，基于民事法律行为的不动产物权变动，以登记为生效要件，但是法律另有规定除外（途宜）。选项D，动产物权变动，以交付为生效要件，但是法律另有规定的除外。选项E，所有权取得的法律原因，包括民事法律行为和民事法律行为之外的法律事实两类，公用征收属于民事法律行为之外的法律事实。

【答案】 ACE

【单选题】根据民事法律制度的规定，下列导致所有权消灭的法律事实中属于民事法律行为的是(　　)。

A. 抛弃所有权

B. 自然人死亡

C. 纳税

D. 标的物灭失

解析　所有权消灭包括两种：因法律行为而消灭和因法律行为以外的事实而消灭。选项A，所有权因法律行为而消灭，包括所有权的抛弃和出让。选项BCD，所有权因法律行为以外的事实而消灭，包括：(1) 作为所有人的自然人死亡或法人终止。(2) 标的物灭失。(3) 判决、强制执行、罚款、没收、纳税等。(4) 动产因添附于他人的不动产或动产，依法由他人取得动产的所有权。

【答案】 A

【多选题】独资企业经理王某办公用的一台电脑损坏,王某遂嘱咐秘书张某扔到垃圾站。张某想,与其扔了不如给儿子用,于是,张某便将电脑搬回家,经修理后,电脑可以正常使用,王某得知电脑能正常使用后,遂要求张某返还。下列关于本案中电脑所有权变动的说法中,正确的有( )。

A. 张某违反委托合同,不能取得电脑的所有权
B. 张某基于先占取得电脑的所有权
C. 王某有权请求返还电脑,但应当对张某予以补偿
D. 因抛弃行为尚未完成,王某可以撤回其意思表示收回对电脑的所有权
E. 王某因抛弃的意思表示而丧失电脑的所有权

解析 抛弃所有权为单方法律行为,仅由行为人一方意思表示即可成立,故当王某做出意思表示时,就丧失了电脑所有权,选项E正确。张某基于先占取得电脑所有权,选项B正确。故张某取得电脑所有权,王某无权要求其返还。

【答案】 BE

【单选题】甲以其"爱彼"手表质押向乙借款。质押期间,乙将该手表以市场价卖给不知情的丙并交付。后丙不慎将手表遗失,被人捡到后交给失物招领机关。失物招领公告发布1年后,无人认领。失物招领机关遂依法拍卖该手表,丁拍得该手表。根据民法相关理论,下列关于"爱彼"手表物权变动方式的说法中,正确的是( )。

A. 乙继受取得对"爱彼"手表的质权
B. 甲对"爱彼"手表的所有权绝对消灭
C. 丁原始取得"爱彼"手表的所有权
D. 丙继受取得"爱彼"手表的所有权

解析 选项B,权利的绝对消灭,即权利本身不复存在,如所有权因标的物灭失而消灭、债权因全部清偿而消灭、形成权因除斥期间届满而消灭等。选项CD,继受取得,是指基于他人既存的权利而取得所有权,如买受人自出卖人处受让标的物所有权,丁是继受取得;丙是善意取得,属于原始取得。

【答案】 A

知识点 · 共有

【单选题】甲、乙、丙三人共有一套房屋,分别持1/3份额。为提高房屋的价值,甲主张将该房屋地面铺上实木地板,乙表示赞同,但丙反对。根据《民法典》及相关司法解释规定,下列关于本案是否可以铺实木地板的说法中,正确的是( )。

A. 未经全体共有人同意,甲、乙不得铺实木地板
B. 因甲、乙所占份额合计为2/3,故甲、乙可以铺实木地板
C. 甲、乙只能在自己的应有部分之上铺实木地板
D. 若甲、乙坚持铺实木地板,则须先分割共有房屋

解析 根据规定,处分共有的不动产或者动产以及对共有的不动产或者动产做重大修缮

的，应当经占份额2/3以上的按份共有人同意。本题中，甲、乙二人份额达到2/3，经二人同意即可将该房屋铺上实木地板（重大修缮）。

【答案】B

【考点精炼】

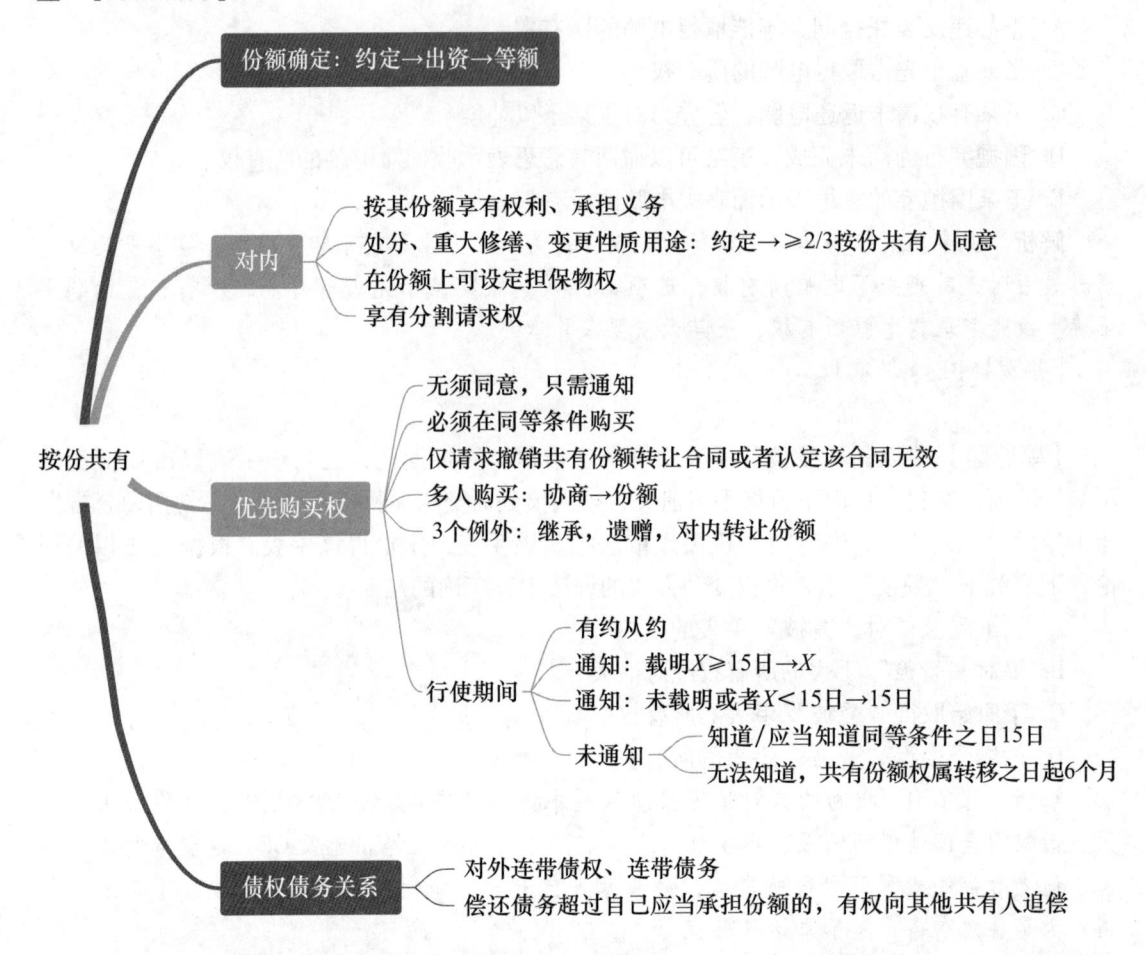

按份共有
- 份额确定：约定→出资→等额
- 对内
  - 按其份额享有权利、承担义务
  - 处分、重大修缮、变更性质用途：约定→≥2/3按份共有人同意
  - 在份额上可设定担保物权
  - 享有分割请求权
- 优先购买权
  - 无须同意，只需通知
  - 必须在同等条件购买
  - 仅请求撤销共有份额转让合同或者认定该合同无效
  - 多人购买：协商→份额
  - 3个例外：继承，遗赠，对内转让份额
  - 行使期间
    - 有约从约
    - 通知：载明$X≥15$日→X
    - 通知：未载明或者$X<15$日→15日
    - 未通知
      - 知道/应当知道同等条件之日15日
      - 无法知道，共有份额权属转移之日起6个月
- 债权债务关系
  - 对外连带债权、连带债务
  - 偿还债务超过自己应当承担份额的，有权向其他共有人追偿

【单选题】甲乙丙按3：2：1的出资比例共同购买1头耕牛，约定3人共同饲养管理，轮流使用。在乙使用耕牛期间，耕牛将同村村民丁承包地中的庄稼践踏损毁。根据《民法典》规定，下列关于丁应如何向甲乙丙请求赔偿的说法中，正确的是（　　）。

A. 丁只能请求乙承担全部赔偿责任
B. 丁只能请求乙承担1/3的赔偿责任
C. 丁可以请求甲乙丙承担连带赔偿责任
D. 丁应当请求甲乙丙按各自份额比例承担赔偿责任

【解析】因共有物产生的债权债务，在对外关系上，共有人享有连带债权、承担连带债务，但法律另有规定或第三人知道共有人不具有连带债权债务关系的除外，因此丁可以请求甲乙丙承担连带赔偿责任，本题选择选项C。

【答案】C

【单选题】 甲乙合伙购买1辆卡车从事运输。双方约定，按2∶1的比例分成。某日，乙在为客户丙运送货物途中发生交通事故，造成丙货物损失30万元。根据《民法典》规定，对于该30万元的损失，丙可以向乙请求赔偿的最高数额为（　　）。

A. 15万元
B. 20万元
C. 10万元
D. 30万元

解析　因共有物产生的债权债务，在对外关系上，共有人享有连带债权、承担连带债务，但法律另有规定或第三人知道共有人不具有连带债权债务关系的除外，因此丙可以向乙请求赔偿的最高数额为30万元，本题选择选项D。

【答案】 D

【多选题】 根据民法上的共有理论，下列有关共有的说法中，正确的有（　　）。

A. 按份共有可以存在于不动产之上，不能存在于动产之上
B. 按份共有的共有人可在其份额上设定担保物权
C. 在共同共有关系存续期间，共有人可随时请求分割共有物
D. 共有是两个以上的人对同一个物拥有数个所有权，它是所有权排他性的一个例外
E. 共有是数人享有同一个所有权

解析　选项A，动产和不动产上均可以成立共有（不论是按份共有，还是共同共有）。选项C，在共同共有关系存续期间，共同共有人原则上无分割请求权，仅在共有的基础丧失或者重大理由需要分割时可以请求分割。选项DE，共有是同一个所有权由多人享有，共有的所有权是一个而不是多个，仍然遵守"一物一权原则"，并不违背所有权的排他性。

【答案】 BE

知识点·业主的建筑物区分所有权

【单选题】 我国《民法典》第271条规定："业主对建筑物内的住宅，经营性用房等专有部分享有所有权，对专有部分以外的共有部分享有共有和共同管理的权利。"这一规定表明（　　）。

A. 建筑物区分所有权中业主对共有部分享有的是公有权
B. 业主办理产权登记时需要对共有权做单独登记
C. 建筑物区分所有权中的专有部分所有权、共存部分共有权及成员权是一体的，不可分离
D. 建筑物区分所有权的各部分权利可以分别变动或者转移

解析　选项A，题干表明了建筑物区分所有权的三要素。业主对建筑物的共有部分享有的是共有权，而不是公有权，故选项A错误。选项B，建筑物区分所有权成立登记时，只登记专有部分所有权，而共有权及成员权并不单独登记，故选项B错误。选项D，建筑物区分所有权的各部分权利变动时，须一体变动，故选项D错误。

【答案】 C

🔖 【考点精炼】

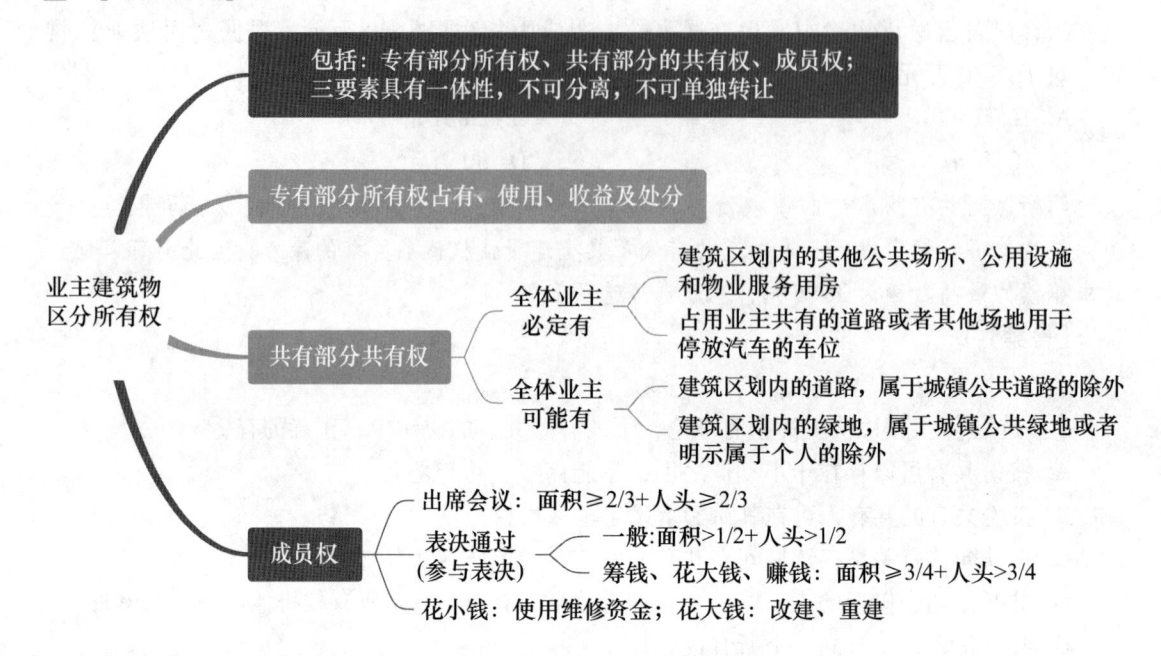

业主建筑物区分所有权
- 包括：专有部分所有权、共有部分的共有权、成员权；三要素具有一体性，不可分离，不可单独转让
- 专有部分所有权 占有、使用、收益及处分
- 共有部分共有权
  - 全体业主必定有
    - 建筑区划内的其他公共场所、公用设施和物业服务用房
    - 占用业主共有的道路或者其他场地用于停放汽车的车位
  - 全体业主可能有
    - 建筑区划内的道路，属于城镇公共道路的除外
    - 建筑区划内的绿地，属于城镇公共绿地或者明示属于个人的除外
- 成员权
  - 出席会议：面积≥2/3+人头≥2/3
  - 表决通过（参与表决）
    - 一般:面积>1/2+人头>1/2
    - 筹钱、花大钱、赚钱：面积≥3/4+人头>3/4
  - 花小钱：使用维修资金；花大钱：改建、重建

【单选题】下列选项中，关于建筑物区分所有权，说法正确的是（　　）。
A. 建筑区划内的物业服务用房，属于物业公司和业主共有
B. 占有业主共有的道路用于停放汽车的车位，属于业主共有
C. 建筑区划内的公共道路，属于业主共有
D. 建筑区划内的公共绿地，属于业主共有

🔍 解析　建筑区划内的其他公共场所、公用设施和物业服务用房，属于业主共有，选项 A 错误。占用业主共有的道路或者其他场地用于停放汽车的车位，属于业主共有，选项 B 正确。建筑区划内的道路，属于业主共有，但是属于城镇公共道路的除外，选项 C 错误。建筑区划内的绿地，属于业主共有，但是属于城镇公共绿地或者明示属于个人的除外，选项 D 错误。

【答案】B

【多选题】根据《民法典》物权编规定，业主共同决定筹集建筑物及其附属设施的维修资金，须满足的条件有（　　）。
A. 由专有部分面积占比 1/2 以上的业主且人数占比 1/2 以上的业主参与表决
B. 由专有部分面积占比 2/3 以上的业主且人数占比 2/3 以上的业主参与表决
C. 经参与表决专有部分面积过半数的业主且参与表决人数过半数的业主同意
D. 经参与表决的全体业主同意
E. 经参与表决专有部分面积 3/4 以上的业主且参与表决人数 3/4 以上的业主同意

🔍 解析　业主共同决定事项，应当由专有部分面积占比 2/3 以上的业主且人数占比 2/3 以上的业主参与表决（会开得起来），选项 B 正确。业主共同决定筹集建筑物及其附属设施的维修资金（筹钱），应当经参与表决专有部分面积 3/4 以上的业主且参与表决人数 3/4 以上

的业主同意（会通过决议），故选项 E 正确。

【答案】BE

【多选题】据《民法典》规定，下列由业主共同决定的事项中，应当经参与表决专有部分面积人数 3/4 以上的业主同意的有（　　）。
A. 选聘和解聘物业服务企业或者其他管理人
B. 使用建筑物及其附属设施的维修资金
C. 改变共有部分的用途或者利用共有部分从事经营活动
D. 改建、重建建筑物及其附属设施
E. 筹集建筑物及其附属设施的维修资金

解析　成员权通过业主大会行使，下列事项由业主共同决定：(1) 制定和修改业主大会议事规则。(2) 制定和修改管理规约。(3) 选举业主委员会或者更换业主委员会成员。(4) 选聘和解聘物业服务企业或者其他管理人。(5) 使用建筑物及其附属设施的维修资金（花小钱）。(6) 筹集建筑物及其附属设施的维修资金（筹钱）。(7) 改建、重建建筑物及其附属设施（花大钱）。(8) 改变共有部分的用途或利用共有部分从事经营活动（赚钱）。(9) 有关共有和共同管理权利的其他重大事项。业主共同决定事项，应当由专有部分面积占比 2/3 以上的业主且人数占比 2/3 以上的业主参与表决。

【答案】CDE

知识点·用益物权

【单选题】下列有关用益物权的说法中，正确的是（　　）。
A. 用益物权是完全物权　　　　　　B. 用益物权属于对人权
C. 用益物权的客体包括不动产和动产　　D. 用益物权属于价值权

解析　选项 A，所有权才是典型的完全物权。选项 B，用益物权属于物权，物权是对世权。选项 D，担保物权不以担保财产之利用为目的，而是以取得担保财产之交换价值为目的，属于价值权。用益物权不属于价值权。

【答案】C

【多选题】《民法典》规定了地役权制度。下列有关地役权的表述中，正确的有（　　）。
A. 地役权是自物权
B. 设定地役权应当签订书面合同
C. 地役权自地役权合同生效时设立
D. 地役权属于用益物权
E. 地役权是供役地所有人或者使用人享有的权利

解析　选项 ADE，地役权是用益物权、他物权，是需役地所有人或使用人享有的权利。选项 BC，地役权的设立，当事人应当采用书面形式订立地役权合同，地役权自地役权合同生效时设立。

【答案】BCD

【考点精炼】

总结-物权变动

动产	一般动产的所有权、动产质权的设立	交付生效
	船舶、航空器、机动车(特殊动产)的所有权	交付生效、登记对抗
	动产的抵押权	合同生效、登记对抗
不动产	房屋的所有权、抵押权 建设用地使用权的取得、抵押(房地一体原则) 居住权的取得	登记生效
	土地承包经营权、地役权	合同生效、登记对抗
权利质押	基金份额、股权、知识产权、应收账款的质押	登记生效
	汇票、支票、本票、债券、存款单、仓单、提单的质押——三单三票一券	有凭证交付生效 无凭证登记生效

【单选题】下列关于用益物权的说法中，正确的是(　　)。
A. 用益物权是自物权的一个类型
B. 行使用益物权必须以占有为前提
C. 用益物权的客体仅限于动产
D. 用益物权的设立必须经过登记才产生法律效力

解析　选项A，用益物权属于他物权。选项B，用益物权的享有和行使以对物之占有为前提（地役权的享有和行使以对需役地的占有为前提，无须以对供役地的占有为前提）。选项C，用益物权的客体可以是不动产，也可以是动产，但我国目前《物权法》规定的用益物权种类均为不动产用益物权。选项D，地役权是根据"合同约定"（而非"登记"）而设定的物权，土地承包经营权"依承包合同"（而非"登记"）而产生。

【答案】B

【单选题】根据物权法律制度的规定，用益物权不包括(　　)。
A. 土地承包经营权　　　　　　　B. 建设用地使用权
C. 房屋租赁使用权　　　　　　　D. 宅基地使用权

解析　用益物权包括：土地承包经营权、建设用地使用权、宅基地使用权、居住权和地役权。口诀：再见土地主。

【答案】C

【多选题】下列不动产物权登记中，属于发生物权变动效力的登记有(　　)。
A. 甲将继承所得房屋登记到自己名下
B. 乙在其房屋上为再婚老伴设立居住权并办理登记
C. 丙将其继承的房屋卖给同事并办理过户登记

D. 丁在自己承包地上为同村村民设立通行地役权并办理登记

E. 戊以其建造中的房屋抵押向银行贷款并办理抵押登记

解析 选项 A，因继承取得物权的，自继承开始时（而非登记或交付时）发生效力。选项 D，地役权自地役权合同生效时设立。

【答案】BCE

【单选题】下列关于物权设立时间的说法中，符合《民法典》规定的是( )。

A. 以正在建造的船舶、航空器抵押的，抵押权自完成抵押登记时设立

B. 居住权自居住权合同生效时设立

C. 建设用地使用权自建设用地使用权出让合同生效时设立

D. 地役权自地役权合同生效时设立

解析 选项 A，以动产抵押的，抵押权自抵押合同生效时设立，未经登记，不得对抗善意第三人。选项 B，设立居住权，当事人应当采取书面形式订立居住权合同，并向登记机构申请居住权登记。居住权自登记时设立。选项 C，建设用地使用权自登记时设立。

【答案】D

【单选题】下列财产设定抵押，须登记才可生效的是( )。

A. 小轿车　　　　　　　　　　　　B. 在建的办公大楼

C. 价值连城的翡翠　　　　　　　　D. 限量版的笔记本电脑

解析 选项 B，以正在建造的建筑物抵押的应当办理抵押登记，抵押权自登记时设立，因此本题选择选项 B。选项 ACD，以动产抵押的自抵押合同成立时即生效，因此选项 ACD 排除。

【答案】B

【多选题】甲和乙签订房屋买卖合同，但并未办理权属变更登记。之后，甲为丙在该房屋上设立了居住权，并且办理了登记。之后甲与乙去办理了房屋权属的变更登记。下列关于本案的说法正确的有( )。

A. 乙取得了负担居住权的房屋的所有权

B. 丙是基于继受取得了居住权

C. 若丙对甲乙之间买卖房屋的事项不知情，则丙基于善意取得而获得居住权

D. 甲是无权处分，居住权并未设立

E. 若广告公司要在房屋外墙印刷广告，则该广告取得的收益归丙享有

解析 动产物权的设立、变更、转让和消灭，经依法登记，发生效力；未经登记，不发生效力，但是法律另有规定的除外。居住权自登记时设立。本案中甲为乙办理房屋过户登记前，为丙办理了居住权登记，故丙已经继受取得居住权。之后甲为乙办理了房产过户登记，乙取得了房屋的所有权。故选项 AB 正确，选项 CD 错误。居住权人有权按照合同约定，对他人的住宅享有占有、使用的用益物权，以满足生活居住的需要。居住权通常只具有占有、使用的权能，一般情况下居住权人不得利用房屋进行收益。故选项 E 错误。

【答案】AB

知识点 · 担保物权

【多选题】抵押担保的债权范围可以由当事人自由约定,如果没有约定,抵押担保的范围除了主债权外,还应包括(   )。

A. 抵押权实现前的抵押物保管费用　　B. 损害赔偿金
C. 违约金　　D. 实现抵押权的费用
E. 利息

解析　选项 A,抵押财产无须转移给抵押权人占有,因此抵押权人不会产生抵押物的保管费用。选项 BCDE,抵押权的担保范围包括主债权及其利息、违约金、损害赔偿金和实现抵押权的费用,当事人另有约定的,按照约定。

【答案】 BCDE

【单选题】下列有关抵押权的说法中,正确的是(   )。

A. 抵押权属于主物权　　B. 抵押权具有物上代位性
C. 抵押权的客体限于不动产　　D. 抵押权是以使用、收益为目的的物权

解析　根据物权是否具有独立性为标准划分,主物权,是指不依赖其他权力而可以独立存在的物权,如所有权、建设用地使用权等,而从物权是指不具有独立性、须依赖其他权力而存在的物权,如担保物权。因此选项 A 抵押权属于从物权。选项 C,抵押权的客体包括动产、不动产。选项 D,用益物权是以使用他人所有之物为目的的物权,用益物权针对的是物的使用价值,而担保物权是以担保债权实现为目的的物权,针对物的交换价值。

【答案】 B

【单选题】甲因急需用钱,以其价值 15000 元的相机作抵押,分别向乙借款 6000 元、向丙借款 4000 元。甲与乙于 1 月 8 日签订了相机抵押合同,双方未办理抵押物登记;甲与丙于 1 月 9 日签订了相机抵押合同,双方亦未办理抵押物登记。后因甲无力偿还借款,乙、丙行使抵押权,依法拍卖甲的相机,拍卖所得款 9000 元。下列关于乙、丙对相机拍卖所得款的分配方案中,正确的是(   )。

A. 乙分得 5400 元、丙分得 3600 元
B. 乙分得 6000 元、丙分得 3000 元
C. 乙分得 4500 元、丙分得 4500 元
D. 乙分得 5000 元、丙分得 4000 元

解析　同一财产向两个以上债权人重复抵押时,抵押权的清偿顺序:(1)均已登记的,按照登记的先后顺序清偿,顺序相同的,按债权比例清偿。(2)已登记的,优于未登记的清偿。(3)均未登记的,按债权比例清偿。乙可受偿 = 9000 ×(6000/10000)= 5400 元;丙可受偿 = 9000 ×(4000/10000)= 3600 元。

【答案】 A

【单选题】甲企业有一幢价值 8000 万元的办公大楼，甲企业以该大楼作抵押，向乙银行贷款 5000 万元，后来，甲企业因扩大生产经营需要，再次以该大楼作抵押，向丙银行贷款 2000 万元，两个抵押均予以登记，下列关于两个抵押权效力的说法中，正确的是(　　)。

A. 丙银行的抵押权无效，因为先设立的乙银行的抵押权具有排他性
B. 两个抵押权都有效，乙银行和丙银行对抵押物享有平等的受偿权
C. 两个抵押权均有效，但乙银行的抵押权优先于丙银行的抵押权
D. 若两个抵押权设立后，该大楼的价值跌到 5000 万元，则丙银行的抵押权无效

【解析】 抵押权已登记的，按照登记的先后顺序清偿。若两项抵押权设立后，该大楼的价值跌到 5000 万元，丙银行可能不能就抵押物优先受偿，但丙银行的抵押权仍有效。

【答案】 C

【单选题】甲将一处建设用地使用权抵押给乙银行，向乙银行借款 5000 万元，1 个月后，甲将该土地上的一栋楼抵押给丙银行，借款 5000 万元，两项抵押权均已办理了抵押登记，债务到期后，甲无力偿还债务，因此乙银行与丙银行均行使了抵押权，人民法院将建设用地使用权和楼均拍卖了，共取得 7000 万元，其中建设用地使用权作价 4000 万元，楼作价 3000 万元，乙银行和丙银行均主张优先受偿权，下列说法中正确的是(　　)。

A. 乙银行仅就 4000 万元获得优先受偿
B. 丙银行仅就 3000 万元获得有限受偿
C. 乙银行与丙银行按照各自的债权比例进行分配 7000 万元优先受偿
D. 乙可以就 5000 万元优先受偿

【解析】 重复抵押中，针对不动产两者均登记，则清偿顺序为先登记优先于后登记。根据房地一体原则，抵押地必定抵押房，反之亦然。故本题中乙、丙银行抵押标的物均为建设用地使用权和楼，又因乙银行先受偿，故乙银行可得到 5000 万元，丙银行可得到 2000 万元。

【答案】 D

【单选题】甲公司向乙信用社借款 20 万元，以甲公司现有的及将有的生产设备、原材料和产品设立抵押。根据《物权法》规定，下列关于该抵押的说法中，正确的有(　　)。

A. 本案抵押合同可以采取口头形式订立
B. 本案抵押权自抵押登记完成之时设立
C. 本案抵押权设立后，甲公司不得再使用抵押财产
D. 本案抵押担保方式属于浮动抵押

【解析】 应当经当事人书面协议（选项 A 错误），企业、个体工商户、农业生产经营者可以将现有的以及将有的生产设备、原材料、半成品、产品抵押，债务人不履行到期债务或者发生当事人约定的实现抵押权的情形，债权人有权就实现抵押权时的动产优先受偿。选项 D 正确、选项 C 错误。动产浮动抵押权也是动产抵押权，自抵押合同生效时设立。未经登记，不得对抗善意第三人。选项 B 错误。

【答案】 D

【多选题】下列关于抵押权的说法中，正确的有(　　)。
A. 抵押权是价值权
B. 主债权消灭，抵押权随之消灭
C. 抵押权仅能在不动产上设立
D. 同一物上抵押权与留置权并存时，抵押权人优先于留置权人受偿
E. 同一物上法定登记的抵押权与质权并存时，质权人优先于抵押权人受偿

【解析】选项A，担保物权不以物之利用为目的，而是以取得物之交换价值为目的，属于价值权，也正因为此，担保物权均具有"物上代位性"。选项B，抵押权属于担保物权，具有从属性，其存在以债权的存在为前提，随债权的转移而转移，并随债权的消灭而消灭。选项C，抵押财产，是抵押人提供的用于担保债权人得以实现的财产，包括不动产、不动产用益物权及动产。优先清偿顺序：留置权＞超级价款优先权（多个看登记时间先后）＞登记抵押权或者质权（抵押权登记时间和质权交付时间先后）＞未登记抵押权（债权比例清偿），故选项DE错误。

【答案】AB

【考点精炼】
优先清偿顺序：留置权＞超级价款优先权（多个看登记时间先后）＞登记抵押权或者质权（抵押权登记时间和质权交付时间先后）＞未登记抵押权（债权比例清偿）。

【单选题】3月6日，甲向乙借款10万元，借款3个月，以其自有轿车1辆为乙设立抵押权，双方签订抵押合同。3月16日完成抵押登记，且双方约定抵押期间甲不得将轿车让与他人。4月5日，甲将该轿车卖给丙并完成交付。根据《民法典》相关规定，下列关于甲丙间买卖合同效力及轿车物权变动的说法中，正确的是(　　)。
A. 因甲乙约定"抵押期间甲不得将轿车让与他人"，故丙不能取得轿车所有权
B. 4月5日，丙受让取得轿车所有权
C. 3月16日，乙对轿车的抵押权设立
D. 甲丙间买卖合同因违反"抵押期间甲不得将轿车让与他人"约定而无效

【解析】选项AD，抵押期间，抵押人可以转让抵押财产，当事人另有约定的，按照其约定。当事人约定禁止或者限制转让抵押财产但未将约定登记，抵押人违反约定转让抵押财产，抵押权人请求确认转让合同无效的，人民法院不予支持。抵押财产已经交付或者登记，抵押权人请求确认转让不发生物权效力的，人民法院不予支持，但是抵押权人有证据证明受让人知道的除外。抵押权人请求抵押人承担违约责任的，人民法院依法予以支持。选项C，以动产抵押的，抵押权自抵押合同生效时设立。未经登记，不得对抗善意第三人。

【答案】B

【多选题】5月5日，珠宝经销商甲向乙借款5万元，借期2个月，以其店内价值6万元的"海蓝之密珠宝"为乙设定抵押权，并于同日签订书面抵押合同。5月10日办理了抵押登记。6月5日，丙到甲的店铺选购珠宝，看中"海蓝之密珠宝"，并以6万元的价格购

得。7月5日，因甲拒绝偿还借款，乙遂向丙主张行使抵押权，被丙拒绝。根据《民法典》相关规定，下列关于乙之抵押权设立及效力的说法中，正确的有(　　)。

　　A. 乙对"海蓝之密珠宝"的抵押权于5月10日完成抵押登记时设立
　　B. 乙可基于物权的追及效力向丙主张行使对"海蓝之密珠宝"的抵押权
　　C. 乙对"海蓝之密珠宝"的抵押权不能对抗丙
　　D. 乙对"海蓝之密珠宝"的抵押权于5月5日抵押合同生效时设立
　　E. 乙对"海蓝之密珠宝"的抵押权自5月10日起可以对抗善意第三人

　　解析　选项ADE，以动产抵押的，抵押权自抵押合同生效时设立；未经登记，不得对抗善意第三人。选项B，第三人善意取得抵押财产的，可以阻断抵押权的追及效力。选项C，以动产抵押的，不得对抗正常经营活动中已经支付合理价款并取得抵押财产的买受人。
　　☆提示："登记抵押权不得对抗正常经营活动中买受人"与"登记抵押权可以对抗善意第三人"这两句话不冲突，即"正常经营活动中买受人"≠"善意第三人"。
　　【答案】　CDE

知识点 · 质权

　　【多选题】甲向乙借款10万元，甲的朋友丙以其价值15万元的轿车提供担保，乙与丙签订了抵押合同，但未办理抵押登记。后丙向丁借款8万元，以该车设定质押。丙与丁签订了质押合同，并于次日向丁交付了轿车。因甲和丙均未清偿各自到期债务，遂发生纠纷。下列关于本案担保物权设立及效力的说法中，正确的有(　　)。

　　A. 丁优先于乙就轿车变价款受偿
　　B. 乙和丁应当就轿车变价款按照债权比例受偿
　　C. 丁的质权自丙向其交付轿车时设立
　　D. 丁的质权自质押合同签订时设立
　　E. 乙的抵押权自抵押合同生效时设立

　　解析　选项AB，以动产抵押，未经登记，不得对抗善意第三人，质权与未登记抵押权并存时，质权人（丁）优先于未登记抵押权人（乙）受偿。选项CD，动产质权，自出质人交付质押财产时设立。选项E，动产抵押权自抵押合同生效时设立。
　　【答案】　ACE

　　【单选题】根据《民法典》规定，设立权利质权时，需要在信贷征信机构办理出质登记的财产权利是(　　)。
　　A. 基金份额
　　B. 应收账款
　　C. 债券
　　D. 专利权中的财产权

　　解析　选项A，以基金份额出质的，需向证券登记结算机构办理登记。选项B，以应收账款出质的，质权自中国人民银行征信中心办理出质登记时设立，选项B正确。选项C，以

第八章　物权法

131

债券设立质权的,质权自权利凭证交付质权人时设立,没有权利凭证的,质权自办理出质登记时设立。选项 D,以知识产权中的财产权出质的,质权自办理出质登记时设立。

【答案】B

【单选题】甲公司为生产经营需要向乙合伙企业借款 300 万元,由丙个人独资企业提供价值 200 万元的房屋作抵押。乙合伙企业、丙个人独资企业签订了房屋抵押合同,但未办理抵押登记。另外,甲公司又以一张汇票出质,与乙合伙企业签订了质押合同:甲公司将汇票交付给乙合伙企业,但未办理出质登记。根据《物权法》规定。下列关于本案合同效力和担保物权设立效力的说法中,正确的是( )。

A. 质押合同无效
B. 抵押权设立无效
C. 质权设立无效
D. 抵押合同无效

解析 以建筑物和其他土地附着物、建设用地使用权、海域使用权、正在建造的建筑物抵押的,应当办理抵押登记。抵押权自登记时设立。该合同不属于"无为卖假串,缺德又违法",该合同未有效。

【答案】B

【多选题】根据《民法典》规定,下列财产权利中,可以出质的有( )。

A. 建设用地使用权
B. 可以转让的股权
C. 土地承包经营权
D. 将有的应收账款
E. 现有的应收账款

解析 选项 AC 为用益物权,选项 BDE 为担保物权。

【答案】BDE

【单选题】根据《民法典》规定,下列财产权利中,设立权利质权需要办理出质登记的是( )。

A. 提单
B. 支票
C. 可以转让的基金份额
D. 存款单

解析 选项 ABD,以汇票、本票、支票、债券、存款单、仓单、提单出质的,质权自权利凭证交付质权人时设立。没有权利凭证的,质权自办理出质登记时设立。法律另有规定的,依照其规定。选项 C,以基金份额、股权出质的,质权自办理出质登记时设立。

【答案】C

【多选题】2019 年 5 月 3 日,甲、乙签订汽车买卖合同,约定甲以 20 万元的价格将其汽车卖给乙。5 月 8 日,甲向乙交付汽车,并与乙约定:乙于 6 月 6 日付清全部车款,甲于 6 月 8 日协助乙办理机动车过户登记。5 月 20 日,乙为筹措购车款而以该车质押向丙借款 10 万元。双方签订了借款合同和质押合同,但事后乙并未将汽车交付给丙。根据物权法律制度规定,下列有关汽车所有权归属和物权变动的说法中,正确的有( )。

A. 6 月 6 日,付清全部车款时,乙取得汽车所有权

B. 5月8日，甲交付汽车时，乙取得汽车所有权
C. 5月3日，汽车所有权归属于甲
D. 5月20日，乙、丙间质押合同有效，但质权未设立
E. 6月8日，办理完过户登记手续时，乙取得汽车所有权

解析 选项ABCE，动产物权的设立和转让，自交付时发生效力，但法律另有规定的除外。选项D，动产质权设立自出质人交付质押财产时成立，在本题中乙并未交付质押财产，因此质权未设立，但质权未设立并不影响合同成立。

【答案】 BCD

【单选题】 甲为顺利向乙借款，拟向乙提供质押担保。根据《民法典》相关规定，下列甲拟设立质押担保的财产或权利中，须经登记才能设立质权的是(　　)。

A. 单反相机　　　　　　　　B. 家用轿车
C. 提单　　　　　　　　　　D. 应收账款

解析 选项AB，动产质权，自出质人交付质押财产时设立。选项C，以汇票、本票、支票、债券、存款单、仓单、提单出质的，质权自权利凭证交付质权人时设立。没有权利凭证的，质权自办理出质登记时设立。法律另有规定的，依照其规定。

【答案】 D

知识点 · 留置权

【单选题】 根据物权法律制度，无须当事人约定而依法可以直接采用的担保方式是(　　)。

A. 保证　　　　B. 定金　　　　C. 质押　　　　D. 留置

解析 留置权属于法定担保物权，无须当事人约定。

【答案】 D

【单选题】 甲将其电动自行车借给乙使用，乙在使用时发生故障，遂将电动自行车交给丙修理中心修理。丙修理中心将电动自行车修好后，乙却以电动自行车非其所有为由拒付维修费。因乙在催告期内仍未支付维修费，丙修理中心遂变卖该电动自行车以实现其维修费债权。根据《民法典》规定，下列关于丙修理中心权利行使及行为效力的说法中，正确的是(　　)。

A. 丙修理中心不能对电动自行车行使留置权，因乙对电动自行车无处分权
B. 丙修理中心变卖电动自行车的行为效力待定
C. 丙修理中心变卖电动自行车的行为对甲构成侵权
D. 丙修理中心可以对电动自行车行使留置权

解析 债权人合法占有债务人的动产，当债务人逾期不履行与该动产有关的债务时，可以留置该动产并就该动产优先受偿，丙维修中心基于修理，合法占有电动自行车，债务人不履行到期债务，故丙维修中心可以留置该电动自行车。

【答案】 D

知识点 · 占有的分类

类型	说明
有权占有	合法占有
无权占有	善意占有
	恶意占有
自主占有	想要东西的所有权
他主占有	不想要东西的所有权
直接占有	东西在我手上
间接占有	东西不在我手上

【多选题】甲向乙借款，并将其1辆电动三轮车出质给乙。在质押期间，为向丙借款，乙擅自将该三轮车出质给不知情的丙，丙欠丁借款到期，丁多次催讨未果。某日，丁趁丙不在家，将该三轮车偷偷骑走。之后向丙声称："如不还借款，就以三轮车抵债"。下列有关三轮车占有的性质及效力的说法中，符合《民法典》规定的有（　　）。

A. 丙可基于占有返还请求权请求丁返还三轮车
B. 丙可基于物权请求权请求丁返还三轮车
C. 乙因甲的出质而善意占有三轮车
D. 丁对三轮车的占有属于恶意占有
E. 丁基于对三轮车的占有而取得留置权

解析　选项A正确，占有的不动产或者动产被侵占的，占有人基于"占有制度"有权请求返还原物。选项B，丙基于善意取得制度取得了对该电动三轮车的质权，故丙可基于物权请求权请求丁返还三轮车。选项C错误，乙因甲的出质对三轮车的占有为有权占有，而善意占有是无权占有。选项D，丁对自己无权占有属于明知，并非善意，故丁为恶意占有。选项E错误，留置权要求留置权人合法占有债务人的动产，而丁的行为属于偷盗。

【答案】ABD

【多选题】甲、乙签订合同，甲承租乙的房屋。租期届满后，甲拒绝退出房屋。这种情形下，甲对该房屋的占有属于（　　）。

A. 无权占有　　　　　　　　B. 恶意占有
C. 善意占有　　　　　　　　D. 直接占有
E. 有权占有

解析　有权占有，又称正权源占有，是指基于本权即基于法律上的原因而为的占有。无权占有，又称无权源占有，是指非基于本权或说是欠缺法律上原因的占有。善意占有，指占有人不知无占有的权源，而误信有正当权源且无怀疑地占有。恶意占有，指占有人明知无占有的权源，或对是否有权源虽怀疑而仍为占有。直接占有，指占有人事实上占有其物，即直接对物有事实上的管领力,如质权人、保管人对质物、保管物的占有。间接占有,指基于一定法律关系而对事实上占有其物之人有返还请求权的占有,如出质人、寄托人对质物、保管物的占有。本案中,甲明知租期已满仍继续占有,则甲的占有为无权占有(非法)、恶意占有(明知)、直接占有(自己住在房子里,即房子在我手上)。故选项 ABD 正确。

【答案】ABD

【多选题】甲有一头牛,某日放牛时遗失,乙捡到了该头牛,且积极寻找失主并妥善保管,基于上述,下列关于占有的说法中正确的是(　　)。
　　A. 乙是善意占有　　　　　　　　B. 乙是直接占有
　　C. 乙是有权占有　　　　　　　　D. 乙是他主占有
　　E. 甲是间接占有

解析　直接占有,是指占有人事实上占有其物,即直接对物有事实上的管领力。间接占有,是指基于一定法律关系而对事实上占有其物之人有返还请求权的占有。牛在乙处,由乙直接占有。而甲是所有权人,对乙享有返还牛的请求权,属于间接占有。故选项 BE 正确。有权占有,是指基于法律上的原因而为的占有。乙基于无因管理占有牛,属于有权占有。故选项 A 错误,选项 C 正确。他主占有,是指不以所有的意思为占有。乙捡到牛后积极寻求失主,是不以自己所有的意思占有,属于他主占有。故选项 D 正确。

【答案】BCDE

【单选题】甲 75 岁,拥有一套住房。甲计划周游世界,遂于 2021 年 3 月 1 日与乙签订房屋买卖合同和居住权合同,双方约定:甲将其住房以市价 80% 的价格卖给乙;乙在其受让的住房上为甲设立居住权,期限为甲的余生。同年 5 月 1 日,甲乙双方办理了住房所有权转移登记和居住权登记。根据《民法典》相关规定,下列关于住房物权变动及占有性质的说法中,正确的是(　　)。
　　A. 3 月 1 日,乙取得对住房的间接占有
　　B. 5 月 1 日,乙取得对住房的直接占有
　　C. 5 月 1 日,甲取得对住房的居住权
　　D. 3 月 1 日,甲丧失其住房的所有权

解析　(1)关于所有权:不动产物权的设立、变更、转让和消灭,经依法登记,发生效力;未经登记,不发生效力,但是法律另有规定的除外。所以所有权变动发生在 5 月 1 日。(2)关于居住权:居住权自登记时设立。所以甲的居住权在 5 月 1 日设立。

【答案】C

【单选题】甲卖给乙一批电脑,在运输途中遗落了一台,被丙拾到据为己有,后丙租给不知情的丁。丁对该电脑的占有状态为(　　)。
　　A. 自主占有　　　　　　　　　　B. 恶意占有
　　C. 直接占有　　　　　　　　　　D. 善意占有

135

解析 丁事实上占有租赁物，直接对物有事实上的管领力，所以丁对租赁物的占有属于直接占有，故选项 C 正确。本案中针对丙和丁之间，丁基于租赁合同占有电脑，属于有权占有。针对电脑的所有权人而言，丁无权占有电脑，属于无权占有。但是单选题中按照单选选最优的情况，选项 C 是最优答案。

【答案】C

【综合分析题】

(一)

2017 年 2 月 3 日，甲继承了一套坐落于市中心的房屋。2017 年 4 月 8 日，甲因急需用钱，在尚未办理继承房屋产权登记的情况下，即与乙签订买卖合同，将该房屋卖给乙，并交给乙居住。2017 年 6 月 9 日，甲将继承的房屋登记于自己名下。2017 年 6 月 15 日，甲将该房屋卖给丙并办理了所有权移转登记。2017 年 7 月 20 日，丙受丁胁迫将房屋低价卖给丁并完成了房屋所有权移转登记。2017 年 8 月 22 日，丁又将该房屋加价转手卖给戊，并完成了房屋所有权移转登记（戊不知丁胁迫丙）。戊请求乙腾退房屋遭拒，由此引发纠纷。

请根据案情，回答下列问题。

1. 2017 年 2 月 3 日，甲对房屋的权利状态属于（ ）。
A. 已经原始取得房屋所有权
B. 所取得的房屋所有权不能对抗善意第三人
C. 所取得的房屋所有权可以对抗善意第三人
D. 尚未取得房屋所有权
E. 已经继受取得房屋所有权

解析 选项 AE，所有权的原始取得，是指非依他人既存的权利而是基于法律规定直接取得所有权；继受取得是指基于他人既存的权利而取得所有权。通过继承取得所有权属于继受取得。选项 D，因继承或者受遗赠取得物权的，自继承或者受遗赠开始时发生效力，所以甲已经继承取得房屋所有权。

【答案】BE

2. 2017 年 4 月 8 日，乙对房屋的占有事实及权利状态属于（ ）。
A. 善意占有
B. 他主占有
C. 直接占有
D. 尚未取得房屋所有权
E. 有权占有

解析 选项 AE，善意占有与恶意占有是对无权占有的分类。有权占有，是指基于本权即基于法律上的原因而为的占有。乙通过和甲签订房屋买卖合同取得对房屋的占有属于有权占有。选项 B，自主占有，是指以所有的意思为占有，如买受人对标的物的占有。他主占有，指不以所有的意思为占有，如借用人对借用物的占有。乙作为房屋买受人，占有状态为自主占有。选项 C，直接占有是占有人事实上占有其物，乙已经入住该房屋，所以属于直接占有。选项 D，不动产物权的设立、变更、转让和消灭经依法登记发生效力，未经登记，不发生效力。甲仅与乙签订房屋买卖合同而未办理过户登记，所以乙仍未取得房屋所有权。

【答案】 CDE

3. 2017 年 6 月 9 日及之后，房屋所有权的变动情况有（　　）。
   A. 2017 年 6 月 15 日，甲的房屋所有权被绝对消灭
   B. 2017 年 6 月 15 日，丙继受取得房屋所有权
   C. 2017 年 7 月 20 日，丁继受取得房屋所有权
   D. 2017 年 8 月 22 日，戊有权请求乙返还对房屋的占有
   E. 2017 年 6 月 9 日，甲取得所继承房屋的所有权

解析　（1）所有权绝对消灭，即所有权与其主体分离，而他人亦未取得该权利；相对消灭，即所有权与其主体分离，而由他人取得该权利。甲将房屋过户给丙，丙取得所有权，甲的所有权相对消灭，选项 A 错误。（2）所有权的继受取得，是指基于他人既存的权利而取得所有权。如买受人自出卖人处受让标的物所有权。丙和丁都是基于买卖合同而为的登记取得所有权，都属于继受取得，选项 BC 正确。（3）乙与甲签订房屋买卖合同但未办理房屋所有权移转登记，尚未取得房屋所有权，对房屋的占有属于基于债权的有权占有，而戊已经取得房屋的所有权。物权优先于债权，乙基于债权的占有不能对抗戊的所有权，戊可以请求乙腾退房屋，选项 D 正确。（4）因继承或受遗赠取得物权的，自继承或者受遗赠开始时发生效力。所以甲自 2017 年 2 月 3 号已经取得所有权，选项 E 错误。

【答案】 BCD

4. 丙受丁胁迫将房屋低价出售给丁，丙可以行使撤销权。根据《民法典》规定，丙行使撤销权应遵循的规则有（　　）。
   A. 自丁的胁迫行为终止之日起 1 年内行使撤销权
   B. 自丁的胁迫行为开始之日起 90 日内行使撤销权
   C. 自丁的胁迫行为终止之日起 90 日内行使撤销权
   D. 自 2017 年 7 月 20 日起 3 年内行使撤销权
   E. 自丁的胁迫行为开始之日起 1 年内行使撤销权

解析　根据规定，有下列情形之一的，撤销权消灭：（1）当事人自知道或者应当知道撤销事由之日起 1 年内、重大误解的当事人自知道或者应当知道撤销事由之日起 90 日内没有行使撤销权；（2）当事人受胁迫，自胁迫行为终止之日起 1 年内没有行使撤销权；（3）当事人知道撤销事由后明确表示或者以自己的行为表明放弃撤销权；（4）当事人自民事法律行为发生之日起 5 年内没有行使撤销权的。

【答案】 A

（二）

甲向乙购买价值 25 万元的汽车一辆。双方约定：甲先交付 10 万元，乙即将车交付甲，

其余款项由甲分三次付清，乙保留汽车所有权至甲付清全部车款之时。收到甲交付的10万元车款后，乙将车交付甲，但未办理车辆过户登记。在甲付清全部车款前，乙又以30万元的价格将该车卖给不知情的丙，双方办理了车辆过户登记，按约定由丙直接向甲请求返还该汽车。

丙向乙付清30万元车款后即向甲请求交付，方知该汽车已被甲出质给不知情的债权人丁，丁因保管不当致车毁损，遂将汽车送戊修理厂维修，因丁无力支付8万元维修费，汽车被戊扣留。丙向戊请求返还汽车遭拒，遂提起诉讼。

请根据案情，回答下列问题。

1. 下列关于甲、乙之间买卖合同效力及类型的说法中，正确的有( )。
   A. 甲、乙之间的买卖合同有效
   B. 甲、乙之间的买卖合同属于分期付款买卖合同
   C. 甲、乙之间的买卖合同属于附条件买卖合同
   D. 甲、乙之间的买卖合同属于附期限买卖合同
   E. 甲、乙之间的买卖合同效力待定

解析 选项AE，通常情况下，买卖合同自成立时生效。选项B，分期付款买卖合同，是指买受人将应付的总价款在一定期间内"至少分3次"向出卖人支付的买卖合同。选项CD，期限是必然能到来的，条件是可能发生的，甲、乙之间的合同非附条件或附期限合同。

【答案】AB

2. 下列关于本案物权变动的说法中，正确的有( )。
   A. 根据甲、乙约定，乙向甲完成汽车交付，甲即取得该汽车所有权
   B. 根据甲、乙约定，甲付清汽车余款前，该汽车所有权仍属于乙
   C. 丙善意取得汽车所有权
   D. 丁善意取得对汽车质权
   E. 丙继受取得汽车所有权

解析 选项AB，买卖合同标的物的所有权原则上自标的物"交付时"转移，但当事人可以在买卖合同中约定"所有权保留条款"，即买受人未履行支付价款或者其他义务的，标的物的所有权属于出卖人。选项CE，乙将该汽车转让给丙属于有权处分，所以丙不适用善意取得（也就不考虑原始取得），丙通过指示交付取得所有权，属于继受取得。选项D，债权人丁若尽到合理的谨慎义务，应知汽车的登记状态是，转让前登记在乙的名下，转让后过户至丙的名下，并非甲所有，故丁非属"善意"，不能善意取得质权。

【答案】BE

3. 根据乙与丙的约定，该汽车所有权变动的交付方式属于( )。
   A. 观念交付　　　　　　　　B. 拟制交付
   C. 简易交付　　　　　　　　D. 指示交付
   E. 占有改定

解析 选项ACDE，简易交付、占有改定和指示交付，通常合称为观念交付。指示交

付，是指在设立和转让动产物权时，如果动产由第三人所占有，则出让人可将其对第三人享有的返还请求权转让给受让人，以代替动产的现实交付。选项 B，拟制交付是将仓单、提单等物权证券拟制成动产，进而将其交付视为动产的现实交付。

【答案】 AD

4. 诉讼发生时，该汽车上存在的有效物权包括(　　)。
A. 甲对该汽车的所有权
B. 乙对该汽车的所有权
C. 丙对该汽车的所有权
D. 丁对该汽车的质权
E. 戊对该汽车的留置权

解析 选项 ABC，甲未取得汽车的所有权，乙对汽车的所有权由丙继受取得。选项 D，丁不能善意取得质权。选项 E，根据题意推知戊不知汽车不归丁所有，可善意取得留置权。

【答案】 CE

(三)

甲公司为扩大生产经营规模而多方筹措资金，其中，以厂房作抵押向乙银行借款 200 万元，双方签订了书面抵押合同，并办理了抵押登记，以其 2 套机器设备（进口、国产各 1 套）作抵押向丙信用社借款 100 万元，双方签订了书面抵押合同，但未办理抵押登记。甲公司还向生意伙伴个体老板丁借款 30 万元，未提供任何担保。抵押期间，甲公司为临时资金周转之需将抵押给丙信用社的国产机器设备出售给戊公司，并完成交付，但未告知戊公司该机器设备已设立抵押的情况。

后来，甲公司因其产品滞销回款受阻而无力偿还上述三笔到期借款。于是，乙银行和丙信用社均主张实现抵押权。丁因多次催讨借款无果，强行开走甲公司的一辆奥迪轿车，以迫使甲公司偿还借款。乙银行和丙信用社在主张实现抵押权时发现：甲公司用来抵押的厂房和进口机器设备已被人民法院查封，原因是甲公司拖欠己公司货款被起诉，且不履行人民法院生效判决；甲公司的国产机器设备则已被其出售给戊公司。

请根据案情，回答下列问题。

1. 下列关于本案抵押合同效力及抵押权设立与否的说法中，符合法律规定的有(　　)。
A. 甲、丙抵押合同因未登记而无效
B. 乙银行对厂房的抵押权已经依法设立
C. 丙信用社对 2 套机器设备的抵押权已依法设立，但不能对抗善意第三人
D. 丙信用社对 2 套机器设备的抵押权未设立
E. 甲、乙抵押合同有效

解析 抵押人和抵押权人应当以书面形式订立抵押合同，甲、乙，甲、丙之间均订立书面抵押合同，抵押合同有效，故选项 A 错误，选项 E 正确。不动产抵押权登记设立，故选项 B 正确。动产抵押权自抵押合同生效时设立，未经登记不能对抗善意第三人，故选项 C 正确，选项 D 错误。

【答案】 BCE

2. 若人民法院依法拍卖查封的厂房和进口机器设备,则甲公司的债权人乙银行、丙信用社、丁、己公司就拍卖所得价款所主张的下列权利中,能获法律支持的有( )。
   A. 丁对全部拍卖所得价款主张优先受偿权
   B. 丙信用社对进口机器设备拍卖所得价款优先于己公司受偿
   C. 乙银行对全部拍卖所得价款主张优先受偿权
   D. 乙银行对厂房拍卖所得价款主张优先受偿权
   E. 己公司对全部拍卖所得价款主张受偿权

   解析 选项A,丁的债权未设立抵押担保,无权就拍卖所得主张优先受偿,故选项A错误。选项BE,丙信用社就设备设立的动产抵押权,但未经登记不得对抗善意第三人,故不得对抗己公司。己公司可就进口设备主张优先受偿,但己公司不得对全部拍卖所得价款主张受偿权(对房屋部分不得主张优先受偿权利)。选项CD,乙银行对厂房的抵押权经登记已设立,乙银行有权就厂房拍卖所得价款主张优先受偿,但无权就进口设备主张实现抵押权。

   【答案】 D

3. 下列关于国产机器设备权利变动及行使的说法中,符合《民法典》规定的有( )。
   A. 丙信用社因抵押合同的生效而取得对国产机器设备的抵押权
   B. 戊公司善意取得国产机器设备所有权,因其不知设备已抵押
   C. 戊公司有权阻止丙信用社对国产机器设备行使抵押权
   D. 戊公司自甲公司交付国产机器设备时继受取得该设备所有权
   E. 甲公司将国产机器出售并交付给戊公司,应通知丙信用社

   解析 动产抵押权自抵押合同生效时设立,未经登记不能对抗善意第三人,故选项AC正确。善意取得的前提是无权处分,本题为有权处分,故选项B错误。权利的继受取得,是指自前手权利人处承受而来的权利取得,故选项D正确。抵押期间,抵押人可以转让抵押财产。当事人另有约定的,按照其约定。抵押财产转让的,抵押权不受影响。抵押人转让抵押财产的,应当及时通知抵押权人,故选项E正确。

   【答案】 ACDE

4. 甲公司和丁对奥迪轿车权利行使的下列主张和做法中,能获得法律支持的有( )。
   A. 甲与丁协商以奥迪轿车抵债
   B. 甲基于占有返还请求权而请求丁返还奥迪轿车
   C. 丁基于对奥迪轿车的占有而主张行使留置权
   D. 丁基于对奥迪轿车的占有而主张行使质权
   E. 甲基于对物权请求权而请求丁返还奥迪轿车

   解析 留置权产生的条件之一是须债权人依法占有债务人的动产。丁是强制占有甲的奥迪车,并不是依法占有。丁无法取得留置权,故选项C错误。甲和丁没有设定质权的合意,没有书面订立质权合同,丁无法取得质权,故选项D错误。

   【答案】 ABE

第九章 债 权 法

知识点 债的发生

【多选题】 下列事实中，能引起民法上债的发生有(　　)。
A. 丙因家里临时有事请同事代值夜班
B. 乙为泄私愤将同事张某沐浴的照片发到微信朋友圈中
C. 甲收银员因疏忽少收了顾客 30 元购物卡
D. 戊向税务局申报纳税
E. 丁商场承诺"假一罚十"

解析 选项 A，属于好意施惠范畴，不能在当事人之间设定权利义务关系，也不能引起民法上债的发生。选项 B，属对他人隐私权的侵犯，能引起民法上债的发生。选项 C，构成不当得利，不当得利属于债的发生原因之一。选项 D，向税务局申报纳税属于行政行为，不会引起民法上债的发生。选项 E，商场做出的"假一罚十"承诺属买卖合同条款之一，能引起民法上债的发生。

【答案】 BCE

【考点精炼】

引起债发生的原因包括：合同、缔约过失、单方允诺（悬赏公告）、侵权行为、无因管理、不当得利。

【单选题】 根据民法相关规定，下列给付中，能够引起不当得利之债发生的是(　　)。
A. 非债清偿给付
B. 债务清偿期届至前的给付
C. 履行道德义务而为的给付
D. 不法原因的给付

解析 不当得利可以因给付而发生，给付欠缺给付目的即构成不当得利，如非债清偿。但履行道德义务而为的给付、债务清偿期届至前的给付、明知无债务的给付、不法原因的给付不适用不当得利。

【答案】 A

📖 【考点精炼】

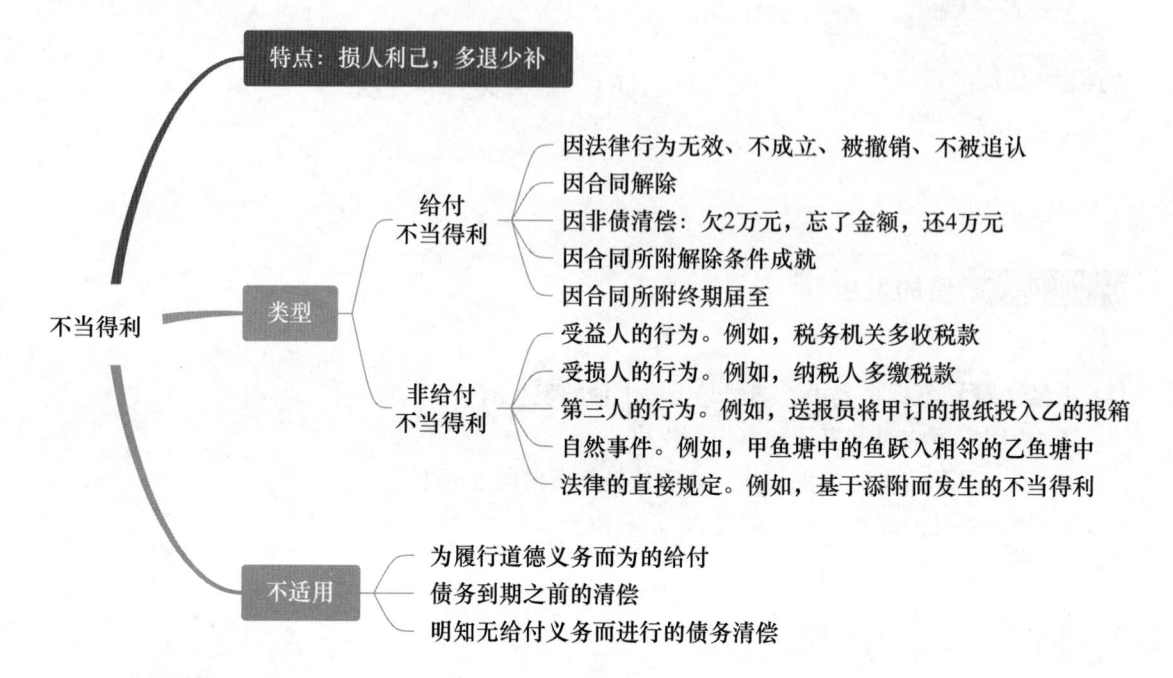

```
                    特点：损人利己，多退少补

                                    ┌ 因法律行为无效、不成立、被撤销、不被追认
                          给付       │ 因合同解除
                          不当得利 ──┤ 因非债清偿：欠2万元，忘了金额，还4万元
                    ┌─            │ 因合同所附解除条件成就
                    │              └ 因合同所附终期届至
                    │
         ┌ 类型 ──┤               ┌ 受益人的行为。例如，税务机关多收税款
         │          │               │ 受损人的行为。例如，纳税人多缴税款
不当得利─┤          非给付 ────────┤ 第三人的行为。例如，送报员将甲订的报纸投入乙的报箱
         │          不当得利       │ 自然事件。例如，甲鱼塘中的鱼跃入相邻的乙鱼塘中
         │                          └ 法律的直接规定。例如，基于添附而发生的不当得利
         │
         │              ┌ 为履行道德义务而为的给付
         └ 不适用 ──────┤ 债务到期之前的清偿
                        └ 明知无给付义务而进行的债务清偿
```

【多选题】在民法上，能引起债发生的法律事实有（　　）。

A. 侵权行为
B. 纳税
C. 不当得利
D. 生产
E. 先占

🔍 **解析**　选项AC，债的发生原因是指引起债产生的法律事实，包括合同、缔约上的过失、侵权行为、无因管理、不当得利等。选项B，所有权消灭的原因之一。选项DE，原始取得所有权的方式。

【答案】AC

【多选题】根据《民法典》规定，下列法律事实中，能够引起无因管理之债发生的有（　　）。

A. 邻居赡养被子女遗弃的老人
B. 抢险队员奋力抢救被洪水围困的群众
C. 路人将晕倒的伤者送医并垫付医药费
D. 居民委员会照料父母因疫情被隔离的幼童
E. 承揽人为定做人保管其提供的原材料

🔍 **解析**　无因管理要求管理人没有法定的或者约定的义务，选项AC符合，当选，而选项BDE均有法定或约定的义务，故排除。

【答案】AC

【单选题】根据《民法典》相关规定，下列生活事实中，能够在甲乙之间产生债权债务关系的是(　　)。

A. 甲同意乙于 3 日后搭乘其车去郊区开会，因当天甲临时有事，致乙自费打车前往郊区

B. 甲同意火车到南京时叫醒乙，因甲专注玩手机忘记叫醒乙，致乙过站到达上海

C. 甲搭乘同事乙的车上班，乙违章导致所驾汽车不慎撞树，致甲受伤

D. 甲答应好友乙周末在米其林三星餐厅的宴请，后甲爽约

解析　选项 C 属于侵权。

【答案】C

知识点·债的分类

【单选题】连带之债的特征之一是(　　)。

A. 债务人之间约定按照一定的比例负担债务

B. 债权人之间约定按照份额享受权利

C. 债权人可以依法或者依约请求任一债务人履行全部债务

D. 各债务人仅负有履行部分债务的义务

解析　连带之债中，享有连带权利的债权人，有权要求债务人履行义务。负有连带义务的每个债务人，都负有清偿全部债务的义务，履行了义务的人，有权要求其他负有连带义务的人偿付他应当承担的份额，本题选择选项 C。选项 ABD，属于按份之债的特征，故排除。

【答案】C

【单选题】甲乙因侵权致行人丙受伤，须连带赔偿丙 6 万元。后丙了解到乙家庭生活困难，遂免除了乙的赔偿债务。根据《民法典》相关规定，丙免除乙赔偿债务的法律后果是(　　)。

A. 甲须一次性向丙支付医药费

B. 甲作为连带债务人，也无须再向丙赔偿 6 万元医药费

C. 甲应单独向丙赔偿 6 万元医药费

D. 甲只需向丙赔偿 3 万元医药费

解析　(1) 连带债务人之间的份额难以确定的，视为份额相同。(2) 部分连带债务人的债务被债权人免除的，在该连带债务人应当承担的份额范围内，其他债务人对债权人的债务消灭。

【答案】D

知识点·债的效力

【多选题】下列关于债权人受领迟延及其构成要件的说法中，正确的有(　　)。

A. 受领迟延是指债务人违反诚信原则

B. 构成受领迟延须债务人已按债的内容提出给付，使债权人处于可领受状态

C. 受领迟延是债权人对协助义务的违反

D. 构成受领迟延须债权人未予受领，包括不能受领和拒绝受领

E. 受领迟延是指债务人超过时间未予给付

解析 选项 AE，受领迟延是债权人对债务人已提出的给付，未受领或未为给付完成提供必要协助的事实，是"债权人"违反诚信原则，故是债权人承担责任。

【答案】BCD

【多选题】甲公司将一艘货船卖给乙公司。下列关于给付义务类型的说法中，正确的有(   )。

A. 甲、乙完成交易后对交易所涉商业秘密的保密义务属于后合同义务

B. 甲在订立合同前将货船有关情况向乙如实告知的义务属于合同的从给付义务

C. 乙公司支付货款的义务属于合同的主给付义务

D. 甲将货船的有关文件或者资料交与乙的义务属于合同的附随义务

E. 甲公司交付货船的义务属于合同的主给付义务

解析 选项 B，订立合同前属于前合同义务。选项 D，给付货物配套资料属于从给付义务。选项 CE，支付货款和货物属于主合同义务。选项 A，履行合同后为后合同义务。

【答案】ACE

【考点精炼】

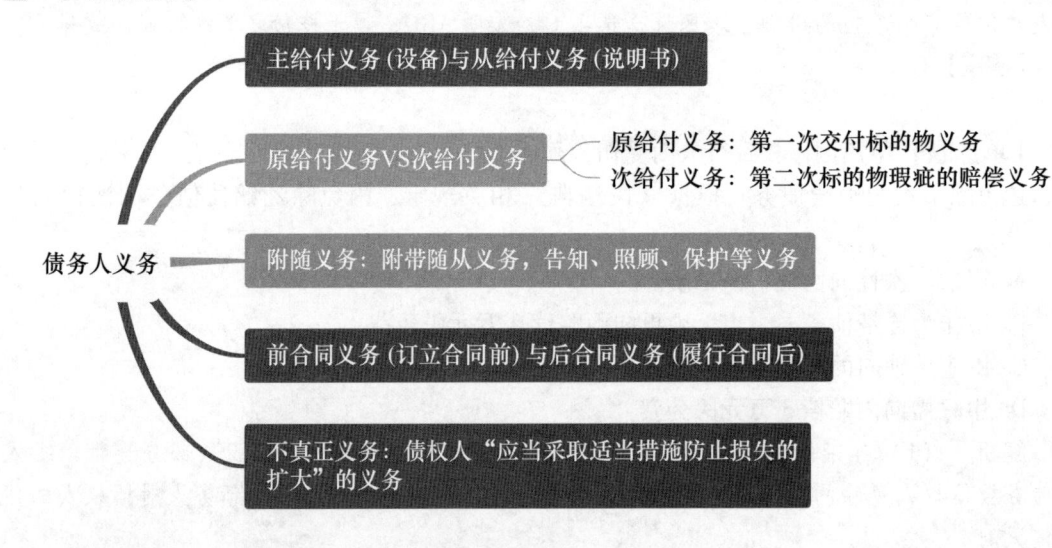

债务人义务
- 主给付义务(设备)与从给付义务(说明书)
- 原给付义务VS次给付义务
  - 原给付义务：第一次交付标的物义务
  - 次给付义务：第二次标的物瑕疵的赔偿义务
- 附随义务：附带随从义务，告知、照顾、保护等义务
- 前合同义务(订立合同前)与后合同义务(履行合同后)
- 不真正义务：债权人"应当采取适当措施防止损失的扩大"的义务

【单选题】下列有关给付义务类型的说法中，正确的是(   )。

A. 买卖合同中出卖人交付标的物使用说明书的义务是附随义务

B. 宾馆对旅客财产的安全保障义务是从给付义务

C. 因合同解除而产生的恢复原状义务是次给付义务

D. 租赁合同订立后出租人交付租赁物的义务是后合同义务

解析 选项 A，属于从给付义务。选项 B，属于附随义务。选项 C，属于次给付义务，

正确。选项 D，属于主给付义务。

【答案】C

【单选题】给付迟延的构成要件之一是( )。
A. 给付须为可能
B. 债务人有拒绝给付的意思表示
C. 债务未届履行期
D. 给付的物已经灭失

解析 给付迟延，是指对已届履行期且能给付的债务，因可归责于债务人的事由而未为给付所致的迟延。给付迟延的构成要件：(1) 债务已届履行期；(2) 给付须为可能；(3) 须有可归责于债务人的事由；(4) 债务人未为给付。

【答案】A

知识点 · 债的保全

【多选题】债务人对第三人享有的下列权利中，债权人可以代位行使的有( )。
A. 人身损害赔偿请求权
B. 贷款给付请求权
C. 扶养费请求权
D. 租金给付请求权
E. 运费给付请求权

解析 专属于债务人自身的债权不可以行使代位权。专属于债务人自身的债权包括：(1) 抚养费、赡养费或者扶养费请求权。(选项 C)(2) 人身损害赔偿请求权。(选项 A)(3) 劳动报酬请求权，但是超过债务人及其所扶养家属的生活必需费用的部分除外。(4) 请求支付基本养老保险金、失业保险金、最低生活保障金等保障当事人基本生活的权利。(5) 其他专属于债务人自身的权利。

【答案】BDE

【单选题】根据《民法典》规定，债权人行使代位权( )。
A. 可以采取私力救济方式
B. 必须通过诉讼方式
C. 可以通过申请支付令方式
D. 可以通过仲裁方式

解析 有关代位权、撤销权的规定，债权人行使代位权、撤销权应当通过人民法院提起诉讼。

【答案】B

【单选题】甲借给乙一笔借款，借期1年，1年后债务到期，乙无力偿还，甲查明，丙对于乙负有一笔债务，欠款已到期2个月，甲欲提起诉讼。下列说法中正确的是(　　)。

A. 甲以自己的名义提起诉讼，主张丙直接向甲偿还欠款
B. 甲以自己的名义提起诉讼，主张丙向乙偿还欠款
C. 甲以乙的名义提起诉讼，主张丙直接向甲偿还欠款
D. 甲以乙的名义提起诉讼，主张丙向乙偿还欠款

🔍 解析　在代位权诉讼中，债权人是原告（甲），次债务人是被告（丙），债务人（乙）为诉讼中的第三人。人民法院认定代位权成立的，由次债务人向债权人履行义务，因此甲可以以自己的名义提起诉讼，主张丙直接向甲偿还欠款，本题选择选项A。债权人接受履行后，债权人与债务人、债务人与相对人之间相应的权利义务终止。

【答案】A

【单选题】撤销权是指债权人对债务人所为的危害债权的行为请求人民法院予以撤销的权利，下列关于撤销权属性、行使期间及适用情形的说法中，正确的是(　　)。

A. 撤销权应自债权人知道或者应当知道撤销事由之日起2年内行使
B. 撤销权属于债的担保
C. 撤销权应自危害债权的行为发生之日起1年内行使
D. 撤销权的适用情形包括债务人以明显不合理的低价转让财产等

🔍 解析　选项AC，撤销权自债权人知道或者应当知道撤销事由之日起1年内行使，但自债务人的行为发生之日起5年内没有行使撤销权的，该撤销权消灭。选项B，撤销权属于债的保全，而非债的担保。

【答案】D

【考点精炼】

总结

对比	代位权	撤销权
适用	债务人不作为	债务人乱作为
债权是否到期	原则上要求到期，例外×2	无要求
被告	次债务人	债务人+第三人
优先受偿	✓	×
其他费用	债务人	债务人
程序	人民法院	人民法院

【单选题】《民法典》规定了债权人行使撤销权的规则。下列关于撤销权的说法中，正确的是(　　)。

A. 撤销权属于债的保全措施之一
B. 承租人将租赁物私自转让，第三人善意取得的，出租人可以行使撤销权

C. 自债务人的行为发生之日起 2 年内没有行使撤销权的,该撤销权消灭

D. 因行使撤销权而支付的律师代理费由债权人自行承担或者由第三人负担

解析 选项 B,承租人将租赁物私自转让,第三人善意取得的,出租人不能行使撤销权。选项 C,撤销权自债权人知道或者应当知道撤销事由之日起 1 年内行使,但自债务人的行为发生之日起 5 年内没有行使的,撤销权消灭。选项 D,债权人行使撤销权的必要费用,债权人可以向债务人求偿,第三人有过错可适当分担。

【答案】 A

【多选题】根据《民法典》规定,下列影响债权人债权实现的债务人不当行为中,债权人无须考虑债务人的相对人知道与否即可请求人民法院予以撤销的有( )。

A. 债务人放弃其债权担保

B. 债务人以明显不合理的高价受让他人财产

C. 债务人无偿转让财产

D. 债务人放弃其债权

E. 债务人以明显不合理的低价转让财产

解析 选项 ACD,债务人以放弃其债权、放弃债权担保、无偿转让财产等方式无偿处分财产权益或者恶意延长其到期债权的履行期限,影响债权人的债权实现的,债权人可以请求人民法院撤销债务人的行为。选项 BE,债务人以明显不合理的低价转让财产,以明显不合理的高价受让他人财产或者为他人的债务提供担保,影响债权人的债权实现,债务人的相对人知道或者应当知道该情形的,债权人才可以请求人民法院撤销债务人的行为,故选项 BE 不当选。

【答案】 ACD

知识点 · 债的担保

【单选题】甲借款给乙,约定于 2014 年 3 月 1 日前还清本息,丙承担连带责任保证。2014 年 3 月 1 日后,乙没有还款,甲也一直没有催乙还款。2017 年 4 月 1 日,因乙一直未还款,甲遂要求丙承担保证责任。根据民法相关规定,下列关于丙保证责任承担的说法中,正确的是( )。

A. 甲必须先起诉乙,经强制执行未果后,才能要求丙承担保证责任

B. 无论乙所负债务是否已过诉讼时效,丙承担保证责任后,都有权向乙追偿

C. 丙有权主张乙的诉讼时效抗辩权,拒绝向甲承担保证责任

D. 乙所负债务虽已超过诉讼时效期间,但丙仍应向甲承担保证责任

解析 选项 A,在连带责任保证中,保证人不享有先诉抗辩权。选项 BC,本题中,诉讼时效期间为 2014 年 3 月 1 日—2017 年 3 月 1 日,截止至 2017 年 4 月 1 日,主债务诉讼时效期间届满,保证人享有主债务人的诉讼时效抗辩权。保证人未主张前述诉讼时效抗辩权,承担保证责任后向主债务人行使追偿权的,人民法院不予支持,但主债务人同意给付的情形除外。选项 D,连带责任保证的保证人与债权人未约定保证期间的,债权人有权自主债务履

行期届满之日起6个月内要求保证人承担保证责任。本题中，保证期间为2014年3月1日—2014年9月1日，截止至2017年4月1日，已经过了保证期间，丙的保证责任消灭，有权拒绝向甲承担保证责任。

【答案】C

【考点精炼】

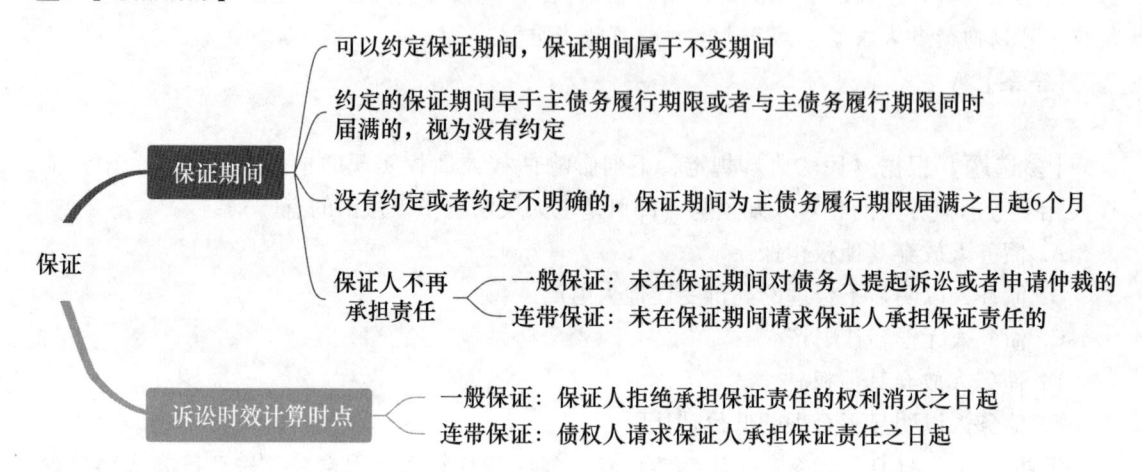

保证
- 保证期间
  - 可以约定保证期间，保证期间属于不变期间
  - 约定的保证期间早于主债务履行期限或者与主债务履行期限同时届满的，视为没有约定
  - 没有约定或者约定不明确的，保证期间为主债务履行期限届满之日起6个月
- 保证人不再承担责任
  - 一般保证：未在保证期间对债务人提起诉讼或者申请仲裁的
  - 连带保证：未在保证期间请求保证人承担保证责任的
- 诉讼时效计算时点
  - 一般保证：保证人拒绝承担保证责任的权利消灭之日起
  - 连带保证：债权人请求保证人承担保证责任之日起

【单选题】保证期间是指保证责任的存续期间，下列关于保证期间的说法中，正确的是(   )。

A. 保证期间为主债诉讼时效期间届满之日起3个月

B. 保证期间自主债务履行期届满之日起计算

C. 保证期间为可变期间

D. 保证期间适用诉讼时效规则

解析　选项AC，保证期间是指保证责任的存续期间，保证期间没有约定或约定不明的，保证期间为主债履行期届满之日起6个月，该期间不因任何事由而发生中断、中止、延长。选项B，保证期间的起算点是主债务履行期届满之日，如果主合同对主债务的履行期没有约定或者约定不明时，保证期间自债权人要求债务人履行义务的宽限期届满之日起计算。选项D，保证期间不适用诉讼时效规则。

【答案】B

【单选题】下列关于定金和预付款的说法中，正确的是(   )。

A. 定金合同自合同订立时生效

B. 预付款具有担保性质

C. 定金合同是实践合同

D. 定金等同于预付款

解析　选项AC，定金合同是实践合同，定金合同自实际交付定金时成立。选项BD，定金不同于预付款，单纯的预付款不具有担保性质。

【答案】C

【考点精炼】

1. 定金与预付款的区别

区别	定金	预付款
是否具有担保的作用	√	×
是否为从合同	√ 交付定金是成立定金合同的要件	× 交付预付款是合同履行的一部分
是否适用定金罚则	√	×
是否适用非金钱履行义务的合同	√	×
是否可以分期交付	×	√

2. 定金与违约金的区别：二选一，A 或 B

区别	定金	违约金
交付时间	在履行之前交付	在违约之后交付
是否有上限	√	×
证约和预先给付功能	√	×
担保和违约担责功能	担保方式+违约担责方式	仅是违约担责方式

【多选题】根据合同法理论，定金与预付款的差异主要表现在(　　)。
A. 定金不具有预先支付性，而预付款具有预先支付性
B. 不交付预付款不构成对主合同的违反，但不交付定金构成对主合同的违反
C. 定金是一种担保方式，预付款不是一种担保方式
D. 不交付定金会产生定金罚则，而不交付预付款不发生违约后果
E. 法律对合同约定定金数额占主合同标的数额的比例有明文规定，对预付款数额占主合同标的数额的比例没有规定限制

解析 选项 A，定金和预付款都具有预付性质。选项 BD，交付定金的协议是从合同，而交付预付款的协议一般是合同内容的一部分，因此不交付预付款构成对主合同的违反，不交付定金则定金合同不成立，既不构成对主合同的违反，也不会产生定金罚则。选项 C，定金罚则是定金担保性质的体现，而预付款不存在罚则，不作为担保方式。选项 E，定金的数额应不超过主合同标的额的 20%，超过部分无效。

【答案】CE

> 知识点 • 债的转移

【单选题】甲给乙提供借款，在合同中约定债权人不能将债权转让给其他人，关于甲乙之间的约定，下列说法正确的是(　　)。

A. 可以对抗善意第三人　　　　　　　B. 不能对抗善意第三人
C. 甲在任何时候都不能将债权转让　　D. 甲可以转让债权

解析 按照当事人约定不得转让的债权。当事人约定非金钱债权不得转让的，不得对抗善意第三人。当事人约定金钱债权不得转让的，不得对抗第三人（善意和恶意都不得对抗）。

【答案】B

【单选题】债务人将债务全部或部分转移给第三人，由承担人取代债务人的地位的，根据《合同法》的规定，正确的做法是(　　)。

A. 口头通知债权人即可　　　　　　　B. 书面通知债权人即可
C. 应当经债权人同意　　　　　　　　D. 必须经债权人书面同意

解析 免责的债务承担必须得到债权人的同意，口头与书面形式均可以，因此选项C正确。

【答案】C

【多选题】晨曦公司向伟东公司出售并交付其生产的残疾人轮椅20台，伟东公司未付款。因欠北海公司债务，晨曦公司以协议形式将其对伟东公司的债权转让给北海公司抵债，并通知了伟东公司。下列关于该债权转让事项的表述中，正确的有(　　)。

A. 晨曦公司债权转让通知到达伟东公司时，才对伟东公司发生债权转让效力
B. 晨曦公司与北海公司转让协议生效时，对伟东公司同时发生债权转让效力
C. 晨曦公司移转债权不需征得伟东公司的同意即产生法律上的效力
D. 晨曦公司与北海公司的协议属于待生效合同
E. 晨曦公司与北海公司的协议有效，北海公司可不通过晨曦公司而直接向伟东公司主张债权

解析 第三人与债权人达成一致时，债权让与协议生效。通知债务人后，该转让对债务人发生效力。所以协议生效与对债务人发生效力不是同时的。债权让与后，北海公司成为伟东公司的债权人，有权向伟东公司主张债权。

【答案】ACE

> 知识点 • 债的消灭

【单选题】因急需用钱，甲将一件珍藏品以30万元价格卖给乙，后乙无正当理由拒绝受领，甲遂将该藏品提存。下列关于提存效力的说法中，正确的是(　　)。

A. 若提存期间藏品意外损坏灭失，则乙仍应支付30万元价款

B. 乙无论是否付清价款，均有权自提存机关处领取提存的藏品
C. 在乙领取提存的藏品之前，藏品的所有权归甲
D. 自提存之日起，甲乙双方对待给付义务均已消灭

解析 选项 B，债权人可以随时领取提存物。但是，债权人对债务人负有到期债务的，在债权人未履行债务或者提供担保之前，提存部门根据债务人的要求应当拒绝其领取提存物。选项 C，提存成立的，视为债务人在其提存范围内已经交付标的物。动产物权的设立和转让，自交付时发生效力，但是法律另有规定的除外。本题中，自甲提存成立时起，乙取得该藏品所有权。选项 D，自提存之日起，甲的对待给付义务消灭，乙的对待给付义务未消灭（履行完毕合同义务才消灭）。

【答案】 A

知识点 · 合同的分类

【多选题】 下列关于保证及保证合同特征的说法中，正确的有（　　）。
A. 保证属于人的担保　　　　　　　　B. 保证合同属于要式合同
C. 保证合同属于要物合同　　　　　　D. 保证属于信用担保
E. 保证合同属于从合同

解析 选项 A，保证属于人的担保。选项 BE，保证合同采用书面形式，是要式、单务、无偿、诺成、从合同。选项 C，实践合同，也称要物合同，指除双方当事人的意思表示一致以外，尚须交付标的物或完成其他给付才能成立的合同。保证合同不属于实践合同。选项 D，信用担保，也称人保，其具体方式即保证。

【答案】 ABDE

【考点精炼】

类型	说明
双务合同	例如，买卖合同、租赁合同
单务合同	例如，赠与合同、保证合同
有偿合同	例如，买卖合同、租赁合同等
无偿合同	例如，赠与合同、借用合同
诺成合同	双方当事人意思表示一致即可成立的合同
实践合同	例如，自然人之间的借款合同、借用合同、保管合同、定金合同
典型合同	也称有名合同，指法律予以规定并赋予特定名称的合同
非典型合同	也称无名合同，法律未赋予该合同特定名称
要式合同	—
不要式合同	—
预约	例如，购房意向书、认购书。预约的目的在于成立本约，预约的债权债务不得让与

续表

类型	说明	
本约	例如,购房合同	
束己合同	不涉及第三人的合同	
涉他合同（第三人合同）	利他合同	指合同当事人约定由债务人向第三人给付,使第三人取得债权的合同,例如,人寿保险合同
	负担合同	(1)是指合同当事人约定由第三人向债权人为给付的合同,例如,融资租赁合同 (2)当事人约定由第三人向债权人履行债务,第三人不履行债务或者履行债务不符合约定的,债务人应当向债权人承担违约责任
确定合同	缔约时既已确定的合同	
射幸合同	也称机会性同,例如,保险合同、博彩合同	
格式合同	也称定型化合同、标准合同、定式合同	
复合合同	由两个以上的典型合同或者非典型合同的内容复合构成的合同。复合合同虽有多个合同内容,但仍属一个合同,发生单一合同的效力。复合合同大多属于非典型合同。例如,甲应聘担任乙所有大厦的管理员,乙为甲免费提供住房。其中,甲的给付义务属于雇佣合同,乙的给付义务属于借用合同	

【单选题】根据合同法理论,下列关于一般赠与合同特征的说法中,正确的是( )。

A. 赠与合同是要式合同　　　　B. 赠与合同是无偿合同

C. 赠与合同是单方法律行为　　D. 赠与合同是双务合同

解析 选项A,赠与合同属于不要式合同。选项C,赠与合同属于双方法律行为。选项D,赠与合同属于单务合同。

【答案】B

知识点·合同的订立

【单选题】下列有关要约的说法中,正确的是( )。

A. 拍卖公告属于要约

B. 要约对受要约人没有拘束力

C. 要约做出后不得撤回

D. 要约对要约人具有拘束力

解析 选项A,拍卖公告属于要约邀请,选项A错误。选项BD,要约对要约人、受要约人均具有约束力,选项D正确。选项C,要约可以撤回,但撤回要约的通知应当在要约到达受要约人之前或者与要约同时到达受要约人。

【答案】D

【多选题】根据《合同法》，承诺人可以撤回承诺。关于撤回通知的说法，正确的有( )。
A. 撤回的通知先于承诺通知到达要约人的，可以发生撤回效力
B. 撤回的通知与承诺通知同时到达要约人的，可以发生撤回效力
C. 撤回的通知可以后于承诺通知到达要约人，但承诺人应承担缔约过失的损害赔偿责任
D. 撤回的通知可以采取公告送达方式
E. 撤回的通知可以后于承诺通知3日到达要约人，但承诺人应承担违约责任

解析 承诺可以撤回，撤回承诺的通知应当在承诺通知到达要约人之前或者与承诺通知同时到达要约人。选项AB正确，选项CE错误。撤回的通知不得采用公告送达方式，选项D错误。

【答案】AB

【单选题】下列关于承诺的说法中，正确的是( )。
A. 承诺均须以通知的方式做出
B. 承诺到达要约人时生效
C. 撤回承诺的通知与承诺同时到达要约人的，不发生撤回效力
D. 承诺由受要约人或第三人向要约人做出

解析 选项A，承诺应当以通知的方式做出，但根据交易习惯或者要约表明通过行为做出的承诺除外，选项A错误。选项C，撤回承诺的通知在承诺到达要约人之前或者与承诺同时到达要约人的，均可发生承诺撤回的效力，故选项C错误。选项D，承诺是受要约人同意要约的意思表示，不能由第三人做出，选项D错误。

【答案】B

【单选题】以下构成承诺的有( )。
A. 自动贩卖机   B. 拍卖会上的报价
C. 投标人的标书   D. 拍卖会最后的一锤定音

解析 拍卖程序通常要经过公告及拍品展示、竞买等程序，拍卖公告属于要约邀请，应卖人出价属于要约，拍卖人最后的一锤定音属于同意应买人的要约，构成承诺，承诺生效时合同成立。(招标属于要约邀请，投标属于要约，定标属于承诺)

【答案】D

【多选题】下列关于承诺生效要件的说法中，正确的有( )。
A. 承诺应当即时做出
B. 承诺须在承诺期限内到达要约人
C. 承诺须以书面方式做出
D. 承诺的内容应当与要约的内容一致
E. 承诺须由受要约人向要约人做出

解析 选项A：①要约以对话方式做出的，应当即时做出承诺；②要约以非对话方式做

出的，承诺应当在合理期限内到达。

选项C，承诺应当以通知的方式做出，既可以是口头，也可以是书面。

【答案】BDE

【多选题】根据合同理论，下列关于招投标环节的属性说法中，正确的有（　　）。

A. 招标是要约邀请
B. 投标是要约邀请
C. 招标是要约
D. 投标是要约
E. 定标是承诺

解析　选项AC，招标是要约邀请。选项BD，投标是要约。选项E，定标是承诺。

【答案】ADE

【多选题】甲将其房屋卖给乙，房屋买卖合同签订3天后，双方结清房款并办理完过户登记。乙装修过程中，邻居告诉乙，该房屋内之前发生过非正常死亡事件。乙查证属实，遂找甲要求退房并请求赔偿损失，甲拒绝。根据《民法典》规定，下列关于甲乙之间房屋买卖合同生效时间及效力状态的说法中，正确的有（　　）。

A. 房屋买卖合同因欺诈而自始无效
B. 房屋买卖合同属于可撤销合同
C. 房屋买卖合同生效与否与登记无关
D. 房屋买卖合同自办理完登记手续时生效
E. 房屋买卖合同自成立时生效

解析　选项AB，题目已经明确"该房屋内之前发生过非正常死亡事件"因此构成"凶宅"：由于"凶宅"的观点属于民间普遍存在的民风民俗，不违背法律强制性规范，可以认定为民法上的"善良风俗"，受法律保护；出卖人对其明知且已实际对房屋转让产生足以动摇缔约意思或者缔约条件的"凶宅"信息负有信息披露义务。在订立合同时，单纯沉默不构成欺诈，但若负有信息披露义务，并因沉默未披露获得利益，则构成欺诈。一方以欺诈手段，使对方在违背真实意思的情况下实施的民事法律行为，受欺诈方有权请求人民法院或仲裁机构予以撤销。可撤销民事法律行为在被撤销前有效，撤销后该法律行为自始无效。选项CDE，当事人之间订立有关设立、变更、转让和消灭不动产物权的合同，除法律另有规定或者当事人另有约定外，自合同成立时生效。未办理物权登记的，不影响合同效力。

【答案】BCE

【多选题】下列构成承诺的有（　　）。

A. 丙进入收费停车场内泊车
B. 丁在公交站，公交车到站丁上车
C. 甲在超市购物，将明码标价的商品放入购物车内
D. 乙半夜入住宾馆，因饥饿打开宾馆明码标价的十元方便面充饥
E. 丙在夜市售卖日常用品，标价8元并附二维码

解析　选项C，甲将超市商品放入购物车内并不能构成承诺，而是在进行付款的时候构成承诺。选项E属于要约。

【答案】ABD

【多选题】下列关于格式条款法律规制的说法中，正确的有( )。
A. 格式条款的解释应当有利于相对人
B. 格式条款的提供者对免责条款负有提请注意义务和说明义务
C. 格式条款排除对方权利的一律无效
D. 对格式条款理解发生争议的，应当按照通常理解予以解释
E. 格式条款与非格式条款不一致的，应当采用非格式条款

解析 提供格式条款一方排除对方主要权利的，该条款无效，故选项 C 错误。

【答案】 ABDE

【考点精炼】

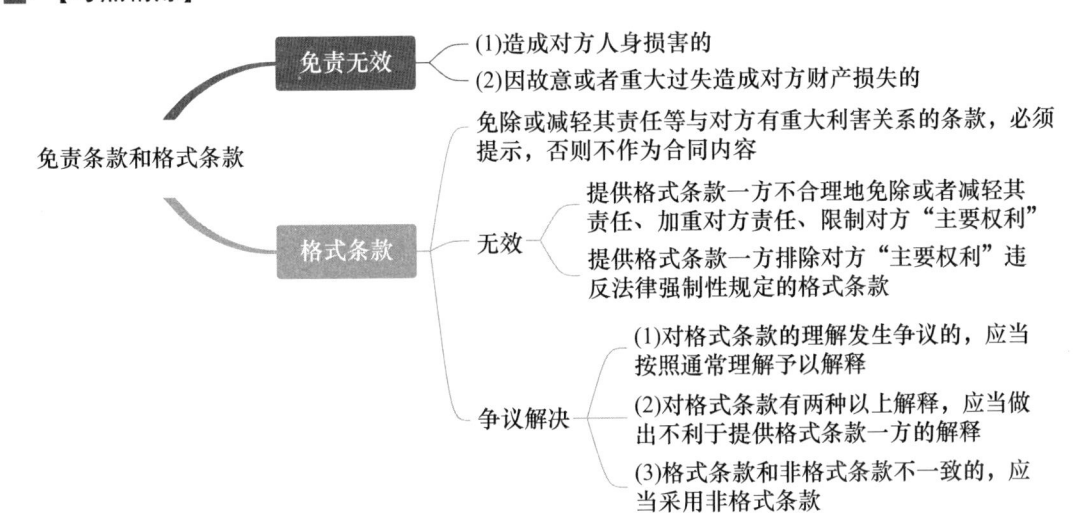

免责条款和格式条款
- 免责无效
  - (1)造成对方人身损害的
  - (2)因故意或者重大过失造成对方财产损失的
- 格式条款
  - 免除或减轻其责任等与对方有重大利害关系的条款，必须提示，否则不作为合同内容
  - 无效
    - 提供格式条款一方不合理地免除或者减轻其责任、加重对方责任、限制对方"主要权利"
    - 提供格式条款一方排除对方"主要权利"违反法律强制性规定的格式条款
  - 争议解决
    - (1)对格式条款的理解发生争议的，应当按照通常理解予以解释
    - (2)对格式条款有两种以上解释，应当做出不利于提供格式条款一方的解释
    - (3)格式条款和非格式条款不一致的，应当采用非格式条款

知识点 · 合同解除

【单选题】2021 年 4 月 27 日，甲租赁给乙房屋，在租赁合同中约定，若乙超过三个月不支付租金，即解除合同，乙因失业；8 月 27 日，乙已达三个月未支付租金，甲遂通知乙解除合同；9 月 1 日打电话给乙解除合同，因乙在地下车库信号不好，未能听清电话内容；9 月 6 日，甲通过寄信的方式通知乙解除合同，但在 3 日前，乙因失业心情不好，去乡下老家散心；9 月 12 日回到家中才看到信件，甲乙之间的合同在何时解除( )。
A. 9 月 1 日
B. 9 月 6 日
C. 8 月 27 日
D. 9 月 12 日

解析 双方在订立合同时，当事人可以约定一方解除合同的事由。解除合同的事由发生时，解除权人可以解除合同。故本题选择选项 C。

【答案】 C

【考点精炼】

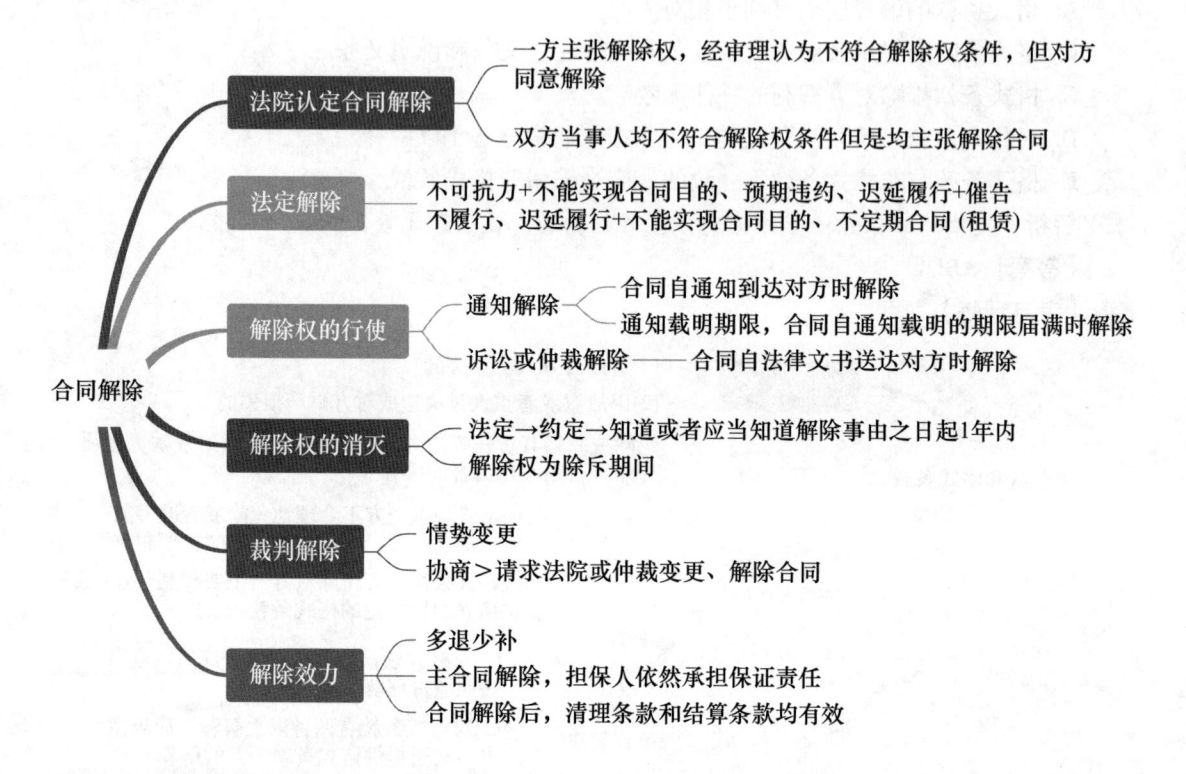

合同解除
- **法院认定合同解除**
  - 一方主张解除权，经审理认为不符合解除权条件，但对方同意解除
  - 双方当事人均不符合解除权条件但是均主张解除合同
- **法定解除**
  - 不可抗力+不能实现合同目的、预期违约、迟延履行+催告
  - 不履行、迟延履行+不能实现合同目的、不定期合同(租赁)
- **解除权的行使**
  - 通知解除
    - 合同自通知到达对方时解除
    - 通知载明期限，合同自通知载明的期限届满时解除
  - 诉讼或仲裁解除——合同自法律文书送达对方时解除
- **解除权的消灭**
  - 法定→约定→知道或者应当知道解除事由之日起1年内
  - 解除权为除斥期间
- **裁判解除**
  - 情势变更
  - 协商＞请求法院或仲裁变更、解除合同
- **解除效力**
  - 多退少补
  - 主合同解除，担保人依然承担保证责任
  - 合同解除后，清理条款和结算条款均有效

【单选题】在履行期限届满之前，当事人一方明确表示或者以自己的行为表明不履行主要债务，另一方当事人可以解除合同。该情形属于(　　)。
A. 协议解除
B. 约定解除
C. 裁定解除
D. 法定解除

解析 在履行期限届满之前，当事人一方明确表示或者以自己的行为表明不履行主要债务，属于法定解除的情形之一（预期违约）。注意区分合同解除的不同类型。

【答案】D

知识点 · 缔约过失责任和违约责任

【多选题】根据合同法律制度的规定，承担缔约过失责任的情形有(　　)。
A. 合同订立后，违反约定向他人泄露合同中的商业秘密的
B. 订立合同时，提供虚假情况的
C. 履行合同时，不适当履行损害合同相对方利益的
D. 假借订立合同，恶意磋商的
E. 订立合同时，隐瞒真实情况的

🔍 **解析** 选项AC，履行合同过程中的违约行为应追究违约责任。选项BDE，当事人在订立合同过程中，有下列情形之一，造成对方损失的，应承担赔偿责任：(1) 假借订立合同，恶意进行磋商。(2) 故意隐瞒与订立合同有关的"重要"事实或者提供虚假情况。(3) 泄露或者不正当地使用在订立合同中知悉的对方的商业秘密或者信息。(4) 其他违背诚信原则的行为。

【答案】 BD

📘 【考点精炼】

缔约过失责任 VS 违约责任

需要关注的点在于，缔约过失责任强调合同尚未成立，即合同签订过程中或签订合同之前。而违约责任强调合同已经成立，有合同约定才叫所谓违约责任。

【单选题】《民法典》第585条第2款规定："约定的违约金低于造成的损失的，人民法院或者仲裁机构可以根据当事人的请求予以增加；约定的违约金过分高于造成的损失的，人民法院或者仲裁机构可以根据当事人的请求予以适当减少。"下列对该条文的理解中，正确的是(　　)。

　　A. 当事人应以起诉方式，而不能用反诉方式提出这一主张
　　B. 当事人应以起诉或者反诉方式提出这一主张，不能用抗辩方式提出
　　C. 增加后的违约金数额以不超过实际损失额为限
　　D. 增加违约金后，当事人请求对方继续赔偿损失的，人民法院可以支持

🔍 **解析** 约定的违约金低于造成的损失的，当事人可以请求人民法院或者仲裁机构予以增加，增加后的违约金数额以不超过实际损失额为限，增加违约金以后，当事人又请求对方赔偿损失的，人民法院不予支持。至于是用起诉方式还是反诉方式提出该请求，法律并没有限制。

【答案】 C

【单选题】甲向乙购买一批樱桃，并先行支付了货款。货到后，甲验收发现樱桃品质不佳，遂要求更换。在等待更换期间，甲并未将收到的樱桃放置于保鲜箱中妥善保管，以致部分樱桃霉烂变质。根据《民法典》相关规定，该变质部分樱桃损失应由甲自己承担，理由是(　　)。

　　A. 甲违反了从给付义务
　　B. 甲违反了防止自己损失扩大的义务
　　C. 甲违反了对待给付义务
　　D. 甲违反了附随义务

🔍 **解析** 当事人一方违约后，对方应当采取适当措施防止损失的扩大；没有采取适当措施致使损失扩大的，不得就扩大的损失请求赔偿（即不真正义务）。

【答案】 B

知识点 · 典型合同

（一）买卖合同

【单选题】甲公司推出一款新手机，在其促销活动中称："试用7天满意再付款"，乙交了800元押金拿回一部手机试用，用了3天即发现该手机经常出现白屏且常自动关机，遂送回手机，取回押金，甲公司与乙之间手机买卖未做成的原因是（　　）。

A. 甲公司违约　　　　　　　　B. 乙解除买卖合同
C. 买卖合同未生效　　　　　　D. 乙违约

解析 双方意思表示达成一致，试用买卖合同即成立，合同原则自成立即生效。试用买卖合同买受人有选择权，可以选择买或者不买，故买卖未做成的原因为合同被解除。

【答案】 B

【单选题】甲以分期付款方式购买乙的房屋，将自己的汽车押给乙作为购房的担保。双方约定，担保期间该车仍由甲使用，房屋产权变更登记于甲付清最后一笔房款后办理。下列关于本案当事人之间法律关系的说法中，正确的是（　　）。

A. 甲、乙之间存在所有权保留买卖关系
B. 甲、乙之间存在债权债务关系
C. 甲、乙之间存在保证合同关系
D. 甲、乙之间存在质押合同关系

解析 选项A，《合同法》关于标的物所有权保留的规定只适用于动产，不适用于不动产，故本题房屋买卖不适用所有权保留买卖的规定。选项B，甲、乙之间签订房屋买卖合同，形成合同之债。选项C，甲、乙没有签订保证合同或者保证条款，不存在保证合同关系。选项D，对于质押，当事人应当签订书面质押合同，质权自出质人交付质押财产时成立。本题中约定在担保期间该车仍由甲使用，说明未交付质押财产，质押合同未成立。

【答案】 B

【单选题】周某到家具店买家具，看中了一套家具，并与家具店签订了合同，合同价款8000元。周某预付货款4000元，家具店保证3天内将货送到周某家。因为车辆紧张，家具店没有在3天内送货，而第4天家具店失火，此套家具被焚毁。根据规定，对本案正确的处理是（　　）。

A. 由周某承担损失，周某应补交所欠货款4000元
B. 由家具店承担损失，家具店应退还周某预付货款4000元
C. 由周某、家具店双方平均分担损失，周某不补交货款，家具店不退还预付货款
D. 主要由家具店承担损失，周某也应适当承担损失

解析 选项CD，标的物毁损、灭失的风险，在标的物交付之前（包括动产和不动产）由出卖人承担，交付之后由买受人承担，但法律另有规定或者当事人另有约定的除外。在本

题中，家具店与周某约定"送货上门"，未将货物送至周某家即未交付，风险依然完全由家具店承担，周某无分担的义务，排除选项CD。选项A，如果要求周某补交货款，相当于风险由周某承担，选项A错误。

【答案】B

【单选题】甲乙在干洗机买卖合同中约定，在乙付清全部货款之前，干洗机所有权仍属于甲。随后，甲将干洗机交付给乙。根据《民法典》规定，下列关于甲乙约定的效力及干洗机所有权归属的说法中，正确的是(   )。

A. 甲乙约定无效，在货款付清之前，干洗机所有权归属于乙
B. 甲乙约定可撤销，在货款付清之前，乙可以撤销
C. 甲乙约定效力待定，在货款付清之时确定生效
D. 甲乙约定有效，在货款付清之前，干洗机所有权归属于甲

解析 当事人可以在买卖合同中约定买受人未履行支付价款或者其他义务的，标的物所有权属于出卖人，因此甲乙约定有效，在货款付清之前，干洗机所有权归属于甲，本题选择选项D。

【答案】D

【单选题】甲从商场购得一台电视机，发现缺少遥控器，于是向商场索要，商场称"遥控器需另外购买"。双方因此产生纠纷。下列关于本案纠纷处理及商场行为性质的说法中，正确的是(   )。

A. 商场的行为构成缔约过失
B. 商场应当在交付电视机的同时交付遥控器
C. 商场拒绝交付遥控器的行为合法，因为遥控器和电视机是两个不同的物
D. 本案中的合同关系属于选择之债，商场有选择交付标的物的权利

解析 选项A，购买合同有效，本题中所述情形属于合同履行阶段，不涉及缔约过失责任。选项BCD，电视机和遥控器属于主物和从物的关系，在法律无相反规定或合同无相反约定时，主物所有权转移时，从物所有权也随之转移，即对主物的处分及于从物。因此，商场在交付电视机的时候应当同时交付遥控器。

【答案】B

【单选题】乙与甲公司签订商品房预售合同，预购商品房1套，并向登记机关申请办理了预告登记，房屋建好后，因房价上涨，甲公司遂擅自将乙选购的商品房以更高价格出售给不知情的丙。根据《民法典》规定，下列关于甲公司与丙商品房买卖合同效力的说法中，正确的是(   )。

A. 商品房买卖合同可撤销　　　　　B. 商品房买卖合同效力待定
C. 商品房买卖合同有效　　　　　　D. 商品房买卖合同无效

解析 当事人之间订立有关设立、变更、转让和消灭不动产物权的合同，除法律另有规定或者当事人另有约定外，自合同成立时生效。未办理物权登记的，不影响债权合同关系。

【答案】C

【单选题】6月3日，甲演艺公司（以下简称甲公司）向乙乐器店购买2架钢琴，约定1周后付款。次日，甲公司运回2架钢琴途中遭遇泥石流，钢琴报废。下列关于甲公司与乙乐器店之间债的类型、买卖合同生效时间及风险负担的说法中，正确的是(　　)。

A. 因钢琴已全部报废，故甲公司无须向乙乐器店支付货款

B. 因泥石流属于不可抗力，故乙乐器店无权请求甲公司支付货款

C. 6月3日，甲公司、乙乐器店所签买卖合同于1周后甲公司付清货款时生效

D. 6月3日，甲公司、乙乐器店所签买卖合同属于种类物之债

【解析】选项AB，标的物毁损、灭失的风险，在标的物交付之前由出卖人承担，交付之后由买受人承担，但是法律另有规定或者当事人另有约定的除外。故乙乐器店不承担钢琴报废的风险，其已经履行交货义务，有权要求甲公司支付钢琴的价款。选项C，依法成立的合同，自成立时生效，但是法律另有规定或者当事人另有约定的除外。

【答案】D

【单选题】5月12日，B地的甲从A地的乙处购买一批设备，合同中约定由乙代甲办理托运。6月1日，由丙从A地运输至B地，6月12日，甲与丁订立买卖合同，合同约定将丙负责运输的设备卖给丁，预计6月20日到达目的地。6月18日运输途中发生泥石流，导致设备全部毁损。则该批设备的毁损(　　)。

A. 由丙承担

B. 由乙承担

C. 由丁承担

D. 因不可抗力导致的设备的毁损，乙丙丁都不承担

【解析】出卖人出卖交由承运人运输的在途标的物，除当事人另有约定外，毁损、灭失的风险自合同成立时起由买受人承担。

【答案】C

（二）赠与合同

【多选题】根据合同法律制度的规定，在受赠人(　　)的情况下，赠与人可以撤销赠与。

A. 严重侵害赠与人的近亲属

B. 对赠与人有扶养义务而不履行

C. 指责赠与人

D. 将赠与财产转赠他人

E. 挥霍赠与财产

【解析】赠与人可以撤销赠与的情形包括：（1）受赠人严重侵害赠与人或者赠与人的近亲属。（2）受赠人对赠与人有扶养义务而不履行。（3）受赠人不履行赠与合同约定的义务。

【答案】AB

【考点精炼】

撤销	赠与人的任意撤销权	赠与人在赠与财产的权利转移之前可以撤销赠与。但经过公证的赠与合同或者依法不得撤销的具有救灾、扶贫、助残等公益、道德义务性质的赠与合同不得撤销
	赠与人的法定撤销权	(1) 受赠人有下列情形之一的，赠与人可以撤销赠与： ① 严重侵害赠与人或者赠与人近亲属的合法权益； ② 对赠与人有扶养义务而不履行； ③ 不履行赠与合同约定的义务。 (2) 撤销权除斥期间：1年。自知道或应当知道撤销事由之日起算
	赠与人的继承人或法定代理人的法定撤销权	(1) 因受赠人的违法行为致使赠与人死亡或者丧失民事行为能力的，赠与人的继承人或者法定代理人可以撤销赠与； (2) 赠与财产返还请求权，撤销权人撤销赠与的，可以向受赠人请求返还赠与的财产； (3) 赠与人的穷困抗辩权，赠与人的经济状况显著恶化，严重影响其生产经营或者家庭生活的，可以不再履行赠与义务； (4) 撤销权除斥期间：应当自知道或应当知道撤销原因之日起6个月内行使

（三）借款合同

【单选题】 下列关于民间借贷合同成立及效力的说法中，正确的是(　　)。
A. 自然人之间的借款合同自合同订立时成立
B. 公司之间的借款合同自借款交付时成立
C. 民间借贷合同约定的利率超过合同成立时一年期贷款市场报价利率4倍的，超过部分的利息约定无效
D. 民间借贷合同自借款交付时成立

解析 选项ABD，自然人之间借款合同自贷款人提供借款时成立。除自然人之间借款合同外的其他民间借贷合同为诺成合同。

【答案】 C

【考点精炼】

借款合同类型

类型	含义	特征
商业借贷	由商业银行或国家认可的其他金融机构充任贷款人的借款合同	诺成、要式、有偿合同
民间借贷	自然人、法人、其他组织之间及其相互之间进行资金融通的行为	(1) 自然人之间：实践合同。 其他：诺成合同。 (2) 不要式合同，可有偿也可无偿

（四）租赁合同

【多选题】 2016年3月3日，甲、乙订立房屋租赁合同，租期5年。之后不久，甲拟赴国外探望女儿，于2016年5月6日将该房屋转租给丙，租期3年。下列关于甲、丙之间房屋租赁合同的形式和效力的说法中，正确的有（　　）。

A. 甲、丙之间房屋租赁合同若未采用书面形式，则双方可随时终止租赁合同
B. 甲、丙之间房屋租赁合同应当采用书面形式
C. 甲、丙之间房屋租赁合同属于可撤销合同
D. 甲将该房屋租给丙，若未经乙同意，则乙可解除甲、乙之间租赁合同
E. 若承租期间房屋内部设施损坏，承租人自己负责维修

解析 选项AB，租赁合同租期为6个月以上的，应订立书面合同。未采用书面合同的租赁，无法确定租赁期限的，视为不定期租赁。不定期租赁，当事人可以随时解除合同。甲、丙之间租赁合同的期限为3年，应当采用书面形式，若未采用书面形式，则双方可以随时终止租赁合同，故选项AB正确。选项CD，承租人未经出租人同意转租的，出租人可以解除合同。甲将房屋出租给丙，没有经过乙同意，乙可以解除甲、乙之间的租赁合同。在乙解除合同之前，甲、丙之间的租赁合同是有效的。故选项C错误，选项D正确。选项E，出租人应当履行租赁物的维修义务，因此选项E错误。

【答案】 ABD

【考点精炼】

定期租赁	（1）租赁期和一次性续租期均不得超过20年，超过20年的超过部分无效。 （2）租赁期≥6个月的，应当采用书面形式，未采用书面形式的，无法确定租赁期则视为不定期租赁。 （3）租赁期<6个月的，即使不用书面形式，也是定期租赁，合同有效期内当事人不得随意解除合同
不定期租赁	当事人可以随时解除合同，但出租人解除合同应当在合理期限之前通知承租人。以下为不定期租赁的情形： （1）没有约定租赁期限。 （2）定期合同期限届满，续用未续租的。 （3）租赁期限6个月以上，未采用书面形式，无法确定租赁期限的
合同解除	（1）租赁物被司法机关或者行政机关依法查封、扣押。 （2）租赁物权属有争议。 （3）租赁物具有违反法律、行政法规关于使用条件强制性规定情形。 （4）因不可归责于承租人的事由，致使租赁物部分或者全部毁损、灭失，致使不能实现合同目的。 （5）不定期租赁或视为不定期租赁，承租人可以随时解除合同。 （6）租赁物危及承租人的安全或者健康的，即使承租人订立合同时明知该租赁物质量不合格，承租人仍然可以随时解除合同

【单选题】根据合同法律制度的规定，下列关于租赁合同的说法中，正确的是(　　)。
A. 承租人应当履行租赁物的维修义务
B. 未采用书面形式的租赁合同无效
C. 租赁超过20年的，超过部分无效
D. 租赁合同是双务、有偿、实践合同

解析 选项A，出租人应当履行租赁物的维修义务，但当事人另有约定的除外。选项B，当事人未采用书面形式的，视为不定期租赁。选项C，租赁期限不得超过20年。租赁合同的期限超过20年的，超过部分无效。租赁期间届满，当事人可以续订租赁合同，但约定的租赁期限自续订之日起仍不得超过20年。选项D，租赁合同是双务、有偿、诺成合同。

【答案】 C

【单选题】甲公司租用乙公司的仓库，租期3年，租金月付。租期届满后，甲公司继续缴纳租金，乙公司亦未拒绝。3个月后，乙公司将该仓库出租给丙公司。因丙公司要求甲公司限期腾退仓库而引发纠纷。根据《民法典》规定，下列关于本案租期届满后甲公司、乙公司之间租赁合同效力的说法中，正确的是(　　)。
A. 租期届满后甲公司、乙公司租赁合同效力待定，若乙公司事后明确同意续租则有效
B. 租期届满后乙公司仍接受甲公司缴纳的租金，可视为双方租赁合同续订3年
C. 租期届满后甲公司、乙公司租赁合同继续有效，且乙公司有权随时解除租赁合同，但是应当在合理期限之前通知甲公司
D. 租期届满后因双方并未续订，甲公司、乙公司租赁合同终止

解析 租赁期限届满，承租人继续使用租赁物，出租人没有提出异议的，原租赁合同继续有效，但是租赁期限为不定期，选项ABD错误。不定期租赁，当事人可以随时解除合同，但是应当在合理期限之前通知对方，选项C正确。

【答案】 C

（五）承揽合同与建设工程合同(特殊的承揽合同)

【单选题】下列给付义务中，应由债务人亲自履行的是(　　)。
A. 汽车买卖合同的出卖人向买受人交付汽车
B. 建设工程承包人对建设工程主体结构的施工
C. 借款人将借款偿还给贷款人
D. 出租人对出租房屋进行维修

解析 建设工程主体结构的施工必须由承包人自行完成。

【答案】 B

【考点精炼】

承揽合同与建设工程合同

	承揽合同	建设工程合同
承包人发包给第三人	主要工作经定做人同意 辅助工作无须定做人同意	主体结构绝对不得发包 部分工作发包，经发包人同意
第三人把活做坏	承包人承担责任，即发包人只能找承包人承担责任，承包人找第三人承担责任	承包人可以找承包人和第三人承担连带责任（合同相对性的例外）

【单选题】甲大学与乙公司签订合同，定做70年校庆文化衫5000件，于校庆日前交付。下列关于甲大学与乙公司所签合同特点及效力的说法中，正确的是（ ）。

A. 乙公司制作文化衫的原材料应由甲大学提供
B. 乙公司可以自行将文化衫的制作任务交由他人完成
C. 在乙公司交付文化衫之前，甲大学可以随时解除合同
D. 若乙公司违约，甲大学可请求强制履行

解析 选项A，原材料可以由承揽人或者定做人提供。选项B，制作文化衫属于主要工作，乙公司不得自行交由他人完成。选项D，承揽人交付的工作成果不符合质量要求的，定做人可以合理选择请求承揽人承担修理、重作、减少报酬、赔偿损失等违约责任（金钱可以强制履行，劳务不得请求强制履行）。

【答案】C

（六）委托合同、行纪合同与中介合同（特殊的承揽合同）

【单选题】受托人以自己的名义为委托人从事贸易活动，委托人支付报酬，这种合同是（ ）。

A. 信托合同　　　　　　　　B. 委托合同
C. 行纪合同　　　　　　　　D. 中介合同

解析 信托合同：是信托人接受委托人的委托，以自己的名义，用委托人的费用，为委托人办理购销、寄售等事务，并收取相应酬金的协议。

委托合同：委托人和受托人约定，由受托人处理委托人事务的合同。

行纪合同：是行纪人（受托人）以自己的名义为委托人从事贸易活动，委托人支付报酬的合同。

中介合同：中介人向委托人报告订立合同的机会或者提供订立合同的媒介服务，委托人支付报酬的合同。

【答案】C

【考点精炼】

	委托合同	行纪合同	中介合同
以谁名义	—	行纪人以自己的名义	—
做事费用谁承担	委托人	行纪人	中介人
特征	诺成、不要式、有偿或无偿	双务、有偿、诺成、不要式	双务、有偿、诺成、不要式
劳务报酬	无偿 无报酬 有偿事成按约支付 有偿未完成，则支付相应报酬	委托人获取额外收益不加钱，委托人吃亏行纪人补差价，可自我交易	合同的当事人平均负担中介人的报酬

【单选题】甲委托乙房产中介公司帮其寻找合适的房源。乙公司经筛选发现丙的待售房屋满足甲的要求，遂向甲报告。之后，甲与丙约定10日内签订房屋买卖合同。丙因意外事故未能在10日内从国外返回，导致甲丙房屋买卖合同未能签订。根据《民法典》规定，下列关于乙中介公司报酬及费用请求权的说法中，正确的是(　　)。

A. 乙公司可以请求丙支付其从事中介活动产生的全部必要费用
B. 因未促成甲丙签订房屋买卖合同，乙公司不能请求甲支付报酬
C. 乙公司可以请求甲与丙各支付一半报酬
D. 乙公司可以请求甲支付其从事中介活动的报酬及产生的必要费用

🔍 解析　中介人未促成合同成立的，虽不得请求支付报酬，但是，可以"按照约定"请求委托人支付从事中介活动支出的必要费用。

【答案】B

【单选题】下列合同中，属于《民法典》合同编新增典型合同的是(　　)。
A. 合伙合同　　　B. 仓储合同　　　C. 中介合同　　　D. 行纪合同

🔍 解析　《民法典》新增了四种典型合同，包括保证合同、保理合同、物业服务合同、合伙合同，选项A正确。

【答案】A

（七）保管合同

【多选题】张红去商场购买自行车，见商场摆放有20辆同一型号的自行车。张红从中挑选了一辆。张红付款时突接电话，被告知有急事，需马上离开。于是，张红与营业员商定：先付款，第二天来取自行车。当夜，安保人员疏忽大意未锁大门致商场发生盗窃案，5辆自行车被盗（其中包括张红挑选并做了记号的自行车）。下列关于本案合同标的物和法律关系的说法中，正确的有(　　)。

A. 本案合同标的物是张红所挑选的自行车，属于特定物

B. 张红与商场之间的买卖合同已生效

C. 张红与商场之间的买卖合同未成立

D. 所选自行车被盗的损失应由张红自己承担

E. 张红与商场之间存在保管合同关系

解析 选项A，自行车因权利人张红的指定（挑选并做了记号）而成为特定物。选项BC，买卖合同是诺成合同，双方意思表示一致即告成立，依法成立的合同同时生效。选项D，本案不属于买卖合同风险承担问题，自行车的丢失系安保人员疏忽大意未锁大门引起，并非不可抗力等不可归责于双方当事人的事由引起。选项E，自行车已做记号，应认定买卖合同意义上的交付完成，但张红将自行车委托商场保管，商场未尽保管义务，对张红的自行车损失仍应承担赔偿责任。

【答案】 ABE

【单选题】 甲委托乙无偿保管沙发，在乙保管沙发期间因丙不慎引起火灾致沙发烧毁。对于该沙发损失，甲（　　）。

A. 只能请求侵权人丙赔偿

B. 只能在乙丙2人间任选其一请求赔偿

C. 只能请求保管人乙赔偿

D. 可以既请求乙赔偿，同时又请求丙赔偿

解析 保管期内，因保管人保管不善造成保管物毁损、灭失的，保管人应当承担赔偿责任。但是，无偿保管人证明自己没有故意或者重大过失的，不承担赔偿责任。

【答案】 A

【考点精炼】

特征	实践合同、有偿或者无偿合同、不要式合同
成立	保管合同自保管物交付时生效，但当事人另有约定的除外
赔偿责任	保管期内，因保管人保管不善造成保管物毁损、灭失的，保管人应当承担赔偿责任。但是，无偿保管人证明自己没有故意或者重大过失的，不承担赔偿责任(无偿合同不能要求太多)

知识点·侵权责任的归责原则

【多选题】 根据《侵权责任法》规定，一般侵权责任的构成要件有（　　）。

A. 加害行为违法　　　　　　B. 违反合同义务

C. 因果关系　　　　　　　　D. 损害

E. 过错

解析 过错侵权责任的构成要件有四项：损害、加害行为违法、加害行为与损害之间存在因果关系以及行为人的过错。

无过错责任的构成要件有三项：加害行为、损害事实，以及加害行为与损害之间的因果关系。

【答案】ACDE

【考点精炼】

	损害	加害行为违法	加害行为与损害之间存在因果关系	行为人存在过错
	（是否需判断）		
过错责任	√	√	√	√
过错推定责任	√	√	√	√（默认存在）
无过错责任	√	√	√	—（无须判断）

【单选题】下列法律原则中，属于《侵权责任法》归责原则的是（　　）。

A. 诚实信用原则　　　　　　　　B. 公序良俗原则
C. 过错责任原则　　　　　　　　D. 平等原则

解析　我国《民法典侵权责任编》确立了三项归责原则，即过错责任原则、过错推定责任原则、无过错责任原则。

【答案】C

知识点 · 免除责任和减轻责任事由

【单选题】甲、乙各自赶一头牛，同乘一条船过河。当时天下着大雨，船被洪水冲下来的石头击中，危及到人与船的安全。甲急中生智，将自己的牛推至河中，接着又将乙的牛推至河中，甲、乙才得以安全渡河，但两头牛均被大水冲走。乙提出，甲只能将自己的牛推下河，不应该将乙的牛也推下河，要求甲赔偿损失。甲不承担赔偿责任的抗辩事由是（　　）。

A. 甲的行为属于正当防卫
B. 甲的行为属于紧急避险
C. 甲的行为与损害结果没有因果关系
D. 本案属于意外事件

解析　（1）为了使本人或第三人的人身或财产或公共利益免遭正在发生的、实际存在的危险而不得已采取的一种"加害于他人人身或财产"的损害行为，称为紧急避险，避险的损害后果应当小于正在实际发生的危险后果。（2）紧急避险属于免除侵权责任的正当理由。

【答案】B

【考点精炼】

免/减责任事由	含义
不可抗力	因不可抗力不能履行民事义务的，不承担民事责任。法律另有规定的，依照其规定

续表

免/减责任事由	含义
紧急避险	（1）因紧急避险造成损害的，由引起险情发生的人承担民事责任。 （2）危险由自然原因引起的，紧急避险人不承担民事责任，可以给予适当补偿。 （3）紧急避险采取措施不当或者超过必要限度，造成不应有的损害的，紧急避险人应当承担适当的民事责任
紧急救助	因自愿实施紧急救助行为造成受助人损害的，救助人不承担民事责任
正当防卫	因正当防卫造成损害的，不承担民事责任；正当防卫超过必要限度，造成不应有的损害的，正当防卫人应当承担适当的民事责任
自助行为	（1）合法权益受到侵害，情况紧迫且不能及时获得国家机关保护，不立即采取措施将使其合法权益受到难以弥补的损害的，受害人可以在保护自己合法权益的必要范围内采取扣留侵权人的财物等合理措施，但是，应当立即请求有关国家机关处理。 （2）受害人采取的措施不当造成他人损害的，应当承担侵权责任
自甘冒险	自愿参加具有一定风险的文体活动，因其他参加者的行为受到损害的，受害人不得请求其他参加者承担侵权责任，但是，其他参加者对损害的发生有故意或者重大过失的除外
与有过错	被侵权人对同一损害的发生或者扩大有过错的，可以减轻侵权人的责任
受害人故意	损害是因受害人故意造成的，行为人不承担责任
第三人行为	损害是因第三人造成的，第三人应当承担侵权责任
依法执行职务	例如，《警察故事》经常"借用"路人东西

【单选题】甲公司铺设燃气管道，在路中挖一条深沟，设置了明显路障和警示标志。乙驾车撞倒全部标志，致丙骑摩托车路经该地时避让不及而驶向人行道，撞伤行人丁。根据《民法典》规定，丁所受损害应当（　　）。

A. 由甲乙共同承担连带赔偿责任
B. 由甲乙丙共同承担连带赔偿责任
C. 由乙承担赔偿责任
D. 由乙丙共同承担连带赔偿责任

解析 丙骑摩托车路经该地时避让不及而驶向人行道，撞伤行人丁，丙的行为属于紧急避险。因紧急避险造成损害的，由引起险情发生的人承担民事责任。本案中的险情是由于乙驾车撞倒全部标志所致。因此由乙承担赔偿责任，选项 C 正确。在公共场所或者道路上挖掘、修缮安装地下设施等造成他人损害，施工人不能证明已经设置明显标志和采取安全措施的，应当承担侵权责任（过错推定）。在本案中甲公司设置了明显路障和警示标志，因此，甲公司不需要承担侵权责任，选项 ABD 排除。

【答案】C

【单选题】张某在某网红街经营烧烤店，经营红火，竞争对手李某羡慕至极心生怨念。一日，张某闭店后，李某醉酒后，来到该烧烤店，用一块砖头将烧烤店玻璃打碎，并要往里投放燃烧的酒瓶，准备放火，恰好张某有事临时返回，看到李某要点火烧自己的店铺，遂将李某摁到地上，导致李某的手肘骨折。则张某的行为属于(　　)。

　　A. 紧急避险　　　　　B. 侵权行为　　　　　C. 正当防卫　　　　　D. 自助行为

解析　正当防卫，是指为了使国家利益、社会公共利益、本人或者他人的人身权利、财产权利，以及其他合法权益免受正在进行的不法侵害，而针对实施侵害行为的人采取的制止不法侵害的行为。本案中李某实施侵害的行为正在进行，张某为了自身利益而制止李某，张某的行为属于正当防卫。自助行为通常认为是侵害行为实施完毕之后采取的。本案李某的侵害行为正在进行中，故自助行为不当选。

【答案】 C

【多选题】下列损害事实中，乙可以请求甲进行赔偿的行为有(　　)。

A. 甲落水，乙因施救造成自己手表损坏

B. 甲施工失误砍断供电电缆，乙因此停工遭受损失

C. 乙晨跑时晕倒，路过的医生甲对其进行心肺复苏压断其两根肋骨

D. 为躲避横穿马路的骑车人，甲紧急扭转方向盘撞到乙的汽车

E. 甲酒店前台工作人员因管理不当丢失乙的行李

解析　因保护他人民事权益使自己受到损害的，由侵权人承担民事责任，受益人可以给予适当补偿。没有侵权人、侵权人逃逸或者无力承担民事责任，受害人请求补偿的，受益人应当给予适当补偿。做错事才是赔偿，没做错事是补偿，故选项 A 错误。行为人因过错侵害他人民事权益造成损害的，应当承担侵权责任，故选项 B 正确。因自愿实施紧急救助行为造成受助人损害的，救助人不承担民事责任，故选项 C 错误。因紧急避险造成损害的，由引起险情发生的人承担民事责任，故选项 D 错误。保管期内，因保管人保管不善造成保管物毁损、灭失的，保管人应当承担赔偿责任。但是，无偿保管人证明自己没有故意或者重大过失的，不承担赔偿责任，故选项 E 正确。

【答案】 BE

知识点·法律特别规定的侵权责任类型

【多选题】甲、乙、丙三人酒后无故殴打丁，导致丁住院治疗，花去医药费用 3 万元。事后甲多次前往医院看望丁并真诚道歉。丁鉴于甲的真诚悔过遂免除了甲的赔偿责任。下列丁索赔医药费的做法中，能获得法律支持的有(　　)。

A. 丁请求乙、丙就 2 万元医药费用承担连带赔偿责任

B. 丁请求乙赔偿 2 万元的医药费

C. 丁分别请求乙、丙各赔偿 1 万元医药费用

D. 丁请求丙赔偿 2 万元医药费

E. 丁请求乙、丙赔偿 3 万元医药费用并承担连带赔偿责任

解析 二人以上共同实施侵权行为，造成他人损害的，应当承担连带责任。连带债务人之间的份额难以确定的，视为份额相同。部分连带债务人的债务被债权人免除的，在该连带债务人应当承担的份额范围内，其他债务人对债权人的债务消灭。

【答案】ABCD

【多选题】甲、乙均为1989年6月30日出生。甲于2007年初参加工作，并已独立生活；乙在高中读书，靠父母生活。2007年5月31日，甲、乙在某饭店滋事，将邻桌的丙打伤，丙住院两个月后康复，于2007年8月1日向人民法院起诉，要求甲、乙赔偿医药费1万元，根据规定，本案中应承担丙的医药费的有(　　)。

A. 甲　　　　　　　　　　　　　　　B. 乙
C. 甲的父母　　　　　　　　　　　　D. 乙的父母
E. 饭店

解析 (1)无民事行为能力人、限制民事行为能力人造成他人损害的，由监护人承担侵权责任。(2)16周岁以上不满18周岁的公民，以自己的劳动收入为主要生活来源的，视为完全民事行为能力人。在本题中，侵权行为发生时，甲应视为完全民事行为能力人，乙为限制民事行为能力人。

【答案】AD

【考点精炼1】

类型	甲身份	乙身份
过错责任	路人	路人
	有危险或过错	有危险或过错
过错推定责任	有危险或过错	君子立于危墙之下
无过错责任	有危险或过错	路人
说明	甲侵权乙，甲承担什么责任	

【考点精炼2】

过错责任	(1) 无民、限民监护职责受托人； (2) 网络用户、网络服务提供者； (3) 意识丧失人；(没有过错的，补偿) (4) 劳务派遣用人单位；(补充责任) (5) 安全保障义务人；(第三人侵权，补充责任) (6) 限民教育机构人身损害； (7) 无民、限民教育机构第三人人身损害；(补充责任)
过错推定责任原则	无民在教育机构人身损害，教育机构

		续表
无过错责任原则	（1）监护人； （2）醉酒、滥用麻醉或精神药品的意识丧失人； （3）雇主责任：用人单位/用工单位/自然人劳务关系中接受劳务的一方（第三人侵权，补偿）	

【单选题】旅游公司司机简某在送旅客前往旅游景点途中违章行驶，发生交通事故，致使游客张某受伤。下列关于旅游公司与简某对张某的责任承担的说法中，正确的是(　　)。

A. 由旅游公司对张某承担赔偿责任
B. 由旅游公司与简某对张某承担按份赔偿责任
C. 由简某对张某承担赔偿责任
D. 由旅游公司与简某对张某承担连带赔偿责任

解析 用人单位的工作人员因执行工作任务造成他人损害的，由用人单位承担侵权责任。

【答案】A

【多选题】医院基于公益目的在一次宣传优生优育图片展览中展出了某性病患者的照片，并在文字说明中用推断性的语言表述其性病系性生活不检点所致。该图片资料未标注患者姓名，照片上患者眼部被遮，但有些观看展览的人仍能辨认出该患者是谁。患者得知这一情况后，精神压力过大，悬梁自尽。为此，患者亲属向人民法院提起诉讼，状告该医院。下列关于侵权行为、侵权责任及人民法院处理原则的说法，正确的有(　　)。

A. 医院侵害了患者的生命权
B. 人民法院应当适用无过错归责原则处理
C. 医院侵害了患者的隐私权
D. 人民法院应当采用过错归责原则处理
E. 医院对此不承担侵权责任，因为患者的自杀行为属于意外事件

解析 根据《侵权责任法》第62条的规定，医疗机构及其医务人员应当对患者的隐私保密，泄露患者隐私或者未经患者同意公开其病历资料，造成患者损害的，应当承担侵权责任。

【答案】BC

【考点精炼】

	法定情形	责任承担
医疗损害责任	诊疗活动受到损害	无过错责任原则
	未尽到相应诊疗义务	无过错责任原则
	药品、消毒产品、医疗器械缺陷、不合格血液	无过错责任原则(生产者/医疗机构)

171

续表

	法定情形	责任承担
医疗损害责任	泄露隐私和个人信息；未经同意公开病情	无过错责任原则
	医疗机构对自己的过错	过错责任
	医疗机构对其医务人员	替代责任即无过错责任

法定情形	责任承担
环境污染和生态破坏	无过错责任原则
高度危险作业	无过错责任原则
饲养动物损害	饲养动物损害（无过错责任原则） 动物园的动物损害（过错推定责任原则）
建筑物和物件损害	过错推定责任 不作为侵权：过错责任

【单选题】根据《侵权责任法》规定，从事高度危险作业造成他人损害的，适用的归责原则是( )。

A. 过错责任原则
B. 公平责任原则
C. 无过错责任原则
D. 过错推定责任原则

解析　从事高度危险作业造成他人损害的，应当承担侵权责任（无过错责任）。

【答案】C

【单选题】甲在自家开放式阳台上养了数盆花，一日刮大风，一盆花被风吹落，将楼下路过的行人乙头部砸伤，乙到医院缝了5针，支付医药费若干。此案中，若追究甲的赔偿责任，应适用的归责原则是( )。

A. 过错责任原则
B. 过错推定责任原则
C. 无过错责任原则
D. 公平责任原则

解析　建筑物、构筑物或者其他设施及其搁置物、悬挂物发生脱落、坠落造成他人损害，所有人、管理人或者使用人不能证明自己没有过错的，应当承担侵权责任（过错推订责任）。

【答案】B

【单选题】下列侵权行为中，适用过错推定责任原则的是( )。

A. 甲医生给乙做手术时将纱布遗漏乙体内，致乙损害
B. 甲驾车超速将路人乙撞成重伤
C. 甲挂在阳台外侧晾晒的物品脱落将行人乙砸伤

D. 甲化工厂排放污水对乙承包人的农田造成污染

解析 选项A，属于医疗损害责任，医疗机构对医生适用无过错责任原则，医疗机构对自己过错承担过错责任，故选项A排除。选项B，机动车与行人、非机动车之间发生交通事故的，适用无过错责任原则，选项B排除。选项C，属于建筑物和物件损害责任适用过错推定责任原则，当选。选项D，属于环境污染和生态破坏责任，适用无过错责任原则，故排除。

【答案】 C

【多选题】 根据《民法典》规定，下列侵权行为中，适用过错推定责任的有（ ）。
A. 抛弃剧毒物品造成他人损害
B. 动物园的动物造成他人损害
C. 林木折断造成他人损害
D. 产品缺陷造成他人损害
E. 堆放物倒塌造成他人损害

解析 选项AD适用无过错责任原则，故排除。

【答案】 BCE

【多选题】 下列侵权行为中，适用无过错责任原则的有（ ）。
A. 建筑物上的悬挂物坠落致人损害
B. 民用航空器致人损害
C. 遗失、抛弃高度危险物致人损害
D. 缺陷产品致人损害
E. 环境污染致人损害

解析 建筑物、构筑物或者其他设施及其搁置物、悬挂物发生脱落、坠落造成他人损害，所有人、管理人或者使用人不能证明自己没有过错的，应当承担侵权责任。故选项A适用过错推定责任。

【答案】 BCDE

【多选题】 根据《侵权责任法》规定，适用无过错责任归责原则的侵权类型有（ ）。
A. 高度危险作业侵权
B. 交通事故侵权
C. 医疗事故侵权
D. 产品侵权
E. 环境污染侵权

解析 选项ADE，无过错责任原则。选项B，机动车与机动车之间发生交通事故的，适用过错责任，机动车与行人、非机动车之间发生交通事故的，适用无过错责任。选项C，医疗机构适用过错责任原则，医疗机构对医生的过错承担无过错替代责任。

【答案】 ADE

【多选题】下列关于各类侵权行为应适用的归责原则的说法中，正确的有（　　）。
A. 物件致人损害侵权适用无过错责任原则
B. 高度危险作业致人损害侵权适用无过错责任原则
C. 网络用户或者网络服务提供者侵权适用过错责任原则
D. 共同侵权适用过错推定责任原则
E. 违反安全保障义务侵权适用无过错责任原则

解析　选项A，物件致害责任一般为过错推定责任。选项B，高度危险作业致人损害，作业人的侵权责任适用无过错责任。选项C，"网络用户、网络服务提供者利用网络侵害他人民事权益的，应当承担侵权责任。"意在明确指出网络空间如同现实空间一样受到法律规制，并非表明网络侵权行为适用无过错责任原则，例如，网络用户利用网络非法传播他人隐私，仍应采用过错责任原则归责。选项D，共同侵权，探讨的是数个侵权人对债权人承担的是连带责任，还是补充责任的问题。过错责任原则、过错推定责任原则和无过错责任原则，探讨的是侵权人承担侵权责任是否以过错的存在为要件。前者是责任大小的问题，后者是责任构成要件的问题，二者不在同一范畴，无法直接对接。选项E，违反安全保障义务侵权适用过错责任原则，受害人一方应当承担证明安全保障义务人具有过错的举证责任。

【答案】 BC

【单选题】侵权行为分为一般侵权和法律特别规定的侵权两类。下列侵权行为中，属于一般侵权的是（　　）。
A. 丁家阳台上的花盆被大风刮落砸伤路人
B. 丙生产的电器产品在用户使用时发生漏电致人死亡
C. 乙酒后打伤同事
D. 甲饲养的宠物犬将邻居咬伤

解析　选项A，属于建筑物、构筑物或者其他设施及其搁置物、悬挂物发生脱落、坠落造成他人损害的侵权。选项B，属于因缺陷产品致人损害的侵权。选项D，属于饲养的动物造成他人损害的侵权。

【答案】 C

【多选题】根据《民法典》相关规定，下列侵权行为中，适用过错推定责任的有（　　）。
A. 乙坐在路边乘凉被脱落的大楼外墙砖砸伤
B. 丙的汽车被安装于某大楼上的广告牌砸坏
C. 戊驾车为本公司送货途中撞毁路边护栏
D. 丁在景区游玩时被景区饲养的猴子抓伤
E. 甲在网络上发表不当言论诋毁某选秀明星名誉

解析　选项AB，建筑物、构筑物或者其他设施及其搁置物、悬挂物发生脱落、坠落造成他人损害，所有人、管理人或者使用人不能证明自己没有过错的，应当承担侵权责任（过错推定责任）。选项C，用人单位的工作人员因执行工作任务造成他人损害的，由用人单位承担侵权责任（无过错责任）。选项 D，动物园的动物造成他人损害的，动物园应当承担侵权责任，但是，能够证明尽到管理职责的，不承担侵权责任（过错推定责任）。选项 E，网络用户、网络服务提供者利用网络侵害他人民事权益的，应当承担侵权责任。法律另有规定的，依照其规定。

【答案】ABD

知识点 · 侵权责任的承担方式

【单选题】根据《民法典》相关规定，下列侵权行为中，受害人可以请求惩罚性赔偿的是( )。

A. 丙造纸厂违反污染物排放标准排放生产废水，导致周围农田受到一定程度污染
B. 乙汽车生产商发现已售出的汽车制动系统存在设计缺陷，但未采取召回措施，致数位车主发生交通事故
C. 甲酒厂明知白酒存在品质缺陷仍然生产、销售，造成数百人健康严重损害
D. 丁合伙企业故意侵犯他人商标权，对权利人造成一定损害

解析 明知产品存在缺陷仍然生产、销售，或者没有依据规定采取有效补救措施，造成他人死亡或者健康严重损害的，被侵权人有权请求相应的惩罚性赔偿。

【答案】C

【考点精炼】

惩罚性赔偿	（1）故意侵害他人知识产权，情节严重的，被侵权人有权请求相应的惩罚性赔偿。 （2）明知产品存在缺陷仍然生产、销售，或者没有依据法律规定采取有效补救措施，造成他人死亡或者健康严重损害的，被侵权人有权请求相应的惩罚性赔偿。 （3）侵权人违反法律规定故意污染环境、破坏生态造成严重后果的，被侵权人有权请求相应的惩罚性赔偿

【综合分析题】

(一)

甲、乙系同事，共同合租丙的一套两居室住房，经丙同意，甲、乙请丁对该两居室进行简单装修。丁找来戊等 3 名装修工人进行具体施工。在装修过程中，戊嫌甲养的一盆绿色植物碍事，遂将其搬到阳台窗台上。一日，狂风大作，将该盆绿色植物吹落，砸伤楼下躲避不及的骑车人庚，庚在躲避掉落的植物时，庚的自行车又将路旁停的辛的轿车剐蹭，相关当事人对赔偿事项各持己见，发生纠纷。

请根据案情，回答下列问题。

1. 根据民法相关理论，甲、乙与丙之间的租赁法律关系属于( )。

A. 按份之债　　　　　　　　　　　B. 法定之债

C. 特定之债
D. 连带之债
E. 选择之债

🔍 **解析** 选项 AD，按份之债，是指多数债权人或多数债务人各自按照一定的份额享有债权或负担债务的债。连带之债是指当债的当事人一方或双方为数人时，各债权人均得请求债务人为全部债务的履行，各债务人均负有为全部履行的义务，并且全部债权债务关系因一次全部给付而归于消灭的债，本题属于连带之债。选项 B，意定之债，是指债的发生及其内容由当事人依其自由意思决定的债。法定之债，是指债的发生及其内容均由法律予以规定的债。本题属于意定之债。选项 C，特定（物）之债是指以特定物为标的的债，种类（物）之债是指以种类物为标的的债。本题属于特定之债。选项 E，简单之债，是指债的标的只有一种，当事人只能按照该种标的履行。选择之债，是指债的标的有数种，当事人可以选择其中之一为履行标的。本题属于简单之债。

【答案】CD

2. 根据民法相关规定，庚人身损害所属的责任形态为（　　）。
A. 过错推定责任
B. 过错责任
C. 无过错推定责任
D. 补充责任
E. 公平责任

🔍 **解析** 建筑物、构筑物或者其他设施及其搁置物、悬挂物发生脱落、坠落造成他人损害，所有人、管理人或者使用人不能证明自己没有过错的，应当承担侵权责任（过错推定责任）。所有人、管理人或者使用人赔偿后，有其他责任人的，有权向其他责任人追偿。

【答案】A

3. 本案中依法应当对庚所受人身损害承担侵权赔偿责任的有（　　）。
A. 丙
B. 甲
C. 乙
D. 戊
E. 丁

🔍 **解析** 物件致人损害时，所有人、管理人或者使用人中，负有管理与维修义务的人须承担侵权责任。本题中，甲乙与丙之间成立租赁关系，甲乙与丁之间成立加工承揽关系，丁与戊之间成立个人用工关系。戊等3人在施工期间对建筑物及相应物件具有直接管理义务，作为管理人应承担物件致人损害的侵权责任。但根据个人用工责任的规定"个人之间形成劳务关系，提供劳务一方承担因劳务造成他人损害的，由接受劳务一方承担侵权责任（丁承担无过错的替代责任）"。故庚所受人身损害承担赔偿责任的应为丁。

【答案】E

4. 本案中应对辛所受财产损害承担侵权赔偿责任的有（　　）。
A. 庚
B. 甲
C. 乙
D. 戊
E. 丁

解析 因紧急避险造成损害的,由引起险情发生的人承担责任。庚不承担责任,戊的责任由丁替代承担。丁承担责任后可向戊进行追偿。

【答案】 E

(二)

2014年2月3日,甲与乙公司签订买卖合同,以60万元价格向乙公司购买一辆客车。双方约定,购车合同签订之日起1个月内甲支付50万元,余款在2016年2月3日前付清。并约定乙公司保留客车所有权至甲付清全部款项之前。

2月10日,甲未经其妻同意,以自结婚后购买、登记在自己名下的住房作为抵押向丙银行(银行不知该住房为甲与其妻共有)贷款50万元,并办理了房屋抵押登记。

2月16日,甲将50万元贷款支付给乙公司后提回客车。

甲请朋友丁负责跟车经营,双方约定:丁按年终纯收入的5%提成;经营中发生的一切风险责任由甲承担。2015年6月,该车在营运途中与一货车相撞,车内乘客戊受重伤。客车因严重受损被送往己汽修厂修理,修理费3万元。经有关部门认定,货车驾驶员庚违章驾驶,应对该交通事故负全责。后甲以事故责任在货车一方为由拒付修理费。己汽修厂则拒绝交车。2015年12月,因甲贷款到期未还,丙银行请求对甲抵押的住房行使抵押权,遭甲妻反对。

请根据案情,回答下列问题。

1. 本案中存在的民事法律关系有( )。
   A. 甲丁之间合伙关系   B. 甲丙之间房屋抵押关系
   C. 甲戊之间运输合同关系   D. 甲乙之间买卖合同关系
   E. 甲己之间承揽合同关系

解析 选项A,合伙关系的典型特征即是合伙人要共享收益、共担风险,对合伙债务承担无限连带责任,本案中,一切风险责任由甲承担表明甲丁之间不成立合伙关系。选项B,房屋只登记在甲的名下,抵押已登记,丙银行可善意取得抵押权。选项C,甲是运营业务的负责人,其与乘客戊之间成立运输合同关系。选项D,甲乙之间成立客车买卖合同关系。选项E,承揽合同包括加工、定做、修理、房屋修缮等合同,甲己之间成立承揽合同关系。

【答案】 BCDE

2. 下列关于本案抵押合同与抵押权效力的说法中,正确的有( )。
   A. 甲丙之间抵押合同无效
   B. 甲丙之间抵押合同效力待定
   C. 丙之抵押权自2月10日生效
   D. 甲丙之间抵押合同有效
   E. 若甲妻不同意抵押,则丙之抵押权无效

解析 (1)甲丙之间的抵押合同无违法情节,应属有效,抵押合同无须办理登记。(2)丙银行对房屋归甲与其妻共有的事实不知情,且房屋只登记在甲的名下,丙银行构成"善意",甲丙之间的抵押合同有效,抵押已经登记,丙银行可自完成抵押登记时起善意取

得房屋抵押权。

【答案】CD

3. 下列关于债的担保的说法中，正确的有（　　）。
A. 债的担保是以第三人的信用来保障债权人债权实现的制度
B. 债的担保是对债的效力的一种加强和补充，是对债务人信用的一种保证措施
C. 定金担保属于物的担保的一种特殊形态
D. 保证担保对于债权人行使权利以保障其利益是十分方便的，该种担保方式不存在不足之处
E. 纳税担保的担保方式受限，保证、留置、定金等不适用于纳税担保

【解析】 债的担保包括人保（保证）和物保（定金、抵押、质押、留置），是以第三人信用或特定财产来保障债权人债权实现的制度，故选项A错误。在保证担保中，债权人的利益是否能够确保还取决于第三人即保证人的信用，而保证人的信用具有浮动性，其财产也是处于不断变动之中。这是保证担保的不足之处，故选项D错误。纳税担保的担保方式受限，留置、定金等不适用于纳税担保，故选项E错误。

【答案】BC

4. 下列关于对戊所受损害赔偿责任承担主体的说法中，正确的有（　　）。
A. 应当由甲与丁分别承担95%和5%的损害赔偿责任
B. 应当由甲与丁连带承担损害赔偿责任
C. 甲承担损害赔偿责任后有权向货车驾驶员庚追偿
D. 应当由甲承担损害赔偿责任
E. 应当由丁承担损害赔偿责任

【解析】 选项D，承运人（甲）应当对运输过程中的旅客，包括按照规定免票、持优待票或者经承运人许可搭乘的无票旅客的伤亡承担损害赔偿责任，但伤亡是旅客自身健康原因造成的或者承运人证明伤亡是旅客故意、重大过失造成的除外。本题中，不存在除外情形，承运人甲应对旅客戊的伤亡承担侵权损害赔偿责任。选项ABE，丁与甲之间成立个人用工关系，根据《侵权责任法》的规定，提供劳务的一方（丁）因劳务（运输旅客）造成损害时，接受劳务的一方（甲）对他人承担侵权责任，本题中未交代丁是否对损害的发生具有过错，丁不承担侵权责任。选项C，损害发生是货车司机庚的过错导致，甲在承担损害赔偿责任后可向庚进行追偿。

【答案】CD

（三）

骑行爱好者甲因一次交通意外致右腿重度伤残，无法再从事骑行活动，遂有意出售其两辆名牌山地车。6月5日，甲在其"骑友微信群"中发信息，"本人有黑色、红色两辆九成新山地车出售，欢迎垂询。"甲还在此条信息下面上传了两辆山地车的图片。骑友乙于6月6日在微信群中向甲询价，甲当即在微信群中回复，"两辆车均卖7000元"。乙觉得有些贵，

犹豫两天后，于6月8日私信甲，"若5000元，我就买一辆。"

6月9日，甲微信回复乙："这样吧，我们各让一步，6000元，不能再低了。"乙于6月10日微信回复甲，"好吧，就6000元，至于买哪个颜色的，我再考虑考虑，15日之前告知你。"甲当即表示同意，但要求乙支付2000元定金，6月11日，乙向甲微信转账1500元作为定金，甲即刻微信收款1500元。

6月12日，骑友丙私信甲称，"我参加6月13日的骑行活动，借你的山地车应急用一下，活动一结束就还给你"。甲微信回复丙同意出借。6月13日清早，丙到甲家将黑色山地车骑走。当日，丁驾驶货车闯红灯将丙撞伤，丙所骑山地车被货车碾轧致报废。6月14日，甲私信乙称："我不想卖红色山地车了，想留作纪念。"乙表示理解，但双方就定金返还数额主张不一，遂引起纠纷。

请根据案情，回答下列问题。

1. 下列有关甲、乙意思表示的性质认定的说法中，正确的有（　　）。
   A. 6月8日乙的意思表示属于要约
   B. 6月6日甲的意思表示属于要约邀请
   C. 6月10日乙的意思表示属于承诺
   D. 6月9日甲的意思表示属于承诺
   E. 6月5日甲的意思表示属于要约邀请

   解析 要约邀请是希望他人向自己发出要约的意思表示，故选项E正确。6月6日甲的意思表示内容明确，属于要约，故选项B错误。6月8日乙对甲的要约做出实质性变更，属于新要约，故选项A正确。6月9日甲的意思表示对乙的要约进行实质性变更，是新要约，不是承诺，故选项D错误。承诺是受要约人同意要约的意思表示，乙6月10日的意思表示属于承诺，故选项C正确。

   【答案】 ACE

2. 下列有关甲、乙间买卖合同成立时间及所生之债类型归属的说法中，正确的有（　　）。
   A. 甲、乙间买卖合同所生之债在合同成立时属于选择之债
   B. 甲、乙间买卖合同在乙确定山地车颜色并告知甲时成立
   C. 甲、乙间买卖合同所生之债在合同成立时属于任意之债
   D. 甲、乙间买卖合同所生之债在黑色山地车受损报废之后属于简单之债
   E. 甲、乙间买卖合同于6月10日成立

   解析 选择之债（A或B），是指债的标的有数宗，当事人可以选择其中之一为履行标的的债，故选项A正确。承诺生效时合同成立，故选项B错误，选项E正确。任意之债（最好给我A，实在没有，B凑合），是指债权人或债务人可以约定用原定给付之外的其他给付来代替原定给付的债，故选项C错误。简单之债（只有A），是指债的标的只有一宗，当事人只能按该宗标的履行的债，故选项D正确。

   【答案】 ADE

3. 黑色山地车受损报废，对此，下列当事人的索赔主张及其理由中，能获得法律支持的有（　　）。
   A. 甲基于侵权向丁主张索赔
   B. 甲基于侵权向丙主张索赔

C. 丙基于侵权向丁主张索赔   D. 乙基于侵权向丁主张索赔

E. 甲基于借用合同向丙主张索赔

解析 甲作为所有权人,可以要求侵权人丁承担侵权责任。甲也可以基于借用合同追究借用人丙的赔偿责任。丙作为受害人可以基于侵权向侵权人丁索赔,故选项 ACE 正确。

【答案】 ACE

4. 本案中,甲、乙基于合同所提出的下列主张中,能获得法律支持的有( )。

A. 甲主张仅向乙返还 1500 元 B. 乙主张甲返还 3000 元

C. 乙主张甲返还 2700 元   D. 甲主张仅向乙返还 2400 元

E. 甲以乙未足额交付定金为由,主张乙承担违约责任

解析 给付定金的一方不履行约定的债务的,无权要求返还定金;收受定金的一方不履行约定的债务的,应当双倍返还定金;而且定金不能超过主合同标的额的 20%,所以是按照定金 1200 双倍返还 2400 元,多出的 300 元原数返还,合计是返还 2700 元。故选项 C 正确。实际交付的定金数额多于或者少于约定数额,视为变更定金合同;收受定金一方提出异议并拒绝接受定金的,定金合同不生效;甲未提出异议而接受了定金,定金合同生效。故选项 E 错误。

【答案】 C

(四)

2016 年 3 月 3 日,甲、乙订立合同约定:甲将一套自有住房以市场价的 80%出售给乙;甲为乙办理所有权转移登记,但由甲继续租住,5 年后再向乙交付。2016 年 3 月 9 日,甲为已付清房款的乙办理了房屋过户登记。之后不久,甲拟赴国外探望女儿,于 2016 年 5 月 6 日将该房屋转租给丙,月租金 5000 元,租期 3 年。

2016 年 10 月 10 日,乙与丁银行签订借款合同和抵押合同,以上述住房作抵押,向丁银行贷款 100 万元,贷款期限 1 年。10 月 18 日,双方办理了房屋抵押登记。

2017 年 8 月 8 日,乙将上述住房出售给戊。双方订立买卖合同后,戊即支付了全部房款。因丙以租期尚未届满为由拒绝搬离,致乙无法向戊交付住房。乙也未为戊办理房屋过户登记。

2017 年 10 月 10 日,借款到期。因乙不能清偿,丁银行欲行使抵押权。

请根据案情,回答下列问题。

1. 下列关于甲、乙之间合同约定的效力及涉案房屋权属变动的说法中,正确的有( )。

A. 2016 年 3 月 3 日,乙取得房屋所有权

B. 甲、乙关于甲继续租住房屋 5 年的约定有效

C. 2016 年 3 月 9 日,乙取得房屋所有权

D. 甲于 5 年后将房屋交付给乙时,乙才取得房屋所有权

E. 甲、乙关于房屋买卖的约定有效

解析 选项 ACD,不动产物权的设立、变更、转让和消灭,经依法登记,发生效力。

未经登记，不发生效力，但是法律另有规定的除外。选项 B，租赁合同中，租期可由当事人约定，但约定的租期不得超过 20 年。超过 20 年的，超过部分无效。选项 E，当事人之间订立有关设立、变更、转让和消灭不动产物权的合同，除法律另有规定或者当事人另有约定外，自合同成立时生效。未办理物权登记的，不影响合同效力。

【答案】BCE

2. 下列关于甲、丙之间房屋租赁合同的形式和效力的说法中，正确的有（　　）。
   A. 假设甲、丙之间房屋租赁合同未采用书面形式，且无法确定租赁期限，则双方可随时解除租赁合同，但应当在合理期限之前通知对方
   B. 甲、丙之间房屋租赁合同应当采用书面形式
   C. 甲将该房屋转租给丙，若未经乙同意，则乙可解除甲、乙之间租赁合同
   D. 若承租期间丙造成房屋毁损，则乙只能要求丙赔偿损失
   E. 甲、丙之间房屋租赁合同属于可撤销合同

解析　选项 AB，租赁期限 6 个月以上的，应当采用书面形式。当事人未采用书面形式，无法确定租赁期限的，视为不定期租赁。对于不定期租赁，当事人可以随时解除合同，但是应当在合理期限之前通知对方。选项 CD，承租人经出租人同意，可以将租赁物转租给第三人。承租人转租的，承租人与出租人之间的租赁合同继续有效，第三人对租赁物造成损失的，承租人应当赔偿损失。承租人未经出租人同意转租的，出租人可以解除合同。选项 E，甲、丙之间的合同不存在可撤销事由，不属于可撤销的合同。

【答案】ABC

3. 下列关于乙、丁银行之间房屋抵押合同、抵押权生效时间及抵押权行使的说法中，正确的有（　　）。
   A. 2016 年 10 月 18 日，丁银行取得房屋抵押权
   B. 2016 年 10 月 10 日，抵押权生效
   C. 2017 年 10 月 10 日，丁银行即可行使房屋抵押权
   D. 2017 年 10 月 18 日，丁银行方可行使房屋抵押权
   E. 2016 年 10 月 10 日，抵押合同生效

解析　选项 AB，不动产抵押自办理登记时设立抵押权。选项 CD，抵押权人在债务履行期届满而未获清偿时，可以与抵押人协议以抵押物折价或以拍卖、变卖该抵押物所得价款受偿。2017 年 10 月 10 日，乙欠丁银行的债务即到期，丁银行可以行使抵押权。选项 E，抵押合同自成立时生效，不以抵押权办理登记为生效要件。

【答案】ACE

4. 若戊提起诉讼，则下列诉讼请求中，能获得人民法院支持的有（　　）。
   A. 请求丙搬离房屋
   B. 请求乙办理房屋过户登记
   C. 请求乙承担违约责任
   D. 请求解除戊与乙之间房屋买卖合同
   E. 请求乙交付房屋

解析 乙和戊之间订立的合同有效，受让人戊可以请求乙承担不能履行合同的违约责任，并解除合同。

【答案】CD

（五）

家住在海沂市A区的甲（户籍在大明市B区，住所地在海沂市A区），因急需一笔资金进口服装，找到来海沂市C区做建材生意不到半年的同乡乙（户籍在大明市D区）向其借款人民币50万元。2012年10月1日，甲、乙双方签订了借款合同，合同约定：甲向乙借款人民币50万元，从10月1日起，借期6个月。

应乙要求，甲将位于海沂市E区的一套价值30万元的一居室单元房抵押给乙。双方于10月8日办理了房屋抵押登记。10月9日，甲的妹妹丙又与乙签订了一份质押合同，由丙将价值15万元的家用轿车质押给乙。因乙在海沂市C区的住处无处停车，所以该轿车仍存放于丙家的车库内。乙于10月10日在甲处将50万元人民币交付给甲，之后，乙又以两份担保仍然不足为由，要求甲再提供一份担保。

于是，甲找到朋友丁，请求丁为自己向乙提供保证。丁欣然应允，丁在出具给乙的担保书中承诺：如果甲到期不向乙还款且无其他财产可供执行，丁愿承担还款责任。10月12日丁在保证书上签字。2013年2月，甲因着急用钱，将作为抵押物的一居室单元房作价25万元卖给了戊，戊一次性交付房款后入住。乙对此不知情，戊也不知道房屋抵押一事。同年4月10日，乙按约要求甲偿还50万元借款，并要求其支付5万元利息。甲称无钱还款，无奈之下，乙起诉至人民法院。

请根据案情，回答下列问题。

1. 根据相关法律的规定，乙的下列诉讼请求中，能获得人民法院支持的有（   ）。
   A. 请求拍卖丙质押的家用轿车抵债
   B. 请求甲支付借款利息5万元
   C. 请求丁代甲偿还借款50万元
   D. 请求甲偿还50万元
   E. 要求拍卖已由戊居住的一居室单元房偿债

解析 选项A，因轿车未交付，质权尚未设立，故无权请求拍卖丙质押的家用轿车抵债。选项B，借款合同对支付利息没有约定的，视为没有利息。选项C，丁提供的是一般保证，享有先诉抗辩权。

【答案】DE

2. 根据《民法典》及有关规定，本案中，甲、乙之间借款合同成立时间是（   ）。
   A. 2012年10月9日   B. 2012年10月8日
   C. 2012年10月10日   D. 2012年10月1日
   E. 2012年10月12日

解析 自然人之间的借款合同，自贷款人提供借款时成立。

【答案】C

3. 根据《民事诉讼法》的相关规定，对本案有管辖权的人民法院有(　　)。
A. 大明市 B 区人民法院
B. 海沂市 C 区人民法院
C. 大明市 D 区人民法院
D. 海沂市 A 区人民法院
E. 海沂市 E 区人民法院

解析 因合同纠纷提起的诉讼，由被告住所地（海沂市 A 区）或者合同履行地（海沂市 A 区）人民法院管辖。

【答案】 D

(六)

2016 年 8 月 8 日，甲在乙的礼品店看到一个原装进口水晶花瓶，精致典雅，标价 3 万元，遂决定购买，作为送给妹妹丙的结婚礼物。甲当即向乙表示购买，并表明是赠送给丙的礼物，稍后让丙直接与乙联系花瓶交付事宜。乙同意。当晚，甲告诉丙赠与花瓶一事，丙欣然接受。

后来，丙即与乙联系，双方商定于 8 月 12 日 10 时由乙将甲订购的花瓶送至丙家。8 月 12 日，乙派店员丁按约定的时间将花瓶送至丙家，丙因临时有急事出门不在家而不能受领。丁在返回途中，不幸被违章超速行驶的快递员戊驾车撞倒，致水晶花瓶完全损毁。因乙要求甲支付 3 万元购买花瓶价款遭拒而引发纠纷。

请根据案情，回答下列问题。

1. 本案中，甲乙之间关于花瓶的合同属于(　　)。
A. 诺成合同
B. 典型合同
C. 有偿合同
D. 要式合同
E. 双务合同

解析 甲乙之间成立的是"花瓶买卖合同"，属于诺成、不要式、典型（有名）、有偿、双务合同。

【答案】 ABCE

2. 本案中，甲丙之间关于花瓶的合同属于(　　)。
A. 实践合同
B. 非典型合同
C. 无偿合同
D. 不要式合同
E. 单务合同

解析 甲丙之间成立的是"花瓶赠与合同"，属于诺成、典型（有名）、无偿、单务、不要式合同。

【答案】 CDE

3. 本案中，乙享有的权利包括(　　)。
A. 对丁的侵权损害赔偿请求权
B. 请求丙支付购买花瓶的 3 万元价款的权利
C. 对戊的侵权损害赔偿请求权

D. 请求甲支付购买花瓶的 3 万元价款的权利
E. 对花瓶的所有权

🔍 **解析** 选项 A，丁无侵权的故意，也未实施侵权的行为，丁不承担侵权损害赔偿责任。选项 B，乙与丙之间不存在买卖花瓶的合同关系，无论花瓶是否毁损，乙均无权要求丙支付花瓶的价款 3 万元。选项 CE，花瓶尚未交付，其所有权仍归乙。在花瓶遭戊撞毁之后，乙有权基于其物权受侵害而向戊主张侵权损害赔偿。选项 D，根据规定，因买受人的原因致使标的物未按照约定的期限交付的，买受人应当自违反约定时起承担标的物毁损、灭失的风险。故乙不承担花瓶毁损的风险，其已经如约履行送货义务，有权要求甲支付花瓶的价款。

【答案】CDE

4. 本案中，丙享有的权利包括( )。
   A. 请求甲交付花瓶的权利
   B. 请求乙让与其对戊的侵权损害赔偿请求权的权利
   C. 请求乙交付花瓶的权利
   D. 请求乙承担违约责任的权利
   E. 对花瓶的所有权

🔍 **解析** 选项 AC，花瓶已经毁损，甲、乙无法实现交付该特定标的物。选项 B，在丙受领迟延发生时，花瓶毁损的风险已转移至买方甲，并基于丙与甲之间的赠与关系，在同一时点转移至受赠人丙承担，故丙无权再次要求甲和乙向自己交付赠与标的物花瓶，但可请求乙让渡对戊的侵权损害赔偿请求权。选项 D，乙不存在任何违约行为，因此不需要承担违约责任。选项 E，因交付未完成，丙不享有花瓶的所有权。

【答案】B

（七）

1 月 6 日，甲在其一套房屋上为前妻乙设立居住权，双方签订居住权合同并约定：乙若再婚，则居住权消灭。1 月 10 日，双方办理了居住权登记。

3 月 5 日，甲因急需生意周转资金，遂以该房屋抵押向同乡丙借款 500 万元，双方签订了借期 6 个月的借款合同和房屋抵押合同。3 月 8 日，丙将 500 万元汇入甲的账户。3 月 10 日，双方办理了房屋抵押登记。办理抵押登记时，丙方知晓该房屋上存在乙的居住权，遂要求甲另外再提供一份担保。甲于是找到好友丁和戊，请求 2 人为其向丙提供担保。3 月 16 日，丙与丁、戊签订保证合同约定：如果甲到期未能还款，则由丁、戊 2 人承担返还本金的保证责任。其余事项未进行约定。

8 月 9 日，甲因车祸离世，其子己继承了上述房屋。8 月 20 日，己将继承的房屋登记到自己名下。借款到期后，丙因追讨欠款与丁、戊、己发生纠纷。

请结合上述案情并根据《民法典》相关规定，回答下列问题。

1. 下列关于乙所享有的居住权性质、效力的说法中，正确的有( )。
   A. 乙的居住权属于财产权，可以抵押，也可以继承
   B. 甲为乙设立的居住权因未约定居住权期限，故乙若未再婚即可终身居住

C. 乙的居住权属于支配权，可以自己行使，也可以转让他人

D. 乙的居住权属于用益物权，具有对世性

E. 甲为乙设立的居住权附有解除条件

解析 选项ACD，居住权是指按照合同约定或者遗嘱，为满足生活居住需要而对他人的住宅及其附属设施享有占有、使用的用益物权，不得转让、继承。选项B，居住权的期限可由当事人在居住权合同中约定或者在遗嘱中确定，若合同或者遗嘱未对居住权期限予以明确，则推定居住权期限为居住权人的终生。选项E，甲与乙约定乙若再婚，则居住权消灭，属于附解除条件的民事法律行为。

【答案】 BDE

2. 下列关于涉案房屋物权变动的说法中，正确的有（　　）。

A. 3月5日，丙对房屋的抵押权设立

B. 8月20日，己自登记完成时取得继承房屋的所有权

C. 1月6日，乙的居住权于合同签订时设立

D. 8月9日，己继承取得房屋所有权

E. 1月10日，乙的居住权自登记时设立

解析 选项A，以建筑物和其他土地附着物、建设用地使用权、海域使用权或者正在建造的建筑物抵押的，应当办理抵押登记，抵押权自登记时（3月10日）设立。选项BD，因继承取得物权的，自继承开始时（8月9日）发生效力。选项CE，设立居住权的，应当向登记机构申请居住权登记；居住权自登记时（1月10日）设立。

【答案】 DE

3. 下列关于丙、丁、戊间保证合同效力的说法中，正确的有（　　）。

A. 丁、戊须以各自的全部财产承担保证责任

B. 丙在甲没有偿还借款时，可任意选择丁或戊，请求其代甲清偿借款

C. 若丁代甲清偿了全部借款，则可以向戊进行全部追偿

D. 丙仅在甲没有偿还借款时，方可请求丁或戊代甲清偿所欠借款

E. 丁、戊对甲的全部借款债务承担保证责任

解析 选项A，根据民法相关规定，保证人原则上应以其全部财产作为履行债务的担保。选项BD，①被担保的债权既有物的担保又有人的担保的，债务人不履行到期债务或者发生当事人约定的实现担保物权的情形，债权人应当按照约定实现债权；没有约定或者约定不明确，债务人自己提供物的担保的，债权人应当先就该物的担保实现债权；第三人提供物的担保的，债权人可以就物的担保实现债权，也可以请求保证人承担保证责任。提供担保的第三人承担担保责任后，有权向债务人追偿。②当事人在保证合同中对保证方式没有约定或者约定不明确的，按照一般保证承担保证责任，保证人（丁、戊）享有先诉抗辩权。因此，作为债权人的丙应先实现抵押权，之后就债务纠纷进行民事诉讼或申请仲裁，对诉讼判决或仲裁裁决强制执行仍不能清偿债务的，方可请求丁、戊承担各自的保证责任。选项C，同一债务有两个以上第三人提供担保，担保人之间未对相互追偿做出约定且未约定承担连带共同

担保，但是各担保人在同一份合同书上签字、盖章或者按指印，承担了担保责任的担保人请求其他担保人按照比例分担向债务人不能追偿部分的，人民法院应予支持（不是全部）。选项 E，保证的范围包括主债权及其利息、违约金、损害赔偿金和实现债权的费用。当事人另有约定的，按照其约定。本题中明确约定仅对本金提供保证，不包括利息等其他债务。

【答案】A

4. 根据《民法典》相关规定，已继承房屋的法律效果有(　　)。
   A. 已取得带有居住权和抵押权负担的房屋所有权
   B. 丙仍可以对房屋行使抵押权
   C. 丙对房屋的抵押权当然消灭
   D. 乙仍可以继续在房屋中居住
   E. 乙对房屋的居住权当然消灭

🔍 解析　选项 BC，抵押权消灭的条件：主债权消灭、抵押权实现、抵押财产因不可归责于任何人的事由而灭失、抵押权人放弃抵押权。选项 DE，居住权消灭的法定条件：居住权期限届满或者居住权人死亡。

【答案】ABD

(八)

甲与丙房地产公司签订借款合同，向丙房地产公司出借 8000 万元，约定月利率 2.2%，已知合同成立时一年期贷款市场报价利率为 3.85%。乙是丙房地产公司的供货商，丙房地产公司欠乙 5000 万元货款。乙以其对丙房地产公司的 5000 万元货款债权质押向丁银行办理了贷款。两个月后，因资金周转需要，乙将其对丙房地产公司的 5000 万元货款债权转让给甲。至此，甲对丙房地产公司的债权本金合计 1.3 亿元。

为保障债权如期实现，甲与丙房地产公司签订了一份商品房预购合同，并办理了预告登记。甲丙双方约定：若将来债权到期，丙房地产公司未能偿还货款及借款本息，则商品房预购合同生效，将债权本金及借款利息经对账清算转化为已付购房款。货款债权和借款债权陆续到期后，因丙房地产公司未偿还货款及借款本息，双方经对账确认丙房地产公司欠甲本息合计 1.8 亿元。按照双方此前约定，将该欠款本息转为已付购房款后，甲尚欠丙房地产公司购房款 2000 万元。

甲承诺待办理完所购商品房转移登记后即付清该 2000 万元购房款。丙房地产公司认为折抵购房款的欠款金额包含高额借款利息，要求与甲重新核算购房款遭甲拒绝，丙房地产公司遂拒绝履行商品房买卖合同致双方涉讼。

请根据案情，回答下列问题。

1. 下列关于甲与丙房地产公司之间借款合同属性及利率约定效力的说法中，正确的有(　　)。
   A. 甲与丙房地产公司的借款合同约定的利率仅部分受法律保护
   B. 甲与丙房地产公司的借款合同属于有偿合同
   C. 甲与丙房地产公司的借款合同仅在甲向丙房地产公司提供借款时方能成立

D. 甲与丙房地产公司的借款合同约定的利率有效

E. 甲与丙房地产公司的借款合同属于民间借贷合同

解析 选项AD，出借人请求借款人按照合同约定利率支付利息的，人民法院应予支持，但是双方约定的利率超过合同成立时一年期贷款市场报价利率四倍的除外。甲与丙房地产公司之间约定月利率2.2%，年利率为26.4%，因此仅在未超过3.85%×4＝15.4%的部分受到法律保护，超出部分的约定无效。选项B，由于约定了利息，因此该借款合同属于有偿合同。选项C，自然人之间借款合同之外的民间借贷合同自合同成立时生效，但当事人另有约定或者法律、行政法规另有规定的除外。选项E，民间借贷，是指自然人、法人和非法人组织之间进行资金融通的行为。

【答案】 ABE

2. 下列关于本案甲与丙房地产公司之间商品房预购合同属性及效力的说法中，正确的有(　　)。

A. 甲与丙房地产公司商品房预购合同属于附始期法律行为

B. 甲与丙房地产公司商品房预购合同是借款合同变更的结果

C. 甲与丙房地产公司商品房预购合同属于附生效条件法律行为

D. 甲与丙房地产公司商品房预购合同有效

E. 甲与丙房地产公司商品房预购合同因价款包含高额利息而无效

解析 选项AC，甲与丙房地产公司约定若将来债权到期，丙房地产公司未能偿还货款及借款本息，则商品房预购合同生效，因此双方订立的商品房预购合同属于附条件法律行为而非附期限法律行为（附始期法律行为）。选项B，甲与丙房地产公司商品房预购合同是借款合同变更的原因。选项DE，该商品房预购合同自条件成就时生效，其中价款包含的高额利息不会导致合同无效。

【答案】 CD

3. 乙将其对丙房地产公司的5000万元货款债权转让给甲，须满足的法律条件有(　　)。

A. 须乙与甲就债权转让达成合意　　B. 须乙的债权有效存在

C. 须征得丁银行的同意　　D. 须征得丙房地产公司的同意

E. 须乙与丙房地产公司之间无债权不得转让的约定

解析 选项A，债权让与为双方民事法律行为，因此要求甲乙就该转让达成合意。选项BC，债权让与的生效要件：①存在有效债权（选项B）；②让与人对被让与的债权享有处分权；③被让与的债权具有可转让性（选项C，应收账款出质后，不得转让，但是出质人与质权人协商同意的除外）；④法律、行政法规规定债权让与合同应当办理批准、登记等手续才能生效的，当事人须办理相应的手续。选项D，债权让与以通知债务人为对债务人生效的要件，不需要征得债务人同意。选项E，当事人约定金钱债权不得转让的，不得对抗第三人。

【答案】 ABC

4. 下列关于丁银行质权设立及甲、丙所办理的预告登记效力的说法中，正确的有(　　)。

A. 丁银行的质权自乙与丁签订质押合同时设立

B. 预告登记后，丙未经甲同意以预购商品房为他人设定的抵押权无效

C. 预告登记后，预购商品房的所有权即归属于甲

D. 预告登记后，丙对预购商品房的处分权即丧失

E. 丁银行的质权自乙与丁办理出质登记时设立

【解析】选项AE，以应收账款出质的，质权自办理出质登记时设立。选项BCD，预告登记后，未经预告登记的权利人同意，处分该不动产的，不发生物权效力。未经预告登记的权利人同意，转让不动产所有权等物权，或者设立建设用地使用权、居住权、地役权、抵押权等其他物权的，应当依照《民法典》的规定，认定其不发生物权效力。

【答案】BE

(九)

2021年7月2日，甲公司向乙公司订购一套总价值150万元的精密仪器设备，双方签订了买卖合同，约定由乙公司代办托运。7月8日，甲公司为筹集购买精密仪器设备的货款向丙公司借款100万元，双方签订了借款合同，约定借款期限为3个月，由丁公司和戊公司分别提供担保。7月9日，丁公司与丙公司签订了保证合同，但双方未约定保证的方式。同日，戊公司以价值80万元的房屋向丙公司提供抵押担保，双方签订了房屋抵押合同并办理了抵押登记。

请根据上述案情，回答下列问题。

1. 在甲、乙双方未约定交付地点的情况下，乙公司办理好托运手续，将该套精密仪器设备交付通达运输公司承运。在运输途中，发生山体滑坡，该套精密仪器设备全部毁损。下列关于本案损害赔偿及风险负担的说法中，正确的有(　　)。

A. 乙公司负担风险，无权要求甲公司支付150万元货款

B. 通达运输公司无须赔偿

C. 乙公司有权要求通达运输公司赔偿

D. 甲公司负担风险，应当向乙公司支付150万元货款

E. 甲公司有权要求通达运输公司赔偿

【解析】选项AD，当事人没有约定交付地点或者约定不明确，标的物需要运输的，出卖人将标的物交付给第一承运人后，标的物毁损、灭失的风险由买受人（甲公司）承担。选项BCE，承运人对运输过程中货物的毁损、灭失承担赔偿责任，但承运人证明货物的毁损、灭失是因不可抗力、货物本身的自然性质或者合理损耗以及托运人、收货人的过错造成的，不承担赔偿责任。本题中毁损、灭失是因为不可抗力引起的，承运人不承担责任。

【答案】BD

2. 如果借款期限届满，丙公司未获清偿，则下列关于丙公司债权行使的相关说法中，正确的有(　　)。

A. 丙公司应当先要求丁公司承担保证责任

B. 丙公司应当先就戊公司的抵押担保实现其债权
C. 如丁公司向丙公司提供甲公司可供执行财产的真实情况，但丙公司放弃行使权利致使该财产不能被执行，则丁公司在其提供可供执行财产的价值范围内不再承担保证责任
D. 丙公司可以就戊公司的抵押担保实现债权，也可以要求丁公司承担保证责任
E. 丙公司要求丁公司承担保证责任时，丁公司可以依法行使先诉抗辩权

解析 选项 ABD，被担保的债权既有物的担保又有人的担保的，债务人不履行到期债务或者发生当事人约定的实现担保物权的情形，债权人应当按照约定实现债权。没有约定或者约定不明确，债务人自己提供物的担保的，债权人应当先就该物的担保实现债权。第三人提供物的担保的，债权人可以就物的担保实现债权，也可以请求保证人承担保证责任。提供担保的第三人承担担保责任后，有权向债务人追偿。选项 CE，当事人在保证合同中对保证方式没有约定或者约定不明确的，按照一般保证承担保证责任。一般保证的保证人在主债务履行期限届满后，向债权人提供债务人可供执行财产的真实情况，债权人放弃或者怠于行使权利致使该财产不能被执行的，保证人在其提供可供执行财产的价值范围内不再承担保证责任。

【答案】 CDE

3. 下列关于甲公司与丙公司借款合同诉讼时效期间的届满及届满后相应法律效果的说法中，正确的有( )。
   A. 诉讼时效期间届满后，若甲公司放弃了诉讼时效期间届满的抗辩，丁公司仍有权向丙公司主张该抗辩
   B. 丁公司不得向丙公司主张诉讼时效期间届满的抗辩
   C. 甲公司与丙公司借款合同诉讼时效期间于 2024 年 10 月 8 日届满
   D. 诉讼时效期间届满后，若甲公司向丙公司做出了还款计划，则借款合同的诉讼时效期间中止
   E. 甲公司与丙公司借款合同诉讼时效期间于 2024 年 7 月 8 日届满

解析 选项 AB，保证人可以主张债务人对债权人的抗辩。债务人放弃抗辩的，保证人仍有权向债权人主张抗辩。选项 CE，2021 年 7 月 8 日双方订立借款合同，借期 3 个月，所以诉讼时效从债务期限届满时起算，即从 2021 年 10 月 8 日起算。借款合同适用普通诉讼时效 3 年，因此至 2024 年 10 月 8 日诉讼时效期间届满。选项 D，诉讼时效中止发生在诉讼时效期间最后 6 个月内，诉讼时效期间届满之后不涉及诉讼时效中止的问题。

【答案】 AC

4. 如果 7 月 9 日戊公司与丙公司签订房屋抵押合同后并未办理抵押登记，则戊、丙两公司之间的房屋抵押合同的效力应为( )。
   A. 效力待定   B. 可撤销
   C. 无效   D. 可变更
   E. 有效

解析 当事人之间订立有关设立、变更、转让和消灭不动产物权的合同,除法律另有规定或者当事人另有约定外,自合同成立时生效;未办理物权登记的,不影响合同效力。

【答案】 E

(十)

5月7日,种粮大户甲向乙租用一架农用无人机并投入使用,租期至10月31日。6月2日乙将该无人机出卖于丙,双方未约定履行时间。6月20日,乙将对甲的返还请求权让与丙,并约定由丙继续向甲收取租金且待丙付清价款后再转移无人机所有权。6月30日,丙付清价款,乙、丙双方达成无人机所有权转移合意。7月8日,甲将农用无人机转租于丁并交付,租期至8月20日。8月10日,丁操控农用无人机在田间作业时,农用无人机被戊之子(12周岁)投掷的石头击中坠毁。

请根据案情,回答下列问题。

1. 若甲未经丙同意将农用无人机转租于丁,则丙依法取得一项解除权,下列关于该项解除权性质行使及效力的说法中,正确的有( )。

A. 丙取得的该项解除权属于形成权
B. 丙可以行使该项解除权解除甲、丁农用无人机租赁合同
C. 丙行使该项解除权解除的意思表示自做出时生效
D. 丙行使该项解除权的行为属于单方民事法律行为
E. 丙行使该项解除权的效力具有溯及力

解析 选项B,承租人未经出租人同意转租的,出租人可以解除合同(出租人与承租人之间的合同)。选项C,以对话方式做出的意思表示,相对人知道其内容时生效。以非对话方式做出的意思表示,到达相对人时生效。以非对话方式做出的采用数据电文形式的意思表示,相对人指定特定系统接收数据电文的,该数据电文进入该特定系统时生效;未指定特定系统的,相对人知道或者应当知道该数据电文进入其系统时生效。当事人对采用数据电文形式的意思表示的生效时间另有约定的,按照其约定。选项E,合同解除原则上有溯及力,但继续性合同的解除无溯及力。

【答案】 AD

2. 下列关于农用无人机租赁合同形式及效力的说法中,正确的有( )。

A. 7月8日,甲、丁所签农用无人机租赁合同须征得丙同意后为有效
B. 5月7日,甲、乙所签农用无人机租赁合同自乙向甲交付无人机时生效
C. 5月7日,甲、乙所签农用无人机租赁合同应当采用书面形式
D. 6月20日起,甲基于农用无人机租赁合同对乙的抗辩可以对丙主张
E. 7月8日,甲、丁所签农用无人机租赁合同可以采用口头形式,也可以采用书面形式

解析 选项A,承租人未经出租人同意转租的,出租人可以解除合同。不影响承租人与第三人之间转租合同的效力。选项B,租赁合同属于诺成合同,双方意思表示一致合同即成立生效。本题中,甲和乙之间的租赁合同于5月7日签订时生效。选项C,租赁期限6个月以上的,应当采用书面形式。选项D,债务人接到债权转让通知后,债务人对让与人的抗

辩，可以向受让人主张。

【答案】 DE

3. 下列关于乙、丙农用无人机买卖合同效力及无人机权利变动的说法中，正确的有(　　)。
   A. 6月20日，乙交付义务履行完毕，农用无人机毁损灭失的风险由乙转移于丙
   B. 6月30日起，丙有权请求甲交付农用无人机
   C. 6月20日起，丙有权请求甲交付农用无人机
   D. 6月20日起，丙基于指示交付而继受取得农用无人机所有权
   E. 6月2日起，丙即有权请求乙交付农用无人机

🔍 **解析** 选项A：①标的物毁损、灭失的风险，在标的物交付之前由出卖人承担，交付之后由买受人承担，但是法律另有规定或者当事人另有约定的除外。②动产物权设立和转让前，第三人占有该动产的，负有交付义务的人可以通过转让请求第三人返还原物的权利代替交付。本题中，6月20日乙与丙之间的转让约定生效时，乙已经向丙进行了交付（指示交付），农用无人机毁损灭失的风险由乙转移于丙。选项BC，租赁物在承租人按照租赁合同占有期限内发生所有权变动的，不影响租赁合同的效力。选项D，当事人可以在买卖合同中约定买受人未履行支付价款或者其他义务的，标的物的所有权属于出卖人。本题中，6月30日丙付清价款后，取得农用无人机所有权。选项E，履行期限不明确的，债务人可以随时履行，债权人也可以随时请求履行，但是应当给对方必要的准备时间。本题中，合同签订后，丙不得立即要求履行合同。

【答案】 A

4. 下列关于农用无人机坠毁责任承担的说法中，正确的有(　　)。
   A. 丙有权请求戊承担赔偿责任
   B. 丙有权请求丁承担赔偿责任
   C. 丙有权请求甲承担赔偿责任
   D. 甲、戊应对农用无人机坠毁承担连带赔偿责任
   E. 戊应对农用无人机坠毁承担无过错责任

🔍 **解析** （1）甲：丙取得农用无人机的所有权后，丙可基于租赁合同（原为甲、乙之间的租赁合同，现为甲、丙之间的租赁合同）请求甲承担赔偿责任。（2）丁：承租人经出租人同意，可以将租赁物转租给第三人。承租人转租的，承租人与出租人之间的租赁合同继续有效；第三人造成租赁物损失的，承租人应当赔偿损失。承租人未经出租人同意转租的，出租人可以解除合同。所以本题中，次承租人丁（第三人）不承担责任。（3）戊：无民事行为能力人、限制民事行为能力人造成他人损害的，由监护人承担侵权责任（无过错责任）。本题中，戊之子12周岁，属于限制民事行为能力人，由戊承担责任。（4）发生连带债务须有当事人的约定或者法律规定，所以甲、戊之间存在的是不真正连带债务，不承担连带赔偿责任。

【答案】 ACE

第十章 婚姻家庭与继承法

知识点 ▸ 婚姻制度

【单选题】 下列婚姻中，属于可撤销婚姻的是( )。
A. 双方为近亲属的婚姻
B. 重婚
C. 未达到法定婚龄的婚姻
D. 对方隐瞒患重大疾病而结婚的婚姻

解析 选项 ABC 属于婚姻无效情形，可撤销婚姻包括骗婚和逼婚。

【答案】 D

【考点精炼】

无效的法定情形	(1) 重婚
	(2) 有禁止结婚的亲属关系
	(3) 未到法定婚龄
无效婚姻受理、判决和宣告	(1) 必须找人民法院。 (2) 必须用判决形式，不能调解。 (3) 我国对无效婚姻采用宣告无效主义，只有人民法院有权宣告婚姻无效
可撤销婚姻（必须找人民法院）	(1) 因胁迫结婚的，受胁迫的一方可以向人民法院请求撤销婚姻。(被逼的) (2) 一方患有重大疾病的，应当在结婚登记前如实告知另一方；不如实告知的，另一方可以向人民法院请求撤销婚姻。(骗婚) (3) 婚姻撤销权与可撤销民事法律行为规定基本相同，撤销权行使期间为 1 年（无最长 5 年规定）

【单选题】 下列婚姻关系存续期间夫妻一方取得的财产中，属于夫妻一方单独所有的是( )。
A. 奖金
B. 知识产权收益
C. 生产、经营收益
D. 因身体受到伤害获赔的医疗费

解析 下列财产为夫妻一方的财产：(1) 一方的婚前财产。(2) 一方因受到人身损害获得的赔偿和补偿（选项 D）。(3) 遗嘱或者赠与合同中确定只归一方的财产。(4) 一方专用的生活用品。(5) 其他应当归一方的财产。《民法典》规定为夫妻一方的个人财产，不因婚姻关系的延续而转化为夫妻共同财产，但当事人另有约定的除外。综上所述，本题选择选项 D。

【答案】D

【考点精炼】

夫妻财产制	夫妻共同财产	夫妻对共同财产，有平等的处理权。 (1) 工资、奖金、劳务报酬。 (2) 生产、经营、投资的收益。 (3) 知识产权的收益。 (4) 继承或者受赠的财产，但《民法典》特别规定的属夫妻一方的个人财产除外。 (5) 其他应当归共同所有的财产： ① 夫妻一方个人财产在婚后产生的收益，除孳息和自然增值外，应认定为夫妻共同财产；由一方婚前承租、婚后用共同财产购买的房屋，登记在一方名下的，应当认定为夫妻共同财产。 ② 住房补贴、住房公积金、男女双方实际取得或者应当取得的养老保险金、破产安置补偿费、军人复员费、自主择业费中属于夫妻共同财产的部分
	个人财产	下列财产为夫妻一方的个人财产： (1) 一方的婚前财产。 (2) 一方因受到人身损害获得的赔偿和补偿。 (3) 遗嘱或者赠与合同中确定只归一方的财产。 (4) 一方专用的生活用品。 (5) 其他。 ☆提示：夫妻一方的个人财产，不因婚姻关系的延续而转化为夫妻共同财产。但当事人另有约定的除外

【单选题】根据《民法典》相关规定，在夫妻关系存续期间，下列依法取得的财产中，属于夫妻共同财产的是(　　)。

A. 一方专用的生活用品

B. 一方获得的伤残补助金

C. 一方获得的医疗生活补助费

D. 一方依法定继承取得的财产

解析 下列财产为夫妻一方的个人财产：(1) 一方的婚前财产。(2) 一方因受到人身损害获得的赔偿或者补偿（选项 BC）。(3) 遗嘱或者赠与合同中确定只归一方的财产。(4) 一方专用的生活用品（选项 A）。(5) 其他应当归一方的财产。

【答案】D

【单选题】以下属于婚姻法新增的制度( )。
A. 离婚冷静期
B. 离婚后，哺乳期内的子女，以跟随母亲为原则
C. 协议离婚制度
D. 遗嘱抚养协议

解析 《民法典》对 2001 年的《婚姻法》的修订，完善涉及离婚的内容，其中增加了离婚冷静期制度规定：自婚姻登记机关收到离婚登记申请之日起 30 日内，任何一方不愿意离婚的可以向婚姻登记机关撤回离婚登记申请，因此本题选择选项 A。

【答案】A

知识点 · 收养关系

【单选题】下列关于收养的说法中，符合《民法典》规定的是( )。
A. 无子女的收养人可以收养两名子女
B. 收养人应当年满 40 周岁
C. 配偶一方可以独自收养子女
D. 监护人不得将未成年子女送养

解析 选项 A，无子女的收养人可以收养 2 名子女。有子女的收养人只能收养 1 名子女，选项 A 正确。选项 B，收养人应当年满 30 周岁，选项 B 错误。无配偶者收养异性子女，要求年龄差距 40 周岁。选项 C，有配偶者收养子女，应当夫妻共同收养，选项 C 错误。选项 D，未成年人的父母均不具备完全民事行为能力且可能严重危害该未成年人的，该未成年人的监护人可以将其送养，选项 D 错误。

【答案】A

知识点 · 继承法基础

【单选题】在遗嘱继承中，继承人以下的行为中，视为继承人放弃继承的是( )。
A. 被继承人生前，继承人表示放弃
B. 在继承开始后遗产分割前，继承人口头表示放弃继承
C. 在继承开始后遗产分割前，继承人书面表示放弃继承
D. 不做出继承的意思表示

解析 继承开始后，继承人放弃继承的，应当在遗产处理前，以书面形式做出放弃继承的表示。没有表示的，视为接受继承，故本题选择选项 C。

【答案】C

【考点精炼】

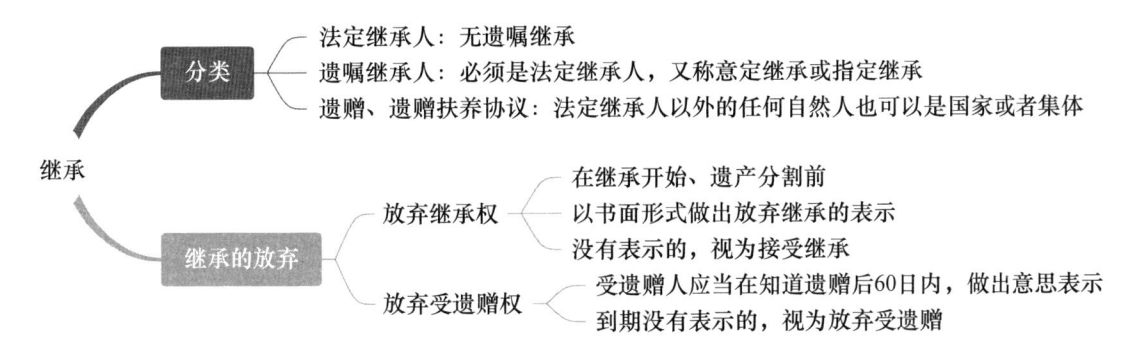

```
           ┌─ 法定继承人：无遗嘱继承
      分类 ─┼─ 遗嘱继承人：必须是法定继承人，又称意定继承或指定继承
           └─ 遗赠、遗赠扶养协议：法定继承人以外的任何自然人也可以是国家或者集体
继承 ─┤
           ┌─ 放弃继承权 ─┬─ 在继承开始、遗产分割前
      继承的放弃            ├─ 以书面形式做出放弃继承的表示
           │                └─ 没有表示的，视为接受继承
           └─ 放弃受遗赠权 ─┬─ 受遗赠人应当在知道遗赠后60日内，做出意思表示
                            └─ 到期没有表示的，视为放弃受遗赠
```

【单选题】在行为人进行的下列行为中，不属于行使形成权的行为是(　　)。
  A. 监护人对限制民事行为能力人纯获利益的合同进行追认
  B. 被代理人对越权代理的追认
  C. 受遗赠人在知道受遗赠的一定期限内做出接受遗赠的意思表示
  D. 承租人擅自转租，出租人做出解除合同的意思表示

解析 形成权是指依权利人单方意思表示，就能使既存的法律关系发生变化的权利，如承认权、撤销权、抵销权等。但是选项A中限制民事行为能力人纯获利益的合同本身就是有效合同，并不是因为其监护人对该合同追认而生效。

【答案】 A

【单选题】根据《民法典》规定，受遗赠人(　　)。
  A. 应当是法定继承人范围之内的人
  B. 既可以是自然人，也可以是国家和集体
  C. 不能拒绝受遗赠
  D. 可以直接参与遗产分配

解析 选项AB，受遗赠人可以是法定继承人以外的任何自然人，也可以是国家或者集体，但不能是法定继承人范围之内的人。选项C，受遗赠人应当在知道受遗赠后60日内，做出接受或者放弃受遗赠的表示。到期没有表示的，视为放弃受遗赠。选项D，受遗赠人不能直接参与遗产的分配，而是从遗嘱执行人处取得受遗赠的财产。

【答案】 B

【单选题】相互有继承权的数人在同一事件中死亡，但是难以确定死亡时间，下列关于死亡时间确定规则的说法中，正确的是(　　)。
  A. 辈分不同的，推定晚辈先死亡
  B. 辈分相同的，推定同时死亡，相互不发生继承
  C. 推定有其他继承人的人先死亡
  D. 辈分相同的，推定同时死亡，可以相互继承

解析 《民法典》规定，相互有继承关系的数人在同一事件中死亡，难以确定死亡时

间的，推定没有其他继承人的人先死亡。都有其他继承人，辈份不同的，推定长辈先死亡；辈分相同的，推定同时死亡，相互不发生继承。选项 B 当选。

【答案】 B

> 知识点 · 遗嘱继承

【多选题】下列遗嘱形式中，依法须有两个以上见证人见证的有(　　)。
A. 代书遗嘱
B. 口头遗嘱
C. 打印遗嘱
D. 录音录像遗嘱
E. 自书遗嘱

解析　遗嘱的形式有：自书遗嘱、代书遗嘱、打印遗嘱、录音录像遗嘱、口头遗嘱、公证遗嘱；除公证遗嘱、自书遗嘱外，其他形式的遗嘱都需要有两个以上见证人在场见证。

【答案】 ABCD

【单选题】下列有关遗赠的说法中，正确的是(　　)。
A. 遗赠是双方法律行为
B. 遗赠受领人是法定继承人
C. 遗赠于遗嘱人死亡时生效
D. 受遗赠人只能是自然人

解析　选项 A，遗赠是一种单方民事法律行为。选项 B，受遗赠人可以是法定继承人以外的任何自然人，也可以是国家或者集体，但不能是法定继承人范围之内的人。选项 D，遗赠人必须是自然人，遗赠受领人既可以是自然人，也可以是法人。

【答案】 C

【考点精炼】

遗赠、遗嘱和赠与

区别点	遗赠/遗嘱	赠与
性质	单方法律行为	双方法律行为
生效时间	死后生效	生前生效

【单选题】下列表意行为中，属于准法律行为的是(　　)。
A. 立遗嘱   B. 承诺迟到通知
C. 订立合同   D. 抛弃所有权

解析　选项 ACD，属于双方约定的法律后果，属于法律行为。选项 B 属于法定的法律后果，属于准法律行为。

【答案】 B

【多选题】下列关于遗赠性质和遗赠当事人的说法，正确的有(　　)。
A. 受遗赠人可以是法人也可以是自然人
B. 受遗赠人可以是继承人，也可以是非继承人
C. 受遗赠人在法律规定期限内未表明接受或者拒绝遗赠的，则视为接受遗赠
D. 遗赠为双方法律行为
E. 遗赠人须为自然人

解析　作为受遗赠人的自然人必须是法定继承人以外的人，故选项B错误。受遗赠人应当在知道受遗赠后60日内，做出接受或者放弃受遗赠的表示，到期没有表示的，视为放弃受遗赠，故选项C错误。遗赠为单方法律行为，故选项D错误。

【答案】 AE

知识点　遗产处理规则

遗产的保管

【单选题】下列关于确定遗产管理人的说法中，正确的是(　　)。
A. 对遗产管理人的确定有争议的，利害关系人可以申请被继承人生前住所地的民政部门指定
B. 继承人均放弃继承的，由被继承人生前住所地的居民委员会担任遗产管理人
C. 没有遗嘱执行人，继承人又未推选遗产管理人的，由继承人共同担任遗产管理人
D. 没有继承人的，由被继承人生前工作单位担任遗产管理人

解析　选项A，对遗产管理人的确定有争议的，利害关系人可以向"人民法院"申请指定遗产管理人，选项A错误。选项BCD，《民法典》规定：继承开始后，遗嘱执行人为遗产管理人；没有遗嘱执行人的，继承人应当及时推选遗产管理人（选项C正确）；继承人未推选的，由继承人共同担任遗产管理人；没有继承人或者继承人均放弃继承的，由被继承人生前住所地的民政部门或者"村"民委员会担任遗产管理人。

【答案】 C

【多选题】下列关于遗产归属和处理规则的说法中，正确的有(　　)。
A. 遗产管理人应向继承人报告遗产情况
B. 遗产管理人应当按照遗嘱或法律规定分割遗产
C. 遗产管理人无权处理被继承人的债权债务
D. 遗产自继承开始时转归全体继承人共同共有
E. 继承人可以在继承开始后随时请求分割遗产

解析　遗产管理人有权处理被继承人的债权债务，选项C错误。

【答案】 ABDE

【综合分析题】

(一)

1986年3月10日,刘沧海(被继承人)与葛丽娟登记结婚。1994年4月12日,刘沧海与葛丽娟从某医院抱养刘欣颖,医院为刘欣颖开具出生证明。嗣后,刘沧海与葛丽娟为刘欣颖办理收养和户籍登记。2000年7月,刘沧海与葛丽娟向人民法院提起离婚诉讼。同年9月,人民法院判决刘沧海与葛丽娟离婚,将原夫妻共同财产中位于甲区海港路3号的房屋判归葛丽娟所有。刘欣颖由葛丽娟抚养并独自承担抚育费。2002年2月,刘沧海与何燕结婚,次年生子刘小涛。2016年10月4日,刘沧海因交通事故死亡,刘沧海之父已于2016年5月死亡,母亲季海霞由刘沧海胞弟刘沧山照料生活。

2017年7月,刘欣颖以何燕、刘小涛、季海霞为被告起诉至人民法院,要求依法继承刘沧海遗产,人民法院表明刘沧海名下财产两项:(1)甲区海港路3号房屋一套(刘沧海与葛丽娟离婚后未办理房产变更登记);(2)乙区理想路123号房屋一套,该房屋于2007年5月购买。另外查明,何燕名下婚后存款80万元、交通事故赔偿款23万元、抚恤金5万元。

2017年8月23日,人民法院委托司法鉴定机构对季海霞行为能力进行鉴定,鉴定季海霞为无民事行为能力人。

请根据案情,回答下列问题。

1. 下列关于本案原告刘欣颖身份及亲属关系说法中,正确的有( )。
   A. 刘欣颖与何燕属于近亲属关系
   B. 刘欣颖属于非婚生子女
   C. 刘欣颖与刘沧海之间属于直系血亲
   D. 刘欣颖与刘小涛系养姐弟关系
   E. 刘欣颖与刘沧海之间属于拟制血亲关系

解析 选项A,刘欣颖与何燕之间未形成抚养关系,不构成法定的父母子女关系,因此不属于近亲属。选项B,非婚生子女是指没有合法婚姻关系的男女所生的子女。本题中,刘欣颖属于收养的子女,不属于非婚生子女。选项CE,自收养关系成立之日起,养父母与养子女间产生法律拟制的父母子女关系。选项D,自收养关系成立之日起,养子女与养父母的近亲属间的权利义务关系,适用《民法典》关于子女与父母的近亲属关系的规定。本题中,刘欣颖与刘小涛属于养姐弟关系。

【答案】CDE

2. 下列关于刘沧海遗产管理人担任和权限说法,正确的有( )。
   A. 刘沧山作为第二顺序继承人,不能担任遗产管理人
   B. 刘沧海遗产管理人依法应由何燕一人担任
   C. 当遗产管理人的确定发生争议时,葛丽娟可以向人民法院申请指定遗产管理人
   D. 遗产管理人无权处理刘沧海的债权债务
   E. 除刘小涛、季海霞外,本案其他继承人依法都可以担任遗产管理人

解析 选项ABE:①继承开始后,遗嘱执行人为遗产管理人;没有遗嘱执行人的,继

承人应当及时推选遗产管理人;继承人未推选的,由继承人共同担任遗产管理人;没有继承人或者继承人均放弃继承的,由被继承人生前住所地的民政部门或者村民委员会担任遗产管理人。②根据《民事诉讼法》的规定,被指定的遗产管理人死亡、终止、丧失民事行为能力或者存在其他无法继续履行遗产管理职责情形的,人民法院可以根据利害关系人或者本人的申请另行指定遗产管理人。故可得知遗产管理人应具有完全民事行为能力。即本题中,能担任遗产管理人的为刘欣颖(女儿)与何燕(妻子)二人,刘沧山并非实际继承人,不能担任遗产管理人。选项C,对遗产管理人的确定有争议的,利害关系人可以向人民法院申请指定遗产管理人。葛丽娟作为刘沧海前妻,与遗产并无利害关系。选项D,遗产管理人有权处理被继承人的债权债务。

【答案】AE

【考点精炼】

法定继承人的顺序	遗产按照下列顺序继承: (1)第一顺序的法定继承人:配偶、子女、父母(生父母、养父母和有扶养关系的继父母)。 (2)第二顺序的法定继承人:兄弟姐妹、祖父母、外祖父母(无孙子女、外孙子女)。 ☆提示:继承开始后,由第一顺序继承人继承,第二顺序继承人不继承;没有第一顺序继承人继承的,由第二顺序继承人继承。同一顺序的无先后关系

3. 下列财产中,属于刘沧海遗产的有( )。
   A. 理想路1/2产权
   B. 40万元存款
   C. 交通事故赔偿款23万元
   D. 海港路房屋1/2产权
   E. 抚恤金5万元

解析 选项AB:①乙区理想路123号房屋(为何燕与刘沧海婚后购买)与婚后存款80万元属于夫妻共同财产。②夫妻共同所有的财产,除有约定的外,遗产分割时应当先将共同所有的财产的一半分出为配偶所有,其余的为被继承人的遗产。本题中理想路1/2产权和40万元存款属于刘沧海遗产。选项CE,遗产是指自然人死亡时遗留的个人合法财产,交通事故赔偿款与抚恤金均产生于死亡后,所以不属于遗产。选项D,因人民法院、仲裁机构的法律文书或者人民政府的征收决定等,导致物权设立、变更、转让或者消灭的,自法律文书或者征收决定等生效时发生效力。本题中人民法院判决生效时,葛丽娟即取得了甲区海港路3号房屋的所有权。故即使记在刘沧海名下,亦不属于刘沧海的遗产。

【答案】AB

4. 对本案纠纷享有管辖权的人民法院有( )。
   A. 被继承人死亡时住所地乙区人民法院
   B. 何燕住所地人民法院
   C. 季海霞住所地人民法院
   D. 甲区中级人民法院

E. 刘欣颖住所地人民法院

> **解析** 因继承遗产纠纷提起的诉讼，由被继承人死亡时住所地（乙区人民法院）或者主要遗产所在地（乙区人民法院）人民法院管辖。

【答案】A

（二）

2002年4月3日，甲（女）19周岁生日时，与乙（男，23周岁）在未办理婚姻登记情况下举办了婚礼，开始以夫妻名义共同生活。乙的父母将50万元借给乙，用于购买甲乙婚后居住房。

同年5月，乙购买房屋并登记在自己名下，甲为该房屋装修花费3万元。2002年10月8日，乙为投资获取收益，将其个人工资、奖金、劳务报酬等所得30万元在当地购置1套公寓房并登记在自己名下。2003年7月5日甲乙双方办理了婚姻登记，2003年8月乙将所购公寓房出租。2004年7月甲乙的女儿丙出生。2020年5月10日，因感情不和，甲向人民法院提起离婚诉讼，要求抚养丙并请求分割甲乙的共同财产。

人民法院经审理查明：

（1）甲乙对婚前和婚后财产归属无书面约定；

（2）甲乙共有银行存款300万元（其中25万元是2019年乙因车祸受伤获得的赔偿金）、公寓房所得租金20万元；

（3）2002年8月，乙为购买股票，以个人名义向丁借款10万元未还。

请根据案情，回答下列问题。

1. 下列关于婚姻登记及婚姻效力的说法中，正确的有（　　）。

A. 2002年4月3日至2003年4月3日甲乙婚姻效力待定

B. 结婚登记不得委托他人代理

C. 被撤销的婚姻自始没有法律约束力

D. 2002年4月3日甲乙举办婚礼时，甲乙婚姻属于无效婚姻

E. 2003年7月5日甲乙补办婚姻登记，其效力可追溯至2003年4月3日（教材已删除）

> **解析** 选项AE，男女双方依据《民法典》规定补办结婚登记的，婚姻关系的效力从双方均符合《民法典》所规定的结婚的实质要件时起算。甲乙补办婚姻登记后，其婚姻效力可自甲达到法定婚龄即2003年4月3日起算。故2002年4月3日至2003年4月3日甲乙属于同居关系（同居关系不受法律保护，不享有夫妻间权利和义务）。选项B，依照法律规定、当事人约定或者民事法律行为的性质，应当由本人亲自实施的民事法律行为，不得代理。选项C，无效的或者被撤销的婚姻自始没有法律约束力，当事人不具有夫妻的权利和义务。选项D，有下列情形之一的，婚姻无效：①重婚；②有禁止结婚的亲属关系；③未到法定婚龄。考生应注意本选项强调的是"举办婚礼时"，如果是站在事后去看待，则适用"当事人依据《民法典》规定向人民法院请求确认婚姻无效，法定的无效婚姻情形在提起诉讼时已经消失的，人民法院不予支持"的规定。

【答案】BCDE

2. 下列关于本案财产和债务归属的说法中，正确的有(　　)。
   A. 公寓房所得租金 20 万元属于甲、乙夫妻共同财产
   B. 公寓房属于甲、乙夫妻共同财产
   C. 丁的 10 万元借款属于乙的个人债务
   D. 乙获赔的 25 万元人身损害赔偿金属于乙的个人财产
   E. 乙父母的 50 万元借款属于乙的个人债务

   解析 选项 A，夫妻一方个人财产在婚后产生的收益，除孳息和自然增值外，应认定为夫妻共同财产。租金作为法定孳息，属于个人财产。选项 B，该公寓房系乙在婚姻有效前取得，因此属于个人财产。选项 C，夫妻一方在婚姻关系存续期间以个人名义超出家庭日常生活需要所负的债务，不属于夫妻共同债务。但是，债权人能够证明该债务用于夫妻共同生活、共同生产经营或者基于夫妻双方共同意思表示的除外。选项 D，一方因受到人身损害获得的赔偿或者补偿为夫妻一方的个人财产。选项 E，鉴于乙的父母将 50 万元借给乙时婚姻关系尚未成立，因此属于乙的个人债务。

   【答案】 CDE

3. 若人民法院判决甲、乙离婚，下列关于抚养和财产处理的说法中，正确的有(　　)。
   A. 乙享有居住房所有权，其可以在该房上为甲设立居住权
   B. 若人民法院判决由甲抚养丙，则乙对丙仍有教育、保护的权利和义务
   C. 若人民法院判决由甲抚养丙，则乙无须支付抚养费
   D. 乙应偿还甲为居住房投入的 3 万元装修款及其利息
   E. 若甲、乙对抚养问题协议不成的，由人民法院根据双方的具体情况，按照最有利于未成年子女的原则判决

   解析 选项 A，乙可为甲在其住宅上设定居住权。选项 B，离婚后，父母对于子女仍有抚养、教育、保护的权利和义务。选项 C，离婚后，子女由一方直接抚养的，另一方应当负担部分或者全部抚养费。负担费用的多少和期限的长短，由双方协议；协议不成的，由人民法院判决。选项 D，因加工、附合、混合而产生的物的归属，有约定的，按照约定，没有约定或者约定不明确的，依照法律规定。法律没有规定的，按照充分发挥物的效用以及保护无过错当事人的原则确定。因一方当事人的过错或者确定物的归属造成另一方当事人损害的，应当给予赔偿或者补偿。选项 E，已满 2 周岁的子女，父母双方对抚养问题协议不成的，由人民法院根据双方的具体情况，按照最有利于未成年子女的原则判决。

   【答案】 ABDE

4. 下列关于本案人民法院受理及裁判的说法中，正确的有(　　)。
   A. 人民法院审理本案应当先进行调解，调解无效才能判决离婚
   B. 若甲、乙在起诉离婚前因感情不和已经分居 2 年，人民法院经调解无效的，应当判决离婚
   C. 本案应由居住房所在地人民法院管辖
   D. 人民法院判决甲、乙离婚的，自判决书生效之日起甲、乙婚姻关系解除

E. 若一审人民法院判决不准离婚，甲、乙双方在分居 1 年后再次提起离婚诉讼的，则人民法院应准予甲、乙离婚

🔍 **解析** 选项 A，人民法院审理离婚案件，应当进行调解。如果感情确已破裂，调解无效的，应当准予离婚。选项 B，因感情不和分居满 2 年，调解无效的，应当准予离婚。选项 C，对公民提起的民事诉讼，由被告住所地人民法院管辖。本案由乙所在地人民法院管辖。选项 D，完成离婚登记，或者离婚判决书、调解书生效，即解除婚姻关系。选项 E，经人民法院判决不准离婚后，双方又分居满 1 年，一方再次提起离婚诉讼的，应当准予离婚。

【答案】ABDE

第十一章 个人独资企业法

知识点 · 个人独资企业法

【多选题】张某从单位辞职后,拟采取个人独资企业形式从事肉类进口业务。下列有关个人独资企业的出资、财产归属及责任承担的说法中,符合法律规定的有( )。

A. 张某是个人独资企业财产的所有权人
B. 张某不能以家庭财产作为个人出资
C. 张某以投资到个人独资企业的财产对独资企业债务承担有限责任
D. 张某应以其个人财产对独资企业债务承担无限责任
E. 张某可以劳务出资

解析 选项ACD,个人独资企业,是指依照《个人独资企业法》在中国境内设立,由一个自然人投资,财产为投资人个人所有,投资人以其个人财产对企业债务承担无限责任的经营实体,故选项AD正确、选项C错误。选项B,个人独资企业投资人以个人财产出资或者以其家庭共有财产作为个人出资的,应当在设立申请书中予以明确,故选项B错误。选项E,只有普通合伙人可以劳务出资,个人独资企业投资者不能以劳务出资,故选项E错误。

【答案】AD

【考点精炼】

投资人	投资人为一个自然人。(中国人) 即使以家庭财产投资的,也只能以一个自然人的名义投资
责任承担	以个人财产出资,以其个人财产承担无限责任;以家庭财产出资,以家庭财产承担无限责任
名称	有合法的企业名称
财产不独立	个人独资企业投资人的个人财产与企业财产不分离
管理人	投资人可以自行管理企业事务,也可以委托或者聘用其他具有民事行为能力的人负责企业的事务管理

【单选题】下列关于个人独资企业出资、权限和事务管理的说法中,正确的是( )。

A. 个人独资企业的名称中可以使用"有限"字样
B. 个人独资企业出资人可以自行管理个人独资企业事务

C. 个人独资企业出资人可以以劳务出资

D. 个人独资企业出资人对受聘人员职权的限制，可以对抗第三人

解析 选项A，个人独资企业的名称中不得使用"有限""有限责任"或"公司"等字样。选项B，个人独资企业投资人可以自行管理企业事务，也可以委托或者聘用其他具有民事行为能力的人负责企业的事务管理。选项C，个人独资企业不得以劳务作为出资。选项D，投资人对受托人或者被聘用人员职权的限制，不得对抗善意第三人。

【答案】 B

【单选题】 下列关于个人独资企业特征的说法中，正确的是(　　)。

A. 由一个自然人投资设立

B. 可以以家庭作为投资人

C. 必须由出资人自行管理企业事务

D. 投资人的个人财产与企业财产相分离

解析 选项AB，个人独资企业的出资人是1个自然人（以家庭财产投资的，也只能以1个自然人名义投资）。选项C，个人独资企业投资人可以自行管理企业事务，也可以委托或者聘用其他具有民事行为能力的人负责企业的事务管理。选项D，投资人的个人财产与企业财产不分离。

【答案】 A

知识点·个人独资企业的终止

【单选题】 根据《个人独资企业法》规定，下列有关个人独资企业的说法中，正确的是(　　)。

A. 投资人对个人独资企业财产享有的财产权利可以依法转让

B. 投资人不能委托他人管理个人独资企业

C. 个人独资企业具有法人资格

D. 投资人对所聘用人员职权的限制，可以对抗第三人

解析 个人独资企业投资人可以自行管理企业事务，也可以委托或者聘用其他具有民事行为能力的人负责企业的事务管理，故选项B错误。个人独资企业属于非法人组织，没有法人人格，故选项C错误。投资人对受托人或者被聘用的人员职权的限制，不得对抗善意第三人，故选项D错误。

【答案】 A

【单选题】 下列关于个人独资企业特征及其设立的说法中，正确的是(　　)。

A. 个人独资企业的企业财产归投资者个人所有

B. 个人独资企业应按照《民法典》的规定设立

C. 个人独资企业的投资人只能是法人

D. 家庭可以申请设立个人独资企业

解析 个人独资企业的财产归投资人个人所有,选项 A 正确。个人独资企业应按照《个人独资企业法》的规定设立,选项 B 错误。个人独资企业的投资人是一个自然人,选项 CD 错误。

【答案】 A

【单选题】甲是应届毕业大学生,准备创办一家个人独资企业从事软件开发,经甲查阅相关资料后,甲对个人独资企业法律规定有了一定了解,下列关于甲对个人独资企业法律规定的理解错误的是( )。

　A. 个人独资企业投资人只能是一个自然人
　B. 个人独资企业财产归投资人个人所有
　C. 个人独资企业投资人须自行管理企业事务
　D. 个人独资企业投资人对企业债务承担无限责任

解析 个人独资企业的投资人是一个自然人,选项 A 正确。个人独资企业的财产归投资人个人所有,选项 B 正确。个人独资企业投资人可以自行管理企业事务,也可以委托或者聘用其他具有民事行为能力的人负责企业的事务管理,选项 C 错误。投资人以其个人财产对企业债务承担无限责任,选项 D 正确。题干要求选择理解错误的,故选项 C 符合题意。

【答案】 C

【多选题】根据《个人独资企业法》规定,导致个人独资企业应当解散的情形有( )。

　A. 被依法吊销营业执照
　B. 投资人死亡且无继承人
　C. 投资人决定解散
　D. 投资人丧失行为能力
　E. 投资人被宣告死亡且其继承人放弃继承

解析 个人独资企业有下列情形之一时,应当解散:(1)投资人决定解散(选项C)。(2)投资人死亡或者被宣告死亡,无继承人或者继承人决定放弃继承(选项BE)。(3)被依法吊销营业执照(选项A)。(4)法律、行政法规规定的其他情形。

【答案】 ABCE

【多选题】甲欲开饭店,与高级厨师乙商量请其加盟,并说:"你无须投资,店面、餐具和资金由我负责,你只负责炒菜就行,利润三七分成,我得七,你得三。"乙应允。此后,甲以投资人的名义开了饭店,饭店的营业执照上登记为个人独资企业丙。第一年,饭店获利颇丰,按三七分成,甲获利21万元,乙获利9万元。第二年,饭店经营期间发生中毒事件,顾客丁索赔70万元。根据规定,下列有关丁索赔的说法中,正确的有( )。

　A. 丁应向丙索赔
　B. 丁应首先向丙索赔,不足部分向乙索赔
　C. 丁应向甲索赔49万元,向乙索赔21万元
　D. 丁应向乙、丙共同索赔70万元

E. 丁不能向乙索赔，因为乙与丁之间不存在直接的法律关系

🔍 **解析** 由于是饭店经营期间发生的中毒事件，应以个人独资企业丙为侵权责任主体，受害人应向丙主张赔偿。个人独资企业的债务由其投资人承担无限责任。按照本题案情交代的登记情况，丙的投资人为甲，因此，丙的财产不足清偿的，由甲承担补充责任。乙"无须投资"，并非投资人，只是其劳动报酬与企业利润挂钩而已，乙应作为丙企业雇员对待，其职务行为引起的侵权责任并不由其直接对外承担，因此，乙与丁之间不存在直接的法律关系。

【答案】AE

【单选题】下列关于个人独资企业投资人的说法，正确的是(　　)。
A. 投资人的个人财产与企业财产分离
B. 投资人可以是外国公民
C. 投资人可以委托他人负责管理企业的事务
D. 投资人以家庭共有财产对企业债务承担无限责任

🔍 **解析** 个人独资企业投资人的个人财产与企业财产不分离，投资人以其个人财产对企业债务承担无限责任，故选项 A 错误。个人独资企业的投资人只能是一个中国公民，故选项 B 错误。个人独资企业投资人可以自行管理企业事务，也可以委托或者聘用其他具有民事行为能力的人负责管理企业的事务，故选项 C 正确。个人独资企业的出资人在一般情况下仅以其个人财产对企业债务承担无限责任，只是在企业设立登记时明确以家庭共有财产作为个人出资的才依法以家庭共有财产对企业债务承担无限责任，故选项 D 错误。

【答案】C

第十二章 合伙企业法

知识点 · 合伙企业特征

【单选题】下列关于合伙企业特征的说法中,正确的是( )。
A. 合伙企业具有资合的团体性
B. 合伙企业从事非固定的营利性活动
C. 合伙企业属于非商事合伙
D. 除法律另有规定外,合伙人对合伙企业债务通常承担无限连带责任

解析 合伙企业具有人合的团体性,故选项A错误。合伙企业从事较为固定的营利性活动,故选项B错误。合伙企业属于商事合伙,故选项C错误。
【答案】D

知识点 · 合伙企业基础

【单选题】下列关于普通合伙企业的说法中,正确的是( )。
A. 普通合伙企业的设立只能由两个以上的自然人组成
B. 普通合伙企业的合伙人只能是法人或者其他组织,但国有企业、上市公司均不得成为普通合伙人
C. 设立普通合伙企业,合伙人应当签订书面合伙协议
D. 普通合伙企业的合伙人不得以劳务作为出资

解析 选项AB,普通合伙人可以是自然人、法人和其他组织,但国有独资公司、国有企业、上市公司以及公益性的事业单位、社会团体不得成为普通合伙人。选项D,普通合伙企业的合伙人可以劳务作为出资。
【答案】C

【考点精炼】

	普通合伙企业	有限合伙企业
概念	普通合伙人+普通合伙人。 ☆提示:普通合伙人对合伙企业债务均承担无限连带责任	有限合伙人+普通合伙人。 ☆提示:有限合伙人以其认缴的出资额为限对合伙企业债务承担责任;普通合伙人对合伙企业债务均承担无限连带责任

续表

	普通合伙企业	有限合伙企业
特征	由普通合伙人组成	(1) 双重责任形式并存。一个合伙企业中同时存在承担有限责任和无限责任的合伙人。 (2) 有限合伙人不参与合伙事务的处理
合伙人	(1) 2个以上普通合伙人(人数无上限)。 (2) 可以是自然人(完全民事行为能力)、法人和其他组织。 ☆提示：国有独资公司、国有企业、上市公司及公益性的事业单位、社会团体不得成为普通合伙人	2个以上50个以下合伙人(至少有1个普通合伙人和1个有限合伙人)，但是，法律另有规定的除外。 ☆提示：①仅剩有限合伙人：解散。仅剩普通合伙人：转为普通合伙企业。 ②《合伙企业法》对有限合伙人的行为能力没做规定
合伙协议	(1) 合伙协议由全体合伙人协商一致，以书面形式订立； (2) 经全体合伙人签名、盖章后生效； (3) 修改或补充合伙协议，应当经全体合伙人协商一致，但是，合伙协议另有约定的除外	
出资	普通合伙人可用劳务出资(评估办法只能由全体合伙人协商确定，并在合伙协议中载明)	有限合伙人不可用劳务出资
	可以用货币、实物、知识产权、土地使用权或者其他财产权利出资，需要评估作价的，可以由全体合伙人协商确定，也可以由全体合伙人委托法定评估机构评估	
名称	名称中应标明普通合伙字样	名称中应当标明有限合伙字样

【多选题】下列关于有限合伙企业设立和出资规则的说法中，正确的有(　　)。
A. 有限合伙企业名称中应当标明"有限合伙"的字样
B. 国有独资公司不得成为有限合伙企业的普通合伙人
C. 有限合伙人可以用劳务出资
D. 有限合伙人未按期足额缴付出资的，对其他合伙人承担违约责任
E. 有限合伙企业中普通合伙人人数不得少于1人

解析 选项C，有限合伙人不得以劳务出资，普通合伙人可以以劳务出资。

【答案】ABDE

【单选题】根据《合伙企业法》规定，下列有关普通合伙企业财产、财产份额转让及出质的说法中，正确的是(　　)。
A. 合伙企业的原始财产是指以合伙企业名义依法取得的全部收益
B. 合伙人之间转让在合伙企业中的财产份额，须经其他合伙人同意
C. 合伙人以其在合伙企业中的财产份额出质的，须经其他合伙人一致同意
D. 合伙人向合伙人以外的人转让其在合伙企业中的财产份额的，应当通知其他合伙人

🔍 **解析** 选项 A，原始财产是指全体合伙人的出资，故选项 A 错误。选项 B，合伙人之间转让在合伙企业中的全部或者部分财产份额时，应当通知其他合伙人，故选项 B 错误。选项 C，普通企业合伙人以其在合伙企业中的财产份额出质的，须经其他合伙人一致同意，未经其他合伙人一致同意，其行为无效，由此给善意第三人造成损失的，由行为人依法承担赔偿责任，故选项 C 正确。选项 D，除合伙协议另有约定外，普通合伙企业合伙人向合伙人以外的人转让其在合伙企业中的全部或者部分财产份额时，须经其他合伙人一致同意，故选项 D 错误。

【答案】C

📒 【考点精炼】

		普通合伙企业	有限合伙企业
财产组成		（1）原始财产＋积累的财产。 （2）除法律另有规定外，企业清算前，合伙人不得请求分割合伙企业的财产。但是合伙人私自转移或者处分合伙企业财产的，合伙企业不得以此对抗善意第三人（善意取得制度）	
份额转让	对内	应当通知其他合伙人，无须经其他合伙人同意（大家彼此信得过）	
	对外	（1）有约定从约定，无约定其他合伙人一致同意。 （2）有约定从约定，无约定在同等条件下，其他合伙人有优先购买权	（1）按照合伙协议转让，提前30日通知其他合伙人。 （2）其他合伙人有优先购买权

【单选题】根据《合伙企业法》，合伙协议无约定的情况下，合伙人向合伙人以外的人转让财产份额，需要经（   ）。

A. 其他合伙人 2/3 以上同意
B. 其他合伙人 1/2 以上同意
C. 其他合伙人一致同意
D. 其他合伙人过半数同意

🔍 **解析** 除合伙协议另有约定外，普通合伙人向合伙人以外的人转让其在合伙企业中的全部或者部分财产份额时，须经其他合伙人一致同意。

【答案】C

【单选题】下列关于普通合伙人财产份额转让规则的说法中，正确的是（   ）。

A. 合伙人对外转让其在合伙企业中的部分财产份额，须经 1/3 以上合伙人同意
B. 合伙人对外转让其在合伙企业中的财产份额的，无须征求其他合伙人同意，但应提前 30 日通知其他合伙人
C. 除合伙协议另有约定外，合伙人对外转让其在合伙企业中的财产份额，须经其他合伙人一致同意
D. 除合伙协议另有约定外，合伙人之间转让在合伙企业中的全部或者部分财产份额时，无须通知其他合伙人

🔍 **解析** 选项ABC，除合伙合同另有约定外，普通合伙人向合伙人以外的人转让其在合伙企业中的全部或者部分财产份额时，须经其他合伙人一致同意。选项D，合伙人之间转让在合伙企业中的全部或者部分财产份额时，应当通知其他合伙人。

【答案】C

【多选题】根据《合伙企业法》规定，下列有关普通合伙企业合伙事务执行的说法中，正确的有(　　)。

A. 不执行合伙事务的合伙人有权对执行合伙事务的合伙人执行合伙事务情况进行监督
B. 执行合伙事务的合伙人必须是自然人
C. 经全体合伙人决定，可以委托一个或者数个合伙人对外代表合伙企业执行合伙事务
D. 执行合伙事务的合伙人应当定期向其他合伙人报告事务执行情况
E. 作为合伙人的法人、其他组织不能对外代表合伙企业执行合伙事务

🔍 **解析** 选项A，不执行合伙事务的合伙人有权监督执行事务合伙人执行合伙事务的情况。选项BCE，法律规定，按照合伙协议的约定或者经全体合伙人决定，可以委托一个或者数个合伙人对外代表合伙企业，执行合伙事务。作为合伙人的法人、其他组织执行合伙事务的，由其委派的代表执行。选项D，由一个或者数个合伙人执行合伙事务的，执行事务合伙人应当定期向其他合伙人报告事务执行情况以及合伙企业的经营和财务状况。

【答案】ACD

■ 【考点精炼】

	合伙人执行合伙事务
权利	异议权：执行→执行（暂停）
	监督权：不执行→执行
	撤销权：执行+不执行→执行
义务	报告：执行→执行+不执行

【多选题】根据《合伙企业法》规定，下列关于合伙事务执行及合伙管理的说法中，正确的有(　　)。

A. 受托执行合伙事务的合伙人是合伙企业的负责人
B. 合伙人一律不得同本合伙企业进行交易
C. 合伙人可以分别执行合伙事务
D. 执行事务合伙人对其他合伙人执行合伙事务提出异议时，其他合伙人应当暂停该事务的执行
E. 合伙企业可以委托一个或数个合伙人对外代表合伙企业，执行合伙事务

🔍 **解析** 除合伙协议另有约定或者经全体合伙人一致同意外，合伙人不得同本合伙企业进行交易，选项B错误。合伙人分别执行合伙事务的，执行事务合伙人可以对其他合伙人执行的事务提出异议。提出异议时，应当暂停该项事务的执行，选项CD正确。按照合伙协议

的约定或者经全体合伙人决定，可以委托一个或者数个合伙人对外代表合伙企业，执行合伙事务，选项 E 正确。

【答案】CDE

【考点精炼】

	普人	有人
自我交易	×→√	
同业竞争	×	√→×
财产份额出质	×（未经其他合伙人一致同意绝对无效）	

【多选题】根据《合伙企业法》的规定，下列关于有限合伙企业及合伙人的说法中，正确的有(　　)。
   A. 有限合伙企业只有有限合伙人的，应当解散
   B. 有限合伙企业没有有限合伙人的，应当变更为普通合伙企业
   C. 有限合伙企业由有限合伙人执行合伙事务
   D. 有限合伙企业由有限合伙人和普通合伙人组成
   E. 有限合伙企业各合伙人有平等的管理权、经营权、表决权和代表权

解析 选项 CE，有限合伙人不执行合伙事务，不得对外代表有限合伙企业。

【答案】ABD

【多选题】下列有限合伙企业特征的说法中，正确的有(　　)。
   A. 有限合伙企业由普通合伙人从事具体的经营管理
   B. 有限合伙企业是由合伙人以专业知识和专门技能为客户提供有偿服务的合伙企业
   C. 有限合伙人不能参与合伙事务处理
   D. 有限合伙企业由普通合伙人与有限合伙人共同组成
   E. 有限合伙人不得对外代表有限合伙企业

解析 选项 B，特殊普通合伙企业是由合伙人以专业知识和专门技能为客户提供有偿服务的合伙企业。

【答案】ACDE

【单选题】甲为普通合伙企业的执行事务合伙人，该合伙企业对甲执行合伙事务的权利做了一定限制。某日，甲超越权限代表合伙企业与乙公司签订一份房屋租赁合同，乙公司对甲超越权限并不知情。根据《民法典》规定，该合同的效力应为(　　)。
   A. 有效   B. 无效
   C. 可撤销   D. 效力待定

解析 题目中，甲是合伙企业事务执行人，其超越授权签订合同，不能对抗善意第三人乙公司，因此合同有效。

【答案】A

【考点精炼】

企业对外代表权的限制	合伙企业对合伙人执行合伙事务及对外代表合伙企业权利的限制，<u>不得对抗善意第三人</u>（对内不对外，普通和有限合伙规定相同）
合伙企业的债务清偿	(1) 合伙企业对其债务，应先以其全部财产进行清偿。（先企业后个人） (2) <u>对外</u>：合伙企业不能清偿到期债务的，合伙人承担无限连带责任。 (3) <u>对内</u>：合伙人由于承担无限连带责任，清偿数额<u>超过</u>分担比例的，有权向其他合伙人<u>追偿</u>

【单选题】在合伙协议没有特别约定的情况下，下列关于普通合伙企业入伙规则的说法中，正确的是( )。
A. 新入伙的合伙人与原合伙人享有同等权利，但不承担同等义务
B. 新入伙的合伙人对其入伙前合伙企业债务不承担责任
C. 新合伙人入伙应得到2/3以上原合伙人同意
D. 签订入伙协议时，原合伙人应当向新合伙人如实告知原合伙企业的经营状况和财务状况

解析　选项A，入伙的新合伙人与原合伙人享有同等权利，承担同等责任。入伙协议另有约定除外。选项B，新合伙人对入伙前合伙企业的债务承担无限连带责任。选项CD，新合伙人入伙除合伙协议另有约定外，应当经全体合伙人一致同意，并依法订立书面入伙协议。订立入伙协议时，原合伙人应当向新合伙人如实告知原合伙企业的经营状况和财务状况，选项D正确。

【答案】D

【考点精炼】

	普通合伙	有限合伙
入伙条件	(1) 除协议另有约定外，应当经<u>全体合伙人一致同意</u>； (2) 订立书面入伙协议	
新合伙人权利	入伙的新合伙人与原合伙人享有同等权利，承担同等责任；入伙协议另有约定的，从其约定(约定同等)	
法律后果	新合伙人对<u>入伙前合伙企业的债务</u>承担无限连带责任	(1) 新入伙的有限合伙人对入伙前的债务，以其认缴的出资额为限承担责任； (2) 有限合伙企业中新入伙的普通合伙人对入伙前合伙企业的债务仍然承担连带责任

【单选题】除有特别约定外，下列关于普通合伙企业入伙的说法中，正确的是(　　)。
A. 新合伙人对入伙前的合伙企业债务不承担责任
B. 新合伙人与原合伙人在合伙企业中地位不同
C. 原合伙人有义务告知新合伙人合伙企业财务状况
D. 新合伙人入伙应经合伙企业 2/3 以上合伙人同意

解析 新普通合伙人对入伙前合伙企业的债务承担无限连带责任，故选项 A 错误。普通合伙企业中，入伙的新合伙人与原合伙人享有同等权利，承担同等责任。入伙协议另有约定的，从其约定，故选项 B 错误。订立入伙协议时，原合伙人应当向新合伙人如实告知原合伙企业的经营状况和财务状况，故选项 C 正确。新合伙人入伙，除合伙协议另有约定外，应当经全体合伙人一致同意，并依法订立书面入伙协议，故选项 D 错误。

【答案】C

【多选题】根据《合伙企业法》规定，可能导致合伙人被除名的事由有(　　)。
A. 因故意给合伙企业造成损失
B. 因重大过失给合伙企业造成损失
C. 执行合伙事务时有不正当行为
D. 未履行出资义务
E. 合伙人个人丧失偿债能力

解析 合伙人有下列情形之一的，经其他合伙人一致同意，可以决议将其除名：（1）未履行出资义务（选项 C）。（2）因故意或者重大过失给合伙企业造成损失（选项 AB）。（3）执行合伙事务时有不正当行为（选项 D）。（4）发生合伙协议约定的事由。选项 E，是属于普通合伙人当然退伙的情形，故排除。

【答案】ABCD

【考点精炼】

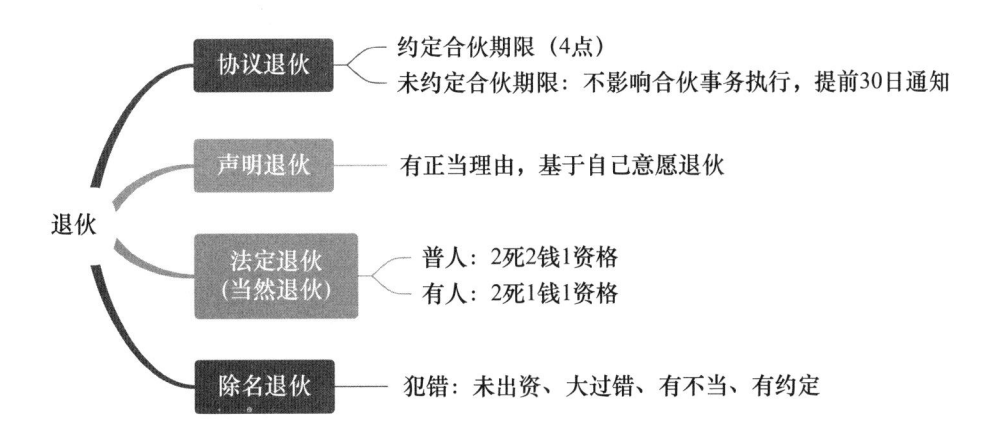

退伙
- 协议退伙 —— 约定合伙期限（4点）
  未约定合伙期限：不影响合伙事务执行，提前30日通知
- 声明退伙 —— 有正当理由，基于自己意愿退伙
- 法定退伙（当然退伙） —— 普人：2死2钱1资格
  有人：2死1钱1资格
- 除名退伙 —— 犯错：未出资、大过错、有不当、有约定

【多选题】甲、乙、丙 3 人订立合伙协议共同投资设立一家普通合伙企业。经营一年后，甲欲将其在合伙企业中的财产份额转让给合伙人之外的丁。合伙协议中没有关于份额转让的相关约定。根据《合伙企业法》规定，下列关于甲之份额转让条件及效力的说法中，

正确的有(　　)。

A. 甲转让其份额必须经乙和丙一致同意
B. 乙、丙在同等条件下享有优先购买权
C. 甲将其份额转让给丁之后，甲对合伙企业以前的债务即不再承担责任
D. 丁购得甲转让的份额之后，丁对合伙企业以前的债务不承担责任
E. 若甲欲将其份额转让给乙，则无须征得丙的同意

解析 选项AB，普通合伙人向合伙人以外的人转让其在合伙企业中的全部或者部分财产份额。合伙协议有约定的，从其约定；合伙协议无约定的，须经其他合伙人一致同意。选项A正确。在同等条件下，其他合伙人有优先购买权，但是合伙协议另有约定的除外，选项B正确。选项C，退伙的普通合伙人对退伙前发生的合伙企业债务，承担无限连带责任，选项C错误。选项D，新入伙的普通合伙人对入伙前合伙企业的债务承担无限连带责任，选项D错误。选项E，普通合伙人之间转让在合伙企业中的全部或者部分财产份额，通知其他合伙人即可，无须征得其他合伙人同意，选项E正确。

【答案】 ABE

知识点 · 特殊的普通合伙企业

【多选题】 下列关于特殊的普通合伙企业的说法中，正确的有(　　)。

A. 特殊的普通合伙企业是指既有普通合伙人又有有限合伙人的合伙企业
B. 特殊的普通合伙企业对外承担有限责任
C. 特殊的普通合伙企业建立的执业风险基金应当单独立户管理
D. 特殊的普通合伙企业是以专业知识和专门技能为客户提供有偿服务的专业机构
E. 特殊的普通合伙企业的组织形式需要执行公示制度

解析 选项A，特殊的普通合伙企业的合伙人均为普通合伙人。选项B，有限责任和无限责任的分类是针对出资人责任（而非企业）。选项E，特殊的普通合伙企业名称中应当标明"特殊普通合伙"字样，这一规定说明采取这种合伙组织形式需要执行公示制度。

【答案】 CDE

【考点精炼】

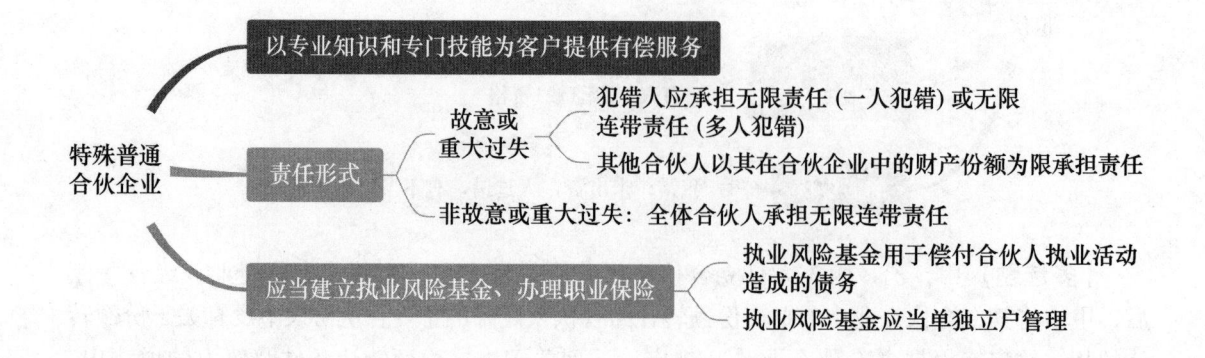

特殊普通合伙企业：
- 以专业知识和专门技能为客户提供有偿服务
- 责任形式
  - 故意或重大过失
    - 犯错人应承担无限责任（一人犯错）或无限连带责任（多人犯错）
    - 其他合伙人以其在合伙企业中的财产份额为限承担责任
  - 非故意或重大过失：全体合伙人承担无限连带责任
- 应当建立执业风险基金、办理职业保险
  - 执业风险基金用于偿付合伙人执业活动造成的债务
  - 执业风险基金应当单独立户管理

【单选题】根据《合伙企业法》，特殊的普通合伙企业是指( )。
A. 由有限合伙人与普通合伙人共同组建的合伙企业
B. 以专门知识和专门技能为客户提供有偿服务的合伙企业
C. 以营利为目的、以自己的名义独立承担民事责任的组织
D. 有限合伙企业的特殊形态

解析 选项AD，特殊普通合伙企业属于普通合伙企业的特殊形态，企业由普通合伙人构成。选项B，特殊的普通合伙企业是以专业知识和专门技能为客户提供有偿服务的专业机构性质的合伙企业。选项C，特殊普通合伙企业不具有法人资格，不能以自己的名义独立承担民事责任。

【答案】 B

【单选题】下列关于特殊的普通合伙企业的说法中，正确的是( )。
A. 特殊的普通合伙企业以从事融资服务为主要特征
B. 在特殊的普通合伙企业中，合伙人对所有债务承担有限责任
C. 特殊的普通合伙企业建立的执业风险基金用于偿付合伙人执业活动造成的债务
D. 非专业机构经过批准也可以成立特殊的普通合伙企业

解析 选项AD，特殊的普通合伙企业，是指以专业知识和专门技能为客户提供有偿服务的专业机构性质的合伙企业。非专业服务机构不能采取特殊的普通合伙企业形式。选项B，在特殊的普通合伙企业中，一个合伙人或者数个合伙人在执业活动中因故意或者重大过失造成合伙企业债务的，应当承担无限责任或者无限连带责任，其他合伙人以其在合伙企业中的财产份额为限承担责任。合伙人在执业活动中非因故意或者重大过失造成的合伙企业债务以及合伙企业的其他债务，由全体合伙人承担无限连带责任。

【答案】 C

【单选题】下列关于特殊普通合伙企业的性质、法律责任承担的说法中，正确的是( )。
A. 它是以专业知识和专门技能为客户提供有偿服务的专业机构性质的合伙
B. 数个合伙人在执业过程中因重大过失造成合伙企业债务的，由全体合伙人承担无限连带责任
C. 某一合伙人在执业活动中因故意造成合伙企业债务的，由全体合伙人承担无限连带责任
D. 某一合伙人在执业活动中因故意造成合伙企业债务的，该合伙人承担无限责任，其他合伙人不承担责任

解析 特殊普通合伙企业中，一个合伙人或者数个合伙人在执业活动中因故意或者重大过失造成合伙企业债务的，应当承担无限责任或者无限连带责任，其他合伙人以其在合伙企业中的财产份额为限承担责任，故选项BCD错误。

【答案】 A

知识点 合伙企业解散和清算

【多选题】下列有关合伙企业清算的说法中，正确的有（ ）。

A. 合伙企业解散，经全体合伙人过半数同意，可以在法定期限内委托第三人担任清算人

B. 合伙企业解散后不能在规定时间内确定清算人的，其他利害关系人可以申请人民法院指定清算人

C. 合伙企业进入清算后，应由清算人代表合伙企业参加诉讼活动

D. 清算人应自被确定之日起 15 日内将合伙企业解散事项通知债权人

E. 清算开始，则合伙企业消灭

解析 选项 A，合伙企业解散，清算人由全体合伙人担任。经全体合伙人过半数同意，可以自合伙企业解散事由出现后 15 日内指定一个或者数个合伙人，或者委托第三人担任清算人。选项 B，自合伙企业解散事由出现之日起 15 日内未确定清算人的，"合伙人或者其他利害关系人"可以申请人民法院指定清算人。选项 C，清算人在清算期间代表合伙企业参加诉讼或者仲裁活动。选项 D，清算人应自被确定之日起 10 日内将合伙企业解散事项通知债权人，并于 60 日内在报纸上公告。选项 E，清算期间，合伙企业存续，但不得开展与清算无关的经营活动（合伙企业经注销登记后消灭）。

【答案】 ABC

【单选题】下列关于合伙企业解散的说法中，正确的是（ ）。

A. 合伙企业解散是中止民事主体资格的法律行为

B. 合伙企业解散应得到 2/3 以上合伙人同意

C. 合伙企业经营亏损的，合伙人不得通过协议解散合伙企业

D. 合伙企业解散是消灭民事主体资格的法律行为

解析 选项 AD，合伙企业解散，是指合伙企业因某种法律事实的发生而使其民事主体资格归于"消灭"的法律行为，选项 A 错误，选项 D 正确。选项 BCE，有下列情形之一的，合伙企业应当解散：（1）合伙期限届满，合伙人决定不再经营；（2）合伙协议约定的解散事由出现；（3）全体合伙人决定解散；（4）合伙人已不具备法定人数满 30 日；（5）合伙协议约定的合伙目的已经实现或者无法实现；（6）依法被吊销营业执照、责令关闭或者被撤销；（7）法律、行政法规规定的其他原因。所以合伙企业解散，没有规定必须 2/3 以上合伙人同意，选项 B 错误。合伙企业经营亏损的，合伙人也可以通过协议解散该合伙企业，选项 C 错误。

【答案】 D

【综合分析题】

张海晨是成长会计师事务所（特殊普通合伙）的合伙人，并担任成长会计师事务所分支机构第一分所的执行合伙人。成长会计师事务所共有 24 名合伙人。

2018年6月17日，成长会计师事务所召开合伙人会议，除张海晨外，其他合伙人以张海晨逃避支付第一分所业务款项、违反《合伙人协议》约定的合伙人权益分配原则为由，决定将张海晨除名。张海晨认为其他合伙人的行为严重违反《合伙人协议》约定，遂以成长会计师事务所和其他合伙人为共同被告向人民法院提起诉讼，请求撤销合伙人会议决议。被告则答辩称：原告的起诉已经超过法律规定的期限。

人民法院在审理案件中查明以下事实：

1.《合伙人协议》约定，合伙人有下列情形之一的，经全体合伙人过半数同意，可以将其除名：因故意或重大过失给事务所造成损失；执行合伙事务时有不正当行为；违反本协议及事务所规章制度，给事务所或其他合伙人造成严重后果；合伙人在其他会计师事务所执业、在其他单位从事获取工资收入的工作、成为其他负无限连带责任经济组织的出资人等其他严重损害事务所或其他合伙人合法权益的情形。对合伙人除名决议应当书面通知被除名人。自被除名人接到除名通知之日起，除名生效。

2. 历城会计师事务所向人民法院出具证明：张海晨是历城会计师事务所（有限责任公司，目前正常经营）的股东，出资10万元，占2%股权。

3. 张海晨称其并未接到参加2018年6月17日合伙人会议通知，2018年10月21日，张海晨收到将其除名的决议，2018年11月3日，张海晨向人民法院提起诉讼。

4. 成长会计师事务所撤销对张海晨在第一分所的相关授权后，成长会计师事务所要求张海晨办理第一分所的工作交接手续，张海晨以"总所未进行结算"为由拒绝交接，导致第一分所后续处于停止经营状态。

请根据上述案情，回答下列问题。

1.《合伙企业法》第49条第3款规定：被除名人对除名决议有异议的，可以自接到除名通知之日起30日内，向人民法院起诉。下列关于上述规定中"30日"期限的法律性质及本案原告起诉、被告答辩的说法中，正确的有（　　）。

A.《合伙企业法》第49条第3款规定的"30日"期限属于诉讼时效期间

B. 被告答辩中所主张的理由不成立

C. 根据《合伙企业法》第49条第3款规定，原告不得起诉

D.《合伙企业法》第49条第3款规定的"30日"期限属于除斥期间

E. 被告的答辩主张应当得到人民法院支持

解析 选项AD，结合题干与《合伙企业法》的规定，张海晨向人民法院提出的是撤销会议决议的诉讼请求，撤销权系形成权，该权利会因权利人自接到除名通知之日起30日期限届满而实体上消灭，因此该30日系除斥期间而非诉讼时效期间。选项BCE，2018年10月21日，张海晨收到将其除名的决议，2018年11月3日，张海晨向人民法院提起诉讼，符合"自接到除名通知之日起30日内向人民法院起诉"之规定，因此张海晨依法享有诉权，被告的答辩主张不成立。

【答案】 BD

2. 下列关于张海晨拒绝办理工作交接行为的理由、性质和后果的说法中，正确的有（　　）。

A. 该行为的理由合法

B. 该行为属于行使不安抗辩权

C. 该行为属于行使顺序履行抗辩权

D. 该行为的理由不成立

E. 该行为损害了合伙企业和其他合伙人的权益

解析 选项BC，关于工作交接、结算办理等双方并未签订合同，因此谈不上不安抗辩权和顺序履行抗辩权。选项ADE，退伙时有未了结的合伙企业事务的，待该事务了结后进行结算。张海晨拒绝办理工作交接行为于法无据，导致第一分所后续处于停止经营状态，损害了合伙企业和其他合伙人的权益。

【答案】 DE

3. 根据《合伙企业法》规定，下列关于成长会计师事务所合伙人除名生效时间和除名表决规则的说法中，正确的有(　　)。

A. 2018年6月17日，除名生效

B. 应当经除张海晨之外的其他合伙人一致同意才能生效

C. 应当经会计师事务所24名合伙人一致同意才能生效

D. 2018年10月21日，除名生效

E. 应当经实际出席会议的合伙人一致同意才能生效

解析 选项BCE，对合伙人除名，是合伙企业的重大事项，必须经其他合伙人的一致同意。此系合伙企业法规定，不得由合伙协议做出其他约定。选项AD，被除名人自接到除名通知之日起，除名生效，被除名人退伙。2018年10月21日，张海晨收到将其除名的决议，因此除名生效日期为2018年10月21日。

【答案】 BD

【考点精炼】

法定事项与约定事项

（一）法定事项（7条）

绝对禁止	（1）普伙劳务：合伙人以劳务出资的，其评估办法由全体合伙人协商确定，并在合伙协议中载明。 （2）普伙出质：普通合伙人以其财产份额出质的，必须经其他合伙人一致同意。 （3）普伙同业竞争：普通合伙人绝对不得从事同本企业相竞争的业务。 （4）普伙利润分配：普通合伙企业的合伙协议绝对不得约定将全部利润分配给部分合伙人或者由部分合伙人承担全部亏损。 （5）普伙资格：国有独资公司、国有企业、上市公司及公益性的事业单位、社会团体不得成为普通合伙人。 （6）有伙劳务出资：有限合伙人不得以劳务出资。 （7）有伙事务执行：有限合伙企业由普通合伙人执行合伙事务，有限合伙人不执行合伙事务，不得对外代表有限合伙企业

（二）约定事项（10条）

<table>
<tr>
<td rowspan="2">约定
优先</td>
<td>
（1）除合伙协议另有约定外，合伙企业的下列事项应当经全体合伙人一致同意：
① 固地管饱，职称为财。(6条)
☆提示：
"故"同"固"，处分合伙企业的<u>不动产</u>；
"地"，主要经营场所的<u>地点</u>；
"管"，<u>经营管理人员</u>；
"饱"，为他人提供<u>担保</u>；
"职"，<u>知识产权</u>；
"称"，<u>名称</u>；
"为"，<u>经营范围</u>；
"财"，其他<u>财</u>产权利
② 修改或者补充合伙协议。
③ 新普通合伙人入伙。
④ 有人→普人或普人→有人。
⑤ 普通合伙人向合伙人以外的人转让其在合伙企业中的全部或者部分财产份额时
</td>
</tr>
<tr>
<td>
（2）正常可以做，但约定排除：√→×
① 有限合伙人可以同本有限合伙企业进行交易；但是，合伙协议另有约定的除外。——<u>有人自我交易</u>（普人：相对禁止，约定除外）
② 有限合伙人可以自营或者同他人合作经营与本有限合伙企业相竞争的业务，但是，合伙协议另有约定的除外。——<u>有人同业竞争</u>（普人同业竞争绝对禁止）
③ 有限合伙人可以将其在有限合伙企业中的财产份额出质，但是，合伙协议另有约定的除外。——<u>有人财产份额出质</u>
</td>
</tr>
<tr>
<td></td>
<td>
（3）正常不能做，但约定排除：×→√
① 有限合伙企业不得将全部利润分配给部分合伙人，但是，合伙协议另有约定的除外。
② 普人自我交易
</td>
</tr>
</table>

4. 下列关于张海晨退伙类型及其效力的说法中，正确的有（　　）。
A. 退伙后，张海晨应当对退伙前的合伙企业债务承担有限责任
B. 属于除名退伙
C. 属于声明退伙
D. 属于协议退伙
E. 退伙后，张海晨应当对退伙前的合伙企业债务承担无限连带责任

🔍 **解析**　选项BCD，张海晨退伙属于法定退伙中的除名退伙。选项AE，在特殊的普通合伙企业中，对于合伙人退伙前合伙企业债务，要区分是否属于由一个或数个合伙人在执业活动中故意或重大过失造成的合伙企业债务。如果属于，则张海晨承担"有限责任（非责任合伙人）"或"无限（连带）责任（责任合伙人）"；如果不属于，则其对退伙前的合伙企业债务承担无限连带责任。选项AE过于绝对，因此不选。

【答案】B

第十三章 公 司 法

> **知识点 · 公司能力**

【单选题】 下列关于公司经营范围的说法中,正确的是( )。
A. 公司的经营范围不得改变
B. 公司的经营范围由公司章程规定
C. 公司改变经营范围,不需办理登记,只需修改公司章程
D. 公司超越经营范围订立的合同一律无效

解析 选项A,公司可以修改公司章程,改变经营范围,但是应该办理变更登记,故选项A错误。选项B,公司的经营范围必须由公司章程做出规定,必须依法登记,故选项B正确。选项C,公司可以修改公司章程,改变经营范围,但须办理变更登记,故选项C错误。选项D,公司不得超越经营范围进行活动,如果当事人超越经营范围订立合同,为了保护善意相对人的利益,人民法院不因此认定合同无效,但是违反国家限制经营、特许经营以及法律、行政法规禁止经营规定的除外,故选项D错误。

【答案】 B

【单选题】 甲公司在苹果社区完成一项防水工程后,将剩余的防水材料卖给了苹果社区的乙物业公司。经查,甲公司营业执照登记的经营范围并不包括销售防水材料。根据《民法典》相关规定,甲、乙公司间防水材料买卖合同( )。
A. 无效　　　　　　　　　　B. 效力待定
C. 有效　　　　　　　　　　D. 可撤销

解析 当事人超越经营范围订立合同,为了保护善意相对人的利益,人民法院不因此认定合同无效,但是违反国家限制经营、特许经营及法律、行政法规禁止经营规定的除外。

【答案】 C

【单选题】 下列人员中能担任公司法定代表人的有( )。
A. 监事　　　　　　　　　　B. 监事会主席
C. 公司独立董事　　　　　　D. 经理

解析 公司法定代表人依照公司章程的规定,由代表公司执行公司事务的董事或经理担任,故本题选择选项D。

【答案】 D

【单选题】根据《公司法》的规定，下列关于公司提供担保的说法中，正确的是( )。
A. 公司不得为公司实际控制人提供担保
B. 公司为他人提供担保，由董事长决定
C. 公司可以为股东提供担保，担保数额由董事会决定
D. 公司为股东提供担保，需经出席股东会议的其他股东所持表决权的过半数通过

解析 选项A，公司可以为股东或实际控制人提供担保。选项B，公司向其他企业投资或为他人提供担保，依照公司章程的规定，由董事会或股东会决议。选项C，担保数额由公司章程规定，公司章程对投资或担保的总额及单项投资或担保的数额有限额规定的，不得超过规定的限额。

【答案】 D

【多选题】根据《公司法》，关于公司提供担保的说法，正确的有( )。
A. 公司可以对外提供担保，但不可以为本公司股东或者实际控制人提供担保
B. 董事会、股东会均有权决定公司对外提供担保事宜
C. 公司章程可以对公司提供担保的数额做出限制性规定
D. 公司为公司股东提供担保，必须经股东会决议通过，但接受担保的股东不得参加担保事项的表决
E. 公司股东会可以决定为本公司股东提供担保，但是具体事项表决时需由公司半数以上股东同意才能通过

解析 选项ADE，公司为股东或者实际控制人提供担保的，必须经股东会决议。受公司担保的股东或者受实际控制人支配的股东不得参加表决，该项表决由出席会议的其他股东所持表决权的过半数通过（>1/2）。选项B，例如某有限责任公司章程规定"公司提供担保，不论担保对象是何人，均需由股东会做出决议"。根据规定，公司为他人（非股东、非实际控制人）提供担保的，"按照公司章程的规定"由董事会或者股东会决议，因此该公司章程的规定有效，而此时董事会将不享有担保决策权。选项C，公司章程对担保总额及单项担保的数额有限额规定的，不得超过规定的限额。

【答案】 CD

知识点 · 公司章程

【单选题】根据《公司法》的规定，下列关于公司章程效力及修改程序的说法中，正确的是( )。
A. 有限责任公司的章程必须经全体股东同意并签名盖章后才能生效
B. 股份有限公司的章程必须经全体认股人同意并签名盖章后才能生效
C. 公司章程修改须经股东会决议，股东表决时可以实行累积投票制
D. 公司章程对公司股东、实际控制人、董事、监事、高级管理人员具有约束力

🔍 **解析** 选项AB，有限责任公司的章程经全体股东同意并在章程上签名盖章后生效；股份有限公司采取发起方式设立的，公司章程经全体发起人同意并在章程上签名盖章后生效。采取募集方式设立的，发起人制定公司章程后需经成立大会通过后生效。选项C，公司章程的变更：有限责任公司股东会会议做出修改公司章程的决议，必须经代表2/3以上表决权的股东通过。股份有限公司股东会做出修改公司章程的决议，必须经出席会议的股东所持表决权的2/3以上通过。股东会"选举董事、监事"，可以依照公司章程的规定或者股东会的决议，实行累积投票制。选项D，公司章程对公司、股东（无实际控制人）、董事、监事、高级管理人员具有约束力。

【答案】A

知识点 · 不得回购股本的例外

【单选题】根据《公司法》规定，下列公司可以收购本公司股份的情形中，应当自收购之日起10日内注销所收购股份的是（　　）。

A. 与持有本公司股份的其他公司合并
B. 减少公司注册资本
C. 将股份用于员工持股计划或者股权激励
D. 上市公司为维护公司价值所必需

🔍 **解析**

	回购本公司股份的法定情形(必背)	具体要求
不得收购本公司股份的例外	（1）减少公司注册资本	①应经股东会特别决议； ②应自收购之日起10日内注销
	（2）与持有本公司股份的其他公司合并	①应经股东会特别决议； ②应当在6个月内转让或者注销
	（3）股东因对股东会做出的公司合并、分立决议持异议，要求公司收购其股份的	应当在6个月内转让或者注销
	（4）将股份用于员工持股计划或股权激励	①一般由股东会决议，依公司章程规定或股东会授权，可经2/3以上董事出席的董事会会议决议； ②公司合计持有的本公司股份数不得超过本公司已发行股份总额的10%，并应当在3年内转让或者注销； ③应当通过公开的集中交易方式进行
	（5）将股份用于转换上市公司发行的可转换为股票的公司债券	
	（6）上市公司为维护公司价值及股东权益所必需	
☆提示：公司持有本公司的股份，不得行使表决权		

【答案】B

知识点 · 公司法人人格否认制度

【多选题】 下列公司、股东的行为中，可以作为公司人格混同认定依据的有( )。
A. 用公司的资金偿还股东债务，不做财务记载
B. 控股股东操纵公司决策过程
C. 母子公司之间进行利益输送
D. 不区分公司账簿与股东账簿
E. 股东无偿使用公司资金，不作财务记载

解析 在认定是否构成人格混同时，应当综合考虑以下因素：（1）股东无偿使用公司资金或者财产，不做财务记载的（选项E）；（2）股东用公司的资金偿还股东的债务，或者将公司的资金供关联公司无偿使用，不做财务记载的（选项A）；（3）公司账簿与股东账簿不分，致使公司财产与股东财产无法区分的（选项D）；（4）股东自身收益与公司盈利不加区分，致使双方利益不清的；（5）公司的财产记载于股东名下，由股东占有、使用的；（6）人格混同的其他情形，故选项AE正确。选项D中缺少"致使公司财产与股东财产无法区分"这个条件，故错误。控股股东操纵公司决策过程、母子公司之间进行利益输送属于过度支配与控制的情况，故选项BC错误。

【答案】 AE

【多选题】 根据《民法典》相关规定，下列关于法人成立、法人能力及责任承担的说法中，正确的有( )。
A. 法人成立必须经有关机关批准
B. 法人以其全部财产独立承担民事责任
C. 法人应对法定代表人的职务侵权行为与法定代表人连带承担民事责任
D. 法人需承受法定代表人以法人名义所从事民事活动的法律后果
E. 法人的民事权利能力与民事行为能力，自法人成立时产生

解析 选项A，法人成立的具体条件和程序，依照法律、行政法规的规定。如果设立有限责任公司或者股份有限公司，应当遵守《中华人民共和国公司法》的相关规定（登记备案）。设立法人，法律、行政法规规定须经有关机关批准的，依照其规定。可知，并不是所有的法人成立都需要有关机关批准，故选项A错误。选项B，法人以其全部财产独立承担民事责任，故选项B正确。选项C，法定代表人因执行职务造成他人损害的，由法人承担民事责任。法人承担民事责任后，依照法律或者法人章程的规定，可以向有过错的法定代表人追偿，故选项C错误。选项D，法定代表人以法人名义从事的民事活动，其法律后果由法人承受，故选项D正确。选项E，法人的民事权利能力和民事行为能力同时产生、同时消灭。两者的始期和终期完全一致，均从法人成立时产生，到法人终止时消灭，故选项E正确。

【答案】 BDE

知识点 · 设立条件

【单选题】 甲公司为国有企业，为了改制需要，拟通过募集方式设立股份有限公司。根据《公司法》，下列关于股份有限公司设立的做法中，正确的有（   ）。
A. 甲公司与国内乙公司、丙公司、丁公司订立协议，作为发起人，设立股份有限公司
B. 发起人召开成立大会，对选举董事会成员事项做出决议，经出席会议的认股人所持表决权 1/3 通过
C. 发行股份的股款缴足后，发起人召开成立大会，代表股份总数 1/3 的认股人出席
D. 发起人委托丙公司在成立大会结束后 2 个月内，申请办理公司设立登记手续

解析 选项 A，设立股份有限公司，应当有 2 人以上 200 人以下为发起人，其中须有半数以上的发起人在中国境内有住所。选项 B，选举董事会成员应当经出席会议的认股人所持表决权过半数（>1/2）通过。选项 C，成立大会应有代表股份总数过半数的发起人、认股人出席方可举行。选项 D，董事会应于成立大会结束后 30 日内，向公司登记机关申请设立登记。

【答案】 A

【考点精炼】

	有限责任公司	股份有限公司
人数	1~50 个股东出资设立	"1~200 个"为发起人（≠股东），应当有半数以上（≥50%）的发起人在中国境内有住所（≠中国公民）
有符合规定的出资额或股本总额	发起设立：全体发起人"认缴"出资额按公司章程规定自公司成立之日起 5 年内缴足	发起设立：公司成立前按照其认购的股份全额缴纳股款 募集设立：全体发起人实缴出资额，发起人认购的不得少于公司股份总数的 35%，其余股份向社会公开募集。 ☆提示：发起人向社会公开募集股份（公告招股说明书），必须由证券公司进行承销，同银行签订代收股款协议，不得自己承销。

知识点 · 股东基础

【单选题】 根据《公司法》及有关规定，导致公司股东资格丧失的情形之一是（   ）。
A. 公司股东将其所持有的部分股权转让给他人
B. 公司股东的部分股权被人民法院强制执行

C. 公司的法人股东终止

D. 公司的法人股东设立分支机构

解析 股东资格丧失的情形有：（1）公司法人资格消灭，如解散、破产、被合并。（2）自然人股东死亡或法人股东终止。（3）股东将其所持有的股权转让（部分股权转让不可以）。（4）股权被人民法院强制执行（部分股权强制执行不可以）。（5）法律规定的其他情形。

【答案】C

【考点精炼】

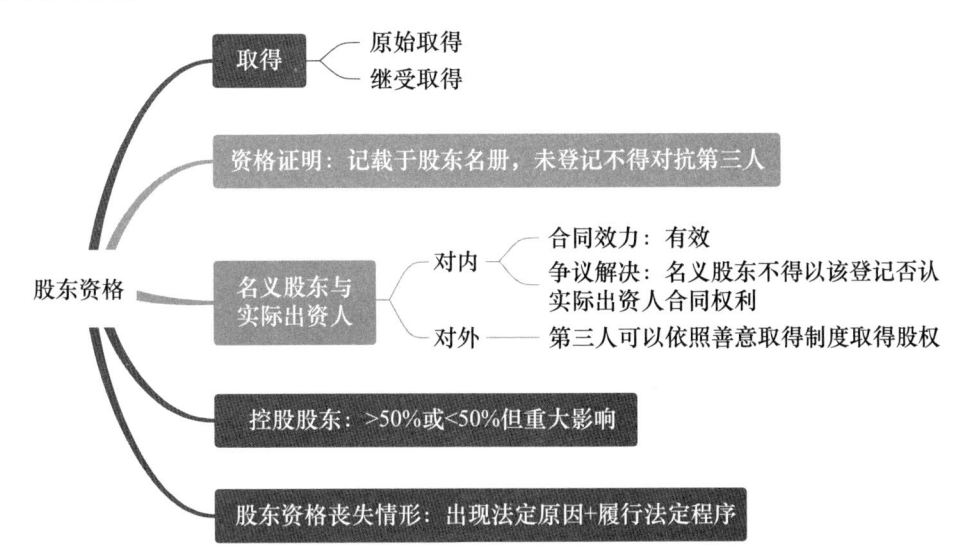

```
                ┌─ 取得 ──┬─ 原始取得
                │         └─ 继受取得
                │
                ├─ 资格证明：记载于股东名册，未登记不得对抗第三人
                │
                │                      ┌─ 合同效力：有效
   股东资格 ────┤   名义股东与   ┌─对内─┤
                ├─  实际出资人  ─┤       └─ 争议解决：名义股东不得以该登记否认
                │                │                     实际出资人合同权利
                │                └─对外── 第三人可以依照善意取得制度取得股权
                │
                ├─ 控股股东：>50%或<50%但重大影响
                │
                └─ 股东资格丧失情形：出现法定原因+履行法定程序
```

知识点 · 股东出资

【多选题】下列关于股权出资规则的说法中，正确的有（　　）。

A. 可以用注册资本尚未缴足的公司的股权出资

B. 可以用已设立质权的股权出资

C. 不可以用已被冻结的股权出资

D. 可以用出资人合法持有并依法可转让的股权出资

E. 不可以用公司章程约定不得转让的股权出资

解析 具有下列情形的，股权不得用做出资：（1）股权所在公司注册资本尚未缴足（选项A错误）；（2）已被设立质权（选项B错误）；（3）已被冻结（选项C正确）；（4）股权所在公司章程约定不得转让（选项E正确）；（5）法律、行政法规或者国务院决定规定，股权所在公司股东转让股权应当报经批准而未经批准；（6）法律、行政法规或者国务院决定规定不得转让的其他情形。

【答案】CDE

【考点精炼】

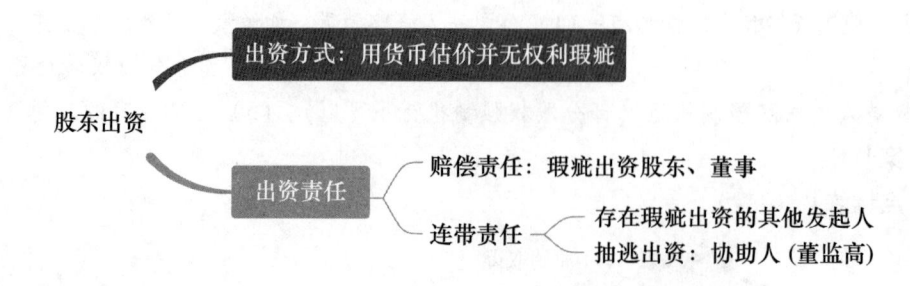

```
                    ┌─ 出资方式：用货币估价并无权利瑕疵
          股东出资 ──┤
                    │              ┌─ 赔偿责任：瑕疵出资股东、董事
                    └─ 出资责任 ──┤
                                   └─ 连带责任 ──┬─ 存在瑕疵出资的其他发起人
                                                 └─ 抽逃出资：协助人（董监高）
```

【单选题】 根据《公司法》，股东可以(　　)出资。

A. 以可以转让的债权出资

B. 以劳务作价出资

C. 以出质的股权出资

D. 以信用作价出资

解析 有限责任公司的股东或者股份有限公司的发起人可以用货币出资，也可以用实物、知识产权、土地使用权、股权、债权等可以用货币估价并可以依法转让的非货币财产作价出资，但法律、行政法规规定不得作为出资的财产除外。

【答案】 A

知识点 · 股东权利

【多选题】 根据《公司法》，有(　　)情形的，对股东会该项决议投反对票的股东，可以请求公司按照合理的价格收购其股权。

A. 在公司连续5年不向股东分配利润、5年连续盈利，且符合《公司法》规定的分配利润条件的情况下，股东会会议决议不向股东分配利润

B. 股东会会议决议与其他公司合并，或者公司分立、转让主要财产

C. 股东会会议决议为公司股东或者实际控制人提供担保

D. 公司章程规定的营业期限届满或者章程规定的其他解散事由出现，股东会会议通过决议修改章程使公司存续

E. 股东会会议决议减少注册资本

解析 有下列情形之一的，对股东会该项决议投反对票的股东可以请求公司按照合理的价格收购其股权：(1) 公司连续5年不向股东分配利润，而公司该5年连续盈利，并且符合本法规定的分配利润条件的。(2) 公司合并、分立、转让主要财产的。(3) 公司章程规定的营业期限届满或者章程规定的其他解散事由出现，股东会会议通过决议修改章程使公司存续的。

【答案】 ABD

【考点精炼】

异议股份回购请求权（投反对票+三选一）

有限责任公司	股份有限公司	
	非公开发行股份	公开发行股份
（1）公司连续5年不向股东分配利润，而公司该5年连续盈利，并符合法定分配利润条件的	—	
（2）公司合并、分立、转让主要财产的（没有"购买财产"）	合并、分立	
（3）公司章程规定的营业期限届满或者章程规定的其他解散事由出现，股东会会议通过决议修改章程使公司存续的	—	

公司的控股股东滥用股东权利，严重损害公司或者其他股东利益的，其他股东有权请求公司按照合理的价格收购其股权

有限责任公司程序：自股东会会议决议通过之日起60日内，股东与公司不能达成股权收购协议的，股东可以自股东会会议决议通过之日起90日内向人民法院提起诉讼。
☆提示：60日与90日的起算时间点，均为股东会会议决议通过之日。
应当在6个月内依法转让或者注销

【☆提示1】有限责任公司股东退出公司的法定条件包括（4条）：异议股东回购请求权和控股股东滥用股东权利。

【☆提示2】股份有限公司股东退出公司的法定条件：（1）非公开发行（3条）：异议股东回购请求权。（2）公开发行（半条）：合并、分立。

知识点·股东诉讼

【多选题】若公司董事会做出的决议存在违反公司章程规定的内容，则可以对该决议提起撤销之诉的人员有（　　）。

A. 公司非控股股东
B. 列席董事会会议的非股东监事
C. 出席董事会会议具有表决权的非股东董事
D. 出席董事会会议的股东
E. 受决议内容影响的股东

解析 股东会、董事会的会议召集程序、表决方式违反法律、行政法规或者公司章程，或者决议内容违反公司章程的，股东可以自决议做出之日起60日内，请求人民法院撤销。所以只有股东有权针对公司决议提起撤销之诉。

【答案】ADE

【考点精炼】

股东对公司的诉讼

(1) 决议无效与可撤销

决议内容	违反	法律效力
决议内容	法律、行政法规	无效
	公司章程	可撤销
会议召集程序、表决方式	法律、行政法规或公司章程	可撤销

☆提示：会议召集程序、表决方式仅有轻微瑕疵，且对决议未产生实质影响的，不得撤销

(2) 决议不成立

① 公司未召开股东会、董事会会议做出决议。

② 股东会、董事会会议未对决议事项进行表决。

③ 出席会议的人数或者股东所持表决权未达到《公司法》或者公司章程规定的人数或者所持表决权数。

④ 同意决议事项的人数或者所持表决权数未达到《公司法》或者公司章程规定的人数或者所持表决权数。

⑤ 导致决议不成立的其他情形。

☆提示：不开会、开会不表决、出席比例不达标、表决比例不达标。

(3) 诉讼当事人

① 原告：

	股东	董事	监事
不成立	√	√	√
无效	√	√	√
可撤销	√	×	×

② 被告：公司。

☆提示：决议无效或撤销不影响公司与善意相对人形成的民事法律关系。

(4) 起诉期限

① 股东自决议做出之日起60日内，可以请求人民法院撤销。

② 未被通知参加股东会会议的股东自知道或者应当知道股东会决议做出之日起60日内，可以请求人民法院撤销。

③ 自决议做出之日起1年内没有行使撤销权的，撤销权消灭。

【多选题】根据《公司法》的规定，股东可提起撤销公司决议诉讼，其适用的情形包括( )。

A. 公司高级管理人员侵占公司财产
B. 董事会会议的召集程序违反法律、行政法规或者公司章程
C. 董事会决议的表决方式违反法律、行政法规或者公司章程
D. 公司高级管理人员损害股东利益
E. 股东会的决议内容违反公司章程

解析 选项BC，股东会、董事会的会议召集程序、表决方式违反法律、行政法规或者公司章程，或者决议内容违反公司章程的，股东可以自做出决定之日起60日内，请求人民法院撤销，超过规定期限撤销的起诉，人民法院不予受理。选项A，应考虑提起股东代位（表）诉讼。选项D，应当考虑提起股东直接诉讼。选项E，"内容"违反公司章程——撤销（见选项BC解析），"内容"违反法律、行政法规无效。

【答案】 BCE

【考点精炼】

股东诉讼的种类

股东诉讼	股东对公司的诉讼	（1）涉及撤销的诉讼。 （2）涉及股东知情权的诉讼。 （3）涉及股权转让变更的诉讼。 （4）涉及公司股权收购的诉讼（异议股东回购请求权已讲）。 （5）涉及股东失权的诉讼。 （6）涉及解散公司的诉讼（10%股东）
	股东代表诉讼	股东对侵害"公司利益"的人进行诉讼
	股东直接诉讼	股东对侵害"个别股东利益"的人进行诉讼

【单选题】根据《公司法》规定，有限责任公司股东可直接向人民法院提起诉讼的情形是( )。

A. 公司董事违反法律、行政法规规定，损害股东利益的
B. 公司董事执行公司职务时违反法律、行政法规，给公司造成损失的
C. 公司董事执行公司职务时违反公司章程，给公司造成损失的
D. 公司连续3年盈利但不向股东分配利润的

解析 董事、高级管理人员违反法律、行政法规或者公司章程的规定，损害股东利益的，股东可以向人民法院提起诉讼。

【答案】 A

【考点精炼】

1. 股东代表诉讼

侵害对象	侵权人	程序（书面）	起诉股东资格	名义
公司利益	董事、高级管理人员	监事会→股东	（1）有限责任公司：任意一个股东。 （2）股份有限公司：连续180日以上单独或合计持有公司1%以上股份的股东	以股东自己的名义起诉
	监事	董事会→股东		
	董事、监事、高级管理人员以外的其他人	董事会或者监事会→股东		

☆提示：

（1）监事会、不设监事会的有限责任公司的监事，或者董事会、执行董事收到前款规定的股东书面请求后拒绝提起诉讼，或者自收到请求之日起30日内未提起诉讼，或者情况紧急、不立即提起诉讼将会使公司利益受到难以弥补的损害的，规定的股东有权为了公司的利益以自己的名义直接向人民法院提起诉讼。

（2）股东代表诉讼中，应当列公司为第三人参与诉讼。

做题技巧：股东代表诉讼的相关题目中，做题时必须分层思考。董、高做错事，必须先找监，监不管再代表诉讼；监做错了事，必须找董，董不管再代表诉讼；董、监、高以外的他人做错事，必须找董或监，该部门不管再代表诉讼。绝对不能跨越内部救济渠道直接找人民法院。（情况紧急、不立即提起诉讼将会使公司利益受到难以弥补的损害除外）

2. 股东直接诉讼

董事、高级管理人员违反法律、行政法规或者公司章程的规定，损害股东利益的，股东可以向人民法院提起诉讼。

【单选题】根据《公司法》，下列关于公司股东诉讼及事由的说法中，正确的是（　　）。

A. 认为股东会的决议内容违反法律、法规规定的，股东可自决议做出之日起60日内，请求人民法院判决撤销

B. 认为股东会的表决方式违反法律、法规规定的，股东可自决议做出之日起60日内，请求人民法院判决撤销

C. 认为公司高管执行职务时违反公司章程规定，给公司造成损失的，股东可以直接向人民法院提起诉讼

D. 认为公司高管执行职务时违反法律、法规规定，损害股东利益的，股东须请求监事会向人民法院提起诉讼，情况紧急除外

解析　选项AB，股东会、董事会的决议内容违反法律、行政法规的无效。股东会、董事会的会议召集程序、表决方式违反法律、行政法规或者公司章程，或者决议内容违反公司章程的，股东可以自决议做出之日起60日内，请求人民法院撤销。选项C，董事、高级管理人员，执行公司职务时违反法律、行政法规或者公司章程的规定，给公司造成损失的，股

东可提起代位诉讼。选项D，董事、高级管理人员，执行公司职务时违反法律、行政法规或者公司章程的规定，损害股东利益的，股东可以直接向人民法院提起诉讼。

【答案】 B

【多选题】 根据《公司法》司法解释，下列关于股东提起诉讼的说法中，正确的有( )。

A. 股东认为股东会表决方式违反公司章程规定的，可以向人民法院提起公司决议无效诉讼

B. 股东认为公司监事违反公司章程规定，损害公司利益的，应以自己的名义直接向人民法院提起诉讼

C. 对股东会转让公司主要财产的决议投反对票的股东，在规定时间内与公司不能达成股权收购协议的，可自股东会决议通过之日起90日内向人民法院提起诉讼

D. 公司董事执行职务时违反公司章程规定，给公司造成损失的，有限责任公司股东应以自己的名义直接向人民法院提起诉讼

E. 公司高管执行公司职务时违反公司章程，给公司造成损失的，有限责任公司股东可以书面请求监事会向人民法院提起诉讼

解析 选项A，股东会、董事会的会议召集程序、表决方式违反法律、行政法规或者公司章程，或者决议内容违反公司章程的，股东可以自决议做出之日起60日内，请求人民法院撤销。选项B，监事侵犯公司利益的，先找董事会，其不作为或情况紧急时符合条件的股东可直接起诉。选项DE，董事、高管侵犯公司利益的，先找监事，其不作为或情况紧急时符合条件的股东可直接起诉。选项C，有限责任公司转让主要财产，对股东会该项决议"投反对票"的股东可以请求公司按照合理的价格收购其股权。自股东会会议决议通过之日起60日内，股东与公司不能达成股权收购协议的，股东可以自股东会会议决议通过之日起90日内向人民法院提起诉讼。

【答案】 CE

知识点 · 公司组织机构

【单选题】 下列有关股东会的说法中，正确的是( )。

A. 有限责任公司选举职工监事，由参加股东会的股东表决通过

B. 全体股东以书面形式一致同意修改公司章程的，可以不召开股东会会议

C. 股东会选举董事可以实行累积投票制，但选举监事不可以实行累积投票制

D. 股东会表决时，公司持有的本公司股份具有同等表决权

解析 选项A，监事会中的职工代表由公司职工通过职工代表大会、职工大会或者其他形式民主选举产生，故选项A错误。选项C，累积投票制只针对选举董事和监事才采用，故选项C错误。选项D，股东出席股东会会议，所持每一股份有一表决权。但是，公司持有的本公司股份没有表决权，故选项D错误。

【答案】 B

【考点精炼】

股东会的议事规则

表决	股东会需要 2/3 以上通过的："章册合分散，变更重一三！" 章（修改章程） 册（增减注册资本） 合分散（合并/分立/解散） 变更（变更公司形式） 重一三（上市公司在1年内购买、出售重大资产或者担保金额超过公司资产总额30%） ☆提示：特别决议，必须经代表 2/3 以上（≥2/3）表决权的股东(有限责任公司)或出席会议的股东所持表决权的 2/3 以上（股份公司）通过
股份有限公司表决规则	(1) 股东会不得对通知中未列明的事项做出决议。 (2) 股东会应当对所议事项的决定做成会议记录，主持人、出席会议的董事应当在会议记录上签名。 (3) 股东出席股东会会议，所持每一股份有一个表决权，但公司持有的本公司股份没有表决权。 (4) 股东会做出决议，必须经出席会议的股东所持表决权过半数通过（一般决议）。 (5) 股东会选举董事、监事，可以依照公司章程的规定或者股东会的决议，实行累积投票制

总结

	有限责任公司	股份有限公司
表决权	股东按照出资比例行使，章程另有规定除外(先约定，后法定)	每一股份有一个表决权，但公司持有的本公司股份没有表决权
普通决议	议事方式和表决程序由章程决定(约定)	经出席会议的股东所持表决权过半数（>1/2）通过(法定)
特别决议(章册合分散，变更重一三)	必须经代表2/3 以上表决权（≥2/3）的股东通过(法定)	经出席会议的股东所持表决权的 2/3 以上（≥2/3）通过(法定)
签名	会议记录由"出席会议股东"签名	会议记录由"主持人、出席会议的董事"签名

【多选题】根据《公司法》规定，下列关于公司章程和股东责任的说法中，正确的有(　　)。

A. 公司股东滥用股东有限责任，逃避债务，严重损害公司债权人利益的，应当对公司债务承担连带责任

B. 股份有限公司章程由发起人制定，采用募集方式设立的，须经成立大会通过

C. 公司章程具有普遍约束力

D. 有限责任公司修改公司章程的，须经代表 2/3 以上的表决权的股东通过

E. 设立公司必须依法制定公司章程

解析 选项 A，公司股东滥用公司法人独立地位和股东有限责任，逃避债务，严重损害公司债权人利益的，应当对公司债务承担连带责任。选项 B，股份有限公司章程由发起人制定，采用募集方式设立的，须经创立大会通过。选项 C，公司章程作为公司内部规章，对公司、股东、董事、监事、高级管理人员具有约束力，效力仅及于公司和相关当事人，不具有普遍约束力。选项 D，有限责任公司修改公司章程的，须经代表 2/3 以上的表决权的股东通过。选项 E，设立公司必须依法制定公司章程，章程是公司必备的，规定其名称、宗旨、资本、组织机构等对内对外事务的基本法律文件。

【答案】 ABDE

【单选题】 某股份有限公司董事会由 11 名董事组成。2005 年 8 月 20 日，公司董事长胡某召集并主持董事会会议，共有 8 名董事出席会议，其他 3 名董事因事请假。董事会会议讨论了下列事项：

一是鉴于公司董事会成员工作任务加重，拟给每位董事涨工资 30%；

二是鉴于监事会成员中的职工代表张某生病，拟由公司职工王某替换张某担任监事；

三是鉴于公司发展的实际情况，拟将本公司与另一公司合并，组建新的公司。经表决，有 6 名董事同意而通过前述事项。董事会就此做出最终决定。本案董事会的做法中，符合《公司法》规定的是(　　)。

A. 公司董事长召集并主持董事会会议

B. 董事会决定给每位董事涨工资

C. 董事会决定公司职工王某参加监事会

D. 董事会决定公司合并

解析 选项 A，根据法律规定，股份有限公司董事长召集和主持董事会会议，故选项 A 正确。选项 B，决定有关董事、监事的报酬事项是股东会的职权，故选项 B 错误。选项 C，监事会中的职工代表由公司职工通过职工代表大会、职工大会或者其他形式民主选举产生，而不是由董事会决议，故选项 C 错误。选项 D，决定公司合并是股东会的职权，故选项 D 错误。

【答案】 A

【多选题】 下列有关公司设立规则的说法中，正确的有(　　)。

A. 股份有限公司发起人未按照公司章程的规定缴足出资的，应当补缴，但其他发起人不承担连带责任

B. 采取发起设立方式设立股份有限公司的，公司章程由发起人制定

C. 设立有限责任公司时，股东以非货币资产出资的，应当依法办理其财产权的转移手续

D. 股份有限公司规模较小，股东人数较少，可以不设董事会和监事会

E. 发起人为设立公司以自己名义对外签订合同，相对人有权要求发起人承担合同责任

解析 选项A，股东在公司设立时未履行或未全面履行出资义务，发起人与该股东承担连带责任。

【答案】 BCDE

【多选题】 下列关于公司董事会召开会议的说法中，符合法律规定的有（　　）。

A. 应当在会议记录上签名的董事仅限于出席会议并投赞成票的董事

B. 董事会应当对所议事项的决定做成会议记录

C. 董事会会议议事方式一律由法律规定

D. 董事会决议的表决实行一人一票

E. 董事会会议表决程序一律由公司章程规定

解析 选项AB，董事会应当对所议事项的决定做成会议记录，出席会议的董事应当在会议记录上签名（不论是否投赞成票）。选项CE，有限责任公司中，董事会的议事方式和表决程序，除法律另有规定的外，由公司章程规定。股份有限公司中，董事会做出决议，必须经全体董事的过半数通过。

【答案】 BD

【单选题】 下列职权中，不属于有限责任公司股东会职权的是（　　）。

A. 审议批准利润分配方案

B. 审议批准监事会或者监事的报告

C. 聘任或者解聘公司总经理

D. 修改公司章程

解析 聘任或者解聘公司总经理是董事会的职权，并不是股东会的职权。

【答案】 C

【考点精炼】

股东会、董事会、经理职权

股东会	董事会	经理
—	决定公司的<u>经营计划和投资方案</u>	组织实施公司年度经营计划和投资方案
—	决定公司内部管理机构的设置	拟订公司内部管理机构设置方案
选举和更换董事、监事、决定有关董事、监事的报酬	决定聘任或解聘经理及其报酬事项；根据经理的提名，决定聘任或解聘副经理、财务负责人及其报酬事项	提请聘任或者解聘公司副经理、财务负责人；决定聘任或者解聘除应由董事会决定聘任或者解聘以外的负责管理人员

续表

股东会	董事会	经理
修改公司章程	制定公司的基本管理制度	拟订公司的基本管理制度；制定公司的具体规章
审议批准公司的利润分配和弥补亏损方案；对增减注册资本及发行公司债券、合并、分立、变更公司形式、解散和清算做出决议	制定公司的年度财务预算方案、决算方案；利润分配和弥补亏损方案；增、减注册资本及发行公司债券方案；合并、分立、变更公司形式、解散的方案	董事会授予的其他职权。公司章程对经理职权另有规定的，从其规定
审议批准董事会、监事的报告	召集股东会会议，并向股东会报告工作；执行股东会决议	主持公司的生产经营管理工作，组织实施董事会决议

【单选题】下列关于国有独资公司的表述中，正确的是(   )。

A. 国有独资公司所有董事会成员均由国有资产监督管理机构指定
B. 国有独资公司经理由国有资产监督管理机构聘任
C. 国有独资公司监事会成员不得少于3人
D. 国有资产监督管理机构可以授权公司董事会行使股东会的部分职权

解析 董事会成员由国有资产监督管理机构委派，但是，董事会成员中的职工代表由公司职工代表大会选举产生，选项A错误。国有独资公司设经理，由董事会聘任或者解聘，选项B错误。国有独资公司不设监事会，选项C错误。

【答案】D

【考点精炼】

职工代表
- 职工选举产生
- 应当有
  - 国有独资公司董事会
  - 职工人数≥300人
    - ①设监事会，监事会应当有≥1/3→董事会可以有
    - ②不设监事会，董事会应当有
- 可以有
  - 职工人数≤300人
    - ①设监事会，监事会应当有≥1/3→董事会可以有
    - ②不设监事会，董事会可以有

知识点 · 公司股权转让与股份转让

【单选题】下列关于有限责任公司股权转让的说法中，正确的是(   )。

A. 有限责任公司的股东之间不得相互转让其全部或者部分股权

B. 人民法院依照强制执行程序转让股东的股权时，应当通知公司及全体股东，其他股东在同等条件下有优先购买权

C. 自然人股东死亡后，其合法继承人不可以继承其股东资格

D. 股东向股东以外的人转让股权，依法应当经公司全部股东同意

解析 选项A，有限责任公司的股东之间可以相互转让其全部或者部分股权，选项A错误。选项B，人民法院依照法律规定的强制执行程序转让股东的股权时，应当通知公司及全体股东，其他股东在同等条件下有优先购买权，选项B正确。选项C，自然人股东死亡后，其合法继承人可以继承股东资格，选项C错误。选项D，股东向股东以外的人转让股权，应当经其他股东过半数同意，选项D错误。

【答案】 B

【考点精炼】

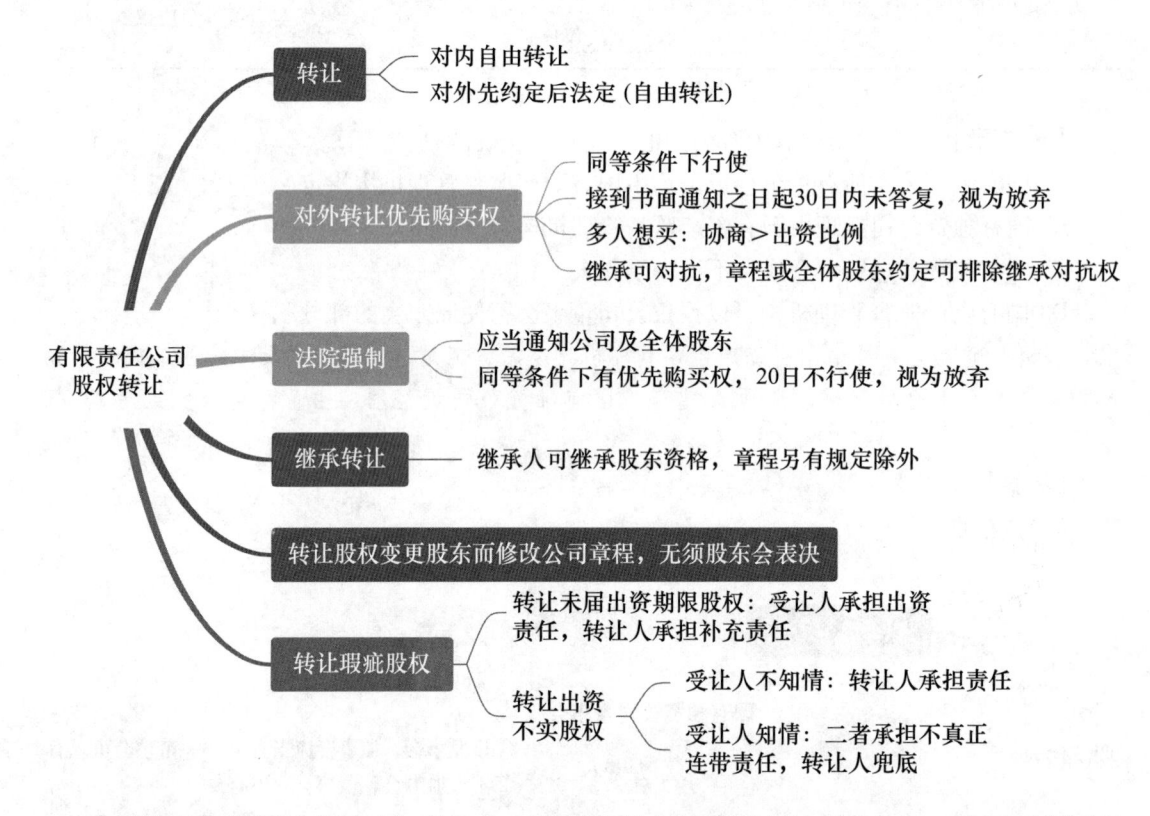

有限责任公司股权转让：
- 转让
  - 对内自由转让
  - 对外先约定后法定（自由转让）
- 对外转让优先购买权
  - 同等条件下行使
  - 接到书面通知之日起30日内未答复，视为放弃
  - 多人想买：协商＞出资比例
  - 继承可对抗，章程或全体股东约定可排除继承对抗权
- 法院强制
  - 应当通知公司及全体股东
  - 同等条件下有优先购买权，20日不行使，视为放弃
- 继承转让
  - 继承人可继承股东资格，章程另有规定除外
- 转让股权变更股东而修改公司章程，无须股东会表决
- 转让瑕疵股权
  - 转让未届出资期限股权：受让人承担出资责任，转让人承担补充责任
  - 转让出资不实股权
    - 受让人不知情：转让人承担责任
    - 受让人知情：二者承担不真正连带责任，转让人兜底

【单选题】根据《公司法》的规定，有限责任公司的股东转让股权后，公司无须履行的程序是（　　）。

A. 注销原股东的出资证明书

B. 向新股东签发出资证明书

C. 召开股东会修改公司章程中有关股东及其出资额的记载并表决通过

D. 相应修改公司股东名册中有关股东及其出资额的记载

解析 有限责任公司股东转让股权后，公司应注销原股东的出资证明书，向新股东签发出资证明书，并相应修改公司章程和股东名册有关股东及其出资额的记载。对公司章程的该

项修改不需再由股东会表决。

【答案】C

【单选题】根据《公司法》规定，下列关于股份转让的说法中，正确的是(　　)。
A. 发起人持有的本公司股份，自公司成立之日起 2 年内不得转让
B. 公司经理在任职期间内不得转让其所持有的本公司股份
C. 公司董事所持有的本公司股份，自公司股票上市交易之日起 1 年内不得转让
D. 公司监事离职后 1 年内不得转让其所持有的原任职公司股份

解析　老《公司法》规定"发起人持有的本公司股份，自公司成立之日起 1 年内不得转让"，该规定已经删除，即公司成立之日与发起人转让股份限制无必然联系。选项 A 错误。公司董事、监事、高级管理人员应当向公司申报所持有的本公司的股份及其变动情况，在任职期间每年转让的股份不得超过其所持有本公司股份总数的 25%，选项 B 错误。公司董事、监事、高级管理人员所持本公司股份自公司股票上市交易之日起 1 年内不得转让，选项 C 正确。公司董事、监事、高级管理人员离职后半年内，不得转让其所持有的本公司股份，选项 D 错误。

【答案】C

【考点精炼】

股份有限公司股份转让

股份转让自由 （**股份有限公司**）	（1）公司章程 > 自由转让（对内 + 对外）。 （2）自然人股东死亡：公司章程 > 合法继承人继承
股份转让的地点	证券交易所或国务院规定其他地点
股份转让的方式	由股东以"背书"方式或法律、行政法规规定的其他方式进行
股东名册时间限定	股东会会议召开前 20 日内或者公司决定分配股利的基准日前 5 日内，不得变更股东名册
特殊的限制	公司公开发行股份前已发行的股份，自公司股票在证券交易所上市交易之日起"1 年内"不得转让
董、监、高 股份变动	公司董事、监事、高级管理人员应当向公司申报所持有的本公司的股份及其变动情况： （1）在任职期间每年转让的股份不得超过其所持有本公司股份总数的 25%。 （2）自公司股票上市交易之日起 1 年内不得转让。 （3）离职后半年内，不得转让其所持有的本公司股份。 ☆提示：公司不得接受本公司的股票作为质押权的标的，防止变相收购

知识点 · 公司董监高

【单选题】 下列人员中可以担任公司经理的是（　　）。
A. 丙担任董事的公司破产清算完结满 3 年，但丙无个人责任
B. 乙因侵占财产被判处刑罚，刑期执行完毕刚满 3 年
C. 丁为限制民事行为能力人
D. 甲因犯罪被剥夺政治权利，刑期执行完毕刚满 4 年

解析　下列情形不能担任公司的董事、监事或者高级管理人员：无民事行为能力或者限制民事行为能力（选项 C 不当选）；因贪污、贿赂、侵占财产、挪用财产或者破坏社会主义市场经济秩序，被判处刑罚，或者因犯罪被剥夺政治权利，执行期满未逾 5 年，被宣告缓刑的，自缓刑考验期满之日起未逾 2 年（选项 BD 不当选）；担任破产清算的公司、企业的董事或者厂长、经理，对该公司、企业的破产负有个人责任的，自该公司、企业破产清算完结之日起未逾 3 年（选项 A 当选）；担任因违法被吊销营业执照、责令关闭的公司、企业的法定代表人，并负有个人责任的，自该公司、企业被吊销营业执照之日起未逾 3 年；个人因所负数额较大的债务到期未清偿被人民法院列为失信被执行人。

【答案】 A

【考点精炼 1】

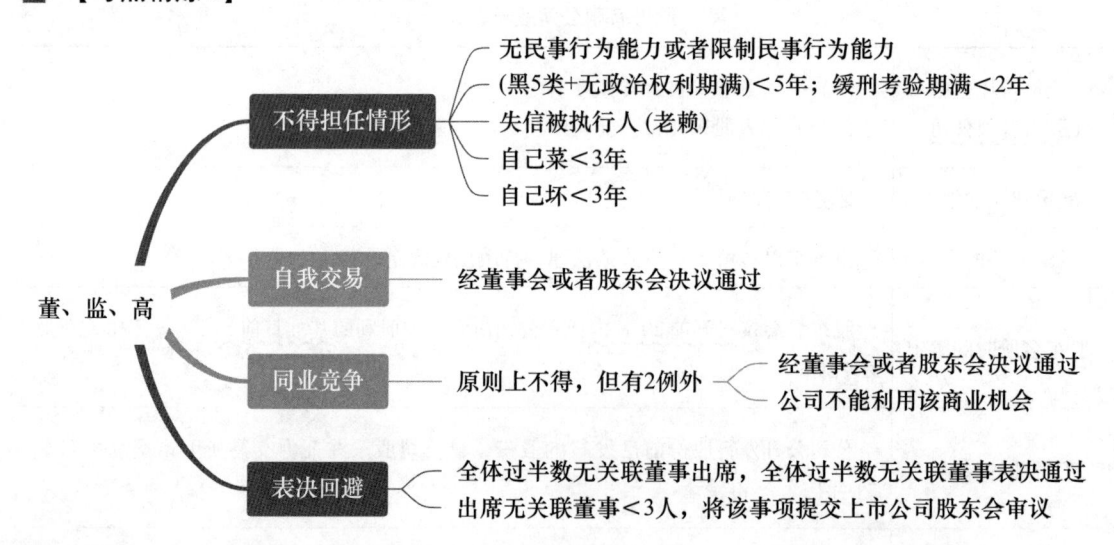

董、监、高
- 不得担任情形
  - 无民事行为能力或者限制民事行为能力
  - (黑5类+无政治权利期满)＜5年；缓刑考验期满＜2年
  - 失信被执行人(老赖)
  - 自己菜＜3年
  - 自己坏＜3年
- 自我交易 —— 经董事会或者股东会决议通过
- 同业竞争 —— 原则上不得，但有2例外
  - 经董事会或者股东会决议通过
  - 公司不能利用该商业机会
- 表决回避
  - 全体过半数无关联董事出席，全体过半数无关联董事表决通过
  - 出席无关联董事＜3人，将该事项提交上市公司股东会审议

【考点精炼 2】

董事会表决的 2/3

	会议举行最低人数	表决通过人数
一般情况	全体过半数（＞1/2）的董事出席	经全体的董事过半数（大于1/2）通过

续表

	会议举行最低人数	表决通过人数
财务资助	全体过半数（＞1/2）的董事出席	经全体的董事2/3以上（≥2/3）通过
股份公司授权董事会以现金形式发行新股		
不得收购本公司股份（在之前知识点有提及）	全体2/3以上（≥2/3）董事出席	经全体的董事过半数（＞1/2）通过
回避制度	关联股东在会议举行最低人数和表决通过人数中"不算人"

知识点 · 公司变更、解散与清算

【多选题】下列有关公司合并、分立规则的说法中，正确的有(　　)。

A. 有限责任公司分立，应由股东会做出决议

B. 公司合并时，合并各方的债权、债务由合并后存续的公司承继

C. 股份有限公司合并的决议，须经该公司代表2/3以上表决权的股东通过

D. 公司分立，应当编制资产负债表及财产清单

E. 公司分立时，通知债权人和公告是必经程序

解析　股东会做出修改公司章程、增加或者减少注册资本的决议，以及公司合并、分立、解散或者变更公司形式的决议，必须经出席会议的股东所持表决权的2/3以上通过，故选项C错误。

【答案】 ABDE

【单选题】下列关于公司合并的表述中，正确的是(　　)。

A. 应当经董事会全体董事一致通过

B. 公司应当自做出合并决议之日起30日内通知各自的债权人

C. 未接到通知书的债权人，自公告之日起45日内，可以要求公司清偿债务

D. 应当经全体股东过半数同意

解析　选项AD，特别决议必须经代表2/3以上（≥2/3）表决权的股东（有限责任公司）或出席会议的股东所持表决权的2/3以上（股份公司）通过，该事项无须董事会决议。选项BC，公司合并，应当由合并各方签订合并协议，并编制资产负债表及财产清单。公司应当自做出合并决议之日起10日内通知债权人，并于30日内在报纸上或者国家企业信用信息公示系统公告。债权人自接到通知书之日起30日内，未接到通知书的自公告之日起45日内，可以要求公司清偿债务或者提供相应的担保。

【答案】 C

【考点精炼】

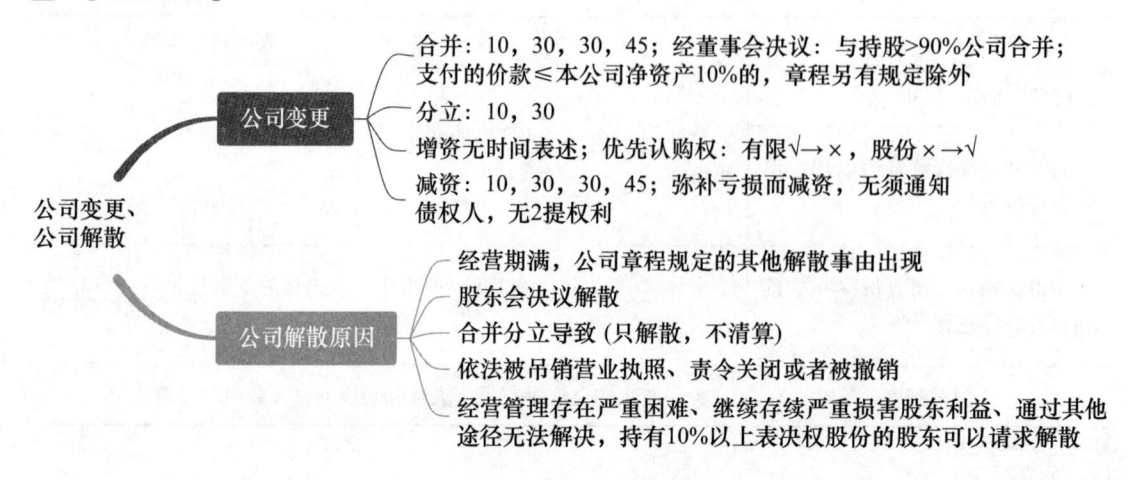

```
                    ┌─ 合并：10，30，30，45；经董事会决议：与持股>90%公司合并；
                    │   支付的价款≤本公司净资产10%的，章程另有规定除外
         ┌─公司变更─┼─ 分立：10，30
         │          ├─ 增资无时间表述；优先认购权：有限√→×，股份×→√
公司变更、│          └─ 减资：10，30，30，45；弥补亏损而减资，无须通知
公司解散  │             债权人，无2提权利
         │          ┌─ 经营期满，公司章程规定的其他解散事由出现
         │          ├─ 股东会决议解散
         └─公司解散 ├─ 合并分立导致（只解散，不清算）
            原因    ├─ 依法被吊销营业执照、责令关闭或者被撤销
                    └─ 经营管理存在严重困难、继续存续严重损害股东利益、通过其他
                       途径无法解决，持有10%以上表决权股份的股东可以请求解散
```

【单选题】下列关于甲股份有限公司成立、增发股份、合并的说法中，符合《公司法》规定的是(   )。

A. 甲股份有限公司于 2009 年 5 月 20 日成立，股本总额为人民币 8000 万元，其中 6000 万元系向社会公开募集

B. 2010 年 3 月 28 日，为进行技术改造，甲股份有限公司董事会决议以非现金方式增发股份 2000 万元

C. 2012 年 3 月 10 日，甲股份有限公司决议与乙股份有限公司合并，成立丙股份有限公司，并于 4 月 1 日通知各自债权人

D. 2012 年 3 月 10 日，甲股份有限公司决议与乙股份有限公司合并，自 2012 年 4 月 6 日开始，在报纸上连续刊登合并公告 3 次

解析 选项 A，以募集方式设立的股份有限公司，除法律、行政法规另有规定外，发起人认购的股份不得少于公司股份总数的 35%。甲股份有限公司，以公开方式募集的股份最多为 5200 万元，选项 A 错误。选项 B，以非现金方式增加注册资本属于股东会的特别决议事项，董事会无权决定，选项 B 错误。选项 CD，合并各方应当自合并决议做出之日起 10 日内通知债权人，并于 30 日内在报纸上或者国家企业信用信息公示系统公告，选项 C 错误、选项 D 正确。

【答案】 D

【综合分析题】

(一)

2017 年 3 月 3 日，甲、乙、丙签订投资协议设立海虹公司，约定每人各认缴出资 30 万元并于公司成立后 3 个月后缴齐。2017 年 3 月 15 日，海虹公司经登记成立。甲任执行董事，乙任经理，丙不参与公司经营管理。公司成立后未召开过股东会。

2017 年 11 月，丙以了解公司财务状况和自己不具有会计和法律专业知识为由，向海虹公司提交书面申请，请求由其聘请的律师和会计师代其查阅和复制海虹公司财务会计报告和

会计账簿。海虹公司以查阅和复制涉及公司商业秘密,且该申请未得到甲、乙同意为由,拒绝了丙的要求。2017 年 12 月 3 日,丙以侵犯其股东知情权为由起诉海虹公司,请求人民法院判令公司提供查阅。

2017 年 12 月 5 日,海虹公司因项目需要向河海公司借款 130 万元,借期 5 个月,年利率为 36%,长捷公司为海虹公司的借款出具《保证责任书》提供担保,没有明确保证方式。已知合同成立时一年期贷款市场报价利率为 4%。2017 年 12 月 7 日,河海公司将借款汇入海虹公司的银行账户。借款届期时,海虹公司未还款,河海公司多次催要未果,河海公司于 2018 年 6 月将海虹公司、长捷公司诉至人民法院。人民法院立案后,河海公司发现甲、丙的认缴出资未到位,于是追加甲、丙为被告,请求人民法院判决甲、丙承担责任。

请根据案情,回答下列问题。

1. 下列有关甲、丙出资行为及其后果的说法中,正确的有( )。
   A. 乙对甲、丙出资不足的范围内承担连带责任
   B. 乙对甲、丙出资不足的范围内不承担责任
   C. 甲、丙应当向公司足额缴纳出资
   D. 甲、丙应当对给公司造成的损失承担赔偿责任
   E. 甲、丙构成抽逃出资

🔍 **解析** 选项 AB,有限责任公司设立时,股东未按照公司章程规定实际缴纳出资或者实际出资的非货币财产的实际价额显著低于所认缴的出资额的,设立时的其他股东与该股东在出资不足的范围内承担连带责任。选项 CD,股东或者出资人未按期足额缴纳出资的,除应当向公司足额缴纳外,还应当对给公司造成的损失承担赔偿责任。选项 E,抽逃出资,是指损害公司权益的下列情形:①制作虚假财务会计报表虚增利润进行分配;②通过虚构债权债务关系将其出资转出;③利用关联交易将出资转出;④其他未经法定程序将出资抽回的行为。甲、丙未按期足额缴纳出资,非抽逃出资。

【答案】ACD

2. 下列有关查阅、复制公司财务会计报告和会计账簿的请求与拒绝的说法中,正确的是( )。
   A. 丙查阅、复制不需要向红海公司提出书面申请
   B. 海虹公司拒绝丙查阅有法律根据
   C. 丙有权查阅,但是不能聘请律师或会计师帮助查阅
   D. 海虹公司拒绝丙查阅、复制,侵犯了丙的股东知情权
   E. 海虹公司拒绝丙查阅、复制,侵犯了丙的股东决策权

🔍 **解析** 选项 AB:①股东有权查阅、复制公司章程、股东名册、股东会会议记录、董事会会议决议、监事会会议决议和财务会计报告。②股东可以要求查阅(不包括复制)公司会计账簿、会计凭证;有限责任公司股东要求查阅公司会计账簿、会计凭证的,应当向公司提出书面请求,说明目的。选项 C,股东依据人民法院生效判决查阅公司文件材料的,在该股东在场的情况下,可以由会计师、律师等依法或者依据执业行为规范负有保密义务的中介机构执业人员辅助进行。选项 DE,海虹公司拒绝丙查阅、复制,侵犯了丙的股东知情权而非决策权。

【答案】D

3. 下列有关本案保证方式、保证效力及借款合同生效时间、借款利率的说法中，正确的有(　　)。

A. 河海公司、海虹公司间借款合同于 2017 年 12 月 5 日成立，于 2017 年 12 月 7 日生效
B. 长捷公司在本案中不享有先诉抗辩权
C. 本案保证方式应当视为连带责任保证
D. 本案借款年利率 16% 以下能获得人民法院支持
E. 本案借款年利率约定超过 16%，超过部分的利息约定无效

🔍 【解析】 选项 A，除自然人之间的借款合同之外的民间借贷合同自合同成立时生效，但当事人另有约定或者法律、行政法规另有规定的除外。选项 BC，当事人对保证方式没有约定或者约定不明确的，按照"一般保证"方式承担保证责任，享有先诉抗辩权。选项 DE，出借人请求借款人按照合同约定利率支付利息的，人民法院应予支持，但是双方约定的利率超过合同成立时一年期贷款市场报价利率 4 倍（4%×4＝16%）的除外。

【答案】 DE

4. 下列有关本案诉讼程序的说法中，正确的有(　　)。

A. 人民法院不得以口头形式告知当事人诉讼权利义务
B. 人民法院应当在立案之日起 15 日内将起诉状副本发送至海虹公司、长捷公司
C. 长捷公司应当以第三人身份参加诉讼
D. 海虹公司应在收到起诉状副本之日起 15 日内提出答辩状
E. 若被告对管辖权有异议，则应在提交答辩状期间提出

🔍 【解析】 选项 A，人民法院应当在受理案件通知书和应诉通知书中告知原告和被告所享有的诉讼权利、所承担的诉讼义务，或者以口头形式告知当事人诉讼权利义务。选项 BD，人民法院应当在立案之日起 5 日内将起诉状副本发送被告，被告应当在收到之日起 15 日内提出答辩状。选项 C，因保证合同纠纷提起的诉讼，债权人向保证人和被保证人一并主张权利的，人民法院应当将保证人和被保证人列为共同被告。选项 E，人民法院受理案件后，当事人对管辖权有异议的，应当在提交答辩状期间提出。

【答案】 DE

（二）

华兴股份有限公司因经营管理不善造成亏损，未弥补的亏损达公司实收股本总额的 1/4，公司董事长李某决定在 2008 年 4 月 6 日召开临时股东会，讨论如何解决公司面临的困境，2008 年 4 月 1 日，董事长李某发出召开 2008 年临时股东会通知，内容如下：为讨论解决本公司面临的亏损问题，凡持有股份 10 万股以上的股东直接参加临时股东会，小股东不必参加临时股东会。股东会如期召开，有 90 名股东出席会议。

会议议程分为两项：(1) 讨论解决公司经营所遇困难问题的措施。(2) 改选公司监事 2 人。经讨论，大家认为目前公司效益太差，无扭亏希望，于是通过表决，80 名股东同意解散公司。会后，未出席股东会的小股东黄某认为公司的上述行为侵犯了其合法权益，遂向人民法院提起诉讼。

请根据案情，回答下列问题。

1. 根据《公司法》规定，应当召开临时股东会的法定情形有(　　)。
A. 持有公司5%以上股份的股东请求时　　B. 监事会提议召开时
C. 公司高级管理人员认为必要时　　　　D. 董事会认为必要时
E. 公司未弥补亏损达公司实收股本总额1/3以上时

解析　有下列情形之一的，应当在2个月内召开临时股东会：（1）董事人数不足法定最低人数（3人）或者不足公司章程规定人数的2/3时；（2）公司未弥补的亏损达实收股本总额的1/3时（选项E正确）；（3）单独或者合计持有公司10%以上股份的股东请求时（选项A错误）；（4）董事会认为必要时（选项D正确、选项C错误）；（5）监事会提议召开时（选项B正确）；（6）公司章程规定的其他情形。

【答案】BDE

【考点精炼】

股东会会议的形式

股东会会议分为定期会议（年会）和临时会议。

（1）定期会议召开频率

	有限责任公司	股份有限公司
☆小口诀	"股董章，监至一"（股东会、董事会按章程规定，监事会每年至少1次）	"股一董二监六"（股东会每年1次，董事会每年至少2次，监事会每6个月至少1次） ☆提示：上市公司年度股东会会议应当于上一会计年度结束后的6个月内举行

（2）临时股东会应当召开情形

	有限责任公司	股份有限公司
情形	以下召开人提议召开时，应当召开： （1）代表1/10以上表决权的股东； （2）1/3以上的董事； （3）监事会	有下列情形之一的，应当在2个月内召开临时股东会： （1）董事人数不足法律规定人数（3人）或者公司章程所定人数的2/3时； （2）公司未弥补的亏损达股本总额1/3时； （3）单独或者合计持有公司10%以上股份的股东请求时； （4）董事会认为必要时； （5）监事会提议召开时； （6）公司章程规定的其他情形
☆小口诀	"开会用十三间房" 十（1/10以上表决权股东提议） 三（1/3以上董事提议） 间（监事会）	"董事—未补—十—董—监" 董事（董事人数不足3人或章程的2/3） 未补（未弥补亏损达股本总额1/3） 十（单独或合计持有10%以上的股东） 董（董事会认为必要时） 监（监事会提议召开时）

(3) 股东会会议的召集和主持

	有限责任公司	股份有限公司
首次股东会	出资最多的股东召集和主持	—
后续会议	董事会召集，董事长主持。 董事长＞副董事长＞过半数董事共同推举1名董事＞监事会（召集并主持） ＞代表1/10以上表决权的股东自行召集并主持	＞连续90日以上单独或者合计持有公司10%以上股份的股东召集并主持

【由谁召集、主持】

☆提示1	（1）记忆数字 90 和 10%（董事会——监事会——连续90天以上单独或合计持有10%以上股份的股东）。 （2）一十二个提案：1%以上股份＋大会召开10日前提出临时提案书面交给董事会＋董事会收到提案后2日内通知其他股东
☆提示2	10%以上股份的股东请求召开临时股东会时，董事会、监事会应当在收到请求之日起10日内做出是否召开临时股东会会议的决定，并书面答复股东

	有限责任公司	股份有限公司
通知股东	应当于会议召开15日前通知全体股东，但是，公司章程另有规定或者全体股东另有约定的除外	（1）定期会议：应当将会议召开的时间、地点和审议的事项于会议召开20日前通知各股东。 （2）临时会议：应当于会议召开15日前通知各股东

总结

情形	持股期限	持股比例
股东代表诉讼（股份公司）	连续180日以上	单独或者合计持有公司1%以上股份
临时股东会召开 （董事、未补、十、董、监） （开会用十三间房）	—	单独或者合计持有公司10%以上股份
召集、主持股东会 ［旧（9）相识（10）］	连续90日以上	单独或者合计持有公司10%以上股份
临时提案权（一十二个提案）	—	单独或者合计持有公司1%以上股份
解散公司之诉	—	单独或者合计持有公司全部股东表决权10%以上
会计账簿、凭证查阅权（股份）	连续180日以上	单独或者合计持有公司3%以上股份

2. 根据《公司法》规定，下列关于临时股东会召开的说法中，正确的有(　　)。
   A. 临时股东会不得对通知中未列明的事项做出决议
   B. 临时股东会会议由董事长李某负责召集，总经理主持
   C. 股东无论持有多少股份，均有权参加临时股东会
   D. 召开临时股东会，应当将会议审议的事项于会议召开30日前通知各股东
   E. 召开临时股东会通知的发出人应为董事会而非董事长李某

解析　选项A，股东会只能对通知中列明的事项做出决议。选项BE，股东会会议由董事会召集，董事长主持，因此会议通知应以董事会名义发出（选项E正确），董事长李某主持（选项B错误）。选项C，每一名股东均有出席股东会会议的权利，无论持股多少。选项D，召开临时股东会，应当于会议召开15日前通知各股东。

【答案】ACE

3. 根据《公司法》规定，下列关于华兴公司解散的说法中，正确的有(　　)。
   A. 临时股东会做出有关华兴公司解散的决议，必须经出席会议的股东2/3以上通过
   B. 临时股东会做出有关华兴公司解散的决议，必须经出席会议的股东所持表决权的2/3以上通过
   C. 临时股东会做出有关华兴公司解散的决议，必须经出席会议的股东过半数通过
   D. 有关华兴公司解散的决议，只能由股东会做出
   E. 有关华兴公司解散的决议，股东会和临时股东会均可做出

解析　选项ABC，股东会做出修改公司章程、增加或者减少注册资本的决议，以及公司合并、分立、解散或者变更公司形式的决议，必须经"出席会议"的股东所持表决权"2/3以上"（≥2/3）通过。选项DE，对公司解散做出决议属于股东会职权，临时股东会和股东会年会均可做出决议，即股东会年会能做的事临时股东会都能做。

【答案】BE

4. 本案中，小股东黄某受到侵害的合法权益有(　　)。
   A. 出席股东会议的权利　　　　B. 参与公司管理的权利
   C. 参与公司决策的权利　　　　D. 知情权
   E. 查阅权

解析　选项AC，股东享有参与决策权，包括参加股东会议权，决议事项表决权，选举更换董事、监事等。选项B，公司经营管理是董事、经理等管理人员的职权。选项DE，股东会不得对通知中未列明的事项做出决议，属于股东的"股东会议知情权"的内涵。

【答案】ACD

(三)

甲、乙、丙、丁、戊5名发起人募集设立了某股份有限公司。公司股份共计3000万股，其中甲持股20%，任公司总经理。公司章程对股东会的召集方式及表决程序未做规定。2016年8月4日，甲提议召开公司临时股东会，讨论公司增资方案。公司董事会于2016年

8月5日向记名股东发出书面会议通知，要求全体股东于2016年8月15日前往公司所在地参加会议讨论公司增资事宜。乙因为不同意甲的提议而未出席会议。

此次股东会经出席会议的股东所持表决权的60%同意通过3项决议：(1) 通过公司增资方案；(2) 改选甲为公司法定代表人；(3) 选举工会主席赵某为公司职工董事。会后，该公司根据此会议决议向公司登记机关办理了相应变更登记。乙认为此次股东会的召开、决议的程序违反法律规定，遂向人民法院提起诉讼。

请根据案情，回答下列问题。

1. 公司设立时，5名发起人应当认购的股份总数至少为(　　)万股。
A. 300　　　　　　　　　　　　B. 600
C. 750　　　　　　　　　　　　D. 900
E. 1050

解析　募集设立股份有限公司时，发起人认购的股份不得少于公司股份总数的35%。

【答案】 E

2. 有关此次临时股东会的召集，下列说法正确的有(　　)。
A. 甲有权提议召开此次临时股东会
B. 临时股东会应当由董事会召集
C. 临时股东会应当由监事会召集
D. 对记名股东的会议通知符合公司法律制度的规定
E. 公司可以发行无记名股票

解析　选项A，董事人数不足法定人数或者公司章程所规定人数的2/3时，公司未弥补的亏损达实收股本总额1/3时，单独或合计持有公司10%以上股份的股东请求（甲持股20%）时，董事会认为必要时（董事会"可以"提议），监事会提议召开时（监事会"可以"提议），股份有限公司应当在2个月内召开临时股东会。选项BC，股东会会议由董事会召集，董事会不能履行或者不履行召集股东会会议职责的，监事会应当及时召集，监事会不召集的，连续90日以上单独或者合计持有公司10%以上股份的股东可以自行召集。本题中，应首先由董事会履行召集会议职责。选项D，临时股东会应当于会议召开前15日通知各股东。选项E，公司不得发行无记名股票。

【答案】 AB

3. 有关临时股东会做出的决议的效力，下列说法正确的有(　　)。
A. 临时股东会通过的3项决议均有效
B. 增资方案的表决符合公司法律制度的规定
C. 选举甲为公司法定代表人的决议无效
D. 选举甲为公司法定代表人的决议有效
E. 选举赵某为公司职工董事的决议无效

解析　选项B，增资决议应当经出席会议的股东所持表决权2/3以上通过。选项CDE，由于会议通知中未列明改选法定代表人、选举职工董事,就此两项做出的决议均为无效决议。

【答案】 CE

4. 有关乙所提起的诉讼,下列说法正确的有(　　)。
   A. 如果乙持股10%以上,则有权提起该诉讼
   B. 不论乙的持股比例如何,均有权提起该诉讼
   C. 人民法院可以应被告的请求,要求乙提供相应担保
   D. 乙应当自上述3项决议做出之日起180日内,请求人民法院撤销
   E. 人民法院撤销该决议后,公司应当向公司登记机关申请撤销变更登记

🔍 **解析** 选项ABD,股东会、董事会的会议召集程序、表决方式违反法律、行政法规或者公司章程,或者决议内容违反公司章程的,股东(选项A错误,选项B正确)可以自决议做出之日起60日内(选项D错误),请求人民法院撤销。选项C,股东提起上述诉讼的,人民法院可以应公司的请求,要求股东提供相应担保。选项E,公司根据股东会、董事会决议已办理变更登记的,人民法院宣告该决议无效或者撤销该决议后,公司应当向公司登记机关申请撤销变更登记。

【答案】 BCE

(四)

2007年1月,甲、乙、丙三家公司经过协商,决定共同投资1000万元创办A有限责任公司开发某种保健品。其中:甲公司出资350万元,乙公司出资210万元,丙公司出资440万元。A公司董事会由7名董事组成,王某任A公司董事长兼总经理。

2007年9月20日,王某以A公司名义将300万元出借给股东乙公司。股东甲公司得知此事后,多次致函股东乙公司,要求清偿欠款,但乙公司置之不理。同年12月18日,股东甲公司致函A公司及其董事会、监事会要求提起诉讼追回欠款,但迟迟未得到答复。股东甲公司遂以自己的名义于2008年1月20日提起了股东代表诉讼。

2008年2月1日,A公司召开董事会会议,7名董事中只有6名出席会议。董事谢某因病不能出席,电话委托董事李某代为出席会议行使表决权。鉴于王某曾于2007年下半年擅自为另一公司B公司从事经营活动损害A公司利益,该次会议做出解聘王某公司总经理职务的决定。为了完善A公司经营管理制度,董事会会议还通过了修改公司章程的决议,并决定从通过之日起执行。

为了更好地发展,2008年8月,A公司决定与B公司合并,成立C有限责任公司。

请根据案情,回答下列问题。

1. 针对本案中的借款行为,下列有关股东诉讼的说法中,正确的有(　　)。
   A. 因借款是A公司的行为,股东甲公司无权提起诉讼
   B. 因借款没有征得股东甲公司的同意,股东甲公司有权起诉乙公司
   C. 股东甲公司有权以王某为被告提起诉讼
   D. 股东甲公司应当以股东乙公司和王某为共同被告提起诉讼
   E. 股东甲公司有权以A公司为被告提起诉讼

【解析】 公司的董事长兼总经理王某擅自以公司的名义将资金出借给乙公司，损害了公司权益，股东甲公司已致函A公司及其董事会、监事会要求提起诉讼追回欠款，但迟迟未得到答复。根据《公司法》的规定，董事、高级管理人员执行职务违反法律、行政法规、公司章程的规定，给公司造成损失的，有限责任公司的股东、股份有限公司连续180日以上单独或者合计持有公司1%以上股份的股东，可以书面请求监事会向人民法院提起诉讼。监事会、不设监事会的有限责任公司的监事，收到股东书面请求后拒绝提起诉讼，或者自收到请求之日起30日内未提起诉讼，或者情况紧急、不立即提起诉讼将会使公司利益受到难以弥补的损害情况下，上述股东有权为了公司的利益以自己的名义直接向人民法院提起诉讼。

据此甲公司有权以王某为被告提起诉讼。又因为乙公司是借款人，且对甲公司催要欠款的要求置之不理，其行为同样侵犯了公司的权益。根据《公司法》的规定，他人侵犯公司合法权益，给公司造成损失的，有限责任公司的股东、股份有限公司连续180日以上单独或者合计持有公司1%以上股份的股东可以依法向人民法院提起诉讼。所以甲公司也有权以乙公司为被告提起诉讼。

【答案】 C

2. 下列关于A公司董事会召开及决议的说法中，正确的有（   ）。
   A. 董事谢某电话委托董事李某代为出席会议并行使表决权的做法符合法律规定
   B. 董事谢某应当书面委托董事李某代为出席会议并行使表决权
   C. 董事谢某本人必须亲自出席董事会会议，不能委托他人
   D. 修改公司章程的决议应由股东会会议做出
   E. 董事会无权做出解聘王某公司总经理职务的决定

【解析】 选项ABC，根据规定，董事会会议，应由董事本人出席，董事因故不能出席，可以书面委托其他董事代为出席，委托书中应载明授权范围。选项D，修改公司章程系股东会职权，股东会会议做出修改公司章程的决议，必须经代表2/3以上表决权的股东通过。选项E，董事会的职权之一系聘任或解聘公司经理。

【答案】 BD

3. 下列关于A公司与B公司合并的说法中，正确的有（   ）。
   A. A公司、B公司的合并协议，由A公司、B公司的法定代表人签署后即生效
   B. A公司、B公司的合并协议，需经A公司、B公司各方股东会做出批准决议才生效
   C. A公司、B公司应自合并协议签订之日起10日内，将合并事宜通知各自的债权人
   D. A公司、B公司的债权人自接到通知书之日起30日内，可以各自要求A公司、B公司清偿债务或者提供相应的担保
   E. A公司、B公司因合并而解散，各方的债权、债务应由C公司承继

【解析】 选项AB，合并各方股东会批准后，合并协议始得生效。选项C，公司应当自做出合并决议之日起10日内通知债权人，并于30日内在报纸上公告。选项D，债权人自接到通知书之日起30日内，未接到通知书的自公告之日起45日内，可以要求公司清偿债务或者提供相应的担保。选项E，公司合并时，合并各方的债权、债务，应当由合并后存续的公司

或者新设的公司承继。

【答案】 BDE

4. 假设：市场情况发生重大变化，继续经营将导致 C 公司损失惨重。经股东会决议 C 公司解散。下列有关 C 公司解散和清算的表述中，符合《公司法》规定的有( )。
   A. 解散 C 公司的决议须经出席会议的股东所持表决权的 2/3 以上通过方可生效
   B. 清算组应由 C 公司的部分股东、董事和监事组成
   C. 清算组在解散事由出现之日起 15 日内成立
   D. 清算组故意或者重大过失给债权人造成损失的，应当承担赔偿责任
   E. 清算组怠于履行职责，给公司造成损失的，无须承担责任

解析 选项 A，有限责任公司须经代表 2/3 以上表决权的股东通过，股份有限公司须经出席股东会会议的股东所持表决权的 2/3 以上通过。选项 B，公司自行清算的，清算组由董事组成。选项 E，清算组怠于履行职责，给公司造成损失的，应当承担赔偿责任。

【答案】 CD

【考点精炼】

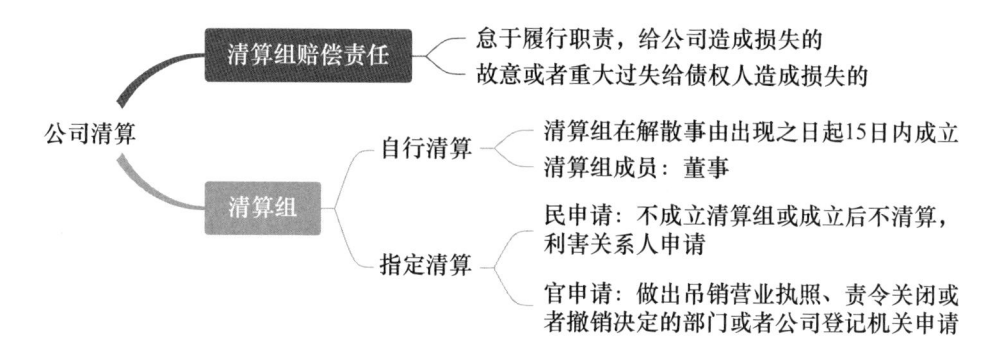

公司清算
- 清算组赔偿责任
  - 怠于履行职责，给公司造成损失的
  - 故意或者重大过失给债权人造成损失的
- 清算组
  - 自行清算
    - 清算组在解散事由出现之日起15日内成立
    - 清算组成员：董事
  - 指定清算
    - 民申请：不成立清算组或成立后不清算，利害关系人申请
    - 官申请：做出吊销营业执照、责令关闭或者撤销决定的部门或者公司登记机关申请

（五）

甲、乙、丙、丁四人各出资 100 万元，拟设立明月商贸有限责任公司（以下简称明月公司）。2020 年 1 月，甲为设立明月公司，以明月公司名义与红星家具厂签订一份办公家具采购合同，采购价款为 20 万元。

2020 年 2 月，明月公司成立，甲担任公司董事、法定代表人，乙担任公司监事，丙担任公司财务负责人。

2020 年 3 月，红星家具厂将办公家具运到明月公司并出具质量检验合格证明。明月公司接收后以存在质量问题为由仅支付 15 万元货款，拒绝支付剩余 5 万元货款。

2021 年 6 月，丙在执行公司职务时，严重违反法律规定，给公司造成 300 万元损失。

2021 年 7 月，甲利用其关联公司进行虚假交易，从明月公司转出 50 万元，另外，山南公司欠明月公司的 80 万元债务已逾期 5 个月，上述原因导致明月公司资金周转出现严重困难。2021 年 10 月，宁海公司向明月公司追讨逾期货款 100 万元，明月公司已无力支付，后经协商，宁海公司愿意将其 100 万元债权投资入股明月公司，并签订了债权投资协议，协议

约定宁海公司占股20%，享有30%表决权及30%优先分红权；明月公司修改公司章程只须经30%以上享有表决权的股东通过即可；明月公司增加或者减少注册资本的，宁海公司享有一票否决权；未经宁海公司同意，明月公司的其他股东不得转让股权。

请根据案情，回答下列问题。

1. 针对明月公司不支付剩余货款的行为，下列红星家具厂的做法中，正确的有(　　)。
   A. 诉至人民法院请求甲承担合同责任
   B. 诉至人民法院请求明月公司承担侵权责任
   C. 与明月公司协商解除合同
   D. 诉至人民法院请求甲和明月公司承担连带责任
   E. 诉至人民法院请求明月公司承担合同责任

   解析 选项ADE，有限责任公司设立时的股东为设立公司从事的民事活动，其法律后果由公司承受。选项B，本题中涉及的是合同的违约责任，而非侵权责任。

   【答案】CE

2. 针对明月公司资金周转困难的状况，下列明月公司及其股东的做法中，正确的有(　　)。
   A. 明月公司要求甲返还其转出的50万元
   B. 股东会决议决定增资
   C. 书面请求监事乙向人民法院起诉要求丙赔偿给公司造成的损失
   D. 乙以股东名义申请明月公司破产
   E. 明月公司要求丙赔偿因其严重违法造成的300万元损失

   解析 选项A，甲利用其关联公司进行虚假交易将其出资转出，构成抽逃出资，公司成立后，股东或者出资人不得抽逃出资。违反规定的，股东或者出资人应当返还。选项B，增加注册资本属于股东会的职权，故选项B正确。选项C，董事、高级管理人员（丙担任公司财务负责人，属于高级管理人员）执行公司职务时违反法律、行政法规或者公司章程的规定，给公司造成损失的，有限责任公司的股东可以书面请求监事会向人民法院提起诉讼。选项D，从题干现有内容看，无法判断明月公司已经具备了破产原因。其次，原则上股东无破产申请权。选项E，董事、监事、高级管理人员执行公司职务时违反法律、行政法规或者公司章程规定，给公司造成损失的，应当承担赔偿责任。

   【答案】ABCE

3. 根据《公司法》规定，下列关于甲抽逃出资的表述中，说法正确的有(　　)。
   A. 若乙对此负有责任，应当对给公司造成的损失与甲承担连带赔偿责任
   B. 若丙对此负有责任，应当对给公司造成的损失与甲承担连带赔偿责任
   C. 若丁对此负有责任，应当对给公司造成的损失与甲承担连带赔偿责任
   D. 乙、丙、丁应当对给公司造成的损失对甲不能清偿的部分承担补充赔偿责任
   E. 乙、丙、丁应当对给公司造成的损失与甲承担连带赔偿责任

   解析 公司成立后，股东不得抽逃出资。违反规定的，股东应当返还抽逃的出资；给公

司造成损失的，负有责任的董事、监事、高级管理人员应当与该股东承担连带赔偿责任。

【答案】 AB

4. 下列债权投资协议的约定中，符合法律规定的有( )。
  A. 明月公司修改公司章程只须经30%以上的表决权股东通过即可
  B. 宁海公司享有30%优先分红权
  C. 未经宁海公司同意，明月公司其他股东不得转让股权
  D. 宁海公司享有30%表决权
  E. 宁海公司对明月公司增资或者减资享有一票否决权

解析 选项 AE，必须经出席会议的股东所持表决权的2/3以上通过。选项 B，有限责任公司股东按照实缴的出资比例分配利润，但是全体股东约定不按照出资比例分配利润的除外。选项 C，股东向股东以外的人转让股权的，应当将股权转让的数量、价格、支付方式和期限等事项书面通知其他股东，其他股东在同等条件下有优先购买权。公司章程对股权转让另有规定的，从其规定。选项 D，由股东按照出资比例行使表决权，但公司章程另有规定的除外。

【答案】 BCD

第十四章 企业破产法

知识点 · 破产案件的管辖

【单选题】破产申请是破产程序开始的前提。根据企业破产法律制度的规定，下列有关破产申请及管辖的表述中，正确的是(　　)。

A. 破产申请只能由债务人向人民法院提出
B. 破产申请在人民法院受理前不能撤回
C. 破产案件由债务人住所地人民法院管辖
D. 破产案件由破产财产所在地人民法院管辖

解析　选项A，破产申请的主体有债务人、债权人、清算人、国务院金融监督管理机构，故选项A错误。选项B，申请人可以在人民法院受理破产申请以前请求撤回申请，故选项B错误。选项CD，破产案件由债务人住所地人民法院管辖，选项C正确，选项D错误。

【答案】C

【考点精炼】

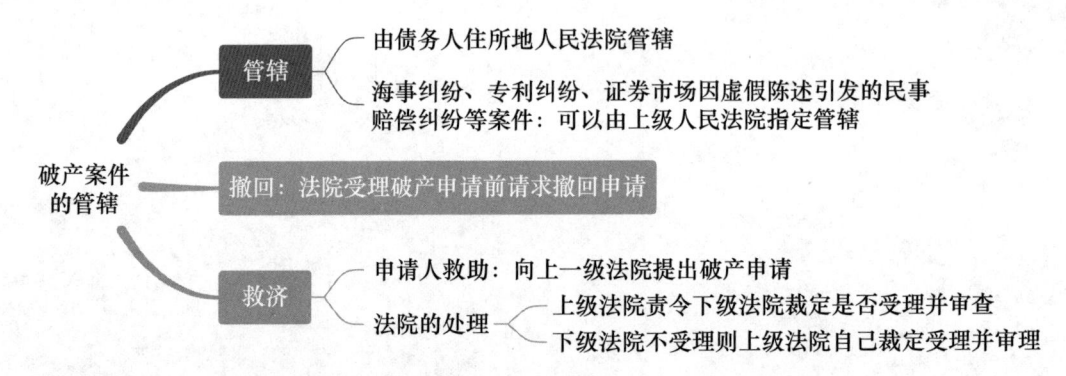

破产案件的管辖
- 管辖
  - 由债务人住所地人民法院管辖
  - 海事纠纷、专利纠纷、证券市场因虚假陈述引发的民事赔偿纠纷等案件：可以由上级人民法院指定管辖
- 撤回：法院受理破产申请前请求撤回申请
- 救济
  - 申请人救助：向上一级法院提出破产申请
  - 法院的处理
    - 上级法院责令下级法院裁定是否受理并审查
    - 下级法院不受理则上级法院自己裁定受理并审理

【单选题】下列关于破产案件管辖规则的说法中，正确的是(　　)。

A. 上一级人民法院裁定受理破产申请的，不得指令下级人民法院审理
B. 债权人申请破产的案件，由债权人住所地人民法院管辖
C. 破产申请被人民法院受理后，与债务人有关的行政诉讼管辖将受到破产程序的影响
D. 人民法院受理破产申请后，当事人提起的有关债务人的民事诉讼案件，由受理破产申请的人民法院管辖

解析　选项A，上一级人民法院裁定受理破产申请的，可以同时指令下级人民法院审理该案件。选项B，破产案件由债务人住所地人民法院管辖。选项C，有关债务人的行政诉讼

或者刑事诉讼的管辖问题，不受破产程序的影响。

【答案】D

知识点 · 破产管理人

【单选题】下列机构中，可以担任破产管理人的是( )。
A. 人民法院受理破产申请时，对债务人享有100万元债权的乙税务师事务所
B. 在人民法院受理破产案件申请5年前，担任过债务人合同纠纷诉讼代理人的丁律师事务所
C. 在人民法院受理破产案件申请前2年内，为债务人提供常年中介服务的甲会计师事务所
D. 人民法院受理破产申请时，担任债务人法律顾问的丙律师事务所

解析 选项A，与债务人、债权人有未了结的债权债务关系，不得担任管理人。选项BD，现在担任或者在人民法院受理破产申请前3年内曾经担任债务人、债权人的财务顾问、法律顾问，不得担任管理人。选项C，在人民法院受理破产申请前3年内，曾为债务人提供相对固定的中介服务，不得担任管理人。

【答案】B

【考点精炼】

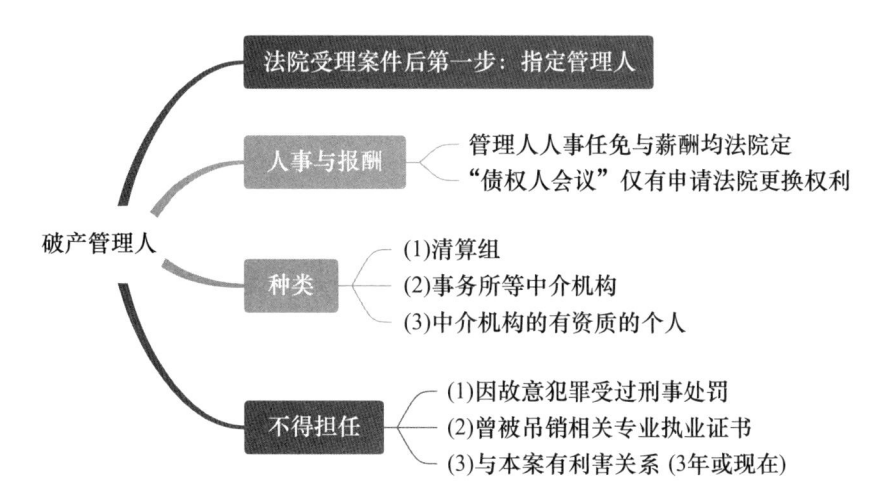

```
                    ┌─ 法院受理案件后第一步：指定管理人
                    │
                    │                  ┌ 管理人人事任免与薪酬均法院定
                    ├─ 人事与报酬 ─────┤
                    │                  └ "债权人会议"仅有申请法院更换权利
                    │
破产管理人 ─────────┤              ┌ (1)清算组
                    ├─ 种类 ───────┤ (2)事务所等中介机构
                    │              └ (3)中介机构的有资质的个人
                    │
                    │              ┌ (1)因故意犯罪受过刑事处罚
                    └─ 不得担任 ───┤ (2)曾被吊销相关专业执业证书
                                   └ (3)与本案有利害关系 (3年或现在)
```

【单选题】根据《企业破产法》及司法解释规定，下列关于管理人的说法中，错误的是( )。
A. 管理人可以由财政、审计部门担任
B. 管理人可以由依法设立的社会中介机构担任
C. 管理人可以由有关部门、机构人员组成的清算组担任
D. 个人依法也可以担任管理人

解析 管理人可以由有关部门、机构的人员组成的清算组担任；管理人可以由依法设立的律师事务所、会计师事务所、破产清算事务所等社会中介机构担任。人民法院根据债务人

的实际情况，可以在征询有关社会中介机构的意见后，指定该机构具备相关专业知识并取得执业资格的人员担任管理人。

【答案】A

【单选题】 根据《企业破产法》及相关规定，破产管理人确定模式是(　　)。
A. 由债权人委员会确定　　　　B. 由债权人会议选任
C. 由债务人选任　　　　　　　D. 由人民法院指定

解析　管理人由人民法院指定。

【答案】D

【单选题】 管理人不能依法、公正执行职务或者有其他不能胜任职务情形的，有关主体可以申请人民法院予以更换。该主体是(　　)。
A. 债权人会议　　　　　　　　B. 债权人
C. 债务人　　　　　　　　　　D. 债权人委员会

解析　债权人会议认为管理人不能依法、公正执行职务或者有其他不能胜任职务情形的，可以申请人民法院予以更换。

【答案】A

【多选题】 根据《企业破产法》规定，管理人的职权有(　　)。
A. 决定债务人与对方当事人在破产受理前所设立的合同是否继续履行
B. 拟定破产财产分配方案
C. 拟定破产财产变价方案
D. 向人民法院提出和解申请
E. 批准重整计划

解析　选项A，对破产申请受理前成立而债务人和对方当事人"均未履行完毕的合同"，管理人有权决定是否解除或者继续履行。选项DE，管理人无权向人民法院提出和解申请（债务人才行）及批准重整计划（人民法院才行）。

【答案】BC

知识点 · 破产申请

【单选题】 当债务人不能清偿到期债务，并且资产不足以清偿全部债务时，可以向人民法院提出和解申请的是(　　)。
A. 管理人　　　　　　　　　　B. 债权人
C. 清算组　　　　　　　　　　D. 债务人

解析　债务人可以依照本法规定，直接向人民法院申请和解，也可以在人民法院受理破产申请后、宣告债务人破产前，向人民法院申请和解。

【答案】D

【考点精炼】

破产申请主体	债务人
	债权人
	依法对债务人负有清算责任的人
	国务院金融监督管理机构

☆提示：破产申请主体不包括债务人的出资人，只有以上4类

申请人	申请条件	申请种类
债务人	债务人不能清偿到期债务 + 资产不足以清偿全部债务/明显缺乏清偿能力(此时未解散)	提出重整、和解或者破产清算申请
债权人	债务人不能清偿到期债务(唯一条件)	重整或破产申请
清算人	法人已解散但未清算或未清算完毕 + 资产不足以清偿债务(清算人申请的唯一条件，必背)	申请破产清算(已经解散，无法重整)
国务院金融监督管理机构	商业银行、证券公司、保险公司等金融机构具有破产原因	重整或破产清算

【单选题】根据《企业破产法》及相关规定，下列主体中，不能作为破产申请人的是(　　)。

A. 债权人的出资人　　　　　　B. 依法对债务人负有清算责任的人
C. 债权人　　　　　　　　　　D. 债务人

解析 （1）债务人具有破产原因，可以向人民法院提出重整、和解或者破产清算申请。(2) 债务人不能清偿到期债务，债权人可以向人民法院提出对债务人进行重整或者破产清算的申请。(3) 企业法人已解散但未清算或者未清算完毕，资产不足以清偿债务的，依法负有清算责任的人应当向人民法院申请破产清算。

【答案】A

【单选题】债务人尚未解散，但不能清偿到期债务且明显缺乏清偿能力，属于破产原因之一。这种情况下，可以依法提出破产申请的主体是(　　)。

A. 债权人　　　　　　　　　　B. 债务人的债务人
C. 依法负有清算责任的人　　　D. 债务人的出资人

解析 债务人不能清偿到期债务，并且明显缺乏清偿能力，主要适用于债权人申请破产的情况。企业法人已解散但未清算或者未清算完毕，资产不足以清偿债务的，依法负有清算责任的人应当向人民法院申请破产清算。本题选项C具有较大的迷惑性，注意题干表述"债务人尚未解散"。

【答案】A

知识点 · 破产受理

【单选题】 人民法院受理破产申请后，首先应做的一项工作是( )。

A. 做出破产宣告
B. 冻结债务人资产
C. 指定管理人
D. 裁定批准或者不批准重整申请

解析 人民法院裁定受理破产申请的，应当同时指定管理人。

【答案】 C

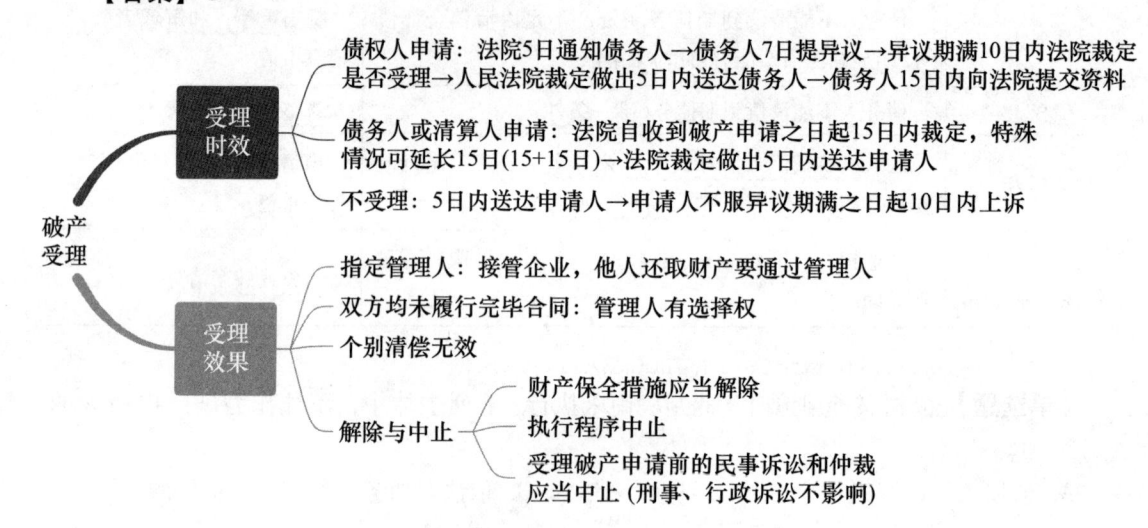

破产受理

- **受理时效**
  - 债权人申请：法院5日通知债务人→债务人7日提异议→异议期满10日内法院裁定是否受理→人民法院裁定做出5日内送达债务人→债务人15日内向法院提交资料
  - 债务人或清算人申请：法院自收到破产申请之日起15日内裁定，特殊情况可延长15日(15+15日)→法院裁定做出5日内送达申请人
  - 不受理：5日内送达申请人→申请人不服异议期满之日起10日内上诉

- **受理效果**
  - 指定管理人：接管企业，他人还取财产要通过管理人
  - 双方均未履行完毕合同：管理人有选择权
  - 个别清偿无效
  - 解除与中止
    - 财产保全措施应当解除
    - 执行程序中止
    - 受理破产申请前的民事诉讼和仲裁应当中止(刑事、行政诉讼不影响)

【单选题】 根据企业破产法律制度的规定，下列有关破产申请受理程序的表述中，正确的是( )。

A. 除法律另有规定外，人民法院应当自收到破产申请之日起5日内裁定是否受理
B. 人民法院不予受理破产申请和驳回破产申请均应以裁定形式做出
C. 债务人应在人民法院受理破产申请的裁定送达之日起45日内，向人民法院提交财产状况说明、债务债权清册、财务会计报告等资料
D. 人民法院裁定受理破产申请后，应当自裁定受理破产申请之日起30日内通知已知债权人，并予以公告

解析 选项A，一般情况下，人民法院应当"自收到破产申请之日起15日内"裁定是否受理。债权人提出破产申请的，人民法院应当"自债务人异议期满之日起10日内"裁定是否受理。选项C，债务人应当在人民法院受理破产申请的裁定送达之日起15日内，向人民法院提交财产状况说明、债务清册、债权清册、有关财务会计报告以及职工工资的支付和社会保险费用的缴纳情况。选项D，人民法院裁定受理破产申请后，应当自裁定受理破产申请之日起25日内通知已知债权人，并予以公告。

【答案】 B

【单选题】人民法院裁定受理破产申请后,下列有关各方的做法中,符合法律要求的是(   )。

A. 债务人的债务人向债务人清偿债务

B. 债务人指定破产管理人

C. 对管理人决定继续履行的合同,对方当事人要求债务人提供担保

D. 对破产申请受理前成立而双方均未履行完毕的合同,管理人决定解除

解析 选项 A,人民法院受理破产申请后,债务人的债务人或者财产持有人应当向管理人清偿债务或者交付财产。选项 B,人民法院裁定受理破产申请的,应当同时指定管理人。选项 CD,人民法院受理破产申请后,管理人对破产申请受理前成立而债务人和对方当事人均未履行完毕的合同有权决定解除或者继续履行,并通知对方当事人。管理人决定继续履行合同的,对方当事人应当履行,但对方当事人有权要求管理人提供担保,管理人不提供担保的,视为解除合同。

【答案】 D

【单选题】2010 年 8 月 20 日,红光公司不能支付到期债务,向人民法院提出破产申请,人民法院于 2010 年 9 月 1 日受理其破产申请,同时指定了破产管理人,破产管理人接管红光公司后查明:红光公司有一笔到期货款 380 万元没有支付,被甲公司起诉至人民法院,2010 年 8 月 10 日,人民法院终审判决红光公司支付甲公司欠款及违约金共计 400 万元,后红光公司因不履行判决被甲公司申请强制执行,人民法院对红光公司办公楼予以查封。人民法院受理红光公司破产申请时,此判决尚未执行,根据《企业破产法》,人民法院受理破产申请后,对红光公司办公楼的正确处理方式是(   )。

A. 将红光公司办公楼用于偿还所欠甲公司的货款

B. 将办公楼计入破产财产,解除对红光公司办公楼的查封

C. 不将办公楼计入破产财产,继续对红光公司办公楼予以执行

D. 将红光公司办公楼拍卖以偿付破产费用

解析 人民法院受理破产申请后,有关债务人财产的保全措施应当解除,执行程序应当中止。

【答案】 B

【多选题】人民法院裁定受理破产申请后,下列关于法律后果的说法中,正确的有(   )。

A. 有关债务人财产的保全措施应当解除

B. 有关债务人财产的执行程序可以终止

C. 有关债务人的刑事诉讼应当中止

D. 债务人未履行完毕的合同,不得解除

E. 有关债务人的仲裁应当中止

解析 选项 AB,人民法院受理破产申请后,有关债务人财产的保全措施应当解除,执行程序应当中止。选项 CE,人民法院受理破产申请后,已经开始而尚未终结的有关债务人的"民事"诉讼或者仲裁应当中止,在管理人接管债务人的财产后,该诉讼或者仲裁继续

进行。选项 D，人民法院受理破产申请后，管理人对破产申请受理前成立而债务人和对方当事人均未履行完毕的合同有权决定解除或者继续履行，并通知对方当事人。

【答案】AE

【多选题】根据《企业破产法》规定，破产申请受理后果包括(   )。
A. 破产申请受理前成立，但债务人和对方当事人均未履行完毕合同，管理人有权决定解除
B. 债务人对个别债权人的债务清偿无效
C. 债务人的债务人应当向管理人清偿债务
D. 债务人的法定代表人自人民法院受理破产申请的裁定送达债务人之日起至破产程序终结之日止，未经人民法院许可，不得离开住所地
E. 有关债务人财产的执行程序应当中止

解析 选项 B，人民法院受理破产申请后，债务人对个别债权人的债务清偿无效，但是债务人以其财产向债权人提供物权担保的，其在担保物市场价值内向债权人所作的债务清偿，不受上述规定限制。

【答案】ACDE

知识点 · 债权申报

【单选题】根据《企业破产法》及司法解释规定，可以作为破产债权的是(   )。
A. 破产申请受理时诉讼时效已经届满的债权
B. 破产申请受理前成立的质押担保债权
C. 未到期债权在破产申请受理后产生的利息
D. 因管理人在破产申请受理后变卖破产财产形成的债权

解析 选项 A，诉讼时效已经届满的债权不得申报破产债权。选项 B，有财产担保的债权和无财产担保的债权均在申报之列。选项 C，附利息的债权，自破产申请受理时停止计息。选项 D，破产申请受理后，管理人为破产财产的管理、变价、分配等而进行的必要民事活动中形成的债权，属于破产费用，优先从破产财产中拨付，不在破产债权之列。

【答案】B

【考点精炼】

可以申报债权的情形	☆提示：受理破产申请前已存在，不能是劳务。 (1) 未到期债权在破产申请受理时视为到期。附利息债权，自破产申请受理时起停止计息(等到期债务人的钱早被分没了) (2) 附条件、附期限债权和诉讼、仲裁未决的债权(等不及了) (3) 连带债权人可以由其中一人代表全体连带债权人申报债权，也可以共同申报债权 (4) 债务人的保证人或其他连带债务人。 ① 保证人已经代替债务人清偿的：以其对债务人的将来求偿权申报债权

	② 尚未代替债务人清偿债务的，以其对债务人的将来求偿权申报债权。但是，债权人已经向管理人申报全部债权的除外。(不得重复申报) ☆提示：保证人无论是否代为清偿，均可申报债权
	(5) 保证人被裁定进入破产程序的，债权人有权申报其对保证人的保证债权。 ① 主债务未到期的，保证债权在保证人破产申请受理时视为到期。 ② 一般保证的保证人不能主张行使先诉抗辩权，但债权人在一般保证人破产程序中的分配额应予提存，待一般保证人应承担的保证责任确定后再按照破产清偿比例予以分配。 ③ 保证人被确定应当承担保证责任的，保证人的管理人可以就保证人实际承担的清偿额向主债务人或其他债务人行使求偿权
	(6) 债务人、保证人均被裁定进入破产程序的： ① 债权人有权向债务人、保证人分别申报债权。 ② 债权人向债务人、保证人均申报全部债权的，从一方破产程序中获得清偿后，其对另一方的债权额不作调整，但债权人的受偿额不得超出其债权总额。 ③ 保证人履行保证责任后不再享有求偿权
可以申报债权的情形	(7) 连带债务人数人被裁定适用破产程序的，其债权人有权就其全部债权分别在各破产案件中申报债权（保证自己利益最大化）
	(8) 管理人或者债务人依照《企业破产法》规定解除合同的，对方当事人以因合同解除所产生的损害赔偿请求权申报债权(未履行合同相对人的赔偿请求权)
	(9) 债务人是委托合同的委托人，被裁定适用《企业破产法》规定的程序，受托人不知道该事实，继续处理委托事务的，受托人以由此产生的请求权申报债权(善意受托人的请求权)
	(10) 债务人是票据的出票人，被裁定适用法律规定的程序，该票据的付款人继续付款或者承兑的，付款人以由此产生的请求权申报债权。 【实例】A 破产企业买 B 企业一箱糖葫芦，开出银行承兑汇票金额 10 万元，B 公司持有该票据去承兑银行 C 处取走 10 万元，此时 C 银行为票据承兑人，可以此为由产生的请求权申报债权
	(11) 人民法院裁定受理破产申请前债务人尚未支付的案件受理费、执行申请费，可以作为破产债权申报。但破产申请受理后，债务人欠缴款项产生的滞纳金，包括债务人未履行生效法律文书应当加倍支付的迟延利息和劳动保险金的滞纳金，债权人不能作为破产债权申报。 ☆提示：职工债权不必申报，由管理人调查后列出清单并予以公示。职工有异议的，可要求管理人更正。不更正的，可起诉。债务人所欠职工的工资和医疗、伤残补助、抚恤费用，应划入职工个人账户的基本养老保险、基本医疗保险费用，以及法律、行政法规规定应当支付给职工的补偿金

【单选题】破产债权是通过破产程序，能从破产财产中获得公平清偿的可强制执行的财产请求权。根据《企业破产法》的规定，下列债权中，属于破产债权的是(　　)。

　　A. 破产申请受理前产生的加工合同履行请求权
　　B. 破产申请受理前成立的仅由保证人做担保的债权
　　C. 破产申请受理后以债务人名义进行民事活动所发生的债权
　　D. 破产申请受理后管理人为管理破产财产所形成的债权

【解析】　选项 A，破产债权是财产上的请求权，请求加工不具有财产给付内容。选项 C，破产申请受理后，破产企业即丧失对财产的管理、处分权，破产财产由管理人掌管，任何其他人以破产企业名义进行民事活动，所发生的债务都不属于破产债权，应由行为人自行负责清偿。选项 D，破产申请受理后，管理人为破产财产的管理、变价、分配等而进行的必要民事活动中形成的债权，属于破产费用，优先从破产财产中拨付，也不在破产债权之列。

【答案】　B

【单选题】下列关于破产债权申报的说法中，正确的是(　　)。
　　A. 债权人应当在人民法院确定的债权申报期限内向人民法院申报债权
　　B. 债权人应当在人民法院确定的债权申报期限内向债权人委员会申报债权
　　C. 债权人应当在人民法院确定的债权申报期限内向债权人会议申报债权
　　D. 债权人应当在人民法院确定的债权申报期限内向管理人申报债权

【解析】　债权人应当在人民法院确定的债权申报期限内向管理人申报债权。

【答案】　D

【多选题】下列关于破产债权申报的说法中，正确的有(　　)。
　　A. 连带债权人可以由其中一人代表全体连带债权人申报债权
　　B. 债权人在确定的债权申报期限内未申报债权的，可以在破产财产最后分配前补充申报
　　C. 债权人在确定的债权申报期限内未申报债权的，可以在破产财产最后分配后补充申报
　　D. 债权人申报债权时，应当书面说明债权数额和有无财产担保，并提交有关证据
　　E. 债权人在确定的债权申报期限内未申报债权的，此前已经进行的分配，不再对其补充分配

【解析】　选项 C，在人民法院确定的债权申报期限内，债权人未申报债权的，可以在破产财产最后分配前补充申报，但是，此前已进行的分配，不再对其补充分配。

【答案】　ABDE

知识点 ▪ 债权人会议

【多选题】以在债权人会议上对议定事项是否享有表决权为标准，债权人分为有表决权的债权人和无表决权的债权人。下列人员中，享有表决权的有(　　)。
　　A. 逾期未申报的无财产担保的债权人
　　B. 依法申报债权的有保证人担保的债权人

C. 未放弃优先受偿权的有财产担保的债权人
D. 已就担保物得到足额清偿的有财产担保的债权人
E. 已代替债务人清偿债务的保证人

解析 债权人因申报债权而有权参加债权人会议，得到债权人会议确认债权的债权人享有对提交债权人会议讨论事项的表决权。选项 A 中的债权人未申报债权，不享有表决权。有财产担保的债权人就未受清偿的债权额享有表决权。选项 D 中的债权人已就担保物得到足额清偿，不享有表决权。

【答案】BCE

【单选题】根据企业破产法律制度的规定，在债权人会议上经表决不能通过而需由人民法院裁定的事项是（ ）。
A. 更换债权人委员会成员方案
B. 破产财产的变价方案
C. 重整计划方案
D. 监督管理人方案

解析 对债务人财产管理方案、破产财产变价方案，经债权人会议表决未通过的，由人民法院裁定。

【答案】B

【单选题】根据《企业破产法》的规定，债权人会议可以行使的职权是（ ）。
A. 监督债务人财产的管理和处分
B. 审查管理人的费用和报酬
C. 批准重整计划
D. 监督破产财产分配

解析 选项 AD，属于债权人委员会的职权。选项 C，重整计划由人民法院批准。

【答案】B

【考点精炼】

会议成员	依法申报债权的债权人有权参加债权人会议，得到确认的债权人有权对债权人会议事项进行表决，对有关破产事务的决议行使表决权
职权	债权人会议的职权： （1）核查债权； （2）申请人民法院更换管理人，审查管理人的费用和报酬； （3）监督管理人； （4）选任和更换债权人委员会成员； （5）决定继续或者停止债务人的营业； （6）通过重整计划；

续表

职权	(7) 通过和解协议； (8) 通过债务人财产的管理方案； (9) 通过破产财产的变价方案； (10) 通过破产财产的分配方案； (11) 人民法院认为应当由债权人会议行使的其他职权。 ☆提示：通过和解协议和通过破产财产分配方案时，有担保债权且未放弃优先受偿权的债权人无表决权

【多选题】根据《企业破产法》的规定，下列有关债权申报的法律效力和对未按期申报债权的处理方式的说法中，正确的有(   )。

A. 债权的诉讼时效因债权申报而中断
B. 所有已申报债权的债权人有权对提交债权人会议讨论的事项行使表决权
C. 债权人因申报债权而有权参加债权人会议
D. 未按期申报债权的，已经进行的分配不再对未申报债权人进行补充分配
E. 未按期申报债权的，债权人在破产财产开始分配后也可以作为破产债权进行补充申报

解析　选项B，债权得到确认的债权人才能行使表决权。债权尚未确定的债权人，除人民法院能够为其行使表决权而临时确定债权额的以外，不得行使表决权。选项DE，在人民法院确定的债权申报期限内，债权人未申报债权的，可以在破产财产最后分配前补充申报，但是，此前已进行的分配，不再对其补充分配。为审查和确认补充申报债权的费用，由补充申报人承担。

【答案】ACDE

知识点· 债权人委员会

【单选题】债权人委员会是对破产程序进行监督的机构。下列关于债权人委员会的说法中，正确的是(   )。

A. 是否设立债权人委员会，应由债权人会议根据需要决定
B. 债权人会议必须决定设立债权人委员会
C. 债权人委员会由债权人会议选定的债权人代表组成
D. 债权人委员会应当经人民法院判决认可后方可设立

解析　债权人委员会是对破产程序进行监督的常设机构，债权人委员会是否设立，由债权人会议根据需要确定（可有可无）。债权人会议决定设立债权人委员会的，债权人委员会由债权人会议选任的债权人代表和1名债务人的职工代表或者工会代表组成，不得超过9人，由人民法院以书面决定认可。

【答案】A

【单选题】债权人委员会作为破产监督人，是对破产程序进行监督的常设机构。根据《企业破产法》规定，有权根据需要确定是否设立债权人委员会的是(　　)。

　　A. 管理人
　　B. 人民法院
　　C. 债权人会议
　　D. 清算组

解析　债权人会议可以决定是否设立债权人委员会。
【答案】 C

【多选题】根据《企业破产法》，在第一次债权人会议召开之前，管理人实施的下列行为中，应当经人民法院许可的有(　　)。

　　A. 决定继续或者停止债务人的营业
　　B. 转让全部库存或者营业
　　C. 设定财产担保事项
　　D. 决定债务人的日常开支和其他必要开支
　　E. 履行债务人和对方当事人均未履行完毕的合同

解析　管理人实施下列行为应当及时报告债权人委员会，未设立债权人委员会的（第一次债权人会议召开之前还未设立），管理人实施以下规定的行为应当及时报告人民法院：(1)涉及土地、房屋等不动产权益的转让；(2)探矿权、采矿权、知识产权等财产权的转让；(3)全部库存或者营业的转让；(4)借款；(5)设定财产担保；(6)债权和有价证券的转让；(7)履行债务人和对方当事人均未履行完毕的合同；(8)放弃权利；(9)担保物的取回；(10)对债权人利益有重大影响的其他财产处分行为。
【答案】 ABCE

知识点·债务人财产的范围与认定

【单选题】根据《企业破产法》及相关规定，下列关于债务人财产认定的说法中，正确的是(　　)。

　　A. 所有权专属于国家且不得转让的财产，人民法院不应认定为债务人财产
　　B. 债务人基于租赁合同占有、使用的他人财产，人民法院应认定为债务人财产
　　C. 债务人已依法设定担保物权的特定财产，人民法院不应认定为债务人财产
　　D. 债务人在所有权保留买卖中尚未取得所有权的财产，人民法院应认定为债务人财产

解析　选项B，债务人基于仓储、保管、承揽、代销、借用、寄存、租赁等合同或者其他法律关系占有、使用的他人财产，不应认定为债务人财产。选项C，债务人已依法设定担保物权的特定财产，人民法院应当认定为债务人财产。选项D，债务人在所有权保留买卖中尚未取得所有权的财产，不应认定为债务人财产。
【答案】 A

【考点精炼】

债务人财产：破产申请受理时属于债务人的全部财产＋破产申请受理后至破产程序终结前债务人取得的财产。(不用背，盯住所有权)

【单选题】根据《企业破产法》的规定，属于债务人财产的是(　　)。
A. 债务人为他人保管的财产
B. 他人抵押给债务人的财产
C. 债务人以分期付款方式购买但尚未办理过户的房屋
D. 债务人已依法设定担保物权的特定财产

解析　债务人已依法设定担保物权的特定财产，人民法院应当认定为债务人财产。
【答案】D

【单选题】下列财产中，属于破产财产的是(　　)。
A. 债务人因代销而占有的他人财产
B. 债务人借用的财产
C. 债务人在所有权保留买卖中尚未取得所有权的财产
D. 已依法设定抵押权的债务人的财产

解析　债务人财产在破产宣告后称为破产财产。下列财产不应认定为债务人财产：债务人基于仓储、保管、承揽、代销、借用、寄存、租赁等合同或者其他法律关系占有、使用的他人财产（选项 AB 不当选）。债务人在所有权保留买卖中尚未取得所有权的财产（选项 C 不当选）。所有权专属于国家且不得转让的财产。其他依照法律、行政法规不属于债务人的财产。
【答案】D

知识点▸ 股东涉及债务人财产的撤销与无效

【多选题】根据《企业破产法》及司法解释规定，针对债务人处理财产的有关行为，管理人提出请求撤销而人民法院不予支持的情形有(　　)。
A. 债务人支付劳动报酬
B. 债务人经执行程序对债权人进行个别清偿
C. 债务人因经营失误而支付赔偿金
D. 债务人为维系基本生产需要而支付水、电费
E. 债务人支付人身损害赔偿金

解析　选项 ADE，债务人对债权人进行的以下个别清偿，管理人请求撤销的，人民法院不予支持：(1) 债务人为维系基本生产需要而支付水费、电费等的（选项 D）。(2) 债务人支付劳动报酬、人身损害赔偿金的（选项 AE）。(3) 使债务人财产受益的其他个别清偿。选项 B，债务人"经诉讼、仲裁、执行程序对债权人进行的个别清偿"，管理人请求撤销的，人民法院不予支持。但是，债务人与债权人恶意串通损害其他债权人利益的除外。选项 C，

经营失误而支付的赔偿金形成破产债权，依破产程序公平受偿，债务人个别清偿的，管理人有权申请撤销。

【答案】 ADE

【考点精炼】

（一）撤销权的法定情形

一般撤销权	法定情形 （1）无偿转让财产的； （2）以明显不合理的价格进行交易的； （3）对没有财产担保的债务提供财产担保的； （4）对未到期的债务提前清偿的； （5）放弃债权的
特别撤销权	法定情形 债务人具有破产原因，仍对个别债权人进行清偿的，管理人有权请求人民法院予以撤销。但是，个别清偿使债务人财产受益的除外
受理	人民法院受理撤销权时间 （1）一般撤销权：受理破产申请前1年内。 （2）特别撤销权：破产申请前6个月内。 ☆提示： （1）一般撤销权条件＝1年内＋法定情形。 （2）特别撤销权条件＝6个月内＋债务人具有破产原因＋个别清偿。 （3）破产申请受理前1年内债务人提前清偿的未到期债务，在破产申请受理前已经到期，管理人请求撤销该清偿行为的，人民法院不予支持。但是，该清偿行为发生在破产申请受理前6个月内且债务人具有破产原因情形的除外

（二）不可撤销情形

（1）债务人对以自有财产设定担保物权的债权进行的个别清偿，但债务清偿时担保财产的价值低于债权额的除外。

（2）债务人经诉讼、仲裁、执行程序对债权人进行的个别清偿，但债务人与债权人恶意串通损害其他债权人利益的除外。（经法定程序）

（3）债务人为维系基本生产需要而支付水费、电费等。（"救命钱"）

（4）债务人支付劳动报酬、人身损害赔偿金的。（"救命钱"）

（5）使债务人财产受益的其他个别清偿。

（三）无效

情形	根据规定，涉及债务人财产的下列行为无效： （1）为逃避债务而隐匿、转移财产的。(有中生无) （2）虚构债务或者承认不真实的债务的。(无中生有) （3）破产申请受理后债务人对债权人的个别清偿行为无效(影响公平)
期限	无效行为的发生期限没有限制

【单选题】根据《企业破产法》的规定，下列涉及债务人财产的行为中，无效的是(　　)。
  A. 债务人明显缺乏清偿能力，仍对个别债权人清偿
  B. 债务人放弃债权
  C. 债务人为逃避债务而隐匿、转移财产
  D. 债务人对没有担保的债务提供担保

【解析】选项 A，如果发生在人民法院受理破产申请前 6 个月内，管理人有权请求人民法院予以撤销，但个别清偿使债务人财产受益的除外。选项 BD，如果发生在人民法院受理破产申请前 1 年内，管理人有权请求人民法院予以撤销。

【答案】C

知识点·破产费用和共益债务

【多选题】人民法院受理破产申请后，为全体债权人共同利益而支出的费用为破产费用，包括(　　)。
  A. 为债务人继续营业而支付的劳动报酬和社保费
  B. 管理人员执行职务的费用
  C. 破产案件诉讼费用
  D. 债务人财产变价费用
  E. 债务人财产致人损害所产生的费用

【解析】破产费用包括：①破产案件的诉讼费用；②管理、变价和分配债务人财产的费用；③管理人执行职务的费用、报酬和聘用工作人员的费用。选项 A 和选项 E 未必会发生，故为共益债务。

【答案】BCD

【考点精炼】
破产费用是当债务人存在管理人和一定财产时必定会发生的费用，共益债务是未必会产生的费用。

【单选题】根据《企业破产法》，在人民法院受理破产申请后发生的下列费用中，属于破产费用的是( )。

A. 管理人因执行职务致人损害应支付的费用

B. 管理人请求对方当事人履行双方均未履行完毕的合同应支付的费用

C. 管理人聘用工作人员应支付的费用

D. 债务人财产受无因管理应支付的费用

解析 选项ABD，未必会发生，属于共益债务。

【答案】C

【单选题】属于破产费用的有( )。

A. 管理人的报酬

B. 债务人财产受无因管理所产生的债务

C. 管理人因执行职务致人损害产生的债务

D. 因债务人不当得利产生的债务

解析 选项BCD，未必会发生，属于共益债务，故排除。

【答案】A

【单选题】根据《企业破产法》规定，下列关于破产费用、共益债务认定及清偿原则的说法中，正确的是( )。

A. 债务人财产不足以清偿所有破产费用和共益债务的，先行清偿共益债务

B. 债务人财产致人损害所产生的费用属于破产费用

C. 破产费用和共益债务由债务人财产随时清偿

D. 管理人执行职务的报酬属于共益债务

解析 债务人财产不足以清偿所有破产费用和共益债务的，应当先行清偿破产费用，故选项A错误。债务人财产致人损害所产生的债务属于共益债务，故选项B错误。破产费用和共益债务由债务人财产随时清偿，故选项C正确。管理人执行职务的费用、报酬和聘用工作人员的费用属于破产费用，故选项D错误。

【答案】C

知识点 · 追回权

【单选题】对因《企业破产法》规定的可撤销行为、无效行为而取得的债务人财产行使追回权的主体是( )。

A. 债权人　　　　　　　　　　B. 管理人

C. 破产申请人　　　　　　　　D. 债务人

解析 管理人依据《企业破产法》的规定提起诉讼，请求撤销涉及债务人财产的相关行为并由相对人返还债务人财产的，人民法院应予支持。管理人依据《企业破产法》的规定提起诉讼，主张被隐匿、转移财产的实际占有人返还债务人财产，或者主张债务人虚构债

务或者承认不真实债务的行为无效并返还债务人财产的,人民法院应予支持。

【答案】B

【考点精炼】

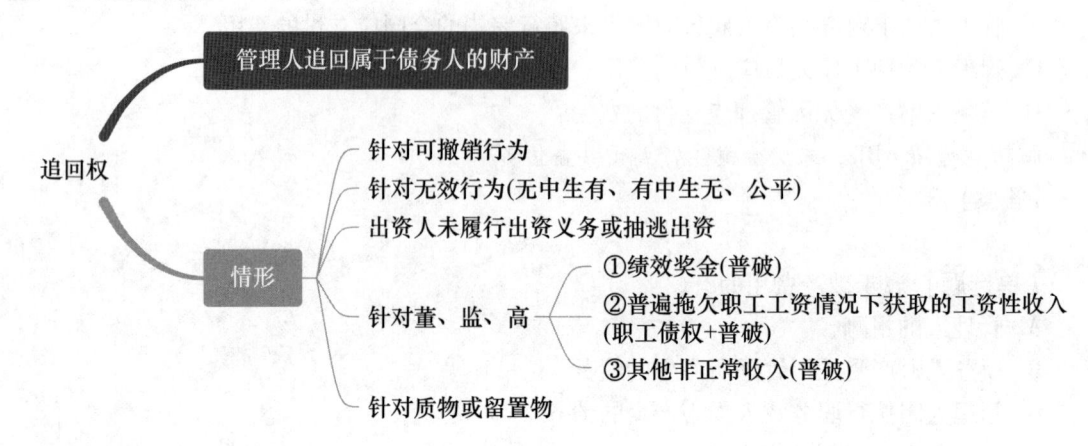

```
追回权 ── 管理人追回属于债务人的财产
     └─ 情形 ── 针对可撤销行为
              ├─ 针对无效行为(无中生有、有中生无、公平)
              ├─ 出资人未履行出资义务或抽逃出资
              ├─ 针对董、监、高 ──①绩效奖金(普破)
              │                ②普遍拖欠职工工资情况下获取的工资性收入
              │                 (职工债权+普破)
              │                ③其他非正常收入(普破)
              └─ 针对质物或留置物
```

知识点 · 取回权

【多选题】根据《企业破产法》及司法解释规定,下列关于追回权和取回权的说法中,正确的有(   )。

A. 人民法院受理破产申请后,债务人占有的不属于债务人的财产,该财产的权利人有权通过管理人取回

B. 人民法院受理破产申请后,债务人的出资人尚未完全履行出资义务的,管理人有权要求其缴纳出资

C. 权利人主张取回权,管理人不予认可的,权利人有权以管理人为被告提起诉讼,请求行使取回权

D. 权利人行使取回权,应当在破产财产变价方案或者和解协议、重整计划草案提交债权人会议前提出

E. 对因《企业破产法》规定的无效行为而取得的债务人的财产,管理人有权追回

解析 选项A,人民法院受理破产申请后,债务人占有的不属于债务人的财产,该财产的权利人可以通过管理人取回。选项B,人民法院受理破产申请后,债务人的出资人尚未完全履行出资义务的,管理人应当要求该出资人缴纳所认缴的出资,而不受出资期限的限制。选项C,权利人依法向管理人主张取回相关财产,管理人不予认可,权利人以"债务人"为被告向人民法院提起诉讼请求行使取回权的,人民法院应予受理。选项D,权利人行使取回权,应当在破产财产变价方案或者和解协议、重整计划草案提交债权人会议表决前向管理人提出。选项E,因《企业破产法》规定的无效行为、可撤销行为而取得的债务人财产,管理人有权追回。

【答案】ABDE

【考点精炼】

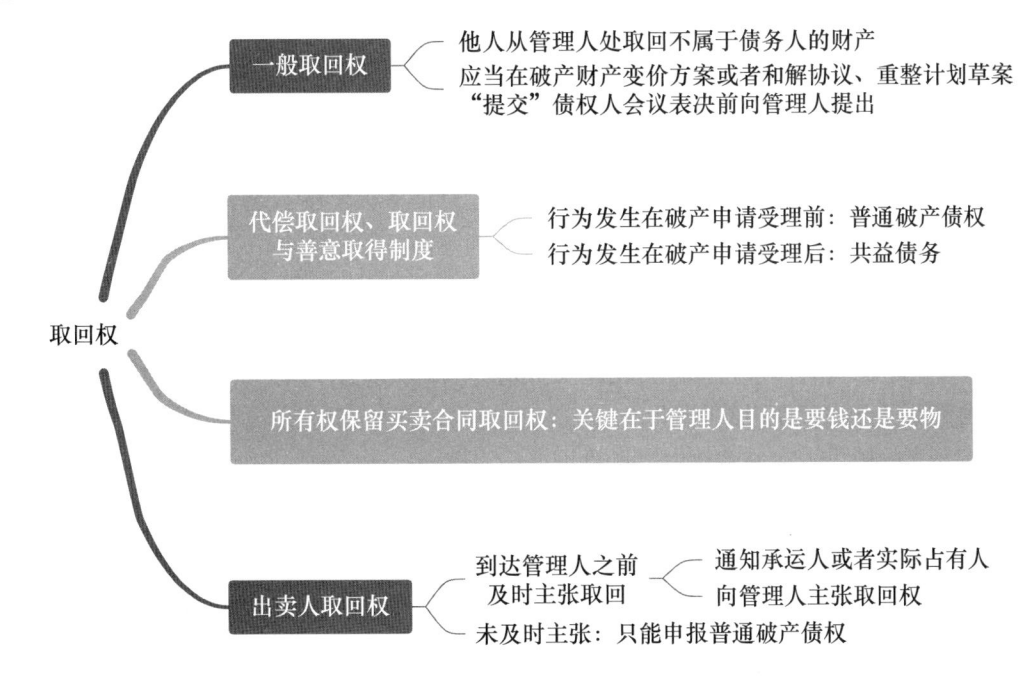

取回权
- 一般取回权
  - 他人从管理人处取回不属于债务人的财产
  - 应当在破产财产变价方案或者和解协议、重整计划草案"提交"债权人会议表决前向管理人提出
- 代偿取回权、取回权与善意取得制度
  - 行为发生在破产申请受理前：普通破产债权
  - 行为发生在破产申请受理后：共益债务
- 所有权保留买卖合同取回权：关键在于管理人目的是要钱还是要物
- 出卖人取回权
  - 到达管理人之前及时主张取回
    - 通知承运人或者实际占有人
    - 向管理人主张取回权
  - 未及时主张：只能申报普通破产债权

【多选题】甲公司因经营管理不善，长期亏损，不能清偿到期债务，遂于2009年6月20日，向人民法院提出破产申请，人民法院于2009年6月25日裁定受理此案并予以公告。根据《企业破产法》，人民法院与管理人的下列做法或者说法中，正确的有（   ）。

A. 人民法院于2009年7月1日通知所有已知债权人，并进行公告，确定债权申报期限为2009年7月1日至2009年7月25日

B. 管理人发现甲公司于2008年11月1日无偿转让150万元财产，遂向人民法院申请予以撤销，追回财产

C. 2009年6月1日甲公司与乙企业签订一份买卖合同，双方均未履行完毕，管理人决定继续履行该合同

D. 2009年6月5日甲公司与丙企业签订了一份加工承揽合同，双方均未履行完毕，管理人决定解除该合同

E. 在债权申报期间，甲公司库房堆积货物倒塌，砸中一位工作人员，造成其椎骨骨折，需要支付医疗费等相关费用20万元，管理人认为该费用属破产债权

解析 选项A，人民法院裁定受理破产申请后，应当自裁定受理破产申请之日起25日内通知已知债权人，并予以公告。债权申报期限自人民法院发布受理破产申请公告之日起计算，最短不得少于30日，最长不得超过3个月。选项B，人民法院受理破产申请前1年内，债务人无偿转让财产的，是管理人可行使撤销权的法定情形之一。选项CD，人民法院受理破产申请后，管理人对破产申请受理前成立而债务人和对方当事人均未履行完毕的合同有权决定解除或者继续履行，并通知对方当事人。选项E，债务人财产致人损害所产生的债务属于共益债务。

【答案】BCD

知识点 · 抵销权

【单选题】 根据《企业破产法》及司法解释规定,人民法院受理破产申请后,下列关于管理人职责及债务人财产的说法中,错误的是(　　)。

A. 债务人的债务人在破产申请受理后取得他人对债务人的债权的,可以向管理人主张抵销

B. 债务人占有的不属于债务人的财产,该财产的权利人可以通过管理人取回,但《企业破产法》另有规定的除外

C. 债务人的出资人尚未完全履行出资义务的,管理人应当要求该出资人缴纳所认缴的出资而不受出资期限的限制

D. 债务人的董事侵占的企业财产,管理人应当追回

🔍 **解析** 选项A,债务人的债务人在破产申请受理后取得他人对债务人的债权的,不得抵销。

【答案】 A

【考点精炼】

行使条件	(1) 债权人在破产申请受理前对债务人负有债务。(债权人的权利) (2) 无论其债权与所负债务种类是否相同,也不论该债权债务是否附有期限或者条件,均可用该债权抵销其对债务人所负债务的权利
注意事项	抵销权需要注意的事项: (1) 债权人应向管理人提出抵销主张。 (2) 经审查无异议的,抵销自管理人收到通知之日起生效。 (3) 有异议的,应在约定的或自收到主张抵销通知之日起 3 个月内向人民法院起诉
不得抵销情形	有下列情形之一的,不得抵销: (1) 债务人的债务人在破产申请受理后取得他人对债务人的债权的。 (2) 债权人已知债务人有不能清偿到期债务或者破产申请的事实,对债务人负担债务的;但是,债权人因为法律规定或者有破产申请 1 年前所发生的原因而负担债务的除外。 (3) 债务人的债务人已知债务人有不能清偿到期债务或者破产申请的事实,对债务人取得债权的;但是,债务人的债务人因为法律规定或者有破产申请 1 年前所发生的原因而取得债权除外

【单选题】 根据《企业破产法》的规定,人民法院受理破产申请后,下列涉及债务人财产的说法中,正确的是(　　)。

A. 债务人的债务人已知债务人有不能清偿到期债务或者破产申请的事实,对债务人取得债权的,可以向管理人主张抵销

B. 债务人的高级管理人员利用职权从债务人获取的非正常收入，管理人应当追回
C. 债务人占有的不属于债务人的财产，该财产的权利人可以向债务人取回
D. 债务人的债务人在破产申请受理后取得他人对债务人的债权的，可以向管理人主张抵销

解析 选项A，债务人的债务人已知债务人有不能清偿到期债务或者破产申请的事实，对债务人取得债权的，不得抵销，但债务人的债务人因为法律规定或者有破产申请1年前所发生的原因而取得债权的除外。选项C，人民法院受理破产申请后，债务人占有的不属于债务人的财产，该财产的权利人可以通过管理人取回，但法律另有规定的除外。选项D，债务人的债务人在破产申请受理后取得他人对债务人的债权的，不得抵销。

【答案】 B

知识点· 重整与和解

【单选题】 下列关于破产重整的说法中，正确的是( )。
A. 破产重整期间是指人民法院受理破产申请至重整程序终止的期间
B. 破产重整期间，除债务人管理破产财产受管理人监督外，债务人的营业事务不受管理人干预
C. 破产重整期间，债务人的出资人请求投资收益分配的权利受保护
D. 破产重整期间，债务人可以决定内部管理事务

解析 选项A，重整期间，是指自人民法院裁定债务人重整之日起，而非自受理破产申请之日起至重整程序终止。选项B，在重整期间，经债务人申请，人民法院批准，债务人可以在管理人的监督下自行管理财产和营业事务。管理人负责管理财产和营业事务的，可以聘任债务人的经营管理人员负责营业事务。选项C，在重整期间，债务人的出资人不得请求投资收益分配。

【答案】 D

【考点精炼】

类别	表决方式	债权人会议	人民法院	最终结果
重整	债权人会议，分组表决（过半数、2/3以上）	表决组均通过	批准	√
			未批准	×
		部分表决组通过	批准	√
			未批准	×
		均未通过	—	×
和解	债权人会议特别决议方式（过半数、无财产担保总额的2/3以上）	通过	认可	√
			不认可	×
		未通过	—	×

	重整	和解
提起期间	(1) 直接申请(开始)； (2) 破产申请受理后、破产宣告前(刀下留人)	
提起人	(1) 债权人； (2) 债务人； (3) 出资额占债务人注册资本1/10以上的出资人； (4) 金融监管机构：针对金融机构	开始阶段 (1); (2); (4) 刀下留人阶段 (1); (2); (3)	只有债务人可以提起
计划/ 草案制定人	重整计划(谁管理谁制定)：债务人或管理人	和解协议草案：债务人

【单选题】对具有破产原因而又有再生希望的企业，经利害关系人申请，人民法院可以依法裁定重整。下列有关债务人及其出资人重整期间权利义务的表述中，正确的是(　　)。

A. 债务人合法占有他人财产，该财产的权利人要求取回，债务人应当无条件予以返还
B. 债务人的出资人不能请求投资收益分配
C. 债务人为继续营业而借款的，不得为该借款提供担保
D. 经人民法院批准，债务人可以自行管理财产而不接受管理人的监督

【解析】选项A，重整期间，债务人合法占有的他人财产，该财产的权利人在重整期间要求取回的，应当符合事先约定的条件。选项C，重整期间，债务人或者管理人为继续营业而借款的，可以为该借款设定担保。选项D，重整期间，经债务人申请，人民法院批准，债务人可以在管理人的监督下自行管理财产和营业事务。

【答案】B

【多选题】下列重整计划的说法中，正确的有(　　)。

A. 重整计划草案未获得人民法院批准的，人民法院应宣告债务人破产
B. 重整计划执行人不执行重整计划的，经利害关系人请求，人民法院应当更换执行人继续执行重整计划
C. 债权人未依照规定申报债权的，在重整计划执行期间不得行使权利
D. 债权人依照债权分类对重整计划分组进行表决
E. 管理人负责管理财产和营业事务的，由管理人制作重整计划草案

【解析】选项A，重整计划草案未获得通过且未依照《企业破产法》的规定获得批准，或者已通过的重整计划未获得批准的，人民法院应当裁定终止重整程序，并宣告债务人破产，故选项A正确。选项B，债务人不能执行或者不执行重整计划的，人民法院经管理人或者利害关系人请求，应当裁定终止重整计划的执行，并宣告债务人破产，故选项B错误。选项C，债权人未依照规定申报债权的，在重整计划执行期间不得行使权利，故选项C正确。选项D，依照债权分类，参加讨论重整计划草案债权人会议的各类债权的债权人，分组对重整计划草案进行表决，故选项D正确。选项E，债务人自行管理财产和营业事务的，由

债务人制作重整计划草案。管理人负责管理财产和营业事务的,由管理人制作重整计划草案,故选项 E 正确。

【答案】 ACDE

【单选题】根据《企业破产法》及相关规定,下列关于和解的说法中,正确的是( )。
A. 经人民法院裁定认可的和解协议,对债务人和全体和解债权人均有约束力,但和解债权人对债务人的保证人所享有的权利,不受和解协议的影响
B. 债权人会议通过和解协议的决议,由出席会议的有表决权的债权人一致同意
C. 人民法院裁定终止和解协议执行的,和解债权人在和解协议中做出的债权调整的承诺失去效力,和解债权人因执行和解协议所受的清偿无效
D. 债权人可以依照规定直接向人民法院申请和解,但不能在人民法院受理破产申请后、宣告债务人破产前,向人民法院申请和解

解析 选项 B,债权人会议通过和解协议的决议,由出席会议的有表决权的债权人过半数同意,并且其所代表的债权额占无财产担保债权总额的 2/3 以上。选项 C,人民法院裁定终止和解协议执行的,和解债权人在和解协议中做出的债权调整的承诺失去效力,和解债权人因执行和解协议所受的清偿仍然有效。选项 D,债权人无权提出和解申请,债务人可以在人民法院受理破产申请后、宣告债务人破产前,向人民法院申请和解,也可以直接向人民法院申请和解。

【答案】 A

【多选题】根据《企业破产法》,下列关于和解与和解协议的说法中,正确的有( )。
A. 和解以债权人向人民法院提出和解申请为前提
B. 和解申请须由人民法院裁定许可
C. 和解协议须经债权人会议决议通过
D. 人民法院裁定终止和解协议执行的,为和解协议的执行提供的担保无效
E. 按照和解协议减免的债务,自和解协议执行完毕时起,原则上债务人不再承担清偿责任

解析 选项 A,和解以债务人向人民法院提出和解申请为前提,债权人无权向人民法院提出和解申请。选项 D,人民法院裁定终止和解协议执行的,为和解协议的执行提供的担保继续有效。

【答案】 BCE

【单选题】根据《企业破产法》的规定,下列关于和解协议效力说法中,正确的是( )。
A. 债权人会议通过和解协议即视为和解程序中止
B. 按照和解协议减免的债务,自和解协议通过时起,债务人不再承担清偿责任
C. 经人民法院裁定认可的和解协议对债务人和全体和解债权人均有约束力
D. 和解债权人基于和解协议所受清偿,在人民法院裁定和解协议无效后,应予全部返还

解析 债权人会议通过和解协议的,由人民法院裁定认可,终止和解程序,并予以公

告，故选项 A 错误。按照和解协议减免的债务，自和解协议执行完毕时起，债务人不再承担清偿责任，故选项 B 错误。经人民法院裁定认可的和解协议，对债务人和全体和解债权人均有约束力，故选项 C 正确。因债务人的欺诈或者其他违法行为而成立的和解协议，人民法院应当裁定无效，并宣告债务人破产。有此情形的，和解债权人因执行和解协议所受的清偿，在其他债权人所受清偿同等比例的范围内，不予返还，故选项 D 错误。

【答案】C

知识点 · 破产清算

【单选题】在破产程序中，对破产财产中已经设定担保物权的财产，债权人可以行使的权利是( )。

A. 别除权　　　　B. 追回权　　　　C. 抵销权　　　　D. 取回权

【解析】别除权，即对破产人的特定财产享有担保权的权利人，对该特定财产享有优先受偿的权利。

【答案】A

【综合分析题】

(一)

甲公司为丙公司的全资子公司，于 1992 年 11 月经乙市工商局核准成立，注册资本金人民币 1000 万元。甲公司自开始经营以来内部管理一直存在严重问题，长年亏损，2017 年度审计报告显示甲公司资产负债率超出 100%。甲公司有签订劳动合同的职工 27 人，至今拖欠职工工资、社保费用和医疗保险费用。

截止 2018 年 4 月，甲公司尚欠王某 3000 万元、张某和周某各 2000 万元无法偿还。王某遂向乙市中级人民法院申请甲公司破产。乙市中级人民法院认为：申请人王某对被申请人甲公司享有债权，事实清楚。

现有证据显示，甲公司已不能清偿到期债务且明显缺乏清偿能力。该人民法院遂裁定受理王某提出的破产申请，并于 2018 年 5 月 8 日向甲公司送达了通知书、破产申请等材料。甲公司于 2018 年 5 月 15 日向该人民法院提交了书面意见，明确表示同意进行破产清算。该人民法院指定丁律师事务所作为甲公司破产管理人。经破产管理人核实：甲公司对戊公司有 1000 万元到期债权尚未要求戊公司偿还，李某持有甲公司汽车一辆。

此外，甲公司债权人周某于 2018 年 3 月 1 日向乙市某基层人民法院起诉，请求甲公司偿还 2000 万元借款。该基层人民法院当日受理周某的起诉，并依周某申请对甲公司办公楼进行了财产保全。该案尚未结案。2018 年 6 月 10 日，陈某因甲公司合同违约，向该基层人民法院起诉要求甲公司承担违约赔偿责任。

请根据案情，回答下列问题。

1. 除王某外，下列主体中，可以作为甲公司破产申请人的有( )。

A. 戊公司　　　　　　　　　　　B. 乙市工商局

C. 张某 D. 周某
E. 甲公司

解析 破产申请人包括债务人（选项 E）、债权人（选项 CD）、依法对债务人负有清算责任的人以及国务院金融监督管理机构。

【答案】CDE

2. 乙市中级人民法院受理破产申请产生的法律后果有（　　）。
   A. 办公楼的财产保全应当解除
   B. 李某应当向管理人交付汽车
   C. 周某起诉甲公司的诉讼应当终止
   D. 该基层人民法院应驳回陈某的诉讼请求
   E. 戊应当向管理人清偿

解析 选项 A，人民法院受理破产申请后，有关债务人财产的保全措施应当解除，执行程序应当中止。选项 BE，人民法院受理破产申请后，债务人的债务人或者财产持有人应当向管理人清偿债务或者交付财产。选项 C，根据规定，人民法院受理破产申请后，已经开始而尚未终结的有关债务人的民事诉讼或者仲裁应当中止。选项 D，破产申请受理后，债权人就债务人财产向人民法院提起民事诉讼的，人民法院不予受理。

【答案】ABE

3. 下列主体中，可以申请甲公司破产重整的有（　　）。
   A. 王某 B. 丙公司
   C. 周某 D. 丁律师事务所
   E. 甲公司

解析 根据规定，债权人申请对债务人进行破产清算的，在人民法院受理破产申请后、宣告债务人破产前（"刀下留人"阶段），债务人（甲公司）或者出资额占债务人注册资本 1/10 以上的出资人（丙公司），其他债权人（周某）可以向人民法院申请重整。

【答案】BCE

4. 若甲公司破产重整不成功，经乙市中级人民法院裁定甲公司进入破产清算程序。下列费用和债务中，应最优先清偿的有（　　）。
   A. 甲公司所拖欠的职工医疗保险费
   B. 甲公司所拖欠的职工社保费
   C. 应支付给丁律师事务所的破产管理费用
   D. 欠王某的债务
   E. 甲公司所拖欠的职工工资

解析 根据《企业破产法》规定，依照下列顺序清偿：（1）别除权。（2）破产费用和共益债务（2.1 破产费用＞2.2 共益债务）。（3）职工债权：破产人所欠职工的工资和医疗、伤残补助、抚恤费用，所欠的应当划入职工个人账户的基本养老保险、基本医疗保险费用，以及法律、行政法规规定应当支付给职工的补偿金。(4) 社保和税款 (4.1 社会保险费用 > 4.2 破产人所欠税款)。(5) 普通破产债权。选项 C 属于破产费用，属于 2.1 顺位，应当优先清偿。

【答案】C

(二)

长水公司成立于 2010 年 11 月，注册资本 2000 万元，主要生产销售工程机械设备。为了扩大规模，2014 年 2 月 1 日，长水公司向恒发公司借款 3000 万元，期限 1 年。2014 年 9 月，由于受市场环境变化的影响，长水公司经营业绩一落千丈，借款到期后一直未还，恒发公司几次催收均无结果。2016 年 3 月 6 日，恒发公司向人民法院申请长水公司破产。

请根据案情，回答下列问题。

1. 下列关于本案破产申请及撤回的说法中，正确的有(　　)。
   A. 长水公司作为债务人依法提出长水公司破产申请的条件是不能清偿到期债务
   B. 恒发公司可以在人民法院受理前请求撤回其提出的破产申请
   C. 恒发公司作为债权人依法提出长水公司破产申请的条件是长水公司不能清偿到期债务
   D. 恒发公司作为债权人可向长水公司住所地人民法院提出长水公司破产申请
   E. 恒发公司作为债权人有权提出长水公司破产申请

解析　选项 A，债务人提出破产申请的条件之一是"不能清偿到期债务"，除此之外还要包括资产不足以清偿全部债务。选项 B，申请人可以在人民法院受理破产申请前撤回申请。选项 CE，债权人在向人民法院提出申请时，只要证明债务人不能清偿到期债务即可，无须考虑资不抵债问题，故本题中，当恒发公司几次催告而无果的情况下即可申请债务人破产。选项 D，破产案件由债务人住所地人民法院管辖。

【答案】BCDE

2. 下列关于破产管理人的说法中，正确的有(　　)。
   A. 破产管理人有权提议召开债权人会议，列席并回答有关询问
   B. 破产管理人不能依法公正执行职务的，人民法院无权更换
   C. 破产管理人履行职责所获报酬应列入破产财产分配方案，从债务人财产中优先支付
   D. 破产管理人负责管理和处分债务人的财产，接受债权人会议和债权人委员会的监督
   E. 破产管理人由债权人会议选举产生，但应向人民法院报告工作

解析　选项 B，管理人不能依法公正执行职务的，人民法院可以根据债权人会议的申请或者依职权决定更换管理人。选项 E，破产管理人由人民法院在受理破产案件时指定。

【答案】ACD

3. 下列关于破产债权申报的说法中，正确的有(　　)。
   A. 破产申请受理后，债务人欠缴款项产生的滞纳金不能作为破产债权
   B. 债权人未在申报期限内申报债权的，可以在破产财产最后分配前补充申报
   C. 保证人可以将其对债务人的求偿权申报债权

D. 债权人应当在确定的债权申报期限内向管理人申报债权

E. 债权申报期限自人民法院裁定受理破产申请之日起计算

解析 选项C，若债务人的保证人"代替债务人清偿债务"的，以其对债务人的求偿权申报债权。若债务人的保证人尚未代替债务人清偿债务的，除债权人已经向管理人申报全部债权的外，以其对债务人的"将来求偿权"申报债权。选项E，债权申报期限自人民法院"发布"受理破产申请公告之日起计算，最短不少于30日，最长不得超过3个月。

【答案】 ABCD

(三)

宏瑞新材料科技有限责任公司（以下简称"宏瑞公司"），主要生产销售复合彩色钢板。由于市场环境变化，导致宏瑞公司流动资金周转不灵，企业深陷经营困难，负债超过1亿元。2018年7月，大维科技有限责任公司（以下简称"大维公司"）起诉宏瑞公司，要求支付货款363万元及逾期利息，人民法院经审理支持了大维公司的诉讼请求。因宏瑞公司未履行生效判决，大维公司遂申请强制执行。人民法院受理后，发现宏瑞公司没有可供执行的财产。2019年5月9日，大维公司向人民法院申请宣告宏瑞公司破产。2019年5月15日，人民法院裁定受理该破产清算申请，并指定大方会计师事务所担任破产管理人。

截至破产申请受理时，宏瑞公司尚有一笔对祥云公司的189万元到期货款没有收回。

大方会计师事务所清理债务人债务时发现：宏瑞公司欠利丰公司的380万元债务已由保证人张山代为清偿；宏瑞公司于2019年3月15日提前清偿了一笔540万元的货款债务，该债务本应于2019年4月30日到期。鉴于宏瑞公司产品还有一定市场前景，股东王武（持股比例1%）遂提出重整申请。

请根据案情，回答下列问题。

1. 本案中，针对宏瑞公司提前清偿540万元货款行为，以及对方已受领的540万元货款，破产管理人可以行使的权利有(   )。

A. 追回权
B. 别除权
C. 抵销权
D. 撤销权
E. 取回权

解析 选项A，因可撤销行为而取得的债务人的财产，管理人有权追回。选项B，别除权，是指对破产人的特定财产享有担保权的权利人，对该特定财产享有优先受偿的权利。选项C，抵销权，债权人在破产申请受理前对债务人负有债务的，可以向管理人主张抵销，但有法定情形除外。原则上，抵销权只能由债权人向管理人主张行使。选项D，破产申请受理前1年内债务人提前清偿的未到期债务，在破产申请受理前已经到期，管理人请求撤销该清偿行为的，人民法院不予支持。但是，该清偿行为发生在破产申请受理前6个月内且债务人具有破产原因的除外。选项E，取回权是指人民法院受理破产申请后，债务人占有的不属于债务人的财产，该财产的权利人可以通过管理人取回，《企业破产法》另有规定除外。

【答案】 AD

2. 下列破产管理人的做法中，正确的有(　　)。
   A. 调查宏瑞公司财务状况
   B. 要求宏瑞公司自行保管其公章
   C. 自王武提出重整之日起便自行辞去破产管理人职务
   D. 决定宏瑞公司的日常开支
   E. 代表宏瑞公司参加诉讼

   解析　（1）管理人履行下列职责：①接管债务人的财产、印章和账簿、文书等资料（选项B错误）；②调查债务人财产状况，制作财产状况报告（选项A正确）；③决定债务人的内部管理事务；④决定债务人的日常开支和其他必要开支（选项D正确）；⑤在第一次债权人会议召开之前，决定继续或者停止债务人的营业；⑥管理和处分债务人的财产；⑦代表债务人参加诉讼、仲裁或者其他法律程序（选项E正确）；⑧提议召开债权人会议；⑨人民法院认为管理人应当履行的其他职责。

   （2）选项C，管理人没有正当理由不得辞去职务。管理人辞去职务应当经人民法院许可。

   【答案】ADE

3. 本案中，可以进行债权申报的债权人有(　　)。
   A. 保证人张山　　　　　　B. 祥云公司
   C. 宏瑞公司　　　　　　　D. 大维公司
   E. 利丰公司

   解析　选项AE，债务人的保证人或者其他连带债务人已经代替债务人清偿债务的，以其对债务人的求偿权申报债权。本题中宏瑞公司欠利丰公司的380万元债务已由保证人张山代为清偿，因此保证人张山可以进行债权申报，利丰公司债权已获清偿，进而不得申报债权。选项B，祥云公司系债务人的债务人，不属于债权人，不得申报债权。选项C，宏瑞公司系债务人不属于债权人，不得申报债权。选项D，大维公司系人民法院受理破产申请时对债务人享有债权的债权人，故可以申报债权。

   【答案】AD

4. 下列有关本案重整申请和程序的说法中，正确的有(　　)。
   A. 宏瑞公司可以向债权人会议申请重整
   B. 宏瑞公司可以向人民法院申请重整
   C. 债权人会议可依债权人申请决定重整
   D. 对王武提出的重整申请，人民法院应当受理并予以裁定
   E. 是否进入重整程序，人民法院可依职权径行决定

   解析　选项ABD，债权人申请对债务人进行破产清算的，在人民法院受理破产申请后、宣告债务人破产前，债务人（宏瑞公司）、出资额占债务人注册资本1/10以上的出资人，可以向人民法院申请重整。王武持股比例仅为1%，因此无权申请破产重整。选项CE，"人民法院"经审查认为重整申请符合规定的，应当裁定债务人重整，并予以公告。

   【答案】B

(四)

兴华公司于2012年11月28日在甲市企业登记机关注册登记，登记住所为甲市Y区，注册资本5000万元。

2017年5月兴华公司将主要办事机构迁至乙市F区（在乙市企业登记机关注册登记），开发"F印象"项目。

2019年3月1日，兴华公司债权人刘某将其对兴华公司的100万元债权转让给张某，并书面通知兴华公司。该债权到期后，经张某多次催告，兴华公司仍不清偿。张某了解到：截至2019年3月底，以兴华公司为被执行人的案件多达26件，涉及标的额8000万元；兴华公司开发的业务只有"F印象"项目，且由于资金链断裂，公司经营举步维艰。

2019年4月8日，张某以兴华公司不能清偿到期债务为由，向乙市中级人民法院提起兴华公司破产申请。2019年4月11日，乙市中级人民法院通知兴华公司，兴华公司于2019年4月16日向乙市中级人民法院提出异议：一是乙市中级人民法院没有管辖权，应由甲市中级人民法院管辖；二是张某债权人身份不合法，不具备申请破产的主体资格；三是张某未能证明兴华公司资不抵债，兴华公司不具备破产的法定要件。兴华公司请求乙市中级人民法院裁定对张某提出的破产申请不予受理。

请根据案情，回答下列问题。

1. 下列有关张某提起破产申请的说法中，正确的有（　　）。
   A. 张某作为兴华公司债权人，无权提起破产申请
   B. 张某应当向乙市具有管辖权的人民法院提起破产申请
   C. 张某可以兴华公司不能清偿到期债务为由提起破产申请
   D. 张某受让刘某债权，无须得到兴华公司同意，有权提起破产申请
   E. 张某受让刘某债权，未得到兴华公司同意，不具有破产申请人资格

解析　选项DE，债权人可以将债权的全部或者部分转让给第三人（无须经债务人同意），但债权人转让债权，未通知债务人的，该转让对债务人不发生效力。本题中，债权人刘某有权将自己债权转让给张某，且已经通知债务人兴华公司，故对其发生效力。选项AC，债务人不能清偿到期债务，债权人可以向人民法院提出对债务人进行重整或者破产清算的申请。本题中，兴华公司不能清偿对债权人张某的债务，因此张某有权提起破产申请。选项B，破产案件由债务人住所地人民法院管辖，公司的住所是公司主要办事机构所在地。本题中，债务人兴华公司住所地已更改为乙市F区。

【答案】 BCD

2. 人民法院受理兴华公司破产申请的，应当在破产管理人名册中指定破产管理人。下列有关可否担任本案破产管理人的说法中，正确的有（　　）。
   A. 龙游律师事务所2014年为兴华公司的劳动人事纠纷案件提供过诉讼代理服务，可以担任管理人
   B. 西湖破产清算事务所与张某有30万元未了结债务，可以担任管理人
   C. 荔枝会计师事务所为兴华公司的债权人尚花银行提供过2013年度会计报表审计服

务，可以担任管理人

D. 东方会计师事务所为兴华公司提供过2015—2017年度会计报表审计服务，不能担任管理人

E. 东穗律师事务所在人民法院受理申请时仍是兴华公司的法律顾问，不能担任管理人

🔍 **解析** 与本案有利害关系的，不得担任破产管理人（3年内或者现在）。

选项ACD，受理破产申请前3年内曾为债务人提供相对固定的中介服务，不得担任破产管理人。本题破产申请受理时间为2019年，选项A中，龙游律师事务所提供中介服务发生在2014年，无利害关系。选项C，为债权人提供中介服务发生在2013年，无利害关系。选项D，为债务人提供过2015—2017年的中介服务，在破产申请受理前3年内，具有利害关系，不得担任破产管理人。选项B，与债务人、债权人（张某）有未了结的债权债务关系的，不得担任破产管理人。选项E，现在或在受理破产申请前3年内，担任债务人、债权人的财务顾问、法律顾问的，具有利害关系，不得担任破产管理人。

【答案】ACDE

3. 若人民法院批准兴华公司的重整申请，则兴华公司在自行管理财产和营业事务中，可以实施的行为有（　　）。

A. 管理财产、印章、账簿、文书
B. 参加诉讼或仲裁
C. 决定日常开支
D. 管理和处分财产
E. 向特定破产债权人进行个别清偿

🔍 **解析**（1）重整期间，债务人行使的主要职权有：①管理财产、印章和账簿、文书等资料（选项A）；②调查财产状况，制作财产状况报告；③决定内部管理事务；④决定日常开支和其他必要开支（选项C）；⑤在第一次债权人会议召开之前，决定是否继续营业；⑥管理和处分财产（选项D）；⑦参加诉讼或者仲裁（选项B）；⑧自人民法院裁定债务人重整之日起，在6个月内同时向人民法院和债权人会议提交重整计划草案；⑨请求召开债权人会议；⑩追回无偿转让的财产，为逃避债务而隐匿、转移的财产；⑪人民法院受理破产申请后，债务人的出资人尚未完全履行出资义务的，应当要求出资人缴纳所认缴的出资，而不受出资期限的限制。

（2）选项E，人民法院受理破产申请后，债务人对个别债权人的债务清偿无效。

【答案】ABCD

4. 兴华公司经人民法院批准可以进行破产重整。下列有关兴华公司破产重整的说法中，正确的有（　　）。

A. 若兴华公司未按期提交重整计划草案，则人民法院应裁定终止重整程序，并宣告兴华公司破产

B. 重整期间，兴华公司自行管理财产和营业事务的，重整计划草案应由兴华公司负责制作

C. 重整期间，兴华公司出资人可以要求对兴华公司的经营收益进行分配

D. 重整期间，兴华公司为了继续开发"F印象"项目，可以向他人借款

E. 兴华公司制作的重整计划草案，应在 3 个月内向人民法院提交

解析 选项 A，债务人或者管理人未按期提出重整计划草案的，人民法院应当裁定终止重整程序，并宣告债务人破产。选项 B，债务人自行管理财产和营业事务的，由债务人制作重整计划草案。管理人负责管理财产和营业事务的，由管理人制作重整计划草案。选项 C，重整期间，债务人的出资人不得请求投资收益分配。选项 D，重整期间，债务人或者管理人有权为继续营业而借款，且可以为该借款设定担保。选项 E，债务人或者管理人应当自人民法院裁定债务人重整之日起 6 个月内，同时向人民法院和债权人会议提交重整计划草案。

【答案】 ABD

第十五章 电子商务法

知识点 ● 电子商务法的概念

【单选题】下列关于电子商务的说法正确是(　　)。
A. 金融类产品适用电子商务法
B. 电子商务活动是利用计算机技术进行的
C. 金融类服务适用电子商务法
D. 电子商务是通过互联网销售商品或提供服务

解析　《电子商务法》第2条规定：中华人民共和国境内的电子商务活动，适用本法。本法所称电子商务，是指通过互联网等信息网络销售商品或者提供服务的经营活动。法律、行政法规对销售商品或者提供服务有规定的，适用其规定。金融类产品和服务，利用信息网络提供新闻信息、音视频节目、出版及文化产品等内容方面的服务，不适用本法。

【答案】 D

知识点 ● 电子商务经营者的准入和登记

【多选题】根据《电子商务法》规定，电子商务经营者安全保障义务包括(　　)。
A. 危险防范
B. 节约资源
C. 提供安全商品和安全服务
D. 危险排除
E. 止损协助

解析　电子商务经营安全保障的具体内容包括：安全商品和安全服务提供义务、危险防范义务、危险排除义务、止损协助义务。

【答案】 ACDE

知识点 ● 电子商务合同

【多选题】根据《电子签名法》规定，下列关于数据电文发送和接收的说法中，正确的有(　　)。
A. 当事人对发送或接收有特别约定的，从其约定
B. 经发件人授权发送的，视为发件人发送
C. 发件人的信息系统自动发送的，视为发送人发送

D. 当事人未指定系统接收的,以最先进入收件人任一系统的时间为接收时间

E. 收件人营业执照登记的住所地与主营业地不一致的,应以营业执照登记的住所地为接收地

解析 选项A,当事人对数据电文的发送时间、接收时间有约定的,从其约定,故选项A正确。选项BC,数据电文有下列情形之一的,视为发件人发送:①经发件人授权发送的;②发件人的信息系统自动发送的;③收件人按照发件人认可的方法对数据电文进行验证后结果相符的。故选项BC正确。选项D,收件人指定特定系统接收数据电文的,数据电文进入该特定系统的时间,视为该数据电文的接收时间。未指定特定系统的,数据电文进入收件人的任何系统的首次时间,视为该数据电文的接收时间。故选项D正确。选项E,收件人的主营业地为数据电文的接收地点。没有主营业地的,其经常居住地为接收地点。故选项E错误。

【答案】 ABCD

【单选题】下列关于电子商务合同特点和法律适用的说法中,正确的是( )。

A. 是由电子计算机制作的合同

B. 是运用计算机技术设立、变更、终止人身和财产关系的协议

C. 仅适用《电子商务法》,不适用《民法典》

D. 适用《电子签名法》

解析 选项AB,电子商务合同,是指双方或多方当事人之间通过电子信息网络以电子的形式达成的设立、变更、终止财产性民事权利义务关系的协议。选项CD,电子商务当事人订立和履行合同,适用《民法典》《电子商务法》《电子签名法》等法律的规则。

【答案】 D

知识点 · 电子签名和电子认证

【多选题】以下哪些合同不能适用电子签名( )。

A. 收养合同

B. 公共事务

C. 不动产买卖合同

D. 买卖合同

E. 合伙协议

解析 《电子签名法》对电子签名的法律效力做了相应规定,在排除三种特殊情况,包括涉及人身关系(选项A)、公共事业服务(选项B),以及法律法规规定的不适用电子文书的其他情形等的前提下,全面认可了民商事活动中产生的各类电子签名、数据电文的法律效力。法律规定,民事活动中的合同或者其他文件、单证等文书,当事人可以约定使用或者不使用电子签名、数据电文。

【答案】 AB

【单选题】下列民商事活动中，可以适用电子签名方式的是(　　)。

A. 订立收养协议

B. 停止供热服务

C. 销售机器

D. 法规规定的不适用电子文书的其他情形

解析　《电子签名法》对电子签名的法律效力做了相应规定，在排除三种特殊情况（包括涉及人身关系、公共事业服务以及法律法规规定的不适用电子文书的其他情形等）的前提下，全面认可了民商事活动中产生的各类电子签名、数据电文的法律效力。

【答案】 C

知识点・电子商务税收规则

【多选题】对电子商务征税的一般税收原则包括(　　)。

A. 公序良俗原则

B. 中性原则

C. 公平效率原则

D. 意思自治原则

E. 过错责任原则

解析　对电子商务征税的一般税收原则包括：中性原则、公平效率原则、税收法定原则、灵活原则。

【答案】 BC

第十六章 社会保险法

知识点·社会保险法的基本原则

【单选题】社会保险除基本保险之外,还可以建立补充保险(如补充养老保险,补充医疗保险、健康保险等),这体现的是社会保险的( )。

A. 多层次保障原则
B. 普遍保障原则
C. 合理保障原则
D. 基本保障原则

解析 多层次原则:社会保险除了基本保险之外,还可以建立补充保险。

【答案】A

【考点精炼】

普遍保障性原则	社会保障应当尽力覆盖到每一个劳动者
基本保障原则	国家和社会基于公民的保障满足基本生活需要和提供基本生存条件的保障
多层次原则	社会保险除了基本保险之外,还可以建立补充保险
合理性原则	社会保险水平应当与经济社会发展水平相适应
社会化原则	社会保险资金来源社会化、社会保险管理的社会化、社会保险责任的社会化
国家承担最终责任原则	国家不仅是社会保险制度的发起者和监督者,也是社会保险制度的资助者和保证者,是最终责任的承担者

【口诀】社保法基本原则:国会普遍基层理。

知识点·社会保险征收方式改革

【单选题】下列关于社会保险费征收和缴纳规则说法中,正确的是( )。

A. 迟延缴纳社会保险费用,税务机关可以决定加收滞纳金
B. 税务机关对延迟缴纳社会保险费的行为,可以决定加收滞纳金,但无权对责任人处以罚款
C. 社会保险费征缴管理和监督检查由税务机关负责
D. 只有劳动保障行政部门才可以对迟缴保险费的行为决定加收滞纳金

解析 选项ABD,迟延缴纳社会保险费的,由劳动保障行政部门或者税务机关依照规定决定加收滞纳金,并对直接负责的主管人员和其他直接责任人员处以5000元以上20000元以下的罚款。选项C,国务院劳动保障行政部门负责全国的社会保险费征缴管理和监督检

查工作。县级以上地方各级人民政府劳动保障行政部门负责本行政区域内的社会保险费征缴管理和监督检查工作。

【答案】A

知识点 · 社会保险种类

【多选题】下列保险类型中，属于社会保险的有( )。

A. 基本医疗保险
B. 生育保险
C. 基本养老保险
D. 财产保险
E. 人身保险

解析 国家建立基本养老保险（选项C）、基本医疗保险（选项A）、工伤保险、失业保险和生育保险（选项B）等社会保险制度。

【答案】ABC

【单选题】下列人员中，属于职工基本养老保险适用对象的是( )。

A. 公务员
B. 参照公务员管理的人员
C. 城镇非从业居民
D. 企业职工

解析 城市户口有工作（非公务员和参公），属于职工基本养老保险适用对象。

【答案】D

【单选题】根据《社会保险法》规定，享受失业保险待遇具备的条件之一是( )。

A. 享受基本养老保险待遇
B. 因辞职而中断就业
C. 有求职需求但未办理失业登记
D. 失业前用人单位和本人已经缴纳失业保险费满1年

解析 从失业保险基金中领取失业保险金的条件：(1)失业前用人单位和本人已经缴纳失业保险费满1年的；(2)非因本人意愿中断就业的；(3)已经进行失业登记，并有求职要求的。

【答案】D

第十七章 民事诉讼法

知识点 · 民事诉讼法基础

【单选题】 关于民事诉讼法基本原则的说法,正确的是( )。

A. 当事人诉讼权利平等原则意味着当事人拥有相同的诉讼权利
B. 处分原则意味着人民法院无权干涉当事人民事权利或者诉讼权利的行使
C. 原告提起诉讼与被告进行答辩是辩论原则的表现
D. 调解原则适用于民事审判程序和民事执行程序

解析 选项A,原告和被告的诉讼权利不可能相同。当事人诉讼权利平等原则,是指双方当事人的诉讼地位平等,双方当事人平等行使诉讼权利、人民法院平等地保障双方当事人行使诉讼权利,对当事人在适用法律上一律平等。选项B,当事人对自己权利的处分应当符合法律规定。同样要接受监督,不当处分时人民法院有权干预。选项D,人民法院审理民事案件,应当根据自愿和合法的原则进行调解,调解不成的,应当及时判决。调解原则在民事审判程序中适用,执行程序中不适用调解。

【答案】 C

知识点 · 民事诉讼受案范围和管辖

【多选题】 根据《民事诉讼法》的规定,下列管辖规则中,属于人民法院特殊地域管辖的有( )。

A. 因不动产纠纷提起的诉讼,由不动产所在地人民法院管辖
B. 因票据纠纷提起的诉讼,由票据支付地人民法院管辖
C. 因港口作业发生纠纷提起的诉讼,由港口所在地人民法院管辖
D. 因合同纠纷提起的诉讼,由被告住所地人民法院管辖
E. 因合同纠纷提起的诉讼,由合同履行地人民法院管辖

解析 选项AC,属于专属管辖。选项D,由被告住所地人民法院管辖属于一般管辖。

【答案】 BE

【考点精炼】

协议管辖、移送管辖、选择管辖、指定管辖均可用"顾名思义"将题做出来,不用背。一般管辖为原告就被告是常识,我们需要关注专属管辖(不动产+港口作业+遗产继承)和特殊地域管辖即可。

第一,我们知道一般管辖对应的只有被告住所地;

第二，我们背下来专属管辖3项（不动产+遗产+港口）；
第三，我们知道协议管辖就是双方协议约定管辖地点；
第四，共同管辖和选择管辖与上述差距过大，不可能混淆；
最后，剩下的与以上四类均不同的则为特殊地域管辖。

【单选题】下列关于民事诉讼管辖的说法中，正确的是(　　)。
A. 对同一案件两个以上人民法院都有管辖权的，称为协议管辖
B. 人民法院受理案件后发现无管辖权时，将案件移送给有管辖权的人民法院审理，称为移送管辖
C. 对同一案件两个以上人民法院都有管辖权的，当事人选择其中一个人民法院起诉的，是指定管辖
D. 对同一案件两个以上人民法院都有管辖权的，当事人选择其中一个人民法院起诉的，是专属管辖

解析　选项A，属于共同管辖。选项CD，属于选择管辖。
【答案】B

【多选题】下列有关民事诉讼法管辖类型的说法中，正确的有(　　)。
A. 两个人民法院依法对同一诉讼都有管辖权的管辖是共同管辖
B. 以当事人的住所地与人民法院辖区的联系确定的管辖是一般管辖
C. 上级人民法院指定其辖区内下级人民法院管辖的是级别管辖
D. 依法必须由特定人民法院管辖的管辖是专属管辖
E. 以诉讼标的物所在地、争议的法律事实发生地为标准确定的管辖是特殊地域管辖

解析　指定管辖是指上级人民法院依照法律规定，指定其辖区内下级人民法院对某一具体案件行使管辖权，故选项C错误。
【答案】ABDE

知识点·民事诉讼参加人

【多选题】下列关于普通共同诉讼特征的表述中，正确的有(　　)。
A. 其诉讼标的是共同的
B. 2人以上应诉，其相互间有连带关系
C. 2人以上起诉，其相互间有连带关系
D. 其诉讼案件适用同一种诉讼程序
E. 其诉讼案件必须属于同一人民法院管辖

解析　选项ABC属于必要共同诉讼的特征。
【答案】DE

【考点精炼】

必要的共同诉讼（多人打1人）与普通的共同诉讼（1人打多人）

必要的共同诉讼	普通的共同诉讼
同一诉讼标的	同一种类诉讼标的
一个诉讼标的	两个以上诉讼标的
必须合并审理	可以合并审理，也可以分别审理
共同诉讼人之间具有牵连性	共同诉讼人之间不具有牵连性
合并裁判	分别裁判

【多选题】在民事诉讼中，普通的共同诉讼必须具备的条件有(　　)。
A. 诉讼标的属于同一种类
B. 几个诉讼必须属于同一人民法院管辖
C. 几个诉讼必须适用于同一种诉讼程序
D. 双方当事人均为2人以上
E. 共同诉讼人之间具有共同的权利和义务

解析 选项D，共同诉讼指原告或者被告一方为2人以上，并不要求当事人双方均为2人以上。选项E，普通的共同诉讼人之间没有共同的权利义务，因而，其中1人行为，对其他共同诉讼人不发生效力。

【答案】ABC

【多选题】下列民事诉讼中，属于公益诉讼的有(　　)。
A. 涉反垄断诉讼
B. 涉知识产权诉讼
C. 涉破坏生态环境诉讼
D. 涉资源保护诉讼
E. 涉侵害众多消费者合法权益诉讼

解析 公益诉讼，是指以保护社会公共利益为目的的诉讼。对污染环境、侵害众多消费者合法权益等损害社会公共利益的行为，法律规定的机关和有关组织可以向人民法院提起诉讼。人民检察院在履行职责中发现破坏生态环境和资源保护、食品药品安全领域侵害众多消费者合法权益等损害社会公共利益的行为，在没有前述规定的机关和组织或者前述规定的机关和组织不提起诉讼的情况下，可以向人民法院提起诉讼。

【答案】CDE

【单选题】下列关于民事诉讼委托代理的说法中，正确的是(   )。
A. 授权委托书中写明全权代理的，意味着代理人享有代为承认、放弃、变更诉讼请求的权利
B. 解除委托诉讼代理关系，应当书面告知人民法院，否则不发生解除效力
C. 委托诉讼代理权于委托人死亡时消灭
D. 未成年人可以委托其父母作为诉讼代理人参加民事诉讼

解析　选项A，授权委托书仅写全权代理而无具体授权的，诉讼代理人无权代为承认、放弃、变更诉讼请求，进行和解，提出反诉或者提起上诉。选项B，辞却或解除委托，当事人必须书面告知人民法院，并由人民法院通知对方当事人，否则，不发生辞却或解除的效力。选项C，委托代理人死亡的，委托诉讼代理权随之消灭；委托人死亡的，委托代理权并不当然消灭。选项D，无诉讼行为能力人由他的监护人作为法定代理人代为诉讼。

【答案】　B

【单选题】下列有关民事诉讼当事人的说法中，正确的是(   )。
A. 虽依法设立但没有领取营业执照的法人分支机构，以该分支机构的负责人为当事人
B. 以未成年人为被告的诉讼，未成年人的法定代理人是当事人
C. 当事人应当具有民事诉讼权利能力
D. 以无民事行为能力人为被告的诉讼，无民事行为能力人的监护人是当事人

解析　法人非依法设立的分支机构，或者虽依法设立，但没有领取营业执照的分支机构，以设立该分支机构的法人为当事人，故选项A错误。无诉讼行为能力人由他的监护人作为法定代理人代为诉讼。选项BD中法定代理人、监护人只是代理人，不是诉讼当事人，故选项BD错误。

【答案】　C

知识点·民事诉讼证据和证明

【单选题】甲对乙提起请求偿还借款的诉讼。根据民事诉讼证据理论，相关当事人提供的证据中，属于直接证据的是(   )。
A. 甲向人民法院提交的其向乙的银行卡转款的银行凭条
B. 丙向人民法院提供的曾听甲说乙要向甲借钱的证词
C. 甲向人民法院提交的乙向其借款时出具的借据复印件
D. 丁向人民法院提供的曾陪同甲到银行汇款给乙的证词

解析　直接证据是能够单独地直接证明待证事实的证据。不能单独地、直接地证明待证事实，但一系列事实组合在一起可以证明待证事实的证据，是间接证据。由此可知，本题中只有甲向人民法院提交的乙向其借款时出具的借据复印件能够单独直接地证明待证事实，所以是直接证据。

【答案】　C

【考点精炼】

		原始证据	派生证据/第二手材料
理论分类	按证据的来源	证据本身直接来源于案件事实	不是直接来源于案件事实，而是经过中间环节辗转得来的证据
	按证据与待证事实之间的关系	直接证据	间接证据
		能够单独地直接证明待证事实的证据：A证据→甲事实	不能单独地、直接地证明待证事实，但一系列事实组合在一起可以证明待证事实的证据：A+B+C→甲事实
	按证据与当事人主张的关系	本证	反证
		能够证明当事人一方所主张的事实存在的证据	证明当事人一方所主张的事实不存在的证据，称为反证

【多选题】下列民事诉讼证据中，属于物证的有(　　)。
A. 证明甲公司财务情况的会计账簿
B. 证明甲、乙婚姻关系存在的结婚证
C. 证明甲伤害乙侵权事实的沾上乙血迹的木棒
D. 证明甲、乙谈话内容的录音
E. 证明甲、乙在共同伤人现场的鞋印

解析 凡是用物品的外形、特征、质量等证明待证事实的一部分或全部的，称为物证。物证具有的特点有：具有较强的客观性；具有较强的稳定性；具有特定性和不可替代性。故选项CE正确。会计账簿、证明婚姻关系的结婚证属于书证，谈话录音属于视听资料，故选项ABD错误。

【答案】 CE

【单选题】下列民事诉讼证据中，属于原始证据的是(　　)。
A. 能够证明当事人一方所主张的事实不存在的证据
B. 能够单独、直接证明待证事实的证据
C. 能够证明当事人一方所主张事实存在的证据
D. 直接来源于案件事实的证据

解析 选项A，属于反证。选项B，属于直接证据。选项C，属于本证。

【答案】 D

【单选题】根据民事诉讼法律制度的规定，下列事实中，当事人无须举证证明的是(　　)。
A. 习惯
B. 当事人主张的实体权益所根据的事实

C. 当事人主张的具有程序性质的法律事实

D. 自然规律

解析 自然规律，以及定理、定律，绝对无须证明。

【答案】D

知识点 · 第一审普通程序

【单选题】根据《民事诉讼法》的规定，提起民事诉讼的原告应当符合的条件是（ ）。

A. 与本案有直接利害关系

B. 与本案有民事法律关系

C. 与被告有民事法律关系

D. 与被告有权利义务关系

解析 起诉必须符合下列条件：
（1）原告是与本案有直接利害关系的公民、法人和其他组织；（2）有明确的被告；（3）有具体的诉讼请求和事实、理由；（4）属于人民法院受理民事诉讼的范围和受诉人民法院管辖。

【答案】A

【单选题】根据《民事诉讼法》的规定，下列关于起诉的说法中，正确的有（ ）。

A. 起诉必须有明确的被告

B. 起诉必须递交起诉状，不得口头起诉

C. 未成年人不得以自己的名义起诉

D. 超过诉讼时效的案件不得起诉

解析 选项B，起诉应以书面形式提出，特别情况下，也可以口头形式提出。选项C，未成年人也可以当原告，由其法定代理人代理参加诉讼。选项D，诉讼时效期间经过，权利人丧失胜诉权，但不影响实体权利和起诉权。

【答案】A

知识点 · 简易程序

【单选题】下列关于民事诉讼简易程序适用规则的说法中，正确的是（ ）。

A. 人民法院决定适用简易程序的，当事人不得提出异议

B. 适用简易程序的，举证期限不得超过15日

C. 已经按照普通程序审理的案件，开庭后可以转为适用简易程序审理

D. 第一审和第二审程序都可以适用简易程序

解析 选项A，当事人就案件适用简易程序提出异议，人民法院经审查，异议成立的，裁定转为普通程序；异议不成立的，裁定驳回。选项B，适用简易程序案件的举证期限由人民法院确定，也可以由当事人协商一致并经人民法院准许，但不得超过15日。选项C，已

经按照普通程序审理的案件，在开庭后不得转为简易程序审理。选项 D，第二审程序不可以适用简易程序。

【答案】B

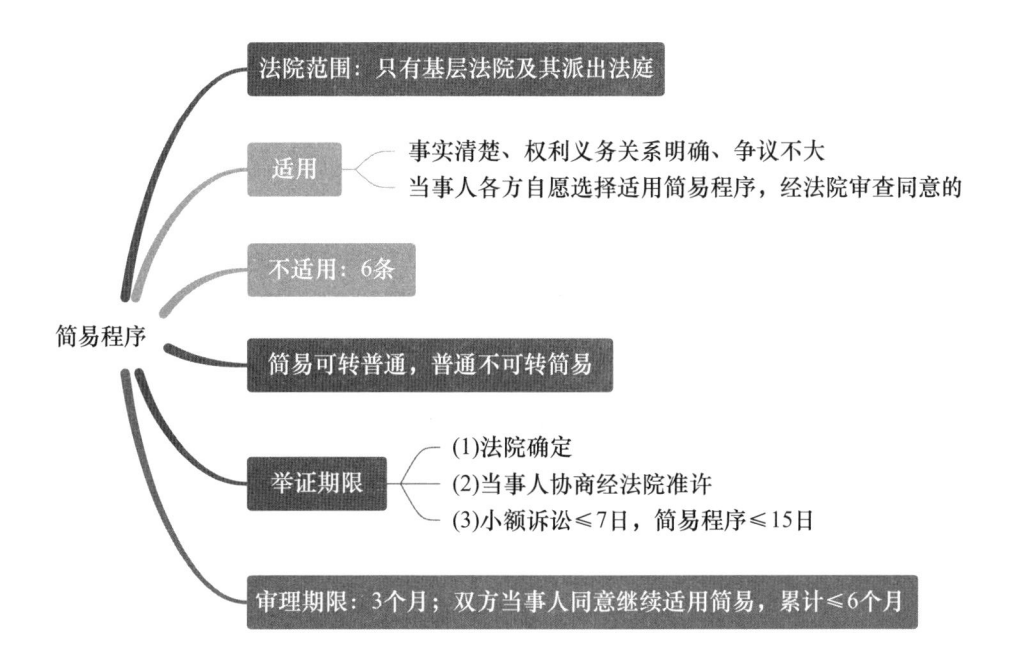

```
简易程序
├── 法院范围：只有基层法院及其派出法庭
├── 适用
│   ├── 事实清楚、权利义务关系明确、争议不大
│   └── 当事人各方自愿选择适用简易程序，经法院审查同意的
├── 不适用：6条
├── 简易可转普通，普通不可转简易
├── 举证期限
│   ├── (1) 法院确定
│   ├── (2) 当事人协商经法院准许
│   └── (3) 小额诉讼≤7日，简易程序≤15日
└── 审理期限：3个月；双方当事人同意继续适用简易，累计≤6个月
```

【综合分析题】

刘亮在探索公司运营的"探索网"上开设"H 国货精品"探索店（会员名：麦克）。2018 年 1 月 16 日至 4 月 13 日期间，章金海先后四次在刘亮的店上购买总金额 5000 元的 H 国进口奶粉，该奶粉外包装上贴有中文标签，标注有"活泼牌全脂奶粉""配料：牛乳；原产国：H 国；净含量：1000 克，以及生产日期、保质期、储存方式，国内经销商、地址、电话和营养成分表"等信息。

根据《进出口食品安全管理办法》规定，对向我国境内出口食品的境外食品生产企业实施注册制度。章金海查询国家认证认可监督管理委员会发布的《进口食品境外生产企业注册专栏》后发现，在进口乳品境外生产企业注册名单中并没有"H 国"的乳品企业。2019 年 5 月，章金海起诉刘亮和探索公司，诉讼请求如下：

（1）判令刘亮向章金海退还货款 5000 元。

（2）判令刘亮依照《消费者权益保护法》的规定，向章金海赔偿损失。

（3）判令探索公司对刘亮的上述赔偿责任承担连带责任。

（4）判令探索公司下架刘亮在其平台上销售的所有涉案商品。

开庭时，刘亮未出庭，未说明理由，未提交答辩状。人民法院受理后，除查明上述事实外，另查明纠纷发生前，探索公司对刘亮所经营网店的主体信息、经营资质进行审核，并向章金海提供销售者的真实信息，对涉案商品也已及时下架。

请根据案情，回答下列问题。

1. 根据《民事诉讼法》相关规定，本案诉讼主体包括（　　）。

   A. 刘亮
   B. 麦克
   C. 探索网
   D. 章金海
   E. 探索公司

   解析　在第一审程序中，当事人是原告（章金海）和被告（刘亮和探索公司）。

   【答案】 ADE

2. 下列关于探索公司的过错和责任承担的说法，正确的有（　　）。

   A. 应承担按份责任
   B. 应承担连带责任
   C. 无须承担赔偿责任
   D. 应承担补充责任
   E. 已尽必要的注意义务，主观上不存在过错

   解析　电子商务平台经营者知道或者应当知道平台内经营者销售的商品或者提供的服务不符合保障人身、财产安全的要求，或者有其他侵害消费者合法权益的行为，未采取必要措施的，依法与该平台内经营者承担连带责任。对关系消费者生命健康的商品或者服务，电子商务平台经营者对平台内经营者的资质资格未尽到审核义务，或者对消费者未尽到安全保障义务，造成消费者损害的，依法承担相应的责任。本案被告探索公司对被告刘亮的主体信息、经营资质进行了审核，并向章金海提供销售者的真实信息，对涉案商品也已及时下架，其已经履行了注意义务，不应承担连带赔偿责任。

   【答案】 CE

3. 下列对刘亮未出庭行为的认定处理中，正确的有（　　）。

   A. 人民法院应当立即停止开庭
   B. 视为对章金海所提交证据的自认
   C. 不影响本案的审理
   D. 人民法院可对其拘传
   E. 人民法院可以缺席判决

   解析　人民法院应当在收到答辩状之日起5日内将答辩状副本发送原告，被告不提出答辩状的，不影响人民法院审理。被告经传票传唤，无正当理由拒不到庭的，或者未经法庭许可中途退庭的，可以缺席判决。

   【答案】 CE

4. 下列关于本案合同性质、形成和效力说法中，正确的有（　　）。

   A. 法律推定刘亮和章金海具有相应民事行为能力
   B. 刘亮和章金海之间的合同属于书面合同
   C. 刘亮和章金海之间存在电子商务合同关系

D. 交易中未实际签名，合同并未成立
E. 章金海在网店提交订单成功时合同成立

解析 选项B，以电子数据交换、电子邮件等方式能够有形地表现所载内容，并可以随时调取查用的数据电文，视为书面形式。选项DE，当事人一方通过互联网等信息网络发布的商品或者服务信息符合要约条件的，对方选择该商品或者服务并提交订单成功时合同成立，但是当事人另有约定的除外。

【答案】 ABCE

第十八章 刑法

知识点 · 刑法基本原则

【单选题】《刑法》的基本原则是在刑事立法和刑事司法中必须遵循的具有全局性和根本性的准则。下列原则中，属于刑法基本原则的是(　　)。

A. 公开审判原则　　　　　　　　B. 罪刑法定原则
C. 疑罪从无原则　　　　　　　　D. 认罪从宽原则

解析　刑法基本原则包括：罪刑法定原则、平等适用刑法原则、罪刑相当原则。
【答案】B

知识点 · 追诉时效

法定最高刑（X）		追诉期限	起算点
有期徒刑	$X<5$ 年	5 年	（1）一般犯罪：从犯罪之日起算。 （2）连续或继续犯罪：从犯罪行为终了之日起计算。 （3）追诉时效的中断：在追诉期限以内又犯罪的，前罪追诉的期限从犯后罪之日起计算。 ☆提示：只要立案或受理，就不再受时效限制
	$5\text{ 年}\leq X<10\text{ 年}$	10 年	
	$X\geq 10$ 年	15 年	
无期徒刑、死刑		20 年 ☆提示：如果 20 年后认为必须追诉的，须报请最高人民检察院核准	

民法中的诉讼时效	普通	3 年	知道或者应当知道权利受到损害及义务之日起
	最长	20 年	从权利受到侵害时起计算
行政处罚追诉时效	《行政处罚法》	2 年/5 年	从违法行为发生之日起计算；违法行为有连续或者继续状态的，从行为终了之日起计算
	《税收征管法》	5 年	
	《治安管理处罚法》	6 个月	

【单选题】根据《刑法》规定，法定最高刑为无期徒刑、死刑的犯罪，经过 20 年的，不再追诉。如果 20 年以后认为必须追诉的，须报请核准。该核准机关是(　　)。

A. 最高人民法院　　　　　　　　B. 最高人民检察院
C. 公安部　　　　　　　　　　　D. 司法部

解析 法定最高刑为无期徒刑、死刑的，经过 20 年。如果 20 年以后认为必须追诉的，须报请最高人民检察院核准。

【答案】B

【多选题】根据《刑法》及有关规定，下列关于追诉时效的说法中，正确的有(　　)。
A. 连续或继续状态的犯罪，追诉时效从犯罪行为终了之日起计算
B. 一般犯罪的追诉时效，从犯罪之日起计算
C. 法定最高刑为 10 年以上的有期徒刑的，追诉时效为 20 年
D. 在追诉时效期限内又犯罪的，前罪追诉的期限从犯后罪之日起计算
E. 超过追诉时效的，一般不再追究犯罪分子的刑事责任

解析 犯罪行为有连续或者继续状态的，从犯罪行为终了之日起计算，选项 A 正确。一般犯罪的追诉期限从犯罪之日起计算，选项 B 正确。法定最高刑为 10 年以上有期徒刑的，追诉时效为 15 年，选项 C 错误。在追诉期限以内又犯罪的，前罪追诉的期限从犯后罪之日起计算，选项 D 正确。犯罪经过追诉时效的，一般不再追诉，选项 E 正确。

【答案】ABDE

【单选题】根据《刑法》规定，在追诉期限内又犯罪的，计算前罪追诉期限的起点是(　　)。
A. 犯后罪之日
B. 前罪行为结束之日
C. 前罪行为开始之日
D. 犯前罪之日

解析 在追诉期限以内又犯罪的，前罪追诉的期限从犯后罪之日起计算。

【答案】A

【单选题】下列关于追诉时效期限的说法中，正确的是(　　)。
A. 法定最高刑为 5 年以上不满 10 年的有期徒刑的，追诉时效为 15 年
B. 不满 5 年，追诉时效为 5 年
C. 10 年以上，追诉时效为 20 年
D. 法定最高刑为死刑的，不受追诉时效限制

解析 犯罪经过下列期限不再追诉：法定最高刑为不满 5 年有期徒刑的，经过 5 年（选项 B 当选）；法定最高刑为 5 年以上不满 10 年有期徒刑的，经过 10 年（选项 A 不当选）；法定最高刑为 10 年以上有期徒刑的，经过 15 年（选项 C 不当选）；法定最高刑为无期徒刑、死刑的，经过 20 年（选项不 D 当选）。如果 20 年以后认为必须追诉的，须报请最高人民检察院核准。

【答案】B

知识点 · 犯罪构成

【多选题】根据刑法理论，犯罪构成要件通常包括(　　)。
A. 犯罪客体　　　　　　　　　　B. 犯罪动机
C. 犯罪主体　　　　　　　　　　D. 犯罪主观方面
E. 犯罪客观方面

解析 任何犯罪的成立都必须具备四个方面的构成要件：犯罪客体、犯罪客观方面、犯罪主体、犯罪主观方面。

【答案】 ACDE

【多选题】犯罪必须具有的特征有(　　)。
A. 刑事违法性　　　　　　　　　B. 应受刑罚处罚性
C. 主观故意性　　　　　　　　　D. 严重的社会危害性
E. 一般违法性

解析 犯罪的三个特征：（1）严重的社会危害性；（2）刑事违法性；（3）应受刑罚处罚性。

【答案】 ABD

【多选题】根据《刑法》规定，下列关于对未成年人犯罪案件处理的说法中，正确的有(　　)。
A. 犯罪时不满18周岁的人，即使以特别残忍手段致人死亡，也不适用死刑
B. 已满16周岁的人犯罪，应当负刑事责任
C. 因犯罪时不满16周岁，不予刑事处罚的，责令其家长或者监护人加以管教
D. 对未成年人犯罪，应当免除处罚
E. 对未成年人犯罪，应当判处缓刑

解析 选项D，已满14周岁不满18周岁的人犯罪（应当追究刑事责任的），应当从轻或者减轻处罚，而非"免除"。选项E，不满18周岁的人犯罪，同时符合其他条件包括：因犯罪被判处拘役、3年以下有期徒刑，并符合缓刑法定条件的犯罪分子，应当宣告缓刑。

【答案】 ABC

【考点精炼】

自然人犯罪主体
1. 刑事责任年龄

刑事责任年龄	刑事责任
不满12周岁（$X<12$）	不负刑事责任
已满12周岁不满14周岁（$12\leq X<14$）	故意杀人、故意伤害罪，致人死亡或者以特别残忍手段致人重伤造成严重残疾，情节恶劣，经最高人民检察院核准追诉的，应当负刑事责任

续表

刑事责任年龄	刑事责任
已满 14 周岁不满 16 周岁($14 \leq X < 16$)	只对 8 种故意犯罪负刑事责任： 故意杀人、故意伤害致人重伤或者死亡、强奸、抢劫、贩卖毒品、放火、爆炸、投放危险物质。 （杀、伤/亡、强、抢、贩、火、爆、投）
已满 16 周岁的人犯罪（$X \geq 16$）	应当负刑事责任

2. 未成年人和老年人犯罪案件的处理

对象	具体规定
未成年人犯罪（$12 \leq X < 18$）	（1）从宽处理：应当从轻或者减轻处罚 + 不构成累犯 + 符合条件应当缓刑。 （2）排除死刑（包括死缓）：绝对排除。 （3）免除前科报告义务：对犯罪时未满 18 周岁的人被判处 5 年有期徒刑以下刑罚的，免除其前科报告义务。 ☆提示：因不满 16 周岁不予刑事处罚的，责令家长或者监护人加以管教；在必要的时候，依法进行专门的矫治教育
老年人犯罪（$X \geq 75$）	（1）从宽处理： ① 故意犯罪——可以从轻或减轻； ② 过失犯罪——应当从轻或减轻； ③ 符合条件——应当缓刑。 （2）排除死刑（包括死缓）：相对排除——对审判时已满 75 周岁的人，不适用死刑，以特别残忍手段致人死亡的除外

【单选题】根据《刑法》及《刑法修正案（八）》，下列关于未成年人和老年人犯罪的定罪与量刑的说法中，正确的是(   )。

A. 犯罪时不满 18 周岁的人，可以作为一般累犯
B. 犯罪时不满 16 周岁的人，不负刑事责任
C. 审判时已满 75 周岁的被告人，一般不适用死刑
D. 已满 75 周岁的被告人故意犯罪，应当减轻处罚

解析　选项 A，累犯不适用于犯罪时不满 18 周岁的人。选项 B，已满 14 周岁不满 16 周岁的人，须对犯故意杀人、故意伤害致人重伤或者死亡、强奸、抢劫、贩卖毒品、放火、爆炸、投毒罪负刑事责任。选项 CD，已满 75 周岁的人故意犯罪的，"可以"从轻或者减轻处罚；审判时已满 75 周岁的人，不适用死刑，但以特别残忍手段致人死亡的除外。

【答案】C

【单选题】根据《刑法》及有关规定，关于老年人犯罪适用强制措施和量刑的说法，正确的是(　　)。

A. 审判时已满75周岁的人不适用死刑，但以特别残忍手段致人死亡的除外
B. 犯罪时已满75周岁的人，不得对其采取强制措施
C. 审判时已满70周岁的人不适用死刑，但以特别残忍手段致人死亡的除外
D. 犯罪时已满70周岁的人，不得对其采取强制措施

解析 "老年人"的分界线是75周岁，排除选项CD。选项A，审判时已满75周岁的人，不适用死刑，但以特别残忍手段致人死亡的除外。选项B，法律并未对采取强制措施作年龄的限制。

【答案】A

【多选题】下列关于刑事责任能力的说法中，正确的有(　　)。

A. 盲人犯罪的，可以从轻、减轻或免除处罚
B. 醉酒的人犯罪的，应当负刑事责任
C. 尚未完全丧失控制自己行为能力的精神病人犯罪的，应当负刑事责任
D. 间歇性的精神病人在精神正常时犯罪，应当负刑事责任
E. 年满75周岁的人犯罪的，不负刑事责任

解析 选项E，年满75周岁的人犯罪的，应当负刑事责任。在符合法定要件时，可对其从宽处理。

【答案】ABCD

【考点精炼】

刑事责任能力

	法定情形	是否负刑责	从轻或减轻
精神病人	不能辨认或者不能控制自己行为	不负	—
	间歇性精神病人在精神正常时犯罪	应当负	—
	尚未完全丧失辨认或者控制自己行为能力的精神病人犯罪		可以从轻或者减轻（不能免除）
醉酒的人犯罪			—
又聋又哑的人或者盲人犯罪			可以从轻、减轻或免除处罚

【单选题】甲驾驶大型载货汽车在工地倒车时，未按驾驶要求仔细观察四周情况，将站在车后的乙撞倒，致乙重伤。人民法院判决甲构成犯罪。根据犯罪构成理论，甲构成犯罪的主观方面属于(　　)。

A. 直接故意　　　　　　　　B. 疏忽大意的过失
C. 间接故意　　　　　　　　D. 过于自信的过失

解析 疏忽大意的过失，是指行为人应当预见自己的行为可能会发生危害社会的结果，

因为疏忽大意而没有预见，以致发生这种结果的心理态度。甲未按照要求仔细观察四周情况因而导致损害结果，属于疏忽大意的过失，故选项 B 正确。

【答案】B

知识点 · 主刑

【单选题】依据《刑法》的有关规定，下列说法中正确的是(　　)。
A. 附加刑只能附加适用，不能独立适用
B. 主刑只能独立适用，不能附加适用
C. 既判处有期徒刑又判处拘役的，有期徒刑执行完毕后仍需执行拘役
D. 既判处拘役又判处管制的，拘役执行完毕需执行管制

解析　附加刑能附加适用，也能独立适用，选项 A 排除。管制、拘役、有期徒刑、无期徒刑和死刑均属于主刑，对一个犯罪只能适用一个主刑，不能同时适用两个或两个以上的主刑，故选项 CD 排除。

【答案】B

【考点精炼】

刑罚包括主刑和附加刑。

分类	具体类别	适用
主刑 （自由、生命）	（1）管制； （2）拘役； （3）有期徒刑； （4）无期徒刑； （5）死刑	（1）主刑只能独立适用，不能附加适用。 （2）一个犯罪只能适用一个主刑，不能同时适用两个或两个以上的主刑
附加刑 （钱、权）	（1）罚金； （2）剥夺政治权利； （3）没收财产； （4）驱逐出境（针对外国人）	（1）既可以独立适用，也可以附加适用。 （2）附加适用时，对一个犯罪可以适用两个或者两个以上的附加刑

【单选题】禁止令是人民法院根据犯罪情况，对犯罪分子做出的禁止其在一定期间内从事特定活动，进入特定区域、场所，接触特定的人的一种司法措施。根据《刑法修正案（八）》的规定，关于适用禁止令的说法，正确的是(　　)。
A. 禁止令可以与假释同时适用
B. 禁止令不得与主刑同时适用
C. 禁止令可以与逮捕同时适用
D. 禁止令可以与宣告缓刑同时适用

解析　适用禁止令的情形包括管制和缓刑。

【答案】D

【考点精炼】

主刑具体规定

	执行	期限 X	刑期计算
管制	社区矫正 同工同酬	3个月≤X≤2年 数罪并罚 X≤3年	判决执行之日起计算先行羁押的，羁押1日折抵刑期2日（管制、缓刑适用禁止令）
拘役	公安机关就近 酌量报酬	1个月≤X≤6个月数罪并罚≤1年	判决执行之日起计算；先行羁押的，羁押1日折抵刑期1日
有期徒刑	监狱其他执行场所无报酬	6个月≤X≤15年 数罪并罚 X≤20年（总和 X<35年） 数罪并罚 X≤25年（总和 X≥35年）	判决执行之日起计算先行羁押的，羁押1日折抵刑期1日
无期徒刑	监狱其他执行场所无报酬	—	先行羁押不折抵刑期

死刑	具体规定
死刑的种类	死刑 = 立即执行 + 缓期2年执行
不适用死刑的情况	（1）绝对排除：未成年人(犯罪时) + 怀孕女(审判时) （2）相对排除：75周岁老年人(审判时)，但以特别残忍手段致人死亡的除外
死刑案件的审判与核准	（1）死刑案件一审：中级以上人民法院。 （2）死刑立即执行：最高人民法院核准。（3）死刑缓期执行：高级人民法院判决或核准。 ☆提示：基层人民法院不得判处被告人死刑

【多选题】根据《刑法》规定，下列关于主刑和附加刑适用规则的说法中，正确的有（　　）。

A. 拘役主要适用于处罚较轻且仍需关押改造的犯罪分子
B. 附加刑只能附加适用，不能独立适用
C. 一个主刑只能适用一个附加刑
D. 主刑只能独立适用
E. 一个犯罪只能适用一个主刑

解析　选项BC，附加刑既可以独立适用，也可以附加适用。附加适用时，对一个犯罪可以适用两个或者两个以上的附加刑。

【答案】ADE

【单选题】下列关于管制和拘役适用规则的说法中，正确的是(　　)。
A. 对判处管制的犯罪分子，可以根据犯罪情况宣布禁止令
B. 拘役的期限为 2 个月以上 6 个月以下
C. 管制的期限为 3 个月以上 1 年以下
D. 被判处拘役且判决执行前执行羁押的，羁押 1 日折抵刑期 2 日

解析　选项 B，拘役的期限为 1 个月以上 6 个月以下，数罪并罚时不能超过 1 年。选项 C，管制的期限为 3 个月以上 2 年以下，数罪并罚时不超过 3 年。选项 D，拘役的刑期，从判决执行之日起计算。判决执行以前先行羁押的，羁押 1 日折抵刑期 1 日。

【答案】A

知识点 · 附加刑

【单选题】下列关于附加刑适用的说法中，正确的是(　　)。
A. 罚金应在判决指定的期限内一次缴纳
B. 对危害国家安全的犯罪分子应当附加剥夺政治权利
C. 在没收财产时，可以用追缴的犯罪所得来代替
D. 罚金不可以单独适用

解析　罚金在判决规定的期限内一次或分期缴纳，选项 A 错误。对于危害国家安全的犯罪分子应当附加剥夺政治权利，选项 B 正确。在没收财产时，不得以追缴犯罪所得、没收违禁品和供犯罪所用的本人财物来代替或者折抵，选项 C 错误。罚金是附加刑，附加刑既可以独立适用，也可以附加适用，故选项 D 错误。

【答案】B

【考点精炼】

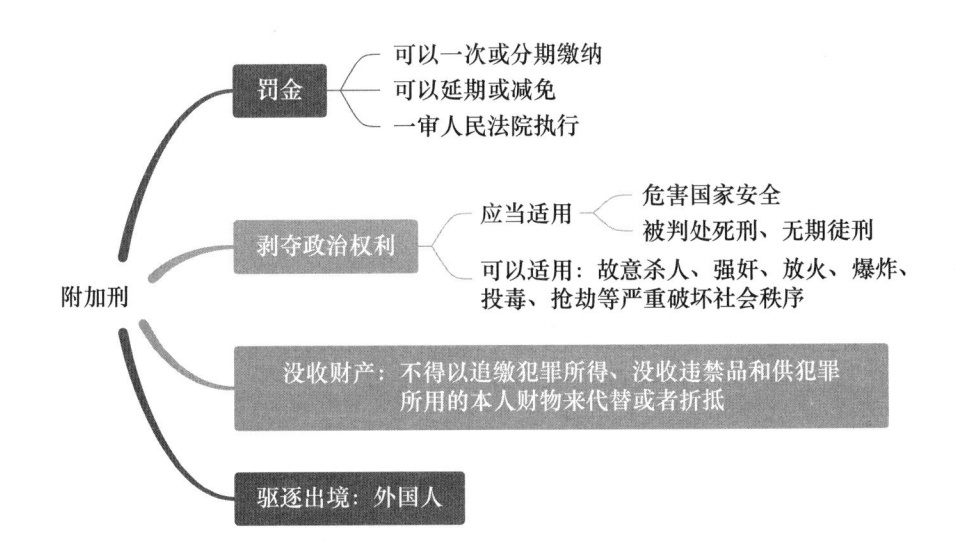

附加刑
- 罚金
  - 可以一次或分期缴纳
  - 可以延期或减免
  - 一审人民法院执行
- 剥夺政治权利
  - 应当适用
    - 危害国家安全
    - 被判处死刑、无期徒刑
  - 可以适用：故意杀人、强奸、放火、爆炸、投毒、抢劫等严重破坏社会秩序
- 没收财产：不得以追缴犯罪所得、没收违禁品和供犯罪所用的本人财物来代替或者折抵
- 驱逐出境：外国人

知识点· 累犯、自首、立功

累犯

【单选题】下列有关对累犯适用刑罚的说法中，正确的是(　　)。
A. 可以酌情适用缓刑　　　　　　B. 可以适用假释
C. 可以从重处罚　　　　　　　　D. 应当从重处罚

解析 被判处有期徒刑以上刑罚的犯罪分子，刑罚执行完毕或者赦免以后，在5年以内再犯应当判处有期徒刑以上刑罚之罪的，是累犯，应当从重处罚，但是过失犯罪和不满18周岁的人犯罪的除外。

【答案】D

【考点精炼】

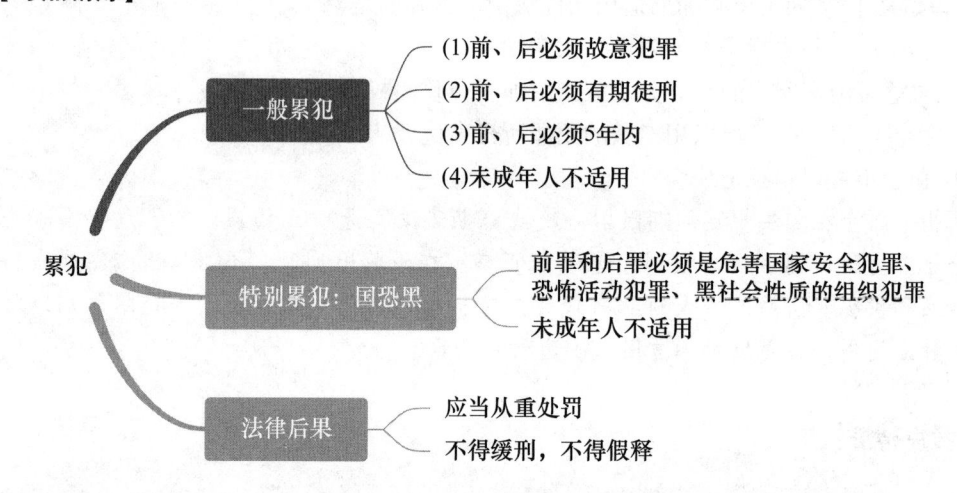

累犯
- 一般累犯
  - (1)前、后必须故意犯罪
  - (2)前、后必须有期徒刑
  - (3)前、后必须5年内
  - (4)未成年人不适用
- 特别累犯：国恐黑
  - 前罪和后罪必须是危害国家安全犯罪、恐怖活动犯罪、黑社会性质的组织犯罪
  - 未成年人不适用
- 法律后果
  - 应当从重处罚
  - 不得缓刑，不得假释

【单选题】根据《刑法》，下列关于累犯的适用情形和量刑的说法中，正确的是(　　)。
A. 前罪被判处拘役，后罪被判处8年有期徒刑
B. 前罪被判处6年有期徒刑，后罪被判处拘役
C. 对累犯应当从重处罚
D. 对累犯可以从重处罚

解析 选项A，前罪拘役→排除。选项B，后罪拘役→排除。选项D，累犯应当从重处罚，排除。选项C正确。

【答案】C

【单选题】甲因故意犯罪被判处有期徒刑，有期徒刑执行完毕后又犯罪，下列关于甲是否构成累犯的说法中，正确的是(　　)。
A. 若后罪是交通肇事罪，可能构成

B. 若后罪在前罪刑罚执行完后 5 年内发生，可能构成

C. 若后罪应当被判处拘役，可能构成

D. 若犯后罪时不满 18 周岁，可能构成

解析 一般累犯的成立条件：一是前罪和后罪都必须是故意犯罪，故选项 A 错误。二是前罪被判处的刑罚和后罪应当判处的刑罚都必须是有期徒刑以上的刑罚，故选项 C 错误。三是后罪必须发生在前罪刑罚执行完毕或者赦免以后的 5 年之内，故选项 B 正确。四是累犯不适用于不满 18 周岁的人犯罪，故选项 D 错误。

【答案】 B

【单选题】被采取强制措施的犯罪嫌疑人、被告人和正在服刑的罪犯，如实供述司法机关尚未掌握的本人其他罪行的行为，属于( )。

A. 一般自首

B. 重大立功

C. 特别自首

D. 一般立功

解析 特别自首 = 在案罪犯 + 供述（司法机关尚未掌握的本人）其他罪行，选项 C 正确。

【答案】 C

【考点精炼】

一般自首 = 自动投案 + 如实供述(人还未被抓到)。

【多选题】犯罪后自动投案是认定为自首的必要条件。下列情形中，应当视为自动投案的有( )。

A. 正在投案途中，被公安机关捕获的

B. 犯罪后逃跑，在被通缉、追捕的过程中，主动投案的

C. 犯罪后逃至亲属家中，在亲属家中被公安机关抓获的

D. 并非出于犯罪嫌疑人主动，而是经亲友规劝，陪同其投案的

E. 亲友主动报案后，将犯罪嫌疑人送去投案的

解析 下列情形应当视为自动投案：

（1）犯罪嫌疑人向其所在单位、城乡基层组织或者其他有关负责人员投案的。（2）犯罪嫌疑人因病、伤或者为了减轻犯罪后果，委托他人先代为投案，或者先以信电投案的。（3）罪行尚未被司法机关发觉，仅因形迹可疑被有关组织或者司法机关盘问、教育后，主动交代自己的罪行的。（4）犯罪后逃跑，在被通缉、追捕过程中，主动投案的（选项 B）。（5）经查实确已准备去投案，或者正在投案途中，被公安机关捕获的（选项 A）。（6）并非出于犯罪嫌疑人主动，而是经亲友规劝、陪同投案的（选项 D）。（7）公安机关通知犯罪嫌疑人的亲友，或者亲友主动报案后，将犯罪嫌疑人送去投案的（选项 E）。

【答案】 ABDE

【多选题】下列立功表现中，可以作为免除处罚理由的有(　　)。
A. 检举他人重大犯罪行为，经查证属实
B. 协助公安机关抓捕同案其他重大犯罪嫌疑人
C. 阻止他人重大犯罪活动
D. 提供侦破其他案件的重要线索，经查证属实
E. 协助公安机关抓捕非同案其他犯罪嫌疑

解析 有重大立功表现的，可以减轻或者免除处罚。重大立功主要表现：（1）检举、揭发他人重大犯罪行为，经查证属实（选项A）。（2）提供侦破其他重大案件的重要线索，经查证属实。（3）阻止他人重大犯罪活动（选项C）。（4）协助司法机关抓捕其他重大犯罪嫌疑人（包括同案犯）（选项B）。（5）对国家和社会有其他重大贡献等表现。

【答案】ABC

【考点精炼】
一般立功与重大立功表现基本相同，重大立功比一般立功的表现多加"重大"二字。

知识点 · 数罪并罚

【多选题】《刑法》规定的刑罚分为主刑和附加刑两类，其适用原则有(　　)。
A. 主刑只能独立适用，不能附加适用
B. 附加刑既能附加适用，也能独立适用
C. 数罪并罚时，必须同时适用主刑和附加刑
D. 数罪并罚时，附加刑种类相同的，合并执行，种类不同的，分别执行
E. 对犯罪的外国人，驱逐出境可以独立适用，不能附加适用

解析 选项A，主刑只能独立适用，不能附加适用。选项BE，附加刑（包括驱逐出境）既可以独立适用，也可以附加适用。选项CD，对数罪宣告的刑罚中有附加刑的（不一定都有），附加刑仍须执行，附加刑的种类相同的，合并执行，种类不同的，分别执行。

【答案】ABD

【单选题】下列对判决宣告前一人犯数罪，适用数罪并罚的做法中，正确的是(　　)。
A. 数罪并罚中处有拘役和有期徒刑的，拘役、有期徒刑分别执行
B. 有期徒刑总和刑期超过35年的，执行刑期不超过20年
C. 数罪中判处有多个种类相同附加刑的，合并执行附加刑
D. 数罪中判处有管制和有期徒刑的，执行有期徒刑

解析 选项A，数罪中有判处有期徒刑和拘役的，执行有期徒刑。选项B，数罪并罚时，有期徒刑总和刑期不满35年的，最高不能超过20年，总和刑期在35年以上的最高不能超过25年。选项D，数罪中有判处有期徒刑和管制，或者拘役和管制的，有期徒刑拘役执行完毕后，管制仍须执行。

【答案】C

【考点精炼】

要点	具体内容		
我国对数罪并罚采取的原则	以限制加重原则为主，以并科原则和吸收原则为辅的折中原则		
	折中原则	（1）死刑+死刑以下刑罚→死刑。 （2）无期徒刑+无期徒刑以下刑罚→无期徒刑。 （3）有期徒刑+拘役→有期徒刑	吸原则
	折中原则	（1）主刑+附加刑→主刑+附加刑（其中，附加刑种类相同的，合并执行；种类不同的，分别执行）。 （2）有期徒刑+管制→有期徒刑+管制。 （3）拘役+管制→拘役+管制。 ☆提示：有期徒刑、拘役执行完毕后，再执行管制	并科原则
	折中原则	对数罪宣告的均为有期徒刑、拘役或管制的，数罪中最高刑期以上，总和刑期以下量刑。但是： （1）管制≤3年。 （2）拘役≤1年。 （3）有期徒刑。 总和刑期＜35年时，有期徒刑≤20年； 总和刑期≥35年时，有期徒刑≤25年	限制加重原则
数罪并罚的适用	旧罪+旧罪	判决宣告前一人犯数罪的并罚：按折中原则处理(吸收、限制加重和并罚)	
	旧罪+漏罪	刑罚执行完毕前发现漏罪的并罚：先并后减（数罪并罚应执行的刑罚-已经执行的刑期）。 例如，甲判10年，执行4年后，发现漏罪判8年，则10+8，最终10年以上，18年以下量刑，最后再减去已执行的4年	
	旧罪+新罪	刑罚执行完毕以前又犯新罪的并罚：先减后并（前罪剩余刑期与新罪刑期合并执行） 例如，甲10年，执行4年后，又犯新罪判8年，则（10-4）+8，最终8年以上，14年以下量刑	

知识点 · 缓刑、减刑、假释、累犯、禁止令

【单选题】根据《刑法》规定，下列有关缓刑的说法中，正确的是(　　　)。
A. 对犯罪时已满70周岁的人应当适用缓刑
B. 累犯不适用缓刑
C. 被宣告缓刑的犯罪分子，附加刑不需要执行
D. 缓刑适用于法定刑为拘役或者5年以下有期徒刑的犯罪

🔍 **解析** 选项 AD，对被判处拘役、"3 年以下有期徒刑"（是宣告刑而不是法定刑）的犯罪分子，同时符合下列条件的，可以宣告缓刑，对其中不满 18 周岁的人、怀孕的妇女和"已满 75 周岁"的人，应当宣告缓刑：①犯罪情节较轻；②有悔罪表现；③没有再犯罪的危险；④宣告缓刑对所居住社区没有重大不良影响。选项 B，累犯和犯罪集团的首要分子不适用缓刑。选项 C，缓刑的效力不及于附加刑，即被宣告缓刑的犯罪分子，如果被判处附加刑，附加刑仍须执行。

【答案】B

📋【考点精炼】

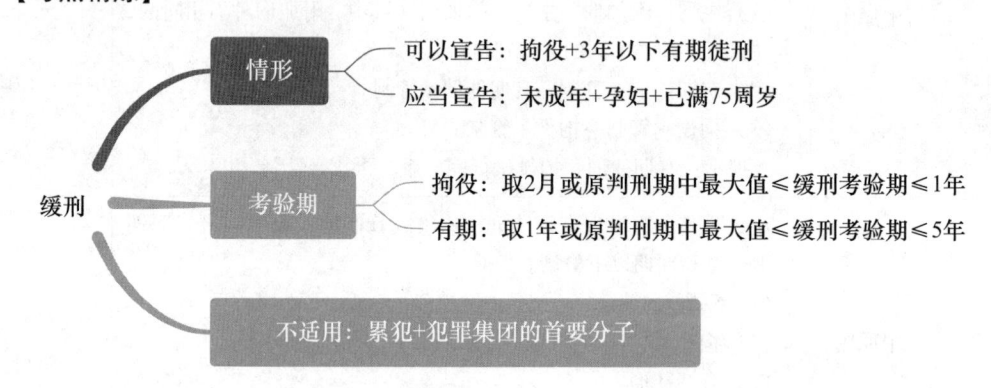

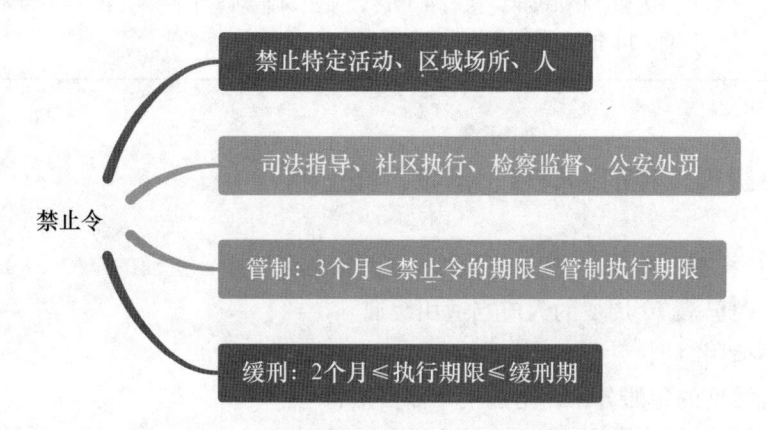

缓刑
- 情形
  - 可以宣告：拘役+3年以下有期徒刑
  - 应当宣告：未成年+孕妇+已满75周岁
- 考验期
  - 拘役：取2月或原判刑期中最大值≤缓刑考验期≤1年
  - 有期：取1年或原判刑期中最大值≤缓刑考验期≤5年
- 不适用：累犯+犯罪集团的首要分子

【单选题】根据《刑法》规定，下列有关禁止令的说法中，正确的是（　　）。
A. 禁止令的期限必须与管制的期限相同
B. 禁止令由公安机关负责执行
C. 对判处管制的犯罪分子，可以根据犯罪情况，同时宣布禁止令
D. 检察院对公安机关执行禁止令的活动进行监督

🔍 **解析** 选项 A，禁止令的期限，既可以与管制执行期限相同，也可以短于管制执行的期限，但不得少于 3 个月。选项 BD，禁止令由司法行政机关指导管理的社区矫正机构负责执行，人民检察院对社区矫正机构执行禁止令的活动实行监督。

【答案】C

📋【考点精炼】

禁止令
- 禁止特定活动、区域场所、人
- 司法指导、社区执行、检察监督、公安处罚
- 管制：3个月≤禁止令的期限≤管制执行期限
- 缓刑：2个月≤执行期限≤缓刑期

【多选题】根据《刑法》相关规定，下列关于刑罚适用的说法中，正确的有(　　)。
A. 对审判时已满75周岁的人，一律不适用死刑
B. 附加刑既可以独立适用，也可以附加适用
C. 对于自首的犯罪分子，应当从轻或减轻处罚
D. 被判处拘役或者3年以下有期徒刑的犯罪分子，符合条件的，可以宣告缓刑
E. 主刑只能独立适用，不能附加适用

解析 审判的时候已满75周岁的人，不适用死刑，但以特别残忍手段致人死亡的除外，选项A错误。附加刑既可以独立适用，也可以附加适用，选项B正确。对于自首的犯罪分子，可以（而非应当）从轻或者减轻处罚，选项C错误。对于被判处拘役、3年以下有期徒刑的犯罪分子，符合条件的，可以宣告缓刑，选项D正确。主刑只能独立适用，不能附加适用，选项E正确。

【答案】 BDE

【单选题】根据《刑法》的规定，下列罪犯中，可以宣告缓刑的是(　　)。
A. 被判处3年以下有期徒刑的罪犯
B. 被判处5年有期徒刑且已满75周岁的罪犯
C. 累犯
D. 犯罪集团的首要分子

解析 选项AB，对被判处拘役或者3年以下有期徒刑的犯罪分子，同时符合缓刑的法定条件的，可以宣告缓刑。对其中不满18周岁的人、怀孕的妇女和已满75周岁的人，应当宣告缓刑。选项CD，累犯和犯罪集团的首要分子不适用缓刑。

【答案】 A

【多选题】下列关于刑罚适用的说法中，正确的有(　　)。
A. 对于自首的犯罪分子，可以从轻或减轻处罚
B. 有期徒刑减刑的起始时间自判决执行之日起计算
C. 累犯不适用于未满18周岁的人犯罪
D. 对于累犯和犯罪集团的首要分子，不适用缓刑
E. 刑罚执行完毕后又犯罪的，应予数罪并罚

解析 对于自首的犯罪分子，可以从轻或者减轻处罚。其中犯罪较轻的，可以免除处罚，故选项A正确。有期徒刑减刑的起始时间自判决执行之日起计算，故选项B正确。累犯不适用于不满18周岁的人犯罪。故选项C正确。对于累犯和犯罪集团的首要分子，不适用缓刑，故选项D正确。刑罚执行完毕以后又犯罪的，属于是否构成累犯的问题，而不是数罪并罚问题，故选项E错误。

【答案】 ABCD

【考点精炼】

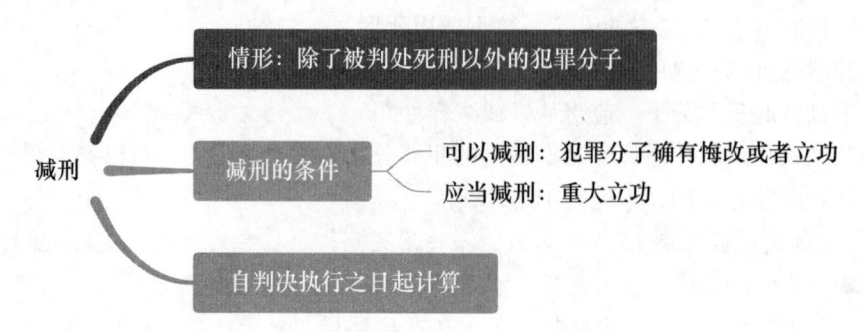

```
          ┌── 情形：除了被判处死刑以外的犯罪分子
          │
减刑 ─────┤── 减刑的条件 ─┬─ 可以减刑：犯罪分子确有悔改或者立功
          │               └─ 应当减刑：重大立功
          │
          └── 自判决执行之日起计算
```

【单选题】 根据法律规定，被判处有期徒刑或者无期徒刑的犯罪分子，符合规定条件的，可以予以假释。下列可以适用假释的犯罪情形是(　　)。

A. 因抢劫罪被判处 8 年有期徒刑的犯罪分子，实际已经执行 5 年刑期，狱中表现良好，确有悔改表现

B. 因暴力抢劫被判处 10 年有期徒刑的犯罪分子，实际已经执行 6 年刑期，狱中表现良好，确有悔改表现

C. 因受贿罪被判处 15 年有期徒刑的犯罪分子，实际已经执行 5 年刑期，狱中表现良好，确有悔改表现

D. 被判处无期徒刑的犯罪分子，实际已经执行 12 年刑期，狱中表现良好，确有悔改表现

解析 选项 B，对累犯及因故意杀人、爆炸、抢劫、强奸、绑架、放火、投放危险物质或者有组织的暴力性犯罪被判处 10 年以上有期徒刑、无期徒刑的犯罪分子，不得假释。选项 CD，被判处有期徒刑的犯罪分子，执行原判刑期 1/2 以上，被判处无期徒刑的犯罪分子，实际执行 13 年以上，如果认真遵守监规，接受教育改造，确有悔罪表现，没有再犯罪的危险的，可以假释。

【答案】 A

【考点精炼】

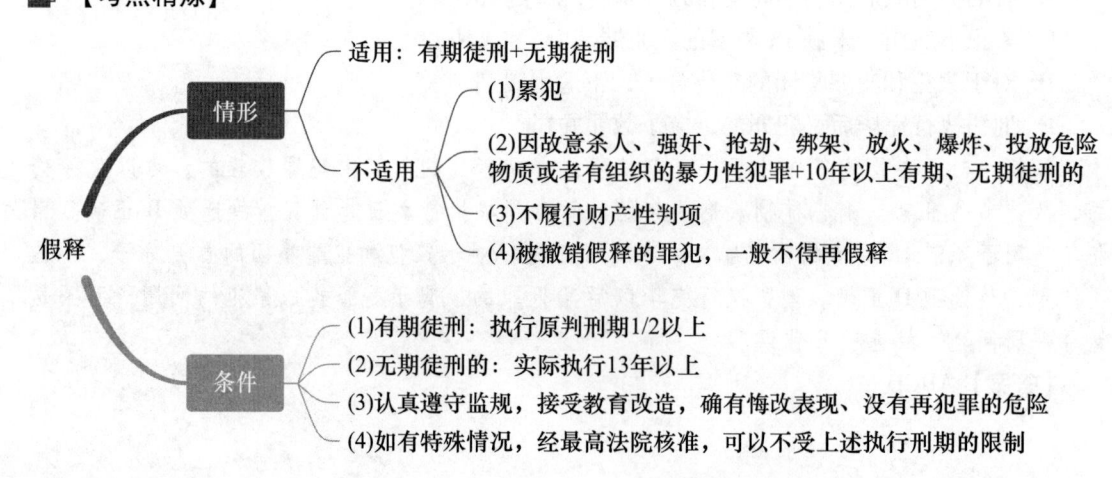

```
          ┌── 情形 ─┬─ 适用：有期徒刑+无期徒刑
          │         │
          │         └─ 不适用
          │             (1) 累犯
          │             (2) 因故意杀人、强奸、抢劫、绑架、放火、爆炸、投放危险
          │                 物质或者有组织的暴力性犯罪+10年以上有期、无期徒刑的
          │             (3) 不履行财产性判项
假释 ─────┤             (4) 被撤销假释的罪犯，一般不得再假释
          │
          └── 条件
              (1) 有期徒刑：执行原判刑期1/2以上
              (2) 无期徒刑的：实际执行13年以上
              (3) 认真遵守监规，接受教育改造，确有悔改表现、没有再犯罪的危险
              (4) 如有特殊情况，经最高法院核准，可以不受上述执行刑期的限制
```

【单选题】甲因犯骗取出口退税罪被判处5年有期徒刑。刑满释放后第3年，甲又因犯危险驾驶罪被判处拘役3个月。下列关于甲的行为是否构成累犯，是否可以适用缓刑、假释的说法中，正确的是(　　)。

A. 构成累犯，可以适用假释
B. 构成累犯，可以适用缓刑
C. 不构成累犯，可以适用假释
D. 不构成累犯，可以适用缓刑

解析　对累犯，不得缓刑、不得假释，排除选项AB。假释适用于被判处有期徒刑或者无期徒刑的犯罪分子，排除选项C。累犯的要求：(1) 要求前罪和后罪都必须是故意犯罪。(2) 刑期要求：前罪被判处的刑罚和后罪应当判处的刑罚都必须是有期徒刑以上。(3) 后罪发生时间：后罪发生在前罪刑罚执行完毕或赦免后的5年之内。不满18周岁的不成立累犯。(4) 应当从重处罚，不得缓刑，不得假释。

【答案】D

【多选题】2006年6月，梁某因交通肇事罪被判入狱服刑4年，2011年11月，因虚开普通发票罪被判处有期徒刑4年。下列有关梁某的刑罚适用及执行的说法中，正确的有(　　)。

A. 构成累犯
B. 不构成累犯
C. 可以适用假释
D. 可以适用缓刑
E. 执行期间不得减刑

解析　选项AB，一般累犯的成立条件是前罪和后罪均为故意犯罪；梁某所犯前罪为过失犯罪，不构成累犯。选项C，假释适用于被判处有期徒刑或者无期徒刑的犯罪分子，依法不得假释的情况除外。选项D，缓刑适用于被判处拘役或者3年以下有期徒刑的犯罪分子，梁某被判有期徒刑4年，不适用缓刑。选项E，减刑适用于被判处管制、拘役、有期徒刑或者无期徒刑的犯罪分子，但对判处拘役或者3年以下有期徒刑、宣告缓刑的犯罪分子，一般不适用减刑；梁某被判有期徒刑4年，如果有悔改或者立功表现的，人民法院可以裁定减刑；有重大立功表现的，人民法院应当减刑。

累犯的要求：(1) 要求前罪和后罪都必须是故意犯罪。(2) 刑期要求，前罪被判处的刑罚和后罪应当判处的刑罚都必须是有期徒刑以上。(3) 后罪发生时间，后罪发生在前罪刑罚执行完毕或赦免后的5年之内；不满18周岁的不成立累犯。(4) 应当从重处罚，不得缓刑，不得假释。

【答案】BC

【多选题】根据《刑法》规定，下列犯罪中不得假释的有(　　)。

A. 乙，因故意杀人罪被判处15年有期徒刑
B. 丁，因间谍罪被判处无期徒刑
C. 甲，系累犯
D. 戊，因信用卡诈骗被判处无期徒刑
E. 丙，因抢劫罪被判处无期徒刑

解析　对累犯以及因故意杀人、强奸、抢劫、绑架、放火、爆炸、投放危险物质或者有

组织的暴力性犯罪被判处10年以上有期徒刑、无期徒刑的犯罪分子，不得假释。

【答案】ACE

知识点 · 逃税罪、逃避追缴欠税罪、抗税罪

【单选题】王某5年内因逃税被税务机关给予3次行政处罚后，又采取欺骗手段进行虚假纳税申报，逃税20万元，占各税种应纳税总额8%，下列有关是否追究王某刑事责任的做法中，正确的是(　　)。

A. 按逃税罪追究王某刑事责任　　B. 对王某不予追究刑事责任
C. 按诈骗罪追究王某刑事责任　　D. 按逃避追缴欠税罪追究王某刑事责任

解析　纳税人5年内因逃避缴纳税款受过刑事处罚或者被税务机关给予2次以上行政处罚，又逃避缴纳税款，数额在10万元以上并且占各税种应纳税总额10%以上的，应予立案追诉。本题中，逃税数额占各税种应纳税总额8%，未达到10%，属于一般逃税违法行为，应按照《税收征管法》的规定承担行政责任，而非追究刑事责任。

【答案】B

【多选题】根据《刑法》及司法解释规定，下列关于逃避缴纳税款罪的说法中，正确的有(　　)。

A. 本罪主观方面必须出于故意
B. 本罪犯罪主体只能是纳税人
C. 从逃税额看，只有逃税额在10万元以上且占各税种应纳税总额10%以上的，才能构成本罪
D. 对于初次逃税行为，经税务机关依法下达追缴通知书后，补缴税款及滞纳金，已受行政处罚的，不予追究刑事责任
E. 本罪侵犯的客体是税收征管秩序

解析　逃税罪主观方面必须是出于故意，选项A正确。逃税罪的主体可以是纳税人也可以是扣缴义务人，选项B错误。只有逃税额占各税种应纳税总额10%以上且逃税额在10万元以上的，才能构成逃税罪，选项C正确。对于逃税行为，经税务机关依法下达追缴通知后，补缴应纳税款，缴纳滞纳金，已受行政处罚的，不予追究刑事责任。但是，5年内因逃避缴纳税款受过刑事处罚或者被税务机关给予2次以上行政处罚的除外，选项D正确。逃税罪侵犯的客体是我国税收征收管理秩序，选项E正确。

【答案】ACDE

【单选题】行为人逃避缴纳税款，符合法定犯罪构成要件的，构成逃税罪。根据《刑法》规定，下列关于该罪客观方面的表述中，正确的是(　　)。

A. 纳税人5年内因逃税被税务机关处罚2次以上又逃避缴纳税款，数额须达10万元以上
B. 纳税人采取隐瞒手段不申报纳税，逃避缴纳税款数额须达50万元且占各税种应纳税

总额 10% 以上

C. 扣缴义务人采取欺骗、隐瞒手段，不缴或者少缴已扣、已收税款，数额须达 10 万元以上

D. 纳税人采取欺骗手段进行虚假纳税申报，逃避缴纳税款数额须达 10 万元

解析 逃避缴纳税款，涉嫌下列情形之一的，应予立案追诉：（1）纳税人采取欺骗、隐瞒手段进行虚假纳税申报或者不申报，逃避缴纳税款，数额在 10 万元以上并且占各税种应纳税总额 10% 以上，经税务机关依法下达追缴通知后，不补缴应纳税款、不缴纳滞纳金或者不接受行政处罚的。（选项 B 欠缺不接受行政处罚条件，错误。选项 D 欠缺比例条件、欠缺不接受行政处罚条件，错误）（2）纳税人 5 年内因逃避缴纳税款受过刑事处罚或者被税务机关给予 2 次以上行政处罚，又逃避缴纳税款，数额在 10 万元以上并且占各税种应纳税总额 10% 以上的。（选项 A 欠缺 10% 的比例条件，错误）（3）扣缴义务人采取欺骗、隐瞒手段，不缴或者少缴已扣、已收税款，数额在 10 万元以上的。（选项 C 正确）

【答案】 C

【单选题】 下列关于逃税罪构成要件说法，符合法律规定的是（　　）。
A. 犯罪客体是企业的生产经营所得
B. 犯罪客观方面表现为故意隐瞒、转移财产以逃避税务机关追缴欠税
C. 犯罪主观方面包括故意和过失
D. 犯罪主体包括纳税人和扣缴义务人

解析 选项 A，逃税罪侵犯的客体是我国税收征收管理制度。选项 B，逃税罪客观方面表现为采取欺骗、隐瞒手段，进行虚假纳税申报或者不申报，不缴或者少缴税款行为。采取转移或者隐匿财产以逃避税务机关追缴欠税的数额在 1 万元以上行为系逃避追缴欠税罪的犯罪客观方面。选项 C，逃税罪在主观方面必须是出于直接故意。

【答案】 D

【多选题】 根据《刑法》的规定，依逃税罪追究刑事责任须具备法定情形，这些情形有（　　）。
A. 纳税人采取假报出口手段，骗取国家出口退税款，数额较大的
B. 纳税人采取欺骗、隐瞒手段不进行纳税申报，逃避缴纳税款数额较大并且占应纳税额 10% 以上的
C. 扣缴义务人采取欺骗、隐瞒手段进行虚假纳税申报，不缴或者少缴已扣、已收税款，数额 10 万元以上的
D. 纳税人采取欺骗、隐瞒手段不进行纳税申报，逃避缴纳税款数额较大，经税务机关依法下达追缴通知后，补缴应纳税款，缴纳滞纳金，并已受行政处罚的
E. 纳税人采取欺骗手段进行虚假纳税申报，逃避缴纳税款数额较大并且占应纳税额 5% 以上的

解析 选项 A，构成骗取出口退税罪。选项 DE，纳税人采取欺骗、隐瞒手段进行虚假纳税申报或者不申报，逃避缴纳税款，数额在 10 万元以上并且占各税种应纳税总额 10% 以

上，经税务机关依法下达追缴通知后，不补缴应纳税款、不缴纳滞纳金或者不接受行政处罚的，应予立案追诉。

【答案】BC

知识点 · 骗取出口退税罪

【单选题】纳税人缴纳税款后，实施假报出口手段骗取出口退税。骗取税款数额超过其缴纳的税款部分，涉嫌构成（   ）。

A. 骗取出口退税罪
B. 虚开用于骗取出口退税、抵扣税款发票罪
C. 抗税罪
D. 逃避缴纳税款罪

解析　纳税人缴纳税款后，以假报出口或者其他欺骗手段，骗取所缴纳的税款的，依照逃税罪定罪处罚。骗取税款超过所缴纳的税款部分，依照骗取出口退税罪的规定处罚。

【答案】A

【单选题】根据《刑法》规定，采取虚报出口或者其他欺骗手段，骗取国家出口退税款数额10万元以上的行为，构成骗取出口退税罪。下列情形中，属于此罪客观方面"其他欺骗手段"的是（   ）。

A. 以伪造手段取得出口货物报关单的
B. 签订虚假的买卖合同的
C. 虚开增值税专用发票的
D. 骗取出口退税资格的

解析　具有下列情形之一的，应当认定为"其他欺骗手段"：（1）骗取出口货物退税资格的；（2）将未纳税或者免税货物作为已税货物出口的；（3）虽有货物出口，但虚构该出口货物的品名、数量、单价等要素，骗取未实际纳税部分出口退税款的；（4）以其他手段骗取出口退税款的。注意区别虚报出口和其他欺骗手段。虚报出口是压根没有货，其他欺骗手段是有货但是在骗。

【答案】D

知识点 · 虚开增值税专用发票或者虚开用于骗取出口退税、抵扣税款发票罪

【单选题】2010年8月，被告人李某为非法获利在无注册资金的情况下申请注册成立了甲公司，并担任法定代表人。2010年12月至2011年7月期间，李某经王某介绍，在无货物交易的情况下，采取按发票面额收取开票费的方法，以甲公司名义为M市乙公司开具增值税专用发票18份。乙公司将其中的16份发票向当地税务部门申报抵扣。

2011年10月至2012年2月期间，李某采取上述同样方法，为N市丙公司开具增值税专用发票22份，丙公司将上述发票向税务部门全部申报抵扣。下列关于涉案公司与李某的

相关行为性质的说法中，正确的是(　　)。

A. 乙公司的行为属于为他人虚开

B. 甲公司的行为属于为他人虚开

C. 丙公司的行为属于介绍他人为自己虚开

D. 李某的行为属于为他人虚开

解析　个人为进行违法犯罪活动而设立公司、企业实施犯罪的，不以单位犯罪论处。故李某的行为构成为他人虚开。乙、丙的行为属于让他人为自己虚开。

【答案】 D

知识点·非法购买增值税专用发票或者购买伪造的增值税专用发票罪

【多选题】 根据刑法理论，构成伪造、出售伪造的增值税专用发票罪，必须有伪造、出售伪造的增值税专用发票的行为。下列行为中，属于伪造、出售伪造的增值税专用发票行为或者按照该行为处理的有(　　)。

A. 变造增值税专用发票

B. 个人私自印制增值税专用发票

C. 公司擅自印制增值税专用发票

D. 明知增值税专用发票系伪造仍出售

E. 明知系伪造的增值税专用发票仍购买或虚开

解析　变造增值税专用发票的，按照伪造增值税专用发票行为处理，故选项A正确。增值税专用发票由国家税务总局制定的企业印制，其他单位或者个人私自印制的，即构成伪造，故选项BC正确。伪造、出售伪造的增值税专用发票罪，是指个人或者单位以营利为目的，非法印制或者出售非法印制的增值税专用发票的行为，故选项D正确。明知是伪造的增值税专用发票仍然购买的，成立购买伪造增值税专用发票罪，故选项E错误。

【答案】 ABCD

知识点·非法出售发票罪

【单选题】 2006年4月以来，陶某等人分别以自己或者家族成员名义，先后注册15家公司，从税务机关骗购各类普通发票共计2.4万份，以200~1000元不等的价格对外出售9000余份，涉案金额近亿元，非法获利200余万元。本案中，陶某涉嫌的罪名是(　　)。

A. 非法出售发票罪 B. 非法购买发票罪

C. 出售伪造发票罪 D. 出售抵扣税款发票罪

解析　非法出售发票罪是指违反国家发票管理规定，非法出售除增值税专用发票和可以用于骗取出口退税、抵扣税款的非增值税专用发票以外的普通发票的行为。《刑法》没有规定选项BCD这三种罪名。

【答案】 A

【考点精炼1】

危害税收征管罪的主体	特殊主体	逃税罪	纳税人和扣缴义务人；自然人和单位（单独成罪）
		抗税罪	纳税人和扣缴义务人——只能由自然人。 ☆提示：单独实施以暴力威胁方法阻碍税务人员依法执行公务的行为，应当按妨碍公务罪定罪处罚
		逃避追缴欠税罪	纳税人
	一般主体	其余	任何单位和个人

【考点精炼2】

危害税收征管罪的客体	单一客体	（一）逃税罪	税收征收管理秩序
		（十三）虚开发票罪	国家普通发票管理制度
		（十四）持有伪造的发票罪	国家税收征管秩序
	复杂客体	（二）抗税罪	国家税收征管制度＋税务人员人身权利
		（三）逃避追缴欠税罪	国家税收征管制度＋国家财产所有权
		（四）骗取出口退税罪	出口退税管理制度＋公共财产所有权
		其余	国家税收征管秩序＋发票管理规定
	有争议	（十一）虚开增值税专用发票或虚开用于骗取出口退税、抵扣税款发票罪	复杂客体（税收征管制度＋税收制度）；单一客体（国家税收制度）

【考点精炼3】

罪名	定罪标准
逃税罪	纳税人：10万元＋10%
	扣缴义务人：10万元
逃避追缴欠税罪	1万
骗取出口退税罪	10万
抗税罪	—
虚开增值税专用发票或者虚开用于骗取出口退税、抵扣税款发票罪	虚开税额10万元
（1）伪造、出售伪造的增值税专用发票罪。 （2）非法出售增值税专用发票罪。 （3）非法制造、出售非法制造的用于骗取出口退税、抵扣税款发票罪。 （4）非法出售用于骗取出口退税、抵扣税款发票罪	（1）票面税额10万元。 （2）发票10份＋税额6万元。 （3）非法获利1万元

续表

罪名	定罪标准
非法购买增值税专用发票或者购买伪造的增值税专用发票罪	(1) 20 份 + 税额 10 万元。 (2) 税额 20 万元
(1) 非法制造、出售非法制造的发票罪。 (2) 非法出售发票罪	(1) 100 份 + 票面金额 30 万元。 (2) 票面金额 50 万元。 (3) 非法获利 1 万元
虚开发票罪	(1) 100 份 + 票面金额 30 万元。 (2) 票面金额 50 万元。 (3) 五年内因虚开发票受过刑事处罚或者二次以上行政处罚，又虚开发票，数额达到上述第（1）（2）项标准 60% 以上

【单选题】根据《刑法》规定，下列关于危害税收征管犯罪的说法中，正确的是(　　)。
A. 骗取出口退税罪、虚开增值税专用发票罪都属于危害税收征管犯罪
B. 主体只能是单位
C. 行为人在主观方面存在故意或者过失
D. 侵犯的客体是市场经济秩序

解析　危害税收征管犯罪的主体可以是单位也可以是自然人，选项 B 错误。危害税收征管犯罪的主观方面只能是故意，选项 C 错误。危害税收征管犯罪侵犯的客体是国家税收征管秩序，选项 D 错误。

【答案】A

【单选题】根据刑法理论，下列对危害税收征管罪特征的表述中，正确的是(　　)。
A. 侵犯的客体是国家公共财产所有权
B. 客观方面表现为行为人采取各种方法拖欠税款的行为
C. 犯罪主体只能是单位
D. 过失不能构成本罪

解析　危害税收征管罪侵犯的客体是国家的税收征管制度以及国家税收收入。客观方面表现为行为人采取各种方式、方法，逃避缴纳税款、逃避缴纳欠税、骗取出口退税、抗税以及虚开、出售各种发票，情节严重的行为。犯罪的主体是一般主体和特殊主体都能构成，既包括单位，也包括个人。犯罪的主观方面只能由故意构成，过失不构成本罪。

【答案】D

【单选题】根据《刑法》规定，犯罪主体仅限于纳税人的犯罪是(　　)。
A. 逃税罪　　　　　　　　　　B. 逃避追缴欠税罪
C. 骗取出口退税罪　　　　　　D. 抗税罪

解析 逃税罪的犯罪主体：纳税人和扣缴义务人；骗取出口退税罪的犯罪主体：一般主体（纳税人、非纳税人均可）；抗税罪的犯罪主体：纳税人和扣缴义务人。

【答案】B

【单选题】下列涉税犯罪中，犯罪主体只能是纳税人的是(　　)。

A. 伪造增值税专用发票罪

B. 逃税罪

C. 抗税罪

D. 逃避追缴欠税罪

解析 逃避追缴欠税罪的犯罪主体是纳税人；逃税罪的犯罪主体是纳税人和扣缴义务人；抗税罪的犯罪主体是纳税人或扣缴义务人；伪造增值税专用发票罪的犯罪主体是任何单位和个人。

【答案】D

知识点 · 涉税职务犯罪

【单选题】危害税收征管罪是《刑法》规定的破坏国家税收征管制度的一类犯罪。下列罪名中，不属于危害税收征管罪的是(　　)。

A. 持有伪造的发票罪

B. 非法出售发票罪

C. 徇私舞弊不征、少征税款罪

D. 虚开发票罪

解析 选项ABD，危害税收征管罪。选项C，属于涉税职务犯罪。

【答案】C

【单选题】税务人员徇私舞弊是徇私舞弊不征、少征税款罪的客观方面要件之一，下列情形中，构成本罪客观方面要件的是(　　)。

A. 纳税人提供虚假材料骗取减免税导致不征或少征税款

B. 税务人员工作严重不负责任导致不征或少征税款

C. 税务人员为照顾朋友违规决定不征或少征税款

D. 税务人员因税收业务不熟造成不征或少征税款

解析 选项AD，在税务机关采用定期定额征收方式导致少征税款，或者纳税人提供虚假材料骗取减免税出现的不征或者少征税款，以及因税务人员业务素质原因造成的少征税款等情况下，因税务人员没有徇私舞弊的主观故意，不能认定为有罪。选项B，税务人员在税收工作中严重不负责任，不征或者少征税款，致使国家税收遭受重大损失的，对责任人员应追究玩忽职守罪。

【答案】C

【多选题】下列情形中符合徇私舞弊不征、少征税款罪的"重大损失"要件的有(   )。
A. 税务机关工作人员超越职权，擅自做出减免税决定，造成不征或者少征税款不满 10 万元的
B. 上级主管部门领导指使下级税务机关工作人员徇私舞弊不征或者少征税款，致使国家税收损失累计达 10 万元以上的
C. 地方政府领导要求税务机关工作人员不征或者少征税款，致使国家税收损失累计达 10 万元以上的
D. 税务人员徇私舞弊不征或者少征税款，致使国家税收损失累计达 10 万元以上的
E. 税务人员徇私舞弊不征或者少征税款不满 10 万元，但有索贿或者受贿情节的

解析 徇私舞弊不征、少征税款罪的重大损失表现为：（1）徇私舞弊不征、少征应征税款，致使国家税收损失累计达 10 万元以上的（选项 AD）。（2）"上级主管部门工作人员"指使税务机关工作人员徇私舞弊不征、少征应征税款，致使国家税收损失累计达 10 万元以上的（选项 B）。（3）徇私舞弊不征、少征应征税款不满 10 万元，但具有索取或者收受贿赂或者其他恶劣情节的（选项 E）。（4）其他致使国家税收遭受重大损失的情形。选项 C，非税务人员超越职权，擅自做出减免税决定，造成不征或少征税款的，应当追究责任人员滥用职权的法律责任。本题中地方政府领导构成滥用职权罪，税务机关工作人员成立滥用职权罪的共犯。

【答案】 BDE

【单选题】根据《刑法》和刑法理论，下列有关徇私舞弊不征、少征税款罪的表述中，正确的是(   )。
A. 侵犯的客体是国家税务机关的税收征管秩序
B. 客观方面表现为行为人违反规定，不征或者少征税款的行为
C. 犯罪主体不限于税务机关工作人员
D. 过失也可构成此罪

解析 本罪侵犯的客体是国家税务机关正常的税收征管秩序。客观上表现为行为人违反税收法规徇私舞弊，不征或者少征税款，致使国家税收遭受重大损失的行为。本罪的主体是税务机关的工作人员。本罪在主观上是故意，具体表现为行为人明知纳税人应当缴纳税款，却为徇私情私利而故意不征或者少征税款。

【答案】 A

【单选题】下列渎职犯罪中，犯罪主体须为税务人员的是(   )。
A. 玩忽职守罪
B. 徇私舞弊发售发票、抵扣税款、出口退税罪
C. 违法提供出口退税凭证罪
D. 徇私舞弊不移交刑事案件罪

解析 徇私舞弊发售发票、抵扣税款、出口退税罪犯罪主体为税务机关的工作人员。

【答案】 B

【考点精炼】

涉税职务犯罪的主体总结

徇私舞弊不征、少征税款罪	税务机关工作人员
徇私舞弊发售发票、抵扣税款、出口退税罪	税务机关工作人员
徇私舞弊不移交刑事案件罪	行政执法人员
违法提供出口退税凭证罪	海关、外汇管理等国家机关工作人员

【综合分析题】

（一）

丘佛市万亿公司于2010年12月20日成立并办理了税务登记，属一人有限责任公司。法定代表人为汪某，主要从事玻璃制品销售。2015—2016年，万亿公司与税收管理员陈某相互勾结，部分销售收入不开具发票。不按规定入账，未申报纳税。另一税收管理员任某对此知情。任某在接受万亿公司2000元红包后，对万亿公司未申报纳税一直放任不管。

2017年12月，税务局检查发现：2015年，万亿公司瞒报销售收入580万元，逃避缴纳税款110万元，占该公司2015年度应纳税款总额的24%；2016年，万亿公司瞒报销售收入758万元，逃避缴纳税款142万元，占该公司2016年度应纳税款总额的42%。

税务局依法决定追缴，万亿公司及其法定代表人汪某拒不补缴上述税款。

另查明，汪某于2015年1月2日因犯危险驾驶罪被人民法院判处拘役1个月，缓刑2个月，并处罚金人民币3000元。

公安机关立案后，万亿公司缴清了上述税款及滞纳金。汪某被逮捕后如实供述，同时表示税务局决定追缴时，万亿公司已濒临破产、无补缴能力，并非故意拒不补缴。

检察机关对万亿公司及汪某以逃税罪提起公诉。

请根据案情，回答下列问题。

1. 税收管理员陈某、任某涉嫌罪名的说法中，正确的有（　　）。
   A. 任某涉嫌逃税罪
   B. 陈某涉嫌徇私舞弊不移交刑事案件罪
   C. 陈某涉嫌逃税罪
   D. 任某涉嫌徇私枉法罪
   E. 任某涉嫌徇私舞弊不征、少征税款罪

🔍 **解析**　（1）税务人员（陈某）利用职务上的便利，索取、收受纳税人财物，不征或者少征税款，致使国家税收遭受重大损失的，应当以徇私舞弊不征、少征税款罪和受贿罪数罪并罚。（2）税务机关的工作人员（陈某），如果与逃税人相互勾结，故意不履行其依法征税的职责，不征或少征应征税款的，应该将其作为逃税罪的共犯论处。如果行为人（任某）知道了某人在逃税，出于某种私利而伪装不知，对逃税行为采取放任态度，因此不征或少征应征税款，致使国家税收遭受重大损失的，则只能认定构成徇私舞弊不征、少征税款罪。

【答案】CE

2. 下列有关万亿公司犯罪及刑事责任的说法中,正确的有( )。
A. 万亿公司是一人有限责任公司,因此本案逃税罪是自然人犯罪
B. 万亿公司是一人有限责任公司,因此本案逃税罪是单位犯罪
C. 万亿公司是本案逃税罪的犯罪主体
D. 万亿公司具有犯罪的主观故意
E. 万亿公司在公安机关立案后补缴了税款和滞纳金,因此不应追究刑事责任

解析 选项ABC,单位犯罪主体,是指为谋取本单位的非法利益,由单位负责人或者经集体讨论决定,实施了《刑法》规定的危害社会的行为,属于《刑法》明文规定的单位犯罪的公司、企业、事业单位、机关、团体。本题中,万亿公司实施了逃税行为,属于单位犯罪,构成逃税罪的主体。选项E,纳税人在公安机关立案后再补缴应纳税款、缴纳滞纳金或者接受行政处罚的,不影响刑事责任的追究。

【答案】BCD

3. 本案中,对万亿公司定罪的影响因素有( )。
A. 万亿公司瞒报销售收入,对部分收入未申报纳税
B. 2016年度逃避缴纳税款占万亿公司2016年度应纳税款总额的42%
C. 2015年度逃避缴纳税款占万亿公司2015年度应纳税款总额的24%
D. 万亿公司送给税收管理员任某2000元
E. 万亿公司与税收管理员陈某勾结

解析 纳税人采取欺骗、隐瞒手段进行虚假纳税申报或者不申报,逃避缴纳税款数额较大并且占应纳税额百分之十以上的,处3年以下有期徒刑或者拘役,并处罚金。数额巨大并且占应纳税额百分之三十以上的,处3年以上7年以下有期徒刑,并处罚金。

【答案】ABC

4. 若检察机关指控汪某的罪名成立,下列有关对汪某量刑的说法中,正确的有( )。
A. 汪某如实供述不属于自首   B. 汪某如实供述属于一般自首
C. 汪某如实供述属于一般立功   D. 汪某不属于累犯
E. 汪某属于一般累犯

解析 选项ABC,一般自首是指犯罪以后"自动投案","如实供述"自己罪行的行为。选项DE,一般累犯的成立条件之一要求:前罪被判处的刑罚和后罪应当判处的刑罚都必须是"有期徒刑以上"的刑罚。

【答案】AD

(二)

甲因犯逃避缴纳税款罪,被判处有期徒刑3年。出狱半年后的某日,甲准备到丙家去借钱,恰巧在街上碰到乙。甲遂请乙帮忙,要求乙开车送其到丙家。到丙家门口后,甲让乙在车上等。甲进屋后发现丙不在家,遂翻箱倒柜顺走了丙的一张储蓄卡及身份证。甲出来对乙说,丙不在家。

事后，甲通过丙的身份证号码试出储蓄卡密码，到商场刷卡购买了价值两万元的项链。案发后，公安机关认为甲有盗窃犯罪嫌疑，即对其实施拘传。在派出所，甲乘民警应对突发事件、无人看管之机逃跑。半年后，得知甲行踪的乙告诉甲，公安机关正在对甲进行网上通缉。甲因害怕，主动到派出所交代了自己的罪行。

请根据案情，回答下列问题。

1. 根据《刑法》规定，下列关于累犯的说法中，正确的是(　　)。
   A. 曾被判处有期徒刑，在刑罚执行完毕5年以内又犯罪的，构成一般累犯
   B. 故意犯罪和过失犯罪都可以构成累犯
   C. 对被假释的人不适用累犯规定
   D. 前罪或者后罪中有被判处拘役、管制或者单处附加刑情况的，不构成累犯
   E. 累犯适用于所有犯罪分子

解析 选项A，一般累犯，是指被判处有期徒刑以上刑罚的犯罪分子，刑罚执行完毕或者赦免以后，在5年以内再犯应当判处有期徒刑以上刑罚之罪的情况（出题人此处未强调有期徒刑以上刑罚，盗窃罪属超纲内容）。选项BD，一般累犯的成立条件包括：①前罪和后罪都必须是故意犯罪；②前罪被判处的刑罚和后罪应当判处的刑罚都必须是有期徒刑以上的刑罚。前罪或者后罪中有被判处拘役、管制或者单处附加刑的情况，则不成立累犯。选项C，对于被假释的犯罪分子，规定的5年期限，从假释期满之日起计算。选项E，累犯是指因犯罪"受过一定刑罚处罚"的犯罪分子，在刑罚执行完毕或者赦免以后，在法定期限内又犯一定之罪的情况。

【答案】D

2. 根据《刑法》规定，下列关于甲自首认定的说法中，正确的有(　　)。
   A. 若甲犯罪事实被发觉后，在亲友规劝下由亲友陪同投案，并如实供述自己罪行，则构成自首
   B. 若甲犯罪事实虽被发觉，但在未被公安机关采取强制措施时，主动、直接向公安机关投案并如实供述自己罪行，构成自首
   C. 若甲主动投案，并如实供述自己罪行，但在一审判决前又翻供，则不构成自首
   D. 若甲被采取强制措施后，如实供述公安机关尚未掌握的本人其他犯罪行为的，不构成特别自首
   E. 若甲犯罪事实未被发觉，主动、直接向公安机关投案，并如实供述自己罪行的，则构成自首

解析 自首包括一般自首和特别自首。一般自首，是指犯罪以后自动投案，如实供述自己罪行的行为。特别自首，是指被采取强制措施的犯罪嫌疑人、被告人和正在服刑的罪犯，如实供述司法机关尚未掌握的本人其他罪行的行为（选项D错误）。选项A，并非出于犯罪嫌疑人主动，而是经亲友规劝、陪同投案的，视为自动投案。选项BE，犯罪事实或者犯罪嫌疑人未被司法机关发觉，或者虽被发觉，但犯罪嫌疑人尚未受到讯问、未被采取强制措施时，主动、直接向公安机关、人民检察院或者人民法院投案，从而将自己置于司法机关的合法控制下，接受司法机关的审查、裁判的行为，属于自动投案，构成自首。选项C，犯罪嫌

疑人自动投案并如实供述自己的罪行后又翻供的,不能认定为自首,但在一审判决前又能如实供述的,应当认定为自首。

【答案】 ABCE

(三)

风华公司于 2009 年 4 月 30 日成立,主营陶瓷购销业务,赵某为股东并任总经理,徐某任会计,李某任出纳。赵某为了少缴税款,与徐某面议,徐某提出采取隐瞒收入的方法逃税,赵某同意。2014 年 4 月,税务局稽查局在对风华公司日常检查时发现该公司有逃避缴纳税款的行为,遂展开稽查。稽查的结果是:2012 年纳税年度,风华公司通过隐瞒主营业务收入,少缴增值税 4 万元,占当年各税种应纳税额的 10%;2013 年纳税年度以同样方法少缴增值税和企业所得税 30 万元,占当年各税种应纳税额的 20%;2014 年纳税年度又以同样方法少缴纳增值税和企业所得税 60 万元,占当年各税种应纳税额的 25%。以上共计少缴增值税和企业所得税 94 万元,占各税种应纳税总额的 22%。

经查:风华公司自 2009 年 4 月至 2014 年 4 月,没有因逃避缴纳税款受过刑事处罚,也未被税务机关给予 2 次以上行政处罚。经税务局稽查局依法下达追缴通知,风华公司补缴税款 94 万元,按规定缴纳滞纳金并接受处罚,缴纳罚款 188 万元。

请根据案情,回答下列问题。

1. 根据《刑法》规定,对风华公司逃避缴纳税款行为的正确处理有( )。
A. 按逃税 94 万元追究刑事责任　　　　B. 不予追究刑事责任
C. 按偷税 94 万元追究刑事责任　　　　D. 移交公安机关按逃税罪追究刑事责任
E. 移交公安机关按偷税罪追究刑事责任

解析　纳税人采取欺骗、隐瞒手段进行虚假纳税申报或者不申报,逃避缴纳税款,数额在 10 万元以上并且占各税种应纳税总额 10% 以上,经税务机关依法下达追缴通知后,不补缴应纳税款、不缴纳滞纳金或者不接受行政处罚的,应予立案追诉。反之,纳税人逃税数额虽达到起刑标准,但同时满足"补缴应纳税款、缴纳滞纳金并接受行政处罚"的,不予追究刑事责任。

【答案】 B

2. 如果风华公司收到税务局稽查局依法下达的追缴通知后,不补缴税款、不缴纳滞纳金并不接受罚款处罚,则对其正确的处理有( )。
A. 由稽查局申请人民法院强制执行税款、滞纳金,不移交公安机关
B. 按逃税罪追究刑事责任
C. 移交公安机关追究刑事责任
D. 按偷税罪追究刑事责任
E. 由稽查局对风华公司做出行政处罚,不移交公安机关

解析　(1)《刑法修正案(七)》将"偷税"修改为"逃税"后,现行《刑法》中已无"偷税罪"罪名,故选项 B 正确,选项 D 错误。(2) 根据上题解析部分可知,纳税人的逃税数额达到起刑标准,若不补缴税款、不缴纳滞纳金并不接受罚款处罚的,将以逃税罪追

究刑事责任,税务局稽查局应向公安机关移送该涉嫌犯罪案件。

【答案】 BC

3. 如果风华公司在 5 年内因偷税已被税务机关处罚 2 次以上,应追究刑事责任,则下列关于认定犯罪嫌疑人的说法中,正确的有( )。
   A. 徐某是犯罪嫌疑人
   B. 赵某是犯罪嫌疑人
   C. 李某是犯罪嫌疑人
   D. 赵某、李某都是犯罪嫌疑人
   E. 风华公司是犯罪嫌疑人

解析 单位负责人(赵某)做出犯罪决定,通过直接责任人员(徐某)加以实施,为本单位谋取非法利益,是单位犯罪。单位犯罪中,单位可独立成为犯罪嫌疑人、被告人。刑事诉讼中,一般将犯罪单位列为"被告单位",主要负责人和直接责任人列示为"被告人"。

【答案】 ABE

4. 下列关于本案犯罪嫌疑人主观心理态度的说法中,正确的有( )。
   A. 徐某的行为是出于疏忽大意的过失
   B. 风华公司的行为是出于故意
   C. 赵某的行为是出于故意
   D. 徐某的行为是出于故意
   E. 风华公司的行为是出于疏忽大意的过失

解析 逃税罪在主观方面是出于故意。

【答案】 BCD

(四)

2017 年年底,某制衣厂有一笔服装加工业务被无证个体户屠某以 42 万元承包,屠某按合同规定完成服装加工任务后,要求制衣厂结算加工费,但制衣厂法定代表人李某要求屠某开具增值税专用发票才肯付款。于是,屠某买了数份增值税专用发票,填好金额后交给李某,李某明知屠某的增值税专用发票是买来的仍予以接受,并在次月进行纳税申报,抵扣税额 16.2 万元,占各税种应纳税总额的 11%。

请根据案情,回答下列问题。

1. 本案中,屠某的行为应构成( )。
   A. 虚开增值税专用发票罪
   B. 非法购买增值税专用发票罪
   C. 非法持有增值税专用发票罪
   D. 非法使用增值税专用发票罪
   E. 非法取得增值税专用发票罪

解析 (1)虚开增值税专用发票罪中的"虚开"行为包括为他人虚开、为自己虚开、让他人为自己虚开、介绍他人虚开四种情况。行为人只要实施其中一种行为,即可构成虚开。本案中,屠某为制衣厂虚开增值税专用发票的行为,且满足虚开税额 10 万元(本题抵扣税额为 16.2 万元已经满足要求)或造成国家损失税额 5 万元,构成虚开增值税专用发票罪,故选项 A 正确。(2)构成非法购买增值税专用发票罪,须满足数量在 20 份 + 税额 10 万元或者税额 20 万元以上。本案中,屠某虚开增值税专用发票的票面金额为 42 万元,达到了起刑标准,构成非法购买增值税专用发票罪,故选项 B 正确。(3)《刑法》没有规定非法持有增值税专用发票罪、非法使用增值税专用发票罪和非法取得增值税专用发票罪,故选项 CDE 错误。

【答案】AB

2. 本案中,制衣厂使用涉案增值税专用发票行为应构成( )。
   A. 虚开增值税专用发票罪
   B. 非法购买增值税专用发票罪
   C. 非法取得增值税专用发票罪
   D. 非法使用增值税专用发票罪
   E. 逃税罪

解析 制衣厂明知屠某是虚开增值税专用发票而收取并抵扣税款,属非善意取得虚开的增值税专用发票。其虚假纳税申报数额在 10 万元以上并且占各种应纳税总额 10% 以上,构成逃税罪。

【答案】E

3. 犯罪嫌疑人屠某被公安机关刑事拘留后,吕律师接受屠某委托担任其辩护人,在公安机关侦查期间,移送审查起诉前,吕律师的下列行为中,符合法律规定的有( )。
   A. 提出变更强制措施申请
   B. 查阅本案案卷材料
   C. 到看守所向屠某核实有关证据
   D. 为屠某提供法律帮助
   E. 复制本案案卷材料

解析 (1) 辩护律师在侦查期间可以为犯罪嫌疑人提供法律帮助,代理申诉、控告,申请变更强制措施,向侦查机关了解犯罪嫌疑人涉嫌的罪名和案件有关情况,提出意见。故选项 AD 正确。(2) 辩护律师会见在押的犯罪嫌疑人、被告人,可以了解案件有关情况,提供法律咨询等;自案件移送审查起诉之日起,可以向犯罪嫌疑人、被告人核实有关证据。故选项 C 错误。(3) 辩护律师自人民检察院对案件审查起诉之日起,可以查阅、摘抄、复制本案的案卷材料,故选项 BE 错误。

【答案】AD

4. 人民法院开庭审理此案过程中,被告人屠某突发心肌梗塞,经抢救无效死亡,根据《刑事诉讼法》,人民法院对此案的正确处理有( )。
   A. 继续该案的审理
   B. 建议检察院撤销对屠某的起诉
   C. 终止该案审理
   D. 宣告屠某有罪
   E. 宣告屠某无罪

解析 在刑事审判阶段,对于被告人死亡的,应当裁定终止审理。对于根据已查明的案件事实和认定的证据材料,能够确认被告人无罪的,应当判决宣告被告人无罪。本案中,屠某犯虚开增值税发票罪,但其在审判阶段死亡,已无宣告有罪之必要,应终止审理案件。

【答案】C

(五)

2019年7月，三江市税务局稽查局（以下简称稽查局）对丙公司2018年度涉税情况进行专案检查。发现公司实际控制人赵某为了使丙公司与丁公司之间的贸易顺利进行，指使公司财务人员给丁公司虚开税额为1000万元的增值税专用发票。

为避免由此产生纳税义务，在2018年1月至2018年12月期间，丙公司在无真实交易的情况下，以购进钢材名义从甲公司、乙公司共计购买虚开税额为1600余万元的增值税专用发票。其中14份虚开的增值税专用发票（税额600多万元）已在企业所得税前列支，并抵扣进项税额。

此外，稽查局还发现丙公司使用的发票量和取得的最高开票额度与其公司规模不匹配。经调查发现，丙公司在领购发票时获三江市税务局负责发票发售工作的贾某的协助，并为此向贾某支付好处费10万元。2019年12月，三江市税务局重大案件审理委员会对此案进行审理，根据稽查局所查事实，决定以丙公司涉嫌虚开增值税专用发票罪为由将案件移送该市公安机关。

请根据案情，回答下列问题。

1. 本案相关主体涉嫌犯罪的罪名有(　　)。
A. 甲公司涉嫌构成虚开增值税专用发票罪
B. 丙公司涉嫌构成虚开发票罪
C. 乙公司涉嫌构成非法出售发票罪
D. 丙公司涉嫌构成虚开增值税专用发票罪
E. 甲公司涉嫌构成非法出售增值税专用发票罪

解析　选项AC，甲公司、乙公司共计虚开税额为1600余万元的增值税专用发票，因此涉嫌构成虚开增值税专用发票罪。选项BD，丙公司财务人员给丁公司虚开税额为1000万元的增值税专用发票，因此丙公司涉嫌构成虚开增值税专用发票罪。选项E，非法出售增值税专用发票，出售的必须是空白的增值税专用发票，如果是填好的增值税专用发票，应按虚开增值税专用发票罪论处。

【答案】AD

2. 贾某涉嫌的犯罪有(　　)。
A. 徇私舞弊不征税款罪
B. 徇私舞弊发售发票罪
C. 违法提供出口退税罪
D. 徇私舞弊少征税款罪
E. 受贿罪

解析　丙公司在领购发票时获三江市税务局负责发票发售工作的贾某的协助，并为此向贾某支付好处费10万元。税务机关工作人员在办理发票发售工作中接受贿赂而实施徇私舞弊发售发票的，按照规定实施数罪并罚。

【答案】BE

3. 下列有关税务机关对丙公司涉税犯罪案件处理的说法中，正确的有(   )。
A. 三江市税务局稽查局应当将丙公司涉嫌涉税犯罪案件向该市检察院移送
B. 三江市税务局可以将丙公司涉嫌涉税犯罪案件向该市检察院进行移送
C. 三江市税务局应当根据重大案件审理委员会的审理决定将丙公司涉嫌涉税犯罪案件向该市人民法院移送
D. 三江市税务局稽查局作为行政执法机关，对查处的涉嫌涉税犯罪案件应当向该市公安机关移送
E. 三江市税务局稽查局必须妥善保存所收集的有关丙公司涉嫌涉税违法行为的证据

解析 选项 ABCD，行政执法机关移送涉嫌犯罪案件，行政执法机关正职负责人或者主持工作的负责人决定批准移送的，应当在 24 小时内向同级公安机关移送。选项 E，行政执法机关在查处违法行为过程中，必须妥善保存所收集的与违法行为有关的证据。

【答案】 DE

（六）

2017 年 2 月，为了通过买卖发票赚钱，吴某遂与好友费某商议共同成立春燕医药咨询有限公司（以下简称"春燕公司"），以医疗咨询服务和市场推广为由，为有需要的医药公司开具增值税普通发票，并收取开票金额 6% 的手续费。春燕公司成立后，吴某负责寻找客户，费某负责开具发票。2017 年 10 月至 2020 年 4 月，在没有实际交易的情况下，两人先后为 44 家医药公司累计开具增值税普通发票 740 份，涉及金额 6000 万元，实缴税额 226.8 万元，非法获利 120 余万元。

在此期间，九通医药公司总经理易某安排员工王某向费某购买医药咨询类增值税普通发票 44 份，价税合计 378 万元。周某作为中贵医药营销有限公司（以下简称"中贵公司"）地区代理商，在明知没有真实交易的情况下，帮助中贵公司向费某购买医药咨询类增值税普通发票 400 份，价税合计 3900 万元。朱某作为金乡财务公司负责人，在为春燕公司代理记账期间，明知其无实际业务经营，仍安排员工帮助费某代开增值税普通发票。案发后，王某自动投案，如实供述自己的犯罪事实。其他人到案后，亦如实供述自己的犯罪事实。

请根据案情，回答下列问题。

1. 本案犯罪嫌疑人费某触犯的罪名是(   )。
A. 持有伪造发票罪
B. 非法出售发票罪
C. 虚开增值税专用发票罪
D. 虚开发票罪
E. 非法购买发票罪

解析 费某没有商品购销或者没有提供、接受劳务、服务而开具增值税普通发票，属于"虚开"行为，且满足虚开发票罪起刑标准，即①100 份 + 票面金额 30 万元、②票面金额 50 万元、③五年内因虚开发票受过刑事处罚或者二次以上行政处罚，又虚开发票，数额达到上述第①②项标准 60% 以上。因此涉嫌虚开发票罪。

【答案】 D

2. 下列对本案人员行为的认定中，正确的有(　　)。

A. 朱某安排员工帮助他人代开发票的行为构成虚开发票罪

B. 王某购买 44 份发票价税合计 378 万元构成虚开发票罪

C. 王某购买 44 份发票价税合计 378 万元构成非法购买发票罪

D. 吴某的行为构成非法出售发票罪

E. 周某购买发票超过 100 份，构成非法购买发票罪

解析　选项 ABC，朱某明知费某为他人虚开增值税普通发票，仍然为其提供帮助，安排员工帮助费某代开增值税普通发票，其行为应以虚开发票罪的共犯论处，涉嫌虚开发票罪。王某被易某安排从费某处购买其虚开的增值税普通发票，帮助他人购买虚开的增值税普通发票，涉嫌虚开发票罪。满足虚开发票罪起刑标准，即①100 份 + 票面金额 30 万元、②票面金额 50 万元、③五年内因虚开发票受过刑事处罚或者二次以上行政处罚，又虚开发，数额达到上述第①②项标准 60% 以上。选项 D，吴某负责寻找客户，费某负责开具发票，属于为他人虚开增值税普通发票，其行为应以虚开发票罪的共犯论处，涉嫌虚开发票罪。选项 E，周某在明知没有真实交易的情况下，帮助中贵公司向费某购买医药咨询类增值税普通发票，属于帮助他人购买虚开增值税普通发票，涉嫌虚开发票罪。选项 CE，不存在"非法购买发票罪"，对非法购买发票行为入罪的，只有增值税专用发票（非法购买增值税专用发票罪或者购买伪造的增值税专用发票罪）。

【答案】 AB

3. 案发后，王某自动投案，如实供述自己的犯罪事实。王某的行为属于(　　)。

A. 认罪认罚　　　　　　　　B. 重大立功

C. 立功　　　　　　　　　　D. 坦白

E. 自首

解析　犯罪以后自动投案，如实供述自己的罪行的，是自首。

【答案】 E

4. 根据《刑法》规定，下列对本案犯罪嫌疑人判处刑罚并适用缓刑的做法中，正确的有(　　)。

A. 判处王某拘役 5 个月，缓刑 4 个月

B. 判处费某 4 年有期徒刑，缓刑 4 年

C. 判处易某 1 年零 3 个月有期徒刑，缓刑 1 年零 3 个月

D. 判处周某 3 年有期徒刑，缓刑 3 年零 8 个月

E. 判处朱某 2 年有期徒刑，缓刑 2 年零 6 个月

解析　选项 A，拘役的缓刑考验期限为原判刑期以上 1 年以下，但是不能少于 2 个月。判处王某缓刑 4 个月不满足"原判刑期以上"之条件。选项 B，对于被判处 3 年以下有期徒刑的犯罪分子，同时符合缓刑的法定条件的，可以宣告缓刑。判处费某 4 年有期徒刑，不满足"3 年以下有期徒刑"的条件，不得宣告缓刑。选项 CDE，有期徒刑的缓刑考验期限为原

判刑期以上 5 年以下，但是不能少于 1 年。

【答案】 CDE

（七）

2022 年 2 月，东川省东山市开展打击虚开骗税违法行为的行动，东山市公安机关与税务机关、监察机关、海关等多部门配合，破获下列涉税违法犯罪案件：

甲公司虽有货物出口，但通过虚构出口货物品名、数量和单价，骗取国家出口退税款 20 万元。乙公司利用虚开的增值税专用发票骗取国家出口退税款 100 万元。丙公司通过伪造出口货物报关单等出口退税单据和凭证，骗取国家出口退税款 12 万元。丁公司通过虚构交易和银行流水接受外省某公司虚开的增值税专用发票，虚开税款数额 18 万元。戊公司采取将免税货物作为已税货物出口的方式，骗取国家出口退税款 4 万元。

另外，在调查己公司时发现己公司利用国家留抵退税政策，采用隐匿销售收入、减少增值税销项税额、虚假申报等手段，骗取留抵退税 15 万元。同时调查了解到己公司采购原材料时，取得庚公司开具的 100 万元增值税专用发票。后经税务协查查明，庚公司开具的 100 万元增值税专用发票构成虚开。己公司认为自己属于善意取得虚开的增值税专用发票。

请根据案情，回答下列问题。

1. 本案中，涉嫌骗取出口退税罪应予立案追诉的主体有（　　）。
  A. 乙公司 B. 丁公司
  C. 甲公司 D. 丙公司
  E. 戊公司

解析 选项 A，利用虚开的增值税专用发票抵扣税款或者骗取出口退税的，依虚开增值税专用发票罪定罪处罚。选项 B，不涉及出口，涉嫌构成虚开增值税专用发票罪。选项 E，骗取国家出口退税款 4 万元，未达到 10 万元，不构成骗取出口退税罪。

【答案】 CD

2. 本案中，涉嫌虚开增值税专用发票罪应予立案追诉的主体有（　　）。
  A. 甲公司 B. 戊公司
  C. 乙公司 D. 丙公司
  E. 丁公司

解析 虚开增值税专用发票或者虚开用于骗取出口退税、抵扣税款的其他发票，虚开的税款数额在 10 万元以上或者造成国家税款损失数额在 5 万元以上，应予立案追诉。选项 C，利用虚开的增值税专用发票抵扣税款或者骗取出口退税的，依虚开增值税专用发票罪定罪处罚。选项 E，没有货物购销或者没有提供或接受应税劳务而为他人、为自己、让他人为自己、介绍他人开具增值税专用发票，属于虚开增值税专用发票行为。

【答案】 CE

3. 若要认定己公司构成善意取得虚开增值税专用发票，则必须同时查明的事实有（　　）。

  A. 己公司不知道庚公司发票为虚开

  B. 己公司取得发票所记载的内容与其购进的原材料一致

  C. 己公司取得的发票经税务机关认证为真发票

  D. 己公司已抵扣了进项税款

  E. 己公司没有能力知道庚公司发票为虚开

解析　善意取得虚开增值税专用发票的构成要件：（1）发票记载事项与客观实际完全相符（选项B）。（2）购货方不知道发票为虚开，且没有能力知道发票为虚开（选项AE）。（3）发票经过税务机关认证为真发票（选项C）。

【答案】ABCE

第十九章 刑事诉讼法

> **知识点 · 刑诉参与人**

【单选题】根据《刑事诉讼法》规定，下列人员中，不属于诉讼参与人的是( )。

A. 鉴定人　　　　　　　　　　B. 证人
C. 书记员　　　　　　　　　　D. 辩护人

解析　"诉讼参与人"是指当事人、法定代理人、诉讼代理人、辩护人、证人、鉴定人和翻译人员。

【答案】C

【考点精炼】

刑事诉讼	刑事诉讼参与人（参加刑事诉讼活动的人）	当事人	公诉案件：被害人、犯罪嫌疑人、被告人
			自诉案件：自诉人、被告人
			附带民诉：附带民事诉讼原告人和被告人
		其他诉讼参与人	法定代理人、诉讼代理人、辩护人、证人、鉴定人、翻译人员
	非诉讼参与人（专门机关）		侦查人员、检察人员、审判人员（审判员、人民陪审员）

【单选题】刑事诉讼参与人是指依法参加刑事诉讼，享有一定诉讼权利和承担一定诉讼义务的人，其包括( )。

A. 翻译人员　　　　　　　　　B. 侦查人员
C. 公诉人员　　　　　　　　　D. 审判人员

解析　(1) 翻译人员属于"其他刑事诉讼参与人"。(2) 侦查人员、公诉人、审判人员（包括审判员和人民陪审员）均不属于刑事诉讼参与人。

【答案】A

【单选题】根据《刑事诉讼法》及有关规定，下列人员中，属于刑事诉讼参与人的是( )。

A. 主审法官　　　　　　　　　B. 人民陪审员
C. 诉讼代理人　　　　　　　　D. 公诉人

解析　刑事诉讼中的诉讼参与人，是指除侦查人员、检察人员和审判人员以外，依法参加刑事诉讼,享有一定诉讼权利和承担一定诉讼义务的人,包括当事人、法定代理人、诉讼代理人、辩护人、证人、鉴定人和翻译人员。

【答案】C

【单选题】下列关于刑事诉讼参与人及其诉讼地位的说法中,正确的是( )。
A. 在刑事诉讼中,法定代理人不具有独立的诉讼地位
B. 被害人本人能作为自诉人,但其法定代理人不能作为自诉人
C. 证人可以是自然人,也可以是法人
D. 人民团体推荐的人可以担任刑事诉讼的辩护人

【解析】 选项 A,法定代理人有独立的诉讼地位,享有一定的诉讼权利,承担一定的诉讼义务,故选项 A 错误。选项 B,通常情况下,自诉人是该案件的被害人,或者是被害人的法定代理人,故选项 B 错误。选项 C,证人,是指当事人以外的、就自己知道的案件情况向司法机关作证的人。证人不能更换和代替,并且只能是自然人,不能是法人,故选项 C 错误。选项 D,下列的人可以被委托为辩护人:①律师;②人民团体或者犯罪嫌疑人、被告人所在单位推荐的人;③犯罪嫌疑人、被告人的监护人、亲友。故选项 D 正确。

【答案】D

【多选题】根据《刑事诉讼法》规定,刑事诉讼当事人包括( )。
A. 自诉人
B. 被害人
C. 犯罪嫌疑人
D. 被告人
E. 辩护人

【解析】 选项 ABCD,刑事诉讼当事人,是指与案件事实和诉讼结果有切身利害关系在诉讼中处于控告或者被控告地位的诉讼参与人,包括被害人、自诉人、犯罪嫌疑人、被告人、附带民事诉讼的原告人和被告人。选项 E,属于其他刑事诉讼参与人。

【答案】ABCD

知识点 • 刑事辩护制度

【单选题】在刑事诉讼中,犯罪嫌疑人自接受侦查机关第一次讯问或被采取强制措施之日起,有权委托辩护人。侦查期间能够担任其辩护人的是( )。
A. 单位推荐的人
B. 监护人
C. 律师
D. 亲友

【解析】 犯罪嫌疑人自被侦查机关第一次讯问或者采取强制措施之日起,有权委托辩护人;在侦查期间,只能委托律师作为辩护人。

【答案】C

【考点精炼】

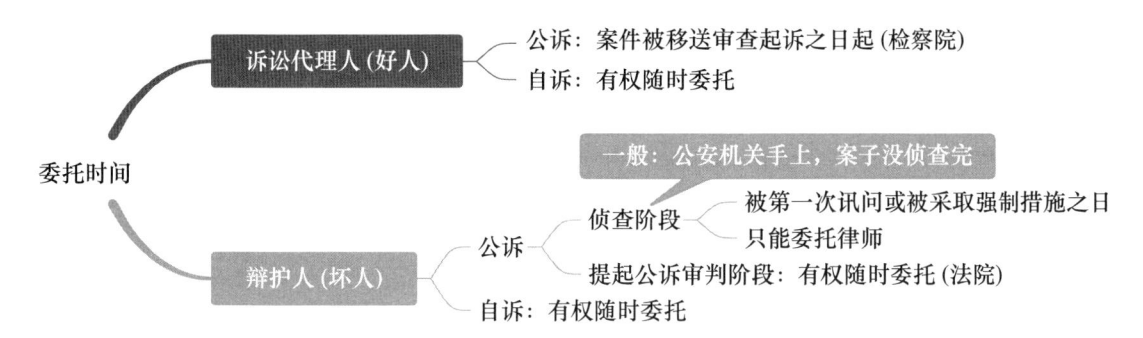

```
委托时间
├── 诉讼代理人（好人）
│   ├── 公诉：案件被移送审查起诉之日起（检察院）
│   └── 自诉：有权随时委托
└── 辩护人（坏人）
    ├── 公诉
    │   ├── 侦查阶段 ── 一般：公安机关手上，案子没侦查完
    │   │            ├── 被第一次讯问或被采取强制措施之日
    │   │            └── 只能委托律师
    │   └── 提起公诉审判阶段：有权随时委托（法院）
    └── 自诉：有权随时委托
```

【单选题】根据《刑事诉讼法》及其相关规定，下列案件中被告人没有委托辩护人，人民法院应当通知法律援助机构为其辩护的是(　　)。

A. 可能被判无期徒刑
B. 被告人的行为可能不构成犯罪的
C. 人民检察院抗诉
D. 共同犯罪案件中，其他被告人已经委托辩护人的

解析 法律应当通知指定法律援助的情形：盲聋哑、精神病、无期死刑。

【答案】 A

【单选题】在刑事诉讼中，犯罪嫌疑人、被告人有权委托辩护人。下列有关委托辩护人的说法中，正确的是(　　)。

A. 犯罪嫌疑人、被告人可以委托其在人民法院任职的监护人担任辩护人
B. 犯罪嫌疑人、被告人可以委托其正处于缓刑考验期的亲友担任辩护人
C. 犯罪嫌疑人、被告人可以委托已从人民法院离职1年的朋友以律师的身份担任辩护人
D. 犯罪嫌疑人、被告人可以委托人民陪审员担任辩护人

解析 选项ABD，下列人员不得担任辩护人：（1）正在被执行刑罚或者处于缓刑、假释考验期间的人（选项B）；（2）依法被剥夺、限制人身自由的人；（3）被开除公职或者被吊销律师、公证员执业证书的人；（4）人民法院、人民检察院、监察机关、公安机关、国家安全机关、监狱的现职人员；（5）人民陪审员（选项D）；（6）与本案审理结果有利害关系的人；（7）外国人或者无国籍人；（8）无行为能力或者限制行为能力的人。第（3）项至第（7）项规定的人员，如果是被告人的监护人、近亲属，由被告人委托担任辩护人的，可以准许（选项A）。选项C，审判人员和人民法院其他工作人员从人民法院离任后2年内，不得以律师身份担任辩护人。

【答案】 A

【单选题】在刑事诉讼的不同阶段，辩护律师提供法律服务的内容是不同的。辩护律师可以向犯罪嫌疑人、被告人核实证据的时间起点是(　　)。

A. 自侦查机关第一次讯问之日起

B. 自被依法采取强制措施之日起
C. 自案件被移送审查起诉之日起
D. 自提起公诉之日起

解析 辩护律师会见在押的犯罪嫌疑人、被告人，可以了解案件有关情况，提供法律咨询等。自案件移送审查起诉之日起，可以向犯罪嫌疑人、被告人核实有关证据。

【答案】C

知识点·认罪认罚从宽制度

【多选题】下列关于认罪认罚从宽制度适用的说法中，正确的有（　　）。
A. 认罪认罚从宽制度适用于起诉和审判阶段，不适用于侦查阶段
B. 犯罪嫌疑人自愿认罪并同意量刑建议和程序适用的，可以独自签署认罪认罚具结书
C. 认罪认罚与自首、坦白不作重复评价
D. 对认罪认罚案件，适用速裁程序和简易程序，不适用普通程序
E. 认罪认罚从宽制度要求在程序上从简、实体上从宽

解析 选项A，认罪认罚从宽制度贯穿刑事诉讼全过程，适用于所有刑事案件的侦查、起诉、审判各个阶段，没有适用罪名和可能判处刑罚的限定。选项B，审查起诉阶段签署认罪认罚具结书时，人民检察院应当通知值班律师到场。选项D，对认罪认罚案件，应当根据具体情况，依法适用速裁程序、简易程序、普通程序。

【答案】CE

■【考点精炼】

适用阶段	贯穿刑事诉讼全过程，适用于侦查、起诉、审判各个阶段
适用案件范围	所有刑事案件都可以适用，没有适用罪名和可能判处刑罚的限定
适用程序	所有程序均适用（简易、速裁、普通程序）
签署具结书	审查起诉阶段签署认罪认罚具结书时，人民检察院应当通知值班律师到场。 犯罪嫌疑人不需要签署认罪认罚具结书的情形：盲聋哑、精神病、未成年。 （1）犯罪嫌疑人是盲、聋、哑，或是尚未完全丧失辨认或者控制自己行为能力的精神病人的。 （2）未成年犯罪嫌疑人的法定代理人、辩护人对未成年人认罪认罚有异议的

【单选题】下列关于认罪认罚从宽制度适用规则的说法中，正确的是（　　）。
A. 被告人愿意接受处罚，但不同意适用简易程序，不应做"认罚"认定
B. 被告人虽然承认被指控的主要犯罪事实，但对个别事实情节提出异议，不应做"认罪"认定
C. 被告人认罪认罚，同时具有坦白情节，应当在法定刑幅度内给予相对更大的从宽幅度
D. 只要被告人认罪，不管其认罚与否，对其从宽幅度应一致

解析 犯罪嫌疑人、被告人享有程序选择权,不同意适用速裁程序、简易程序的,不影响"认罚"的认定,故选项 A 错误。承认指控的主要犯罪事实,仅对个别事实情节提出异议,或者虽然对行为性质提出辩解但表示接受司法机关认定意见的,不影响"认罪"的认定,故选项 B 错误。被告人具有自首、坦白情节,同时认罪认罚的,应当在法定刑幅度内给予相对更大的从宽幅度,故选项 C 正确。认罪认罚的从宽幅度一般应当大于仅有坦白,或者虽认罪但不认罚的从宽幅度,故选项 D 错误。

【答案】C

知识点 · 刑事强制措施

【多选题】取保候审是刑事强制措施之一,根据《刑事诉讼法》,下列关于取保候审的说法中,正确的有( )。

A. 可能判处有期徒刑以上刑罚,采取取保候审不致发生社会危险性的,可以适用取保候审
B. 犯罪嫌疑人被逮捕的,其聘请的律师不得为其申请取保候审
C. 取保候审的最长期限为 6 个月
D. 公安机关、人民检察院、人民法院均可做出取保候审决定
E. 取保候审的执行机关为公安机关

解析 选项 B,被逮捕的犯罪嫌疑人聘请的辩护人可以为其申请取保候审。选项 C,人民法院、人民检察院和公安机关对犯罪嫌疑人、被告人取保候审最长不得超过 12 个月。

【答案】ADE

【考点精炼】

强制措施	期限
拘传	$X \leq 12$ 小时;重大复杂 ≤ 24 小时;不得连续拘传
取保候审	$X \leq 12$ 个月
监视居住	$X \leq 6$ 个月
刑事拘留	检察院侦查:14 天+1~3;最长 17 天
	公安机关侦查:3 天+1~4(流窜、多次、结伙+30);最长 37 天
逮捕	逮捕后侦查期限(2+1+2+2)

【单选题】下列关于取保候审适用规则的说法中,正确的是( )。

A. 对犯罪嫌疑人决定取保候审的,应当要求其提出保证人并交纳保证金
B. 公安机关对于累犯可以适用取保候审
C. 公安机关犯罪嫌疑人取保候审的,不得中断对案件的侦查
D. 对犯罪嫌疑人取保候审的,最长不得超过 6 个月

解析 人民法院、人民检察院和公安机关决定对犯罪嫌疑人、被告人取保候审，应当责令犯罪嫌疑人、被告人提出保证人或者交纳保证金。对同一犯罪嫌疑人决定取保候审，不得同时使用保证人保证和保证金保证方式，故选项 A 错误。对累犯，犯罪集团的主犯、以自伤、自残办法逃避侦查的犯罪嫌疑人、严重暴力犯罪以及其他严重犯罪的嫌疑人不得取保候审，故选项 B 错误。取保候审期间，不得中断对案件的侦查、起诉和审理，故选项 C 正确。人民法院、人民检察院和公安机关对犯罪嫌疑人、被告人取保候审最长不得超过 12 个月，故选项 D 错误。

【答案】C

【考点精炼】

取保候审	责令其提出保证人或缴纳保证金，不得同时适用，保证金一次性存入公安机关指定银行的专门账户
	不适用情形 （1）公安机关：对累犯，犯罪集团的主犯、以自伤、自残办法逃避侦查的犯罪嫌疑人、严重暴力犯罪，以及其他严重犯罪的嫌疑人不得取保候审。 （2）检察院：对于严重危害社会治安的嫌疑人，以及其他犯罪性质恶劣、情节严重的犯罪嫌疑人不得取保候审

【单选题】根据《刑事诉讼法》规定，逮捕的执行机关是（　　）。
A. 司法行政机关　　　　　　　　B. 公安机关
C. 检察院　　　　　　　　　　　D. 人民法院

解析 逮捕犯罪嫌疑人、被告人，必须经过人民检察院批准或者人民法院决定，由公安机关执行。

【答案】B

【考点精炼】

强制措施	决定机关	执行机关
拘传	公安机关、人民检察院、人民法院	公检法各自执行
取保候审	公安机关、人民检察院、人民法院	公安机关
监视居住	公安机关、人民检察院、人民法院	公安机关
刑事拘留	公安机关、人民检察院	公安机关
逮捕	人民检察院、人民法院	公安机关

【单选题】根据《刑事诉讼法》，关于刑事强制措施的说法，正确的是（　　）。
A. 公安机关在办案中，可以采取拘传措施，对没有被逮捕的犯罪嫌疑人，依法强制其

到案接受询问

B. 被羁押的犯罪嫌疑人聘请的律师可以为其申请取保候审，但犯罪嫌疑人的近亲属不能申请

C. 公安机关对经人民检察院批准逮捕的人，必须在逮捕后 24 小时内进行讯问

D. 对流窜作案、多次作案、结伙作案的重大嫌疑人，公安机关可以采取拘留措施，但拘留的时间不得超过 24 小时

解析 选项 A，对犯罪嫌疑人是"讯问"，而非"询问"。选项 B，被羁押的犯罪嫌疑人、被告人及其法定代理人、近亲属，被逮捕的犯罪嫌疑人聘请的律师有权为其申请取保候审。选项 C，人民法院、人民检察院对于各自决定逮捕的人，公安机关对于经人民检察院批准逮捕的人，都必须在逮捕后的 24 小时以内进行讯问，在发现不应当逮捕的时候，必须立即释放，发给释放证明。选项 D，对于流窜作案、多次作案、结伙作案的重大嫌疑分子，提请审查批准的时间可以延长至 30 日。人民检察院应当自接到公安机关提请批准逮捕书后的 7 日以内做出批准逮捕或者不批准逮捕的决定，故拘留时间最长为 37 日。

【答案】 C

【多选题】 根据《刑事诉讼法》规定，刑事强制措施包括(　　)。

A. 讯问   B. 拘留
C. 传唤   D. 拘传
E. 拘役

解析 刑事强制措施包括拘传、取保候审、监视居住、拘留和逮捕，故选项 BD 正确。

【答案】 BD

知识点 · 立案

【单选题】 根据《刑事诉讼法》规定，依法不予追究刑事责任的情形是(　　)。

A. 犯罪嫌疑人身患疾病的
B. 经特赦令免除刑罚的
C. 行为人年满 75 周岁的
D. 犯罪情节轻微，危害较小的

解析 有下列情形之一的，不追究刑事责任，已经追究的，应当撤销案件，或者不起诉，或者终止审理，或者宣告无罪：(1)情节显著轻微、危害不大，不认为是犯罪；(2)犯罪已过追诉时效期限的；(3)经特赦令免除刑罚的；(4)依照《刑法》告诉才处理的犯罪，没有告诉或撤回告诉的；(5)犯罪嫌疑人、被告人死亡的；(6)其他法律规定免予追究刑事责任的。

【答案】 B

知识点 · 侦查、起诉

【多选题】根据《刑事诉讼法》规定，下列关于侦查措施的说法中，符合法律规定的有（ ）。

A. 侦查人员询问证人，可以在现场进行

B. 在犯罪嫌疑人家属、邻居或者其他见证人在场的情况下，侦查人员可以对犯罪嫌疑人住所进行搜查

C. 对发现的犯罪嫌疑人，侦查人员可以强制带离现场讯问

D. 侦查人员在侦查中不得查封、扣押与案件无关的财物、文件

E. 侦查人员讯问抓获的犯罪嫌疑人，必须在看守所内进行

解析　选项A，侦查人员询问证人，可以在现场进行，也可以到证人所在单位、住处或者证人提出的地点进行，在必要的时候，可以通知证人到人民检察院或者公安机关提供证言。选项B，侦查人员可以对犯罪嫌疑人以及可能隐藏罪犯或者犯罪证据的人的身体、物品、住处和其他有关的地方进行搜查。搜查时，应当有被搜查人或者他的家属、邻居或者其他见证人在场。选项C，对在现场发现的犯罪嫌疑人，经出示工作证件，可以"口头传唤"，但应当在讯问笔录中注明。选项D，与案件无关的财物、文件，不得查封、扣押。选项E，犯罪嫌疑人被送交看守所羁押以后，侦查人员对其进行讯问，应当在看守所内进行，对于不需要逮捕、拘留的犯罪嫌疑人，可以传唤到犯罪嫌疑人所在市、县内的指定地点或者到他的住处进行讯问。

【答案】 ABD

【单选题】据《刑事诉讼法》的规定，下列关于公安机关侦查的说法中，正确的是（ ）。

A. 必要时，可以通知证人到公安机关提供证言

B. 为了查明案情，在必要的时候可以进行侦查实验，但须经同级人民检察院批准

C. 侦查人员讯问任何犯罪嫌疑人，均应对讯问过程进行录音或者录像

D. 在侦查活动中发现的可用以证明犯罪嫌疑人有罪或者无罪的各种财物、文件，可以决定不予查封、扣押

解析　选项A，侦查人员询问证人，可以在现场进行，也可以到证人所在单位、住处或者证人提出的"地点"（任意地点）进行，在必要的时候，可以通知证人到"人民检察院或者公安机关"（不得是其他处所）提供证言。选项B，为了查明案情，在必要的时候，经"公安机关负责人"批准，可以进行侦查实验。选项C，侦查人员在讯问犯罪嫌疑人的时候，"可以"对讯问过程进行录音或者录像，但对于可能判处无期徒刑、死刑的案件或者其他重大犯罪案件，"应当"对讯问过程进行录音或者录像。选项D，侦查人员在侦查活动中发现可用以证明犯罪嫌疑人有罪或者无罪的各种财物、文件的，应当查封、扣押，与案件无关的财物、文件，不得查封、扣押。

【答案】 A

知识点 审判

【单选题】下列有关速裁程序的说法中，正确的是( )。
A. 被告人为未成年人的，可以适用速裁程序
B. 对犯罪嫌疑人可能判处3年以下有期徒刑的刑事案件，应当适用速裁程序
C. 被告人是盲、聋、哑人的，不适用速裁程序
D. 速裁程序既可以在一审程序中适用，也可以在二审程序中适用

解析 （1）有下列情形之一的，不适用速裁程序：①被告人是盲、聋、哑人（选项C正确），或者是尚未完全丧失辨认或者控制自己行为能力的精神病人的；②被告人是未成年人的（选项A错误）；③案件有重大社会影响的；④共同犯罪案件中部分被告人对指控的犯罪事实、罪名、量刑建议或者适用速裁程序有异议的；⑤被告人与被害人或者其法定代理人没有就附带民事诉讼赔偿等事项达成调解或者和解协议的；⑥其他不宜适用速裁程序审理的。（2）基层人民法院管辖的可能判处3年有期徒刑以下刑罚的案件，案件事实清楚，证据确实、充分，被告人认罪认罚并同意适用速裁程序的，"可以"适用速裁程序（选项B错误）。（3）速裁程序是对一审程序的简化（选项D错误）。

【答案】 C

【考点精炼】

简易程序与速裁程序

	简易程序	速裁程序
适用范围	（1）基层人民法院。 （2）案件事实清楚、证据充分的。 （3）被告人承认自己所犯罪行，对指控犯罪事实没有异议。——实体没异议 （4）被告人对适用简易程序没有异议的。——程序没异议 ☆提示：基层人民法院；清楚、充分；实体没异议；程序没异议	基层人民法院管辖的可能判处三年有期徒刑以下刑罚的案件，案件事实清楚，证据确实、充分，被告人认罪认罚并同意适用速裁程序的，可以适用速裁程序，由审判员一人独任审判。人民检察院在提起公诉的时候，可以建议人民法院适用速裁程序。 ☆提示：基层人民法院；3年有期；清楚、充分；认罪认罚；同意速裁
不适用	（1）被告人是盲、聋、哑人，或者是尚未完全丧失辨认或者控制自己行为能力的精神病人的。 （2）有重大社会影响的。 （3）共同犯罪案件中部分被告人不认罪或者对适用简易程序有异议的。 （4）辩护人作无罪辩护的。 （5）被告人认罪，但经审查认为可能不构成犯罪的。 ☆提示：盲聋哑、精神病，重大影响，实体、程序有异议，无罪辩护，认罪不犯罪	（1）被告人是盲、聋、哑人，或者是尚未完全丧失辨认或者控制自己行为能力的精神病人的。 （2）有重大社会影响的。 （3）共同犯罪案件中部分被告人对指控的犯罪事实、罪名、量刑建议或者适用速裁程序有异议的。 （4）辩护人作无罪辩护的。 （5）被告人与被害人或者其法定代理人没有就附带民事诉讼赔偿等事项达成调解或者和解协议的。（无调和）

续表

	简易程序	速裁程序
不适用		（6）被告人是未成年人的。（未成年） ☆提示：（1）～（4）两者几乎相同，（5）、（6）的区别特别注意。

☆提示：二审不适用速裁程序和简易程序

【多选题】关于刑事案件不公开审理的说法，正确的有(　　)。
A. 涉及商业秘密的案件应当不公开审理
B. 涉及个人隐私的案件应当不公开审理
C. 不公开审理的案件，其判决宣告应公开进行
D. 不公开审理的关于国家机密的案件，宣判结果也不公开
E. 不公开审理的案件，应当在当庭宣布不公开的理由

解析 人民法院审判第一审案件应当公开进行。但是有关国家秘密或者个人隐私的案件，不公开审理，涉及商业秘密的案件，当事人申请不公开审理的，可以不公开审理，故选项A错误，选项B正确。不公开审理的案件，宣告判决一律公开进行，故选项C正确，选项D错误。不公开审理的案件，应当当庭宣布不公开审理的理由，故选项E正确。

【答案】BCE

【考点精炼】

绝对不公开	相对不公开
有关国家秘密或者个人隐私的案件	涉及商业秘密的案件，当事人申请不公开审理的，可以不公开审理

（1）人民法院审判第一审案件原则上应当公开进行。
（2）不公开审理的案件，应当当庭宣布不公开审理的理由。
（3）宣告判决一律公开进行